# 浙江青年发展报告(2022)
## ——青年发展型省份建设

蔡宜旦　卫甜甜◎编著

浙江工商大学 出版社
ZHEJIANG GONGSHANG UNIVERSITY PRESS
·杭州·

图书在版编目(CIP)数据

浙江青年发展报告. 2022:青年发展型省份建设 /
蔡宜旦,卫甜甜编著. —杭州:浙江工商大学出版社,
2023.12

ISBN 978-7-5178-5432-6

Ⅰ. ①浙… Ⅱ. ①蔡… ②卫… Ⅲ. ①青年—现状—
调查报告—浙江—2022 Ⅳ. ①D432.855

中国国家版本馆 CIP 数据核字(2023)第059199号

# 浙江青年发展报告(2022)——青年发展型省份建设

ZHEJIANG QINGNIAN FAZHAN BAOGAO (2022)——QINGNIAN FAZHANXING SHENGFEN JIANSHE

蔡宜旦　卫甜甜　编著

| | |
|---|---|
| 责任编辑 | 姚　媛 |
| 责任校对 | 沈黎鹏 |
| 封面设计 | 屈　皓 |
| 责任印制 | 包建辉 |
| 出版发行 | 浙江工商大学出版社 |
| | （杭州市教工路198号　邮政编码310012） |
| | （E-mail:zjgsupress@163.com） |
| | （网址:http://www.zjgsupress.com） |
| | 电话:0571-88904980,88831806(传真) |
| 排　　版 | 杭州朝曦图文设计有限公司 |
| 印　　刷 | 杭州高腾印务有限公司 |
| 开　　本 | 787 mm×1092 mm　1/16 |
| 印　　张 | 22.25 |
| 字　　数 | 372千 |
| 版 印 次 | 2023年12月第1版　2023年12月第1次印刷 |
| 书　　号 | ISBN 978-7-5178-5432-6 |
| 定　　价 | 95.00元 |

# 编委会

# 序　言

2017年4月,党中央、国务院颁布《中长期青年发展规划(2016—2025年)》,为新时代中国青年发展提供根本政策指引。建设青年发展型省份/市县是各级党委政府落实青年发展规划的重要举措。截至2022年底,全国已有6个省份提出建设青年发展型省份,187个城市提出建设青年发展型城市。各地青年发展型省份/市县建设逐步形成了声势,取得了初步成效,呈现出百花齐放、百舸争流的生动局面。

"敢为天下先"的浙江,2018年出台了《浙江省中长期青年发展规划(2017—2025年)》,在全国率先提出建设青年发展型省份目标。2022年,浙江省第十五次党代会做出了"加快建设青年发展型省份"的重要部署,全域推进青年发展型市县建设成为各级党委政府的重要任务;浙江省委十五届二次全会明确将"高水平建成青年发展型省份"纳入2035年的总体目标。截至2022年底,全省11个设区市全部出台市(区)级青年发展规划并提出青年发展型城市建设目标,62个县(市、区)出台县级青年发展规划,72个县(市、区)提出青年发展型县域建设目标,青年优先发展理念深入人心;聚焦青年创新创业、婚恋交友、子女教育等方面的操心事、烦心事,全省累计出台含金量高、普惠性强的青年发展政策1846项;率先成立省级青年发展新型智库,推动建立浙江青年发展统计调查制度,编制浙江青年发展综合指数。在建设过程中,浙江形成了一批可复制、可推广的成功经验,但也面临着贯彻落实青年优先发展理念不够深入、青年工作联席会议机制有待完善、青年政策的专属性仍需强化等问题。

在《浙江省中长期青年发展规划（2017—2025年）》[①]行之过半的时间节点，我们必须进一步深思"青年发展型省份的理想范式是什么""应该如何更好地建设青年发展型省份"等问题，以推动《浙江省中长期青年发展规划（2017—2025年）》进一步落地落实。因此，共青团浙江省委联合浙江省青年发展研究中心组织编撰了《浙江青年发展报告（2022）——青年发展型省份建设》一书，意图对上述问题进行探究和回应。

全书共分"理论探索""浙江实践""重点关注"三部分。"理论探索"主要是在党的二十大背景下，对"以党的二十大精神把握青年工作的战略意义""青年优先发展主流化进程中的青年发展型省份""青年发展型省份建设的内涵与策略""青年发展综合指数指标体系建构"等重要理论问题进行溯源和探讨，为推动浙江青年发展型省份建设实践提供更多学理支撑。"浙江实践"主要是从《浙江省中长期青年发展规划（2017—2025年）》实施的中期评估、青年发展政策体系、青年发展型县域建设的理论与创新实践、青年发展型市县建设试点经验等不同维度对浙江进行全方位展示，并对现有建设经验进行系统性梳理，为推动浙江青年发展型省份建设实践提供纵向参照和横向比较。"重点关注"主要是对浙江青年的主观评价、生育意愿、择业就业、文化参与、社会参与等领域开展全面探索，以及对新业态青年、农村青少年、MSM青少年等重要群体发展现状开展深度调查，为助力浙江青年发展型省份建设提供微观层面的调查研究支持。

作为系统提炼青年发展型省份建设经验的"先导"之作，本书对青年发展型省份建设的理论和实践进行系统性梳理，是省域青年发展研究的范本。今后，我们将持续跟进研究，力争多出高质量成果，为浙江"高水平建成青年发展型省份"提供更多理论支撑，也为全国其他省份提供有益借鉴。借此书出版之机，希望未来有更多的专家学者关注青年发展议题和青年工作，为青年发展型省份建设提供"破题"思路和"解题"方法，以智力支持赋能青年发展，共同打造一系列既具有浙江标识又能辐射全国的青年研究成果！

因时间仓促，本报告难免存在错误疏漏之处，敬请专家学者和广大读者批评指正。

---

[①] 为方便叙述，正文在提及《浙江省中长期青年发展规划（2017—2025年）》时，除标题外，统一简称为《浙江规划》。

# 目　录

## 一、理论探索

## 二、浙江实践

# 三、重点关注

# 一、理论探索

# 学习党的二十大精神，准确把握青年工作的战略意义

胡献忠[①]

党的二十大是在全党全国各族人民迈上全面建设社会主义现代化国家新征程、向第二个百年奋斗目标进军的关键时刻召开的一次十分重要的大会，进一步擘画了党和国家事业发展的美好远景和路线图，为民族复兴的伟大航程和各族青年的成长奋斗指明了具体方向。长期以来，青年工作在党治国理政的大工程中，属于经常性工作，具有基础性地位。党的二十大报告对全党提出明确要求："要把青年工作作为战略性工作来抓……"[②]与战术相比，战略是指导或决定全局的策略。称某事物具有战略性，则显示并肯定了该事物具备影响全局的重要作用。可见，在新的国际国内背景下，中国共产党把青年工作摆上了更高的地位，并提出了更高的要求。

## 一、学习党的二十大精神，深刻认知时代主题的新特征，准确把握青年工作的战略性历史时空

每个历史时期、历史阶段都有其特定的时代内容和时代特征，所有历史演进都无一例外地既有延续性，又有变革性。中国共产党自成立起，就高度重视青年工作，而

---

① 胡献忠，中央团校研究员、团中央青运史档案馆馆长。
② 《中国共产党第二十次全国代表大会文件汇编》，人民出版社，2022年，第58—59页。

且越是到了历史重要关头越是强调青年工作的重要意义和重要作用。在全党全国各族人民迈上全面建设社会主义现代化国家新征程、向第二个百年奋斗目标进军之际，党的二十大报告对中国发展所面临的时代环境做出基本判断：一是当前世界百年未有之大变局加速演进，世界又一次站在历史的十字路口。二是全面建设社会主义现代化国家前途光明，任重道远，未来五年是开局起步的关键时期。面对新的形势和任务，中国共产党以全新的视野深化对共产党执政规律、社会主义建设规律、人类社会发展规律的认识，其战略应对呈现一系列新特点。而这些新特点，恰恰是准确促使青年工作具有战略性的历史社会环境和必然逻辑。

第一，中国的现代化作为"后发型"现代化，是裹挟着对外来挑战的回应而展开的。当前，世界之变、时代之变、历史之变正以前所未有的方式展开，意味着中华民族伟大复兴面对的是一个复杂多变的国际环境，人类又一次站在十字路口，何去何从，关键在于各国人民的选择。世界之变、时代之变、历史之变的战略判断回答了"世界怎么了"这一重大战略问题，表明中国共产党对国家发展、民族复兴所面临的战略环境的认知已发生重大变化。习近平总书记在党的二十大报告中特别指出："我国发展进入战略机遇和风险挑战并存、不确定难预料因素增多的时期，各种'黑天鹅'、'灰犀牛'事件随时可能发生。我们必须增强忧患意识，坚持底线思维，做到居安思危、未雨绸缪，准备经受风高浪急甚至惊涛骇浪的重大考验。"[1]这表明，胸怀千秋伟业、饱经历史沧桑的中国共产党已经做好了充分的思想准备。

第二，纵观世界文明发展史，政治领导是决定现代化进程的首要因素。大国孕育大党，大党决定大国的崛起。中国共产党认为其中的真理是：只要中国共产党站住了，发挥出作用了，谁都无法阻挡中国前进的步伐[2]。新时代十年，以习近平同志为核心的党中央团结带领全党全军全国各族人民攻克了许多长期没有解决的难题，办成了许多事关长远的大事要事，在坚决维护党中央权威和集中统一领导上取得了重大政治成果、理论成果、制度成果和实践成果。历史已经昭示：建设一个坚强政党，才能更好地集中力量办大事，有效解决重大突出问题；才能更好地抵御各种风险，拒腐防变；才能更好地推动中华民族走向伟大复兴，更加坚强有力地自立于世界民族之林。

① 《中国共产党第二十次全国代表大会文件汇编》，人民出版社，2022年，第22页。
② 林尚立：《当代中国政治基础与发展》，中国大百科全书出版社，2017年，第117页。

当前,面对各种风险挑战,我们必须坚决维护党中央权威和集中统一领导这一马克思主义政党的重大建党原则,使党始终成为风雨来袭时全体人民最可靠的主心骨。

第三,没有坚实的物质技术基础,就不可能全面建成社会主义现代化强国。因此,发展是执政兴国的第一要务,高质量发展是全面建设社会主义现代化国家的首要任务。一是在推动高质量发展过程中保持经济增速持续稳定处于合理区间,为现代化建设提供充分的物质保障。二是以科技创新为主要驱动力,完善产业结构,优化区域布局,增强经济的创新力和竞争力,以此应对现代化进程中遇到的各种风险和挑战。三是在高质量发展中不断提高社会发展水平,加强精神文明建设,丰富社会主义文化,实现物质文明和精神文明相协调的现代化。总之,高质量发展与社会主义现代化建设具有高度的内在一致性,二者统一于全面推进中华民族伟大复兴这一历史伟业中。

第四,我国社会事业大部分领域"有没有"的问题基本解决,"好不好"的问题更加突出,因此必须坚持在发展中保障和改善民生,在完善社会治理体系中努力实现公平、正义的价值追求。党的二十大报告对增进民生福祉的阐述,直接回应了人民群众最关心、最直接、最现实的利益问题,就完善分配制度、实施就业优先战略、健全社会保障体系、推进健康中国建设等做出详细部署。事实上,一切为了人民是中国共产党不变的初心和使命,发展经济是手段,保障和改善民生、不断提高人民生活水平和生活质量是发展的根本目的。现阶段要进一步强化就业优先政策,切实保障和改善民生,加强和创新社会治理,不断提升公共服务水平,着力解决人民群众普遍关心的民生问题,推动社会事业高质量发展。

第五,未来的竞争实质是科技竞争、人才竞争,因此必须大力实施科教兴国战略,加快建设教育强国、科技强国、人才强国,强化现代化人才支撑。一是办好人民满意的教育。加快建设高质量教育体系,发展素质教育,促进教育公平。推进教育数字化,建设全民终身学习的学习型社会、学习型大国。二是完善科技创新体系。健全新型举国体制,强化国家战略科技力量,优化配置创新资源,提升国家创新体系整体效能。扩大国际科技交流合作,加强国际化科研环境建设。三是加快实施创新驱动发展战略。以国家战略需求为导向,集聚力量进行原创性引领性科技攻关,坚决打赢关键核心技术攻坚战。四是深入实施人才强国战略。坚持尊重劳动、尊重知识、尊重人才、尊重创造,实施更加积极、更加开放、更加有效的人才政策。

以上这些基本逻辑与战略应对,共同构成时代主题的新特征。新时代中国经济社会经过十年发展,国内生产总值从2012年的51.9万亿元增长到2022年的121万亿元,经济总量占世界经济的比重在18%以上,中华民族伟大复兴进入了不可逆转的历史进程。船到中流浪更急,人到半山路更陡。时代主题的新特征既体现了不以人的意志为转移的历史必然性,又体现了中国共产党下先手棋、打主动仗的历史主动性,为全面建设社会主义现代化国家指明了前进方向,开辟了广阔前景。

## 二、学习党的二十大精神,全面理解青年使命的新内容,准确认识青年工作的战略性使命

没有青年,历史何以延续? 没有青年,现代化何以可能? 每一代青年都是承上启下的一代,青年群体是与现代性天然接近的群体。一代青年有一代青年的际遇,一代青年有一代青年的使命。而不同的历史背景和时空又赋予那个时代的青年以不同的物质生活和精神生活方式,以及不同的历史使命。习近平总书记在党的二十大闭幕后到河南考察时强调:"年轻一代要继承和发扬吃苦耐劳、自力更生、艰苦奋斗的精神,摒弃骄娇二气,像我们的父辈一样把青春热血镌刻在历史的丰碑上。"实现第二个百年奋斗目标也就是一两代人的事,我们正逢其时、不可辜负,要做出我们这一代的贡献。当然,青年使命不是自发被感知,也不是自发实现的。青年使命来源于时代召唤,来源于党的要求。新时代新征程中国共产党的使命任务是:团结带领全国各族人民全面建成社会主义现代化强国、实现第二个百年奋斗目标,以中国式现代化全面推进中华民族伟大复兴。这就决定了新时代青年的使命任务必然是在推进中国式现代化进程中团结奋斗。具体来讲,新时代青年使命的新内涵从四个维度得以呈现:

第一,保持高度的政治认同,不断增强行动的主动性和自觉性。政治认同是人民群众对于政权的赞同态度、支持行为及由此产生的对政权代表的国家的心理归属感。当代青年的政治认同,就是坚持和认同以中国共产党领导为最本质特征的中国特色社会主义。具体包含社会主义核心价值体系和马克思主义意识形态的认同、中国特色社会主义根本制度的认同和党与政府治国理政举措的认同。政治认同是全面深化改革、推进国家治理现代化的根与魂。只有根正才能保证中国特色社会主义不变色,改革沿着正确的政治方向前行;只有魂强,才能凝心聚力、久久为功,不断推进国家治

理现代化。通过新时代十年生动的实践和斗争,"两个确立"的决定性意义深入人心,广大青年进一步增强"四个意识"、坚定"四个自信"、做到"两个维护"的政治自觉、思想自觉、行动自觉空前提升,坚决维护党中央权威和集中统一领导得到全面加强,党的事业发展具有更加坚强的政治保证。

第二,在中国式现代化进程中担负起时代赋予的新任务。青年是与现代化天然亲近的社会群体,中国式现代化所涉及的各个领域、各条战线都有足够的空间,新时代青年完全能够充分发挥主观能动性和创造力。比如,在加快构建新发展格局、着力推动高质量发展中可以学习演练驾驭市场经济的本领,在科教兴国战略实施中可以提供智力支持、人才支撑,在发展全过程人民民主过程中可以实现有序政治参与,在推进法治中国建设中争做社会主义法治的忠实崇尚者、自觉遵守者、坚定捍卫者,在铸就社会主义文化新辉煌中练就讲好中国故事、传播好中国声音的真功夫,在增进民生福祉中实现高质量充分就业,在推动绿色发展中传播、践行环保理念,在维护国家安全和社会稳定中从我做起、尽职尽责。

第三,发扬斗争精神,敢于斗争、善于斗争。青年一代有勇气、敢担当,国家就有前途,民族就有希望,全面建设社会主义现代化国家、全面推进中华民族伟大复兴就有源源不断的强大力量。在特殊的国际国内形势下,广大青年在大是大非面前要敢于亮剑,在矛盾冲突面前要敢于迎难而上,在危机困难面前要敢于挺身而出,在歪风邪气面前要敢于坚决回击。一是练就政治慧眼,辨别政治是非,认清方向、大势和战略全局,不断提升政治能力。二是培养辩证思维,抓住主要矛盾和矛盾的主要方面进行斗争,注重采取灵活机动的斗争策略,讲求斗争艺术。三是要主动、积极投身火热的生活、学习和工作中去,在伟大斗争实践中发扬斗争精神、增强斗争本领。

第四,坚定走向世界,发挥青年在外交领域中的独特优势。青年外交是全球化时代多元外交行为体作用上升和综合青年特质而生的一种现代外交形式,是政党外交和政府外交的有效补充。新时代十年来,共青团深入实施"中国青年全球伙伴行动",着力提升青年外事大局贡献度和中国青年组织国际影响力,着力培养国际化青年人才,积极促进青年发展国际合作,努力为推动构建人类命运共同体凝聚全球青年力量,开创了青年外事工作的新局面。尤其需要指出的是,共青团以拓展国际舞台为重点,开展形式多样的国际传播交流活动,发出中国青年声音,讲好中国故事,参与全球治理,为国际舆论场注入中国青年正能量。

从整体上看,新时代青年呈现出"前进动力更加强大、奋斗精神更加昂扬、必胜信念更加坚定"的精神风貌,这是担当新的使命任务的重要基础。对于具体青年个体来讲,人生之路从来就不是笔直的,要理性认知社会发展规律和个人成长规律,在社会化进程中不断锤炼意志力、坚忍力、自制力,调整社会角色冲突,拒绝躺平,发挥个人潜能,努力突破所谓的"板块固化"和"内卷",走出自我世界,走向精彩人生之路,实现从职业到事业的跨越,达成个人价值与使命担当的有机统一。

## 三、学习党的二十大精神,科学研判青年工作的新命题,准确认识青年工作的战略性职能

在中国特色社会主义政治语境下,党的青年工作是指在中国共产党领导下,由相关部门、组织和机构共同实施,以青年群体(14—35周岁)为主要工作对象,通过一系列政策、机制组织青年参与现代化建设和国家社会事务,引导青年认同执政党的意识形态,服务青年成长成才普遍需求的工作。共青团、青联、学联等青年组织是党的青年工作的重要载体和力量。在党政大局的框架下,党的青年工作具有经常性、基础性、战略性等特点。从内在属性来看,党的青年工作具有政治性、群众性、未来性等特点。新时代党的青年工作要对标两个目标:一是社会主义现代化国家建设需要什么样的青年、怎样培育这样的青年。二是推进中国式现代化进程需要什么样的青年组织、怎样建设这样的青年组织。这两大目标互为前提和因果,相辅相成,密不可分。

党的十八大以来,在以习近平同志为核心的党中央领导下,党的领导和党的建设全面加强,旗帜鲜明讲政治成为全党共识,加强政治建设、确保政治安全被摆在了特别突出的位置上。这对于青年工作这一政治属性极强的工作而言,对于共青团这样的政治组织而言,无疑具有了发挥作用、展现价值的良好政治环境。新时代十年,习近平总书记从政治的高度、战略的高度反复强调青年工作的重要性,尤其是在党的二十大报告中再次强调青年工作的"战略性",为做好青年工作营造了极为有利的政治环境。

从政治学的视野来看,党的二十大精神生成青年工作若干新的重大命题:第一,用习近平新时代中国特色社会主义思想引领青年高度政治认同。第二,在推进中国式现代化进程中,共青团成为组织青年永久奋斗的先锋力量。第三,在发展全过程人民民主过程中引导青年实现有序政治参与。第四,在全面建设现代化国家具体实践

中强化培育现代化建设人才。第五,在实现人民对美好生活的向往中筑牢服务青年的生命线。第六,以党的自我革命为引领,深化共青团改革和现代治理。第七,人类文明新形态视域下中国青年运动的战略性地位更加凸显。第八,在构建人类命运共同体过程中全面发挥中国青年对外交往的基础性作用。这些重大命题构成了党的青年工作理论的框架内容,进而衍生出一些重要的研究课题,比如新时代马克思主义理论青年化阐释的机理和路径研究,5G时代有效动员青年机制的生成逻辑研究,全人类共同价值与新时代青年现代人格塑造研究,全面从严治团与基层共青团活力空间生成研究,建构新时代中国青年政治组织发展理论框架研究,等等。

以上这些既是重要的理论问题,又是重大的实践问题。理论来源于实践,反过来又指导实践。在具体的探索中,党的青年工作要把握几个基本原则:一是坚持党的集中统一领导与依法依章程独立自主开展工作相结合,二是坚持引领青年与尊重青年主体地位相结合,三是坚持服务青年与服务大局相结合,四是坚持顶层设计与底层逻辑相结合。总之,学习贯彻党的二十大精神,要原原本本学,联系实际学,带着问题学,把心得体会和学习成果转化为强大精神动力,进一步推动共青团工作全方位融入中国式现代化进程大格局中。

## 四、学习党的二十大精神,全面指导共青团行动,准确把握青年工作的战略性实现路径

中国共青团作为中国共产党领导的先进青年的群团组织,是组织中国青年永久奋斗的先锋力量,其始终以党的旗帜为旗帜,以党的意志为意志,以党的使命为使命,党的奋斗主题就是团的行动方向。在中华民族这艘巍巍巨轮逐渐驶向复兴彼岸的关键时期,共青团毫无疑问必须始终站在维护党的领导、执行党的决定的最前列。要以党的二十大精神全方位指导各级共青团的行动,树立党旗所指就是团旗所向的高度自觉,准确把握青年工作战略性的实现路径。

第一,坚持为党育人总方针,做好在复杂严峻环境下开展思想引领的精神准备。习近平总书记在庆祝中国共产主义青年团成立一百周年大会上,向共青团提出了希

望,其中第一条就是"坚持为党育人,始终成为引领中国青年思想进步的政治学校"①。共青团育人具有三个基本特点:一是政治性,把党的科学理论予以青年化阐释;二是组织性,坚持团、队组织生活的主渠道;三是实践性,不断增强实践教育的感染力。共青团育人过程实质上就是推动青年政治社会化的过程,每一代青年都有属于自己的使命和角色担当,都有属于自己的政治社会化进程。新时代青年人生轨迹与实现民族复兴的进程高度契合,使命尤其光荣,责任尤其重大。同时应该看到,他们从培养政治情感到形成政治认知,从习得政治行为到奠定政治信仰,都会面临世界多极化、经济全球化、社会信息化、文化多样化以及别有用心国家封锁遏制、极限施压所带来的严峻挑战。共青团要准备应对复杂险峻环境,见微知著,未雨绸缪,站稳思想引领的阵地。

第二,持之以恒激活基层,打造更具组织力的共青团。组织力主要体现为组织体系的健全、动员机制的高效,特别是基层组织的有效覆盖和作用发挥。共青团的全部生命力、战斗力在于基层组织的健全与活跃。习近平总书记要求共青团树立大抓基层的鲜明导向,推动改革举措落到基层,使基层真正强起来。长期以来,各级团组织虽然在加强基层建设方面想了不少办法,但往往是一阵风一阵雨,不可持续,或是旧的问题刚解决,新的问题又出现了。基层团组织建设就像一壶烧不开的水。针对这种不可能毕其功于一役的态势,全团要清醒认识基层薄弱的现状,拿出敢于啃硬骨头的勇气,切实激发自我奋斗精神,科学谋划,合理施策,把团的基层建设作为最重要的一项日常工作反复抓、抓反复,力争团的基层薄弱状况得到逐步扭转,团的组织力得到明显提升。

第三,以鲜明的政治逻辑助力青年成长发展,在把握正确导向的同时增强服务实效性。信仰和利益从来就是一对辩证关系。"起于利益,收于信仰"是做好服务青年工作的基本原则。现阶段共青团服务力最根本的体现,在于以推动落实《中长期青年发展规划(2016—2025年)》为统揽,针对青年在成长发展方面面临的现实困难和突出需求,持续加大政策倡导和政策协调力度,努力推动更多普惠性青年发展政策出台,真正做到青年有所呼、政策有所应,让广大青年感受到党和政府的关爱就在身边、关怀就在眼前。只有普通青年有获得感,共青团才有存在感。因此,各级团组织服务青

---

① 习近平:《论党的青年工作》,中央文献出版社,2022年,第7页。

年成长发展的战略在于最广大的普通青年。要主动关心和掌握青少年特别是贫困家庭青少年、残疾青少年、城乡间流动的农村青年、农村留守儿童等群体的成长需求,发挥群团组织优势,积极争取社会支持,为他们提供常态化、接力式的服务。

第四,坚定不移聚焦主责主业,切实提升对党政大局的贡献度。长期以来,共青团工作的基本特征是"点多、面广、线长",但归根结底是培养社会主义合格建设者和可靠接班人,用最大气力、最大精力把广大青年紧紧团结在中国共产党周围。要解决劳而无功、社会功能不彰、政治功能不强的问题,就不能"眉毛胡子一把抓",而是需要科学聚焦工作目标,合理调配工作资源,把政治价值、政治功能作为衡量主要工作的最终标准。当然,也不是为了团结而团结,团结广大青年的根本目的在于实现中华民族的伟大复兴。党的二十大报告指出:"当代中国青年生逢其时,施展才干的舞台无比广阔,实现梦想的前景无比光明。"在未来二三十年内,全面建成社会主义现代化强国注定要成为青年成长发展的重要时代背景和广阔实践舞台。共青团要乘势而上,主动作为,充分发挥组织优势和动员优势,把最广大青年汇聚起来,激荡起青春建功的磅礴洪流。

第五,以党的自我革命推动团的自我革命,把共青团改革和全面从严治团进行到底。中国共产党是以革命起家的,百年来一直在同消极、反动、腐朽的旧思想、旧事物进行忘我斗争,而且一直在以党的自我革命引领社会革命。作为紧跟党走在时代前列的政治组织,共青团必须向党看齐、向党学习,"只有勇于自我革命,才能跟上时代前进、青年发展、实践创新的步伐"[1]。当前,团组织中存在的"机关化、行政化、贵族化、娱乐化"等现象还没有得到彻底清除,团干部的事业心还需要进一步增强,全面从严治团还需要向纵深推进。因此,中国共青团要把党的全面领导落实到工作的全过程各领域,突出政治建设的引领作用,聚焦不断保持和增强政治性、先进性、群众性的目标方向,始终坚持高标准、严要求。尤其要自觉对标全面从严治党经验做法,以改革创新精神和从严从实之风加强自身建设,严于管团治团,全方位加强各级团组织的革命性锻造。

---

[1] 习近平:《论党的青年工作》,中央文献出版社,2022年,第9页。

# 我国青年优先发展主流化进程中的青年发展型省份
## ——基于多元理论范式的审思

朱　峰[①]　卫甜甜[②]

中国式现代化治理体系必然要回应人口规模庞大这样一个现实国情问题,在这个过程中,对采取单一制国家结构的我国而言,治理层级问题与治理幅度问题共同构成了中国式现代化治理体系无法绕开的一个重要现实问题和理论问题。国家治理、省域治理、市域(县域)治理构成了中国式现代化治理体系的三个层级。其中,省域可视为不同区位特征和发展水平的市域集合体,省域治理既要因地制宜向下承担起对顶层设计的制度再生产职责,也要向上传递市域范围内的治理绩效,承担改革的区域试点和经验推广任务,是连接宏观层面顶层设计战略部署与微观层面基层创新、技术创新之间的中间环节。本文针对在中国青年优先发展主流化进程中,介于宏观层面青年发展规划纵深实施和微观层面青年发展型市县广泛创建之间的,中观层面的青年发展型省份构建及其相关的青年人口政治、省域治理、省级政府角色谱系和运行机制等理论问题进行审思,尝试从主流化论、政策建构论、实体论等视角,从现象、治理、知识、事实等逻辑向度,回应部分省份提出的构建青年发展型省份概念及其基本理论问题。

---

① 朱峰,河北大学教授。
② 卫甜甜,浙江省团校党委委员、副校长、副研究员。

# 一、主流化论视野中的青年发展型省份:省域治理与议程生成

## (一)青年优先发展主流化进程中的省域治理

进入新时代以来的十年,终将成为中国式现代化历史进程中具有里程碑意义的十年,这对于当代中国青年发展、中国青年政策、中国青年研究而言同样是意义非凡的十年。习近平总书记关于"青年问题必须引起战略关注"的指示和"全党要把青年工作作为战略性工作来抓"的要求使得青年发展政策在诸多政策议题竞争中获得了"戴帽竞争"的优势和机遇,并在主流化进程中逐步实现了从国家意志转化为政策体系。《中长期青年发展规划(2016—2025年)》《关于开展青年发展型城市建设试点的意见》《青年优先发展国际倡议》等系列专项性青年政策文件和青年政策倡议的发布,大力推动了我国青年优先发展主流化进程。

其中,公共政策视野中的青年优先发展主流化进程是指青年发展政策摆脱了从属于其他公共政策地位,逐渐成为公共政策决策层、执行层、监察层、评估层关注焦点,并在形式上实现了专项化,进而获得社会公众广泛认可的过程。而主流化是一个多元利益相关主体持续深度互动的结果,策略方面包括法律、政策、结构与制度,分析维度方面包括理念、目标、策略、路径、社会支持网络等,涵盖了自上而下、自下而上、上下互动等多种路径。主流化关乎注意力政治,是青年发展在注意力竞争与合作中脱颖而出,获得注意力资源,进而获得主流价值偏好,在财政资金及社会资源配置中获得优先权的过程。

据统计,到2019年10月,我国31个省、自治区、直辖市(不包括港澳台)和新疆生产建设兵团均已出台了省级青年发展规划,并建立了省级青年发展规划联席会议制度,展现出压力型体制和注意力政治在推动青年优先发展主流化和青年发展政策传导中的"高效率"。但相较于因与国家安全、国家竞争力、国家战略等宏大政治议题紧密关联从而日益获得关注的宏观青年政策,微观青年政策在地方层面边缘化的境遇在一定范围与程度内客观存在,因此,推动青年优先发展主流化进程,无疑就成了国家首轮中长期青年发展规划实施的重要政策目标,同时也成了构建青年发展型省份的合理基础。为了在青年优先发展主流化视域下让青年发展型省份构建获得可测度

性,我们将主流化操作化为以下若干观察指标。

第一,明确提出创建青年发展型省份或相关政策概念。"概念是自由的原则,是独立存在着的实体性的力量"[①],明确的政治概念或政策概念关乎主流化政治和注意力政治,是推动青年优先发展主流化、体系化、具象化、现代化的实在性力量,进而将"把青年工作作为战略性工作来抓"要求从抽象理念落实到治理结构。以在省级党代会(全会、常委会)报告或政府工作报告中正式提出、写入省级青年发展规划,在联席会议上提出、印发专门政策文件,召开新闻发布会等形式正式提出作为测度指标。

第二,将创建青年发展型省份及相关概念作为政治承诺写入省级党代会(全会、常委会)报告。这可以视为青年发展型省份作为显性政治议题进入政治议程。当然从实操角度看,创建(建成)青年发展型省份(区域、城市群)、全域推进青年发展型城市建设、创建青年发展型城市、支持开展青年发展型城市相关试点工作等提法均可视为进入省级政治议程,下同。

第三,将促进青年发展或创建青年发展型省份作为经济社会发展战略写入省级政府工作报告。这标志着青年发展型省份作为明确的公共政策议题进入政策议程,有助于其与政府各项职能之间的衔接。

第四,出台省级中长期或"十四五"青年发展规划,并将青年发展有关内容以专章专节专栏等方式列入省级"十四五"规划。这有助于测度青年发展规划与经济社会发展总体规划、其他专项规划的衔接程度。

第五,在"十三五"规划及之前已编制了综合性、专项性青年发展规划。这代表着一个省份青年发展政策整体性、协同性、系统性、连贯性程度,这是考量探索建设青年发展型省份的重要历史维度。

第六,建立省级党委政府青年工作协调议事机构。形式包括建立青年工作厅际联席会议、青年工作委员会、青年发展规划实施联席会议、青少年发展协调委员会等各类跨部门、综合性、常态化的工作协调机制。

第七,推动或组织青年发展型省份的学术研究和知识生产,促进青年发展进入学术议程,优化创建青年发展省份的学理支撑,具体以出版本省青年发展蓝皮书、出台本省青年发展型指标体系为测度指标。

---

[①] 黑格尔:《小逻辑》,贺麟译,上海人民出版社,2009年,第302页。

第八，开展青年发展宣传推广。包括通过网站、官微、省级日报、新闻发布会等方式公开发布青年发展规划文本内容，开设全省青年发展网站、微博、微信公众号专题栏目，引导全社会开展青年发展型省份及相关议题大讨论，推动青年发展进入全省舆论议程或社会议程，推动青年优先发展理念被社会各界广泛知晓、理解、认同。

第九，明确提出探索省域治理模式、实现省域治理现代化等有利于创建青年发展型省份的省域总体战略蓝图。将真实提出省域治理现代化目标作为测度指标。省域治理现代化是一种以省域为空间范围，以省及以下层级政府为治理主体，以省内公共事务为治理对象，以提升专业化、法治化和智能化水平为治理目标，以体系建构、制度创新和条件保障为重点内容的治理行动及过程总和。[①]从系统论视角看，以青年优先发展主流化、青年发展治理现代化为目标的青年发展型省份构建，也是省域治理现代化总体性系统的子系统，受到总系统的势能牵引及其他子系统的协同联动效应影响。

第十，分析省级青年优先发展协调预算人均规模及动态增长情况。具体以该省全省青年人均省级青年优先发展协调预算金额及其增长幅度排名为测算指标（见表1）。考虑到青年发展涉及多个党委政府部门职能领域，青年发展预算涵盖但不限于青年教育预算、青年体育预算、青年健康预算、青年就业预算、青年创新创业预算、青年住房保障预算、青年福利与社会保障预算、青年文化服务预算、未成年人保护预算、预防未成年人违法犯罪预算、青年工作预算（共青团部门预算），同时鉴于共青团被赋予了在推动青年优先发展主流化进程中"协调督促"的功能和使命，本文将省级共青团（含省级团委本级及下属事业单位）年度部门预算界定为青年优先发展协调预算。

表1 各省青年优先发展协调预算及变化情况

| 省份 | 第七次全国人口普查青年常住人口数/人 | 2020年 | | 2023年 | | 2020—2023年青年人均预算变化/元 |
| --- | --- | --- | --- | --- | --- | --- |
| | | 预算总额/万元 | 青年人均预算/元 | 预算总额/万元 | 青年人均预算/元 | |
| 北京 | 6391776 | 24742.5 | 38.70989847 | 16047.25 | 25.1060894 | −13.6038 |
| 天津 | 3774122 | 9375.6 | 24.84180427 | 13609.2 | 36.0592477 | 11.21744 |

① 李建华、李天峰：《省域治理现代化：功能定位、情境描绘和体系建构》，《行政论坛》，2021年第4期，第19—25页。

续表

| 省份 | 第七次全国人口普查青年常住人口数/人 | 2020年 | | 2023年 | | 2020—2023年青年人均预算变化/元 |
|---|---|---|---|---|---|---|
| | | 预算总额/万元 | 青年人均预算/元 | 预算总额/万元 | 青年人均预算/元 | |
| 河北 | 17990585 | 4145.15 | 2.304066266 | 4801.79 | 2.66905718 | 0.364991 |
| 山西 | 9237865 | 3705.1 | 4.010775217 | 1890.51 | 2.04647935 | −1.9643 |
| 内蒙古 | 5561819 | 5043.73 | 9.068490003 | 5714.21 | 10.2739949 | 1.205505 |
| 辽宁 | 9204717 | 1562 | 1.696956028 | 2117.69 | 2.30065737 | 0.603701 |
| 吉林 | 5318824 | 3083.95 | 5.798180199 | 3133.23 | 5.89083226 | 0.092652 |
| 黑龙江 | 6825628 | 2168.92 | 3.177612375 | 5089.05 | 7.45579747 | 4.278185 |
| 上海 | 7171467 | 21945.21 | 30.60072646 | 27500 | 38.3464081 | 7.745682 |
| 江苏 | 21215731 | 5980.35 | 2.818828161 | 8347.73 | 3.93468884 | 1.115861 |
| 浙江 | 17479196 | 7181.14 | 4.108392629 | 8601.74 | 4.92113024 | 0.812738 |
| 安徽 | 15192314 | 3557.6 | 2.34171042 | 4521.4 | 2.97611016 | 0.6344 |
| 福建 | 10917035 | 4738.1 | 4.340097838 | 9386.42 | 8.59795723 | 4.257859 |
| 江西 | 11474048 | 8762.29 | 7.636616127 | 18300.68 | 15.9496282 | 8.313012 |
| 山东 | 23305426 | 10518.94 | 4.513515436 | 10567.04 | 4.53415441 | 0.020639 |
| 河南 | 25262633 | 5858.1 | 2.31887943 | 5119.3 | 2.02643169 | −0.29245 |
| 湖北 | 14153963 | 6413.75 | 4.531416396 | 6755.57 | 4.77291766 | 0.241501 |
| 湖南 | 15590823 | 4404.83 | 2.825270994 | 4526.96 | 2.90360554 | 0.078335 |
| 广东 | 40820320 | 17827.17 | 4.36722936 | 18449.31 | 4.51963875 | 0.152409 |
| 广西 | 12233944 | 6301.09 | 5.150497665 | 9069.21 | 7.41315311 | 2.262655 |
| 海南 | 2893512 | 3426.4 | 11.84166508 | 3638.58 | 12.5749608 | 0.733296 |
| 重庆 | 8203511 | 10541.94 | 12.85052217 | 21062.93 | 25.6755065 | 12.82498 |
| 四川 | 20804965 | 10903.1 | 5.240624053 | 7327.84 | 3.52215925 | −1.71846 |
| 贵州 | 10363756 | 22511.22 | 21.72110189 | 9597.94 | 9.26106327 | −12.46 |
| 云南 | 12994131 | 2196.88 | 1.690670965 | 3766.55 | 2.89865478 | 1.207984 |
| 西藏 | 1202746 | 10830.33 | 90.04669315 | 14155.34 | 117.691848 | 27.64516 |
| 陕西 | 10521126 | 5897.43 | 5.605322092 | 4281.16 | 4.06910819 | −1.53621 |

| 省份 | 第七次全国人口普查青年常住人口数/人 | 2020年 | | 2023年 | | 2020—2023年青年人均预算变化/元 |
|---|---|---|---|---|---|---|
| | | 预算总额/万元 | 青年人均预算/元 | 预算总额/万元 | 青年人均预算/元 | |
| 甘肃 | 6330904 | 7230.15 | 11.42040694 | 17641.48 | 27.8656571 | 16.44525 |
| 青海 | 1670863 | 10640.62 | 63.68337799 | 9076.03 | 54.3194146 | -9.36396 |
| 宁夏 | 2060475 | 1704.63 | 8.272995304 | 2730.15 | 13.2501001 | 4.977105 |
| 新疆 | 7450112 | 8333.1 | 11.18520097 | 10185.87 | 13.6721032 | 2.486902 |

数据来源:各省财政厅财政信息。

此外,出台的青年发展地方性法规和青年发展政策数量推动了青年发展重大工程项目进入省民生实事项目,将青年发展纳入省级综合性或专题性督导、督查、督察、巡察、巡视、绩效考核、评估等评价体系也是重要考察因素,但鉴于数据可获得性等因素,本研究暂未将这几项指标纳入。(见表2)

表2　主流化视角下青年发展型省份分析维度

| 序号 | 观察指标 | 省份名单 |
|---|---|---|
| 1 | 明确提出创建青年发展型省份或相关政策概念 | 浙江、贵州、山东、河北、广西、广东、海南、四川、江西等 |
| 2 | 将创建青年发展型省份及相关概念作为政治承诺写入省级党代会(全会、常委会)报告 | 浙江、山东、四川、广东、江苏等 |
| 3 | 将创建青年发展型省份及相关概念作为经济社会发展战略写入省级政府工作报告 | 贵州、宁夏、山东、江西等 |
| 4 | 出台省级中长期或"十四五"青年发展规划 | 所有省、自治区、直辖市及新疆生产建设兵团均已出台中长期或"十四五"青年发展规划 |
| | 青年发展及相关内容以专章专节专栏方式写入"十四五"规划 | 河北、内蒙古、黑龙江、江苏、福建、江西、河南、广西、海南等 |
| 5 | "十三五"规划及之前已编制了综合性、专项性青年发展规划 | 浙江("十一五""十二五""十三五")、江苏("十一五")、山西("十二五""十三五")、江西("十三五")、河南(2009—2013)、湖南("十三五") |

| 序号 | 观察指标 | | 省份名单 |
|---|---|---|---|
| 6 | 建立省级党委政府的青年工作协调议事机构 | | 所有省、自治区、直辖市及新疆生产建设兵团均已建立 |
| 7 | 推动或组织青年发展型省份的学术研究和知识生产 | | 浙江、陕西、吉林、河北、江西、山东、贵州、广东、江苏等 |
| 8 | 提出省域治理模式探索或实现省域治理现代化的发展蓝图 | | 浙江、江苏、湖北等 |
| 9 | 公开青年发展规划全文 | 官方网站（官微） | 山西、内蒙古、辽宁、吉林、黑龙江、安徽、福建、山东、河南、四川、云南、甘肃、新疆生产建设兵团等 |
| | | 省级日报 | 河北、内蒙古、辽宁、吉林、黑龙江、江苏、福建、江西、河南、海南、四川、贵州、云南、甘肃、青海、新疆等 |
| | | 新闻发布会 | 山西、内蒙古、浙江、江西、广西、四川、青海、宁夏等 |
| | 设置青年发展新媒体专栏 | 微博专栏 | 江苏、安徽、四川、甘肃等 |
| | | 微信公众号专栏 | 山东、广东、内蒙古、吉林、黑龙江、江苏、贵州、福建、云南、青海、浙江、新疆生产建设兵团等 |
| 10 | 全省青年人均青年优先发展协调预算 | 2020年人均额度排名领先 | 西部计划服务省份：西藏、青海、贵州、海南、甘肃、新疆、内蒙古、宁夏等<br>其他省份：山东、广东、福建等 |
| | | 2023年人均额度排名领先 | 西部计划服务省份：西藏、青海、甘肃、江西、新疆、宁夏、海南、内蒙古等<br>其他省份：福建、浙江、山东等 |
| | | 2023年较2020年正增长 | 西部计划服务省份：西藏、甘肃、江西、宁夏、黑龙江、新疆、广西、云南、内蒙古、海南、安徽、辽宁、河北、吉林、湖南等<br>其他省份：福建、江苏、浙江、广东等 |

## （二）青年发展型省份概念的正式政策建构

在中长期青年发展规划向省级层级再向市县层级纵深推进过程中,浙江、山东、贵州、河北、广西、四川等省份先后提出了创建青年发展型省份的发展愿景,使得青年发展型省份相关表述作为显性政策概念进入省域治理政策话语体系。如海南提出了建设青年友好自贸港目标,广东省提出了"青春湾区"粤港澳青年发展型大湾区的发展目标,这两个省份结合本省承担的重大区域发展国家战略任务来定义特色化的青年发展型省份框架。①政策创新带来的注意力资源和政治资源构成了各省围绕基本遵循和特色省情进行政策概念建构的重要动力机制。来自内在的产业结构调整、动能转换、社会治理等现实需求构成了政策概念建构的核心拉力机制。2022年4月21日,在国务院新闻办公室举行的《新时代的中国青年》白皮书发布大会上,团中央书记处书记傅振邦也指出:17个部委联合印发的《关于开展青年发展型城市建设试点的意见》之所以能够出台也得益于"部分城市先行探索的总结提升","近年来,在中长期青年发展规划实施过程中,深圳、成都、济南、宁波、苏州、洛阳等90多个城市提出建设青年发展型城市,山东、贵州、浙江等省份提出建设青年发展型省份,这些地方的探索和实践,为我们在全国层面部署这项工作奠定了基础",这就进一步使得青年发展型省份作为一个政策概念在国家青年发展治理政策话语中得以确认。也就是说,尽管中央政府开展的青年发展规划实施试点和青年发展型城市(县域)试点等"政策试点与溯因学习"模式主要局限于城市和县域,但在国家规划出台前个别省域层级自发开展的以及国家出台相关政策后更多省域自觉开展的"创新探索与归纳学习"则更直接为国家层面顶层设计优化提供了经验。

第一,省域治理现代化模式:浙江。该模式以整体治理和系统治理为理论基础,注重将建设(建成)青年发展型省份作为子系统纳入省域治理现代化总系统。2018年,浙江省委省政府印发的《浙江规划》在全国率先明确提出青年发展型省份建设愿

---

① 部分直辖市、副省级城市也提出了创建青年发展型城市或青年友好型城市的愿景和目标,例如上海市第十二次党代会明确提出要"建设青年发展型城市,打造年轻人的希望之城",但由于其治理的规律和特点更符合市域治理的逻辑,因此,我们将这些省级城市纳入青年发展型城市的学术讨论,本文有关青年发展型省份的讨论不再将其纳入。

景。浙江要打造的青年发展型省份就是"青年与浙江共发展,浙江对青年发展更友好、更关爱,青年对浙江发展更担当、更有为,这是一场'双向奔赴',互为贡献者和受益者",在推进"共同富裕先行和省域现代化先行"大场景下,打造"青年品质生活首选地、青年精神文明新高地、青年创业生态最优地、青年权益保障样板地、青年助力共富先行地",推动青年高质量发展与省域高质量发展有机融合、良性互动①。2022年6月,浙江省第十五次党代会报告提出"加快建设青年发展型省份"的愿景。2022年2月,浙江省委十五届二次全会进一步提出了到2035年"高水平建成青年发展型省份"的目标。

第二,双目标驱动模式:贵州。该模式以人学理论和人类成长理论为理论基础,适应贵州产业亟待转型、流动人口回流但人才总量不足的实际,将目标定位于青年"友好"和青年"成长"双维,通过青年提升素质、成长成才,进而服务贵州,围绕"四新"主攻"四化"。2020年,贵州省"在全国率先提出建设'青年友好型成长型省份'",即围绕"让贵州对青年更友好,青年对贵州更有为,青年在贵州更好成长"目标,"持续深化青年思想政治引领,围绕建设和提供更好的创新创业舞台、成长成才空间、发展发力机会、融入融合环境、配套配合政策,加快建设青年友好型成长型省份,深入开展试点示范工作,促进青年优先全面发展"②。贵州青年友好型成长型省份不仅关注城市青年,也关注农村青年、乡镇青年;不仅对青年"友好",还要有利于青年"成长"③。为此,贵州省将"争取更加全面、准确掌握贵州青年发展的急难愁盼,把握贵州青年工作的基本面,从而将贵州抓好青年工作的比较优势,转化为实现'友好''有为''成长'目标的具体路径"。贵州建设"青年友好型成长型"省份,就是要践行"闯新路"的历史使命,努力走出一条"不同于东部,有别于西部其他省份的青年发展新路"。2022年1月20日,贵州省十三届人大五次会议将"要建设青年友好型成长型省份,培育凝聚更多

① 沈吟、黄宏:《加快建设青年发展型省份——浙江与青年,双向奔赴》,《浙江日报》,2022年7月25日第1版。
② 范力:《蓝绍敏出席全省中长期青年发展规划联席会议强调:进一步统一思想认识形成工作合力 高标准高质量推动规划实施落地见效》,《贵州日报》,2021年9月26日第1版。
③ 李雅娟:《贵州建设青年友好型成长型省份报告》,引自吴大华、史麒麟:《贵州青年发展报告（2022）》,社会科学文献出版社,2022年,第192—193页。

青年人才"写入政府工作报告。

第三，全域覆盖模式：山东。该模式以市域治理为理论基础，注重激发市县党委政府主体性，为市县试验探索赋能赋权的一种路径，对于人口规模庞大的山东而言，这有利于扩大政策落地的覆盖面。2021年10月，山东省"在全国率先启动全省域青年发展友好型城市建设"。而"全省域青年发展友好型城市建设"指向的内容主要是聚焦就业质量、双创活力、住房保障、宜居环境等青年发展最受关注的10个方面精准发力，促进城市对青年更友好、青年在城市更有为，以此为统揽推动中长期青年发展规划纵深实施，探索出一条有山东特色的实践路径。2022年，山东省将"增强人口集聚能力，全域推进青年发展友好型城市建设"写入了山东省第十二次党代会报告。2023年，写入山东省十四届人大一次会议政府工作报告。

第四，源流汇聚模式：河北。该模式以政策源流论为理论基础，注重稳中求进，积累汇聚政治、政策、试点、知识等多源流，建构本质化的青年发展型省份体系、机制、环境，赋予其"实"，在水到渠成时正式开启政策之窗，赋予其"名"，这是一种适合作为首都政治护城河的河北省的政策模式。河北省于2021年10月组织开展了"建设青年发展友好型省份"大讨论，聚焦"河北省建设青年发展友好型省份的必要性、可操作性、路径研究、具体举措、优势、问题及对策、评价标准、远景目标"等关键问题，并听取智库专家和社会各界意见。2022年5月，河北22个省直部门联合印发意见，全省域启动建设青年发展友好型城市的探索和实践。随后河北创建青年发展型城市的探索迅速向市县推广，在基本完成了青年发展型省份体系建构之后，2023年2月，河北省委常委会（扩大）会议明确提出"认真实施中长期青年发展规划，着力建设青年友好型省份"，由学术研究和基层探索汇聚成的洪流将"青年友好型省份"推上了正式政治议程。

第五，多层级联动模式：广西。该模式以多层级治理为理论基础，注重从省域、市域（县域）、社区多层次分层施策推动政策目标实现，有助于对不同基础的地方分类施策，并实现层级联动。2022年11月，广西提出了构建青年发展友好型区域的目标，并印发《关于建设青年发展友好型区域的若干措施》，明确其为"广西出台的第一部全面系统聚焦青年发展的政策性文件，是全国率先以若干措施形式推出的建设青年发展友好型省域的系统政策集成"。广西对于青年发展友好型区域的定义包含了"让广西对青年更友好、让青年在广西更有为、让广西和青年联系更紧密"三大部分，既注重对青年的"输入性"帮扶，也突出发展青年的"输出性"贡献，还强调对青年发展工作机制的深化改革，这一概念包括了"关系"和"环境"两个方面。①为此，广西"整体推进建设青年发展友好型区域，支持经济基础较好、青年人口比例较高的设区市率先整体建设青年发展友好型城市，具备合适条件的县（市、区）建设青年发展友好型县域，其他暂不具备连片建设条件的设区市从建设青年发展友好型社区起步，发挥示范作用，逐步建设青年发展友好型广西，努力在新发展阶段，走出一条符合边疆民族地区促进青年发展和经济社会高质量发展新路子"②。

第六，国家战略驱动模式：广东、海南。该模式以试验治理和注意力政治为理论基础，注重借势大湾区、自贸区等重大国家战略，建设差异化、特色化的青年发展型省份并赋予其全国意义。2021年底，广东结合粤港澳大湾区建设国家战略，提出了"打造'青春湾区'粤港澳青年发展型大湾区，示范带动'活力广东'青年发展型省份"目标及16条配套举措，这一定位意味着广东青年发展型省份建设在一定程度上承担着促进港澳青年融入国家发展大局的使命。海南则提出了"青年发展友好型自贸港"的发展愿景，这一愿景被定义为以省级青年发展规划为统揽打造青年发展友好自贸港，推动青年发展型城市（县域）国家试点率先探索，做优建强"中国（海南自贸港）青年筑梦大道"青少年动员引领服务平台，用心用情培养海南自由贸易港的合格建设者和接班人4个维度。同时，海南启动了《海南青年发展友好自贸港规划》编制工作，以激励青年在海南自由贸易港高质量、高标准建设，发展更高层次的开放型经济，培育"新技术、新产业、新业态、新模式"等事业中唱主角、挑大梁。

此外，2022年11月29日，四川省委十二届二次全会也首次提出要建设"青年发展型省份"，2023年2月15日，江西省委常委梁桂出席共青团江西省委十六届六次全体（扩大）会议时提出要"积极探索建设青年发展型省份"，越来越多的省份开始在省级层面以建设青年发展型省份来更新青年发展主流化模式。

---

① 广西人民政府新闻办：《解读〈关于建设青年发展友好型区域的若干措施〉新闻发布会》，广西人民政府网站，2022年12月14日，http://www.gxzf.gov.cn/zt/xwfb/xwfbh_164244/index.shtml，2022年12月15日查询。
② 广西人民政府新闻办：《解读〈关于建设青年发展友好型区域的若干措施〉新闻发布会》，广西人民政府网站，2022年12月14日，http://www.gxzf.gov.cn/zt/xwfb/xwfbh_164244/index.shtml，2022年12月15日查询。

## 二、政策建构论视野下的青年发展型省份：层级逻辑与角色类型

### （一）青年发展型省份政策建构中的层级逻辑

从关系性角度审视青年发展型省份的政策建构，有2个最重要关系。一个是不同层级政府关系，包括中央政府与省级政府关系、省级政府与市县政府关系、省级政府之间关系、市县政府之间关系。省本身就是中国四级治理体系中的一个重要层级，省级政府属于最高层级地方政府。因此，青年发展型省份在一定意义上也是从层级关系之中加以界定的，是从青年发展型国家向青年发展型城市过渡的关键层次。另一个是青年与环境的关系。它包括青年与省域产业、治理、生态的关系，当然省域构成了当前青年流动的主要地理范围①，所以青年发展型省份要关注并回应青年流动性问题，以及与此相关的城乡间、城市间青年发展的整体性治理问题。现有关于省级政府层级特征的讨论，主要关注省级政府在中央政府宏观政策顶层设计和市县政府微观政策落地实施之间角色扮演的差异性问题，并由此引出2个关键学术问题：一是区分省级政府差异化角色扮演的评判维度及标准，二是省级政府差异化角色扮演的类型化理论模型建构。

通常更高层级政府对青年工作倾入的注意力更强，低层级政府工作中青年工作相较而言更为"边缘"，这在一定程度上受制于不同层级政府的事权、财权和责任分工分化，即在公共物品和公共服务提供中存在的层级职责分工，也就是功能性分权体制。中央政府对于国家战略安全负有主要责任，并需要对国家中长期全局发展进行规划，青年工作往往被置于战略安全和国家竞争力提升的角度加以审视，财政投入的外溢效应明显，属于全局性、长周期的政府事项。而地方政府尤其是低层级地方政府则面临具体的经济社会管理和群众现实诉求等诸多现实难题和紧迫压力，受制于精力资源和考核评价约束，因此对于被建构为"具体工作""实际工作"的招商引资、产业

---

① 根据《第七次全国人口普查公报（第七号）》，2020年，全国流动人口375816759人，其中，跨省流动人口124837153人，约占流动人口总数的33.22%，省内流动人口250979606人，约占流动人口总数的66.78%。

发展、安全稳定、风险化解、基层治理、疫情防控等即时性工作倾注了更多的精力。而基层青年工作往往被建构为"务虚工作""抽象工作"，长期以来在被强势部门掌握话语权所形成的职能差序秩序中，青年工作通常被视为"次要工作"而不是"优先工作"，是"边缘工作"而不是"中心工作"。这种观念和认知也会自我客观化为青年工作所处的泛在结构和环境，限制了青年工作获得财政预算，而预算规模和结构又直接决定了政府履行职能的范围和边界。青年工作的属性特点决定了基础性青年成长保障和福利服务主要还是在微观层面的市县和社区层面。高层级政府直接面向青年提供公共服务受制于幅度的有限性、空间的可及性，从而往往导致效率与公平的悖论困境，例如省级政府直接开设运营的青少年活动场所往往只能更直接造福精英青少年、特殊青少年或省会青少年，而无法直接提升全省青少年公共服务水平，青少年活动场所更优化的提供方式在县域、乡镇（街道）和村（社区）层面，省级政府如果要履行积极角色，其更合意的功能在于通过议程设置、政策工具和观念塑造（例如制定地方性法规、编制发展规划、提出政策倡导、开展社会倡导），定位于建立完善青少年设施场所需要的政策体系和工作体系。

从这个意义上讲，省作为承上启下的关键层级，上接天线，下接地气，中央政策通过省级向市县和基层传导，而市县和基层政策试验创新通过省进入顶层设计和国家战略。对于青年发展规划实施中省级的事权职能定位，2020年6月印发的《共青团服务青年发展重点领域和重点群体工作指引》明确提出"清晰界定各层级工作职责"，并要求省级团委将工作重点放在"推动省级青年发展规划与地方五年规划相衔接，推动县级以上党委和政府普遍建立并有效运转青年工作联席会议机制；协调出台地方性青年政策，总结推广基层典型经验和示范项目；为地市和县级团委开展青少年服务工作营造氛围、搭建平台、提供保障"等工作方面。2021年5月发布的《关于扩大〈中长期青年发展规划（2016—2025年）〉实施县级试点工作的通知》要求省级团委"加强对试点地区的指导，优化工作环境，督促落实责任，推动完善机制，制定配套措施，确保试点目标任务如期实现，有条件的可以同步开展省内试点工作"。可见，省级政府在青年发展事务方面具有独特的权力、资源，包括青年发展数智化基础设施供给能力，一定青少年群体和青少年政策研究、传播能力，协助地市党委协管地市团委的协管权力，等等，都使得其不仅可以协调横向的党政部门，还可以向下协调青年发展政策和青年发展型城市（县域）创建等任务向市县层级传导，并协调助力市县推动相关任务实施落地,这些都从省级事权和层级关系方面界定了青年发展型省份的基本逻辑。

一般认为,中央政府向省级及以下政府推动政策扩散的机制通常有行政指令、经济激励、政治激励等类型。不同于市县试点试验来自中央、省所提供的指令式、竞争式试验安排,省域开展青年发展型省份政策试验最初多为自发性试验,其动力来自内部,但青年发展规划纵深实施开启之后,中央尽管没有组织面向省级层次的试点,但通过交流平台、发言机会、业绩通报、表彰通报、机会倾斜、省级共青团工作考核、省级团委青年发展规划实施绩效评价等机会、方式进行注意力调试,释放反馈机制,形成扩散网络。例如共青团中央在部署青年发展型城市(县域)试点申报工作过程中,明确要求:青年发展型城市名额每个省份1个,对于有一半及以上地级市已明确提出青年发展型城市建设的省份,可增加1个名额。青年发展型县域原则上每个省3个名额,名额分配不搞地区间简单平衡,工作基础较好的地区可增加1—2个名额。而从实际入选名单上可以看出,青年发展型城市试点,浙江、广东、山东等省份均有3个城市入选,河北、江苏、江西、四川、贵州均有2个城市入选。青年发展型县域试点,浙江、广东、江苏、湖北均有6个县域入选,而河北、山东、河南、贵州均有5个县域入选。这些获得政策倾斜的省份或明确提出了青年发展型省份愿景,或为青年人口大省,或青年发展工作基础较好。《中国共青团》2022年第14期介绍的5个省份——河北、山东、广东、四川、贵州均提出青年发展型省份目标,而该期刊载的40个经验案例来自17个省(自治区、直辖市),其中,提出青年发展型省份概念的省份全部有案例入选,且入选数量排在前列,分别为广东5篇、浙江4篇、河北4篇、山东4篇、四川4篇、贵州3篇、广西1篇。这一方面折射出优化青年发展型省份建设整体性设计在促进基层创新的实践成果优势突出,另一方面,也反映出中央政府部门对地方试验成效显著省份的政策激励。

## (二)青年发展型省份省级政府角色类型

从政策系统逻辑和结构逻辑角度看,判断一个省份是否为青年发展型省份可以从以下四重维度逻辑的9个指标加以考察,这涉及层级间、领域间、区域间、城市间、城乡间、"人—事"间等青年发展的关键关系。基于上述青年发展型省份概念界定及其构成要素逻辑审视,再进一步对接各省的省级政府在青年发展规划纵深实施中的角色扮演和功能发挥状况,我们可以将关系性治理视角下的青年发展型省份划分为如下类型谱系（见表3）。

表3　目前提出青年发展型省份愿景的省份的探索模式

| 项目 | | 青年发展型省份 |
|---|---|---|
| 设计逻辑 | | 四川、青海、内蒙古、新疆、浙江、山东、山西、湖南等 |
| 幅度逻辑 | | 山东、河北、浙江、广东、贵州、广西、四川、江西、福建等 |
| 试验逻辑 | 青年发展规划实施省级试点 | 河北、山西、浙江、福建、广东、四川、贵州、云南、西藏、甘肃等 |
| | 青年发展型城市（县域）省级试点 | 河北、黑龙江、江苏、福建、江西、山东、河南、湖北、湖南、海南、云南、西藏、青海、宁夏、新疆等 |

类型一：信息传递转包者。传递转包者角色是指在弱行政指令压力下，省级层面未对中央政策进行适省化的系统转译和精准设计，直接将中央政策打包或基本参照中央规划出台文件转发给市县政府。国家规划提出"各地要以本规划为指导，根据实际编制本地区青年发展规划"，随着任务分解的层级压力、来自其他省份的竞争压力以及省级政府在实践中增强了政策模仿或学习能力，这一类型逐步在实践中消失了。当然，为了便于掌握各省级青年发展规划出台时省级政府的决策类型，我们将这一角色与类型二（政策转译设计者）角色放在一起讨论，即中央政策经过省级或直接传递转包或经过转译设计到达市县。

类型二：政策转译设计者。结合国家青年发展政策体系并根据本省实际设计特色发展领域，作为中国特色治理工具的发展规划，体现出国家对经济社会发展宏观调控的国家意志和国家能力。发展规划体系具体又可以分为三级三类：三级即国家级规划、省级规划、市县级规划，三类即总体规划、专项规划和区域规划。由党委政府印发的青年发展规划无疑属于专项规划中的综合性专项规划。目前我国青年发展规划体系也呈现出三级三类的格局，三级是作为国家级规划的《中长期青年发展规划（2016—2025年）》以及省（自治区、直辖市）级、市县级规划，三类则主要包括综合性青年发展专项规划、领域性青年发展专项规划以及共青团部门（或青年工作）规划。省级是国家层面宏观青年战略向中观青年政策、再向微观青年发展设施项目服务转化的关键层级。因此，这也就导致国家层面规划的宏观性、抽象性、指导性特征非常明显，而市县层级规划具象性、针对性、操作性更强，作为中间层级的省级政府就有必要通过中观层面的省域青年政策将国家宏观青年政策转换为更具实操性的市县微观青年政策。这一角色主要体现为设计逻辑:是否对中央政策纵深推进进行了适省化的转化,以省级青年发展规划结合本省实际设计符合省情的特色领域作为测度指标。

类型三:政策压力传导者。省级政府完成中央政府部门(共青团中央)提出的出台省级规划和建立联席会议机制等规定性动作之后,将政策举措转化为实际项目,开展试点以及向市县纵深推进等压力随之而来,在省级政府部门运用强行政指令性政策工具推动青年发展规划实施或青年发展型城市纵深推进过程中,省级政府的政策压力传导者角色便形成了。这一角色主要通过幅度逻辑展开:除了青年工作联席会议等协调机制等必选动作,青年发展型城市(县域)、青年发展规划编制等关键工作在设区市和县(市、区)层面是进行了部分覆盖还是全域覆盖? 将全域覆盖作为测度指标,考虑到由于部分省的覆盖是一个动态化的过程,可以考虑将地市或县(区)中任一层级实现了50%以上相对多数覆盖视为实现全域覆盖,覆盖50%以下或只推动本省国家试点的省份均视为部分覆盖。

类型四:政治支持提供者。通过政策性支持、示范性支持、协商性支持、试点性支持、传播性支持、评价性支持、学术性支持、督导性支持等非直接财政支持工具为市、县创建青年发展型城市(县域)提供支持和指导。政策性支持主要包括在省域内大力推动与青年发展型城市(县域)创建相关的专项政策出台,并进入高层级领导注意力视域或党委政府文件。示范性支持则是运用政策工具为市县提供可供参考的政策文本、实践范式、工作参照或流程参考,便于市县青年工作联席会议办公室争取市县党政支持和各部门理解。协商性支持是指省级政府部门通过写信、拜访、会谈、喜报等方式与市县党委政府及其领导人沟通交流、交换意见、协商推进、争取支持。试点性支持是指对国家级、省级青年发展规划实施试点或青年发展型城市(县域)试点给予政策倾斜、经验推广、项目落地等支持的做法。传播性支持是指在各类咨政报告、主流媒体宣传展示市县青年发展业绩成果。评价性支持是指通过青年发展综合评价排名、青年发展型城市(县域)或试点城市(县域)评价排名、将青年发展型城市(县域)创建或试点纳入共青团工作考核评价等方式,为表现突出的市县及其青年工作联席会议办公室提供支持的做法。学术性支持是指通过协调专业智库、专业协会、专家学者等专业性力量,整合调查研究、研究平台、研究成果等专业性资源对市县层级给予支持的做法。河北省率先推行此做法,开展了三轮青年发展规划实施省级试点(青年发展友好型城市省级试点）工作，探索采用了"省级学会＋试点县（区）"的工作模式，为试点县（区）指派青年研究专家作为研究顾问，并根据基层需要协助试点县（区）建立青年发展智库或青年发展专家委员会，在青年发展综合性调查中扩大地市层级的样本数量，在《河北青年发展报告（2020）》蓝皮书研发过程中扩大实现层级样本数量，增强其代表性，直接为地市级单位提供研究数据和研究报告。河北县域经济体量大多弱于发达省县域，青年发展资源受限，因此来自省级政府组织动员的专业支持对于基层尤其县域来说是稀缺资源。浙江省开展了青年发展规划实施省级试点工作，并率先研发了覆盖省、市、县三级的青年发展综合指数，据此开展了青年发展型城市（县域）的评价工作，并从综合指数总体表现以及发展环境、生活品质、人文素养、职业发展、权益保障、社会参与、人口态势等7个一级维度对全省设区市和县（市、区）进行了分类评价。这里主要体现为层级逻辑：是否对地市和县区给予了支持？给予了什么样的支持？具体以组织开展了青年发展规划实施、青年发展型城市（县域）省级试点工作作为测度指标。（见表4）

类型五：服务提供合作者。通过转移支付、合作提供、项目落地支持等方式直接提供资金性或物质性资源支持。当然，分税制实行后，政策试点直接财政性支持减少了，因此来自青年发展相关省级试点的直接财政性支持相对较少，资金性支持更多通过项目合作、经费共筹、协助对接投资方等方式实现分担市县政策试验经济成本以实现创新激励。团河北省委与全国青年发展试点县域肃宁县人民政府联合开展河北省青年电商直播大赛，双方分别提供相应的资源和保障，助力肃宁打造京津冀青年电商创业先锋城市和中国北方直播电商产业中心。

表4　青年发展型省份政策扩散效果

| 省份 | 覆盖效果 | |
| --- | --- | --- |
| | 提出创建青年发展型城市或将青年发展写入党代会报告、政府工作报告 | 其他覆盖方式 |
| 浙江 | 11个设区市和72个县（市、区）明确提出建设青年发展型城市或县域目标 | 11个设区市、62个县（市、区）出台青年发展规划 |
| 河北 | 11个地市党委、政府先后提出建设青年发展友好型城市，实现地市全覆盖，带动82个县（市、区）同步跟进。所有地市及125个县（市、区）将青年发展工作写入地方党代会报告或政府工作报告 | 将省市县三级青年发展作为专章专节列入"十四五"总体规划并实现全覆盖 |

| 省份 | 覆盖效果 | |
| --- | --- | --- |
| | 提出创建青年发展型城市或将青年发展写入党代会报告、政府工作报告 | 其他覆盖方式 |
| 山东 | 16个地市、102个县(市、区)将青年发展友好型城市建设写入同级党代会报告或政府工作报告 | 开展山东省青年发展友好型城市试点,选取全省30%共计44个县(市、区)先行先试,试点县域覆盖全省16个地市 |
| 广东 | 12个地市、15个县(市、区)已先后提出了开展"青年发展型(友好型)城市(区县)"建设。21个地市将青年发展相关内容纳入市党代会报告 | |
| 贵州 | 6个市(州)、23个县(市、区)将建设"青年友好型成长型省份(城市)"写入党代会报告或政府工作报告 | 92.7%的市、县党委政府将规划工作纳入党建或高质量考核 |
| 四川 | 16个市(州)以党委、政府名义提出建设青年发展型(友好型)城市 | 37个试点县开展青年发展规划实施试点 |
| 江西 | 7个设区市、42个县(市、区)以党代会报告、政府工作报告等形式提出创建青年发展型城市 | 推动青年发展规划有关内容纳入11个市级、29个县级党校主体班次培训课程 |
| 湖南 | | 青年发展型城市省级试点将在全省14个市州全面铺开,并选取约30个县(市、区)同步推进 |
| 西藏 | | 7个地市各有1个县(区)被列为首批自治区级青年发展规划试点。每个地市三分之一以上的县(区)参与自治区级青年发展型城市(县域)试点 |
| 福建 | 9个设区市、平潭综合实验区已将建设青年发展型城市写入政府工作报告,实现了全覆盖 | |

这些类型非常显著地存在于一个连续性的光谱之中的不同位置,且在实践中并非静止,而是存在显著流变性,即在纵向的中央向省级、市县级持续的政策创新传导和横向的省际青年政策创新扩散推动下,提出的政策概念和完善政策体系都得以持续推进,并不断从谱系弱光一段向强光一段演化。处于不同角色谱系位置中的省份,其政策传导效果也存在一定差异性。中央政府部门推动的政策创新,要想进入市县政治议程、政策议程以及进入到何种程度,省级政府角色非常关键。因为一项政策从

中央政府部门下达到省级政府,在政策注意力竞争中,省级政府对政策问题重要性、全省推广实施可能性判断及前期政策基础均是重要影响因素,青年政策相较于其他政策具有更鲜明的未来向度,短期收益激励不足。因此,政策传递施压、政策转译设计、政治性支持、资金性支持等强行政指令,相较于弱行政指令,更有利于促进政策目标达成,促成政策按层级层层扩散而不是弱行政指令下的跨层级扩散或选择性执行。

当然除了需要关注上述政治精英建构的青年发展型省份概念,还必须坚持以青年为中心的青年政策价值取向,从回应青年期待、满足青年有感的青年本体视角审视这一概念。

## 三、实体论视野下的青年发展型省份:空间分布与流动态势

实体论的青年发展型省份注重以结构性事实为尺度审视青年本体分布和空间流动取向的特征,注重用客观化、可测度的事实来界定和评价一个省份是否能够定义,以及定义为何种发展阶段,或定义为何种发展程度的青年发展型省份。一个省份对于青年及青年发展的友好程度(情感吸引力、价值凝聚力、群体承载力、赋权参与力、赋能创造力、赋值贡献力)这种抽象的形而上的氛围最终需要客观化为一定形而下的结构,并且和青年发生深度关联,从而在"用脚投票"的青年发展型省份筛选机制作用中,产生青年人口流入或流出等跨区域跨省份流动现象,青年人口在不同省份所受到的环境塑造和价值分配方面的激励抑或排斥,都会在客观化的事实和数据层面有所体现。实体论青年发展型省份又可以通过3种方法加以测量①。

第一,基于该省青年人口净流入(出)指标及其变化的测度方法。通过该省省外流入青年人口数与该省流出省外青年人口数的差值,判断该省份在截面时点青年人口净流入规模。而用青年净流入数量与该省青年常住人口的比值则可以测算出净流入(出)率。本文将存在青年人口净流入,即能够吸引、凝聚流动青年的省份认定为青

---

① 当然,青年是一个流变性的社会群体,今日之青年将成为明日之成年,今日之少年将成为明日之青年,"没有人永远18岁,但永远有人18岁",而少年儿童人口结构情况无疑也是一个省份未来青年人口储备的可资参考指标之一。因此,除这三个方法之外,当前0—14岁少年儿童人口数量及比例在一定程度上也可以观察一个省份的人口出生率趋势和老龄化程度,进而预判一个省份未来青年人口储备规模和比例。

年发展型省份。而从动态和趋势角度看,第七次全国人口普查(简称七普)与第六次全国人口普查(简称六普)相比,青年人口净流入率上升或人口净流入规模扩大的省份也可以被认定为青年发展型省份。2020年,全国流动人口总数达到124837153人[①],其中广东(27934861人)、浙江(13824222人)、江苏(5956547人)、新疆(2787278人)、福建(2275872人)、辽宁(973039人)、海南(665360人)、宁夏(308681人)、西藏(269502人)等省(自治区)人口净流入绝对规模较大,广东(22.17%)、浙江(21.41%)、新疆(10.78%)、西藏(7.39%)、江苏(7.03%)、海南(6.60%)、福建(5.48%)、宁夏(4.29%)、辽宁(2.28%)等省(自治区)人口净流入率较高。而2020年与2010年相比,新疆(3.93%)、西藏(3.72%)、浙江(3.09%)、海南(2.99%)、广东(2.41%)、湖北(2.05%)、宁夏(2.03%)、江苏(1.54%)等省(自治区)净流入率增长幅度较大,广东(7317674人)、浙江(3854185人)、江苏(1636174人)、新疆(1292897人)、湖北(1140002人)、山东(849926人)、海南(352648人)、辽宁(200537人)、宁夏(166024人)、西藏(159264人)、江西(126741人)等省(自治区)人口净流入规模增长最大。(见表5)

表5 2010年六普和2020年七普各省(自治区、直辖市)人口流动情况

| 省(自治区、直辖市) | 2010年 | | | | 2020年 | | | | 两次普查净流入率变化情况/% |
| --- | --- | --- | --- | --- | --- | --- | --- | --- | --- |
| | 省外流入人口/人 | 流出省外人口/人 | 净流入人口/人 | 净流入率/% | 省外流入人口/人 | 流出省外人口/人 | 净流入人口/人 | 净流入率/% | |
| 全国 | 85876337 | 85876337 | — | — | 124837153 | 124837153 | — | — | — |
| 北京 | 7044533 | 274365 | 6770168 | 34.52 | 8418418 | 470339 | 7948079 | 36.30 | 1.78 |
| 天津 | 2991501 | 273134 | 2718367 | 21.01 | 3534816 | 798555 | 2736261 | 19.73 | −1.28 |
| 河北 | 1404673 | 3498253 | −2093580 | −2.91 | 3155272 | 5480251 | −2324979 | −3.12 | −0.21 |
| 山西 | 931653 | 1083291 | −151638 | −0.42 | 1620518 | 1985416 | −364898 | −1.05 | −0.63 |
| 内蒙古 | 1444181 | 1067556 | 376625 | 1.52 | 1686420 | 1777743 | −91323 | −0.38 | −1.90 |
| 辽宁 | 1786530 | 1014028 | 772502 | 1.77 | 2847308 | 1874269 | 973039 | 2.28 | 0.51 |
| 吉林 | 456499 | 1372853 | −916354 | −3.34 | 1001471 | 2413950 | −1412479 | −5.87 | −2.53 |
| 黑龙江 | 506397 | 2553648 | −2047251 | −5.34 | 829176 | 3932375 | −3103199 | −9.74 | −4.40 |

---

[①] 基于数据可获得性的考虑,本研究使用总体流动人口数据,而非青年流动人口数据,下同。

续表

| 省(自治区、直辖市) | 2010年 | | | | 2020年 | | | | 两次普查净流入率变化情况/% |
|---|---|---|---|---|---|---|---|---|---|
| | 省外流入人口/人 | 流出省外人口/人 | 净流入人口/人 | 净流入率/% | 省外流入人口/人 | 流出省外人口/人 | 净流入人口/人 | 净流入率/% | |
| 上海 | 8977000 | 250340 | 8726660 | 37.91 | 10479652 | 383687 | 10095965 | 40.59 | 2.68 |
| 江苏 | 7379253 | 3058880 | 4320373 | 5.49 | 10308610 | 4352063 | 5956547 | 7.03 | 1.54 |
| 浙江 | 11823977 | 1853940 | 9970037 | 18.32 | 16186454 | 2362232 | 13824222 | 21.41 | 3.09 |
| 安徽 | 717463 | 9622595 | -8905132 | -14.97 | 1550509 | 11520516 | -9970007 | -16.34 | -1.37 |
| 福建 | 4313602 | 1667254 | 2646348 | 7.17 | 4889876 | 2614004 | 2275872 | 5.48 | -1.69 |
| 江西 | 599942 | 5787395 | -5187453 | -11.64 | 1279014 | 6339726 | -5060712 | -11.20 | 0.44 |
| 山东 | 2115593 | 3095717 | -980124 | -1.02 | 4129007 | 4259205 | -130198 | -0.13 | 0.89 |
| 河南 | 592134 | 8626229 | -8034095 | -8.54 | 1273646 | 16100852 | -14827206 | -14.92 | -6.38 |
| 湖北 | 1013612 | 5889792 | -4876180 | -8.52 | 2249614 | 5985792 | -3736178 | -6.47 | 2.05 |
| 湖南 | 724982 | 7228896 | -6503914 | -9.90 | 1577563 | 8041141 | -6463578 | -9.73 | 0.17 |
| 广东 | 21497787 | 880600 | 20617187 | 19.76 | 29622110 | 1687249 | 27934861 | 22.17 | 2.41 |
| 广西 | 841806 | 4184566 | -3342760 | -7.26 | 1359384 | 8109132 | -6749748 | -13.47 | -6.21 |
| 海南 | 588463 | 275751 | 312712 | 3.61 | 1088143 | 422783 | 665360 | 6.60 | 2.99 |
| 重庆 | 945194 | 3506899 | -2561705 | -8.88 | 2193575 | 4176463 | -1982888 | -6.19 | 2.69 |
| 四川 | 1128573 | 8905128 | -7776555 | -9.67 | 2590041 | 10358150 | -7768109 | -9.28 | 0.39 |
| 贵州 | 763294 | 4048596 | -3285302 | -9.45 | 1146546 | 8454728 | -7308182 | -18.95 | -9.50 |
| 云南 | 1236549 | 1482442 | -245893 | -0.53 | 2230394 | 2961828 | -731434 | -1.55 | -1.02 |
| 西藏 | 165423 | 55185 | 110238 | 3.67 | 407121 | 137619 | 269502 | 7.39 | 3.72 |
| 陕西 | 974362 | 1960598 | -986236 | -2.64 | 1933712 | 2988018 | -1054306 | -2.67 | -0.03 |
| 甘肃 | 432833 | 1593265 | -1160432 | -4.54 | 765648 | 3448299 | -2682651 | -10.72 | -6.18 |
| 青海 | 318435 | 242086 | 76349 | 1.36 | 417304 | 430896 | -13592 | -0.23 | -1.59 |
| 宁夏 | 368451 | 225794 | 142657 | 2.26 | 675119 | 366438 | 308681 | 4.29 | 2.03 |
| 新疆 | 1791642 | 297261 | 1494381 | 6.85 | 3390712 | 603434 | 2787278 | 10.78 | 3.93 |

数据来源：《2010年第六次全国人口普查主要数据》,中国统计出版社,2011年版；《2020年第七次全国人口普查主要数据》,中国统计出版社,2021年版。

第二,基于某省青年常住人口占该省常住人口比例及其变化情况测度的方法。从截面数据看,可以通过青年常住人口占该省常住人口比例来判断一个省的人口年轻化程度,对于这一比例高于全国青年人口占全国总人口比例水平的省份,可以被认定为青年发展型省份。从动态和趋势角度看,还可以通过七普和六普2次人口普查中,青年常住人口占该省常住人口比例的变化情况来进行测度,比例提升的省份视为青年发展型省份。2020年,全国15—34周岁青年人口占全国总人口的25.79%,西藏(32.97%)、广东(32.39%)、新疆(28.82%)、海南(28.70%)、宁夏(28.61%)、青海(28.21%)、云南(27.52%)、浙江(27.07%)、贵州(26.88%)、陕西(26.62%)、山西(26.46%)、福建(26.28%)等省份青年常住人口比例高于全国水平。而受到人口出生率下降的影响,相较于2010年全国31.92%的青年人口比例,2020年这一比例下降了6.13个百分点,且全国所有省份均出现了青年人口比例下降的情况(百分点下降),其中,贵州(-1.09)、四川(-2.45)、安徽(-4.16)、浙江(-5.03)、宁夏(-5.41)、青海(-5.42)、新疆(-5.50)、河南(-5.58)、西藏(-5.70)、云南(-5.72)、湖南(-6.07)等省份青年人口比例下降幅度低于全国平均水平。(见表6)

表6 2010年六普和2020年七普各省(自治区、直辖市)15—34周岁青年人口分布情况

| 省(自治区、直辖市) | 2010年 | | | | 2020年 | | | | 青年人口占本省常住人口比例变化情况/% | 青年人口占全国青年人口比例变化情况/% |
| | 常住人口/人 | 青年人口/人 | 青年人口占本省(全国)常住人口比例/% | 青年人口占全国青年人口比例/% | 常住人口/人 | 青年人口/人 | 青年人口占本省(全国)常住人口比例/% | 青年人口占全国青年人口比例/% | | |
|---|---|---|---|---|---|---|---|---|---|---|
| 全国 | 1332810869 | 425453687 | 31.92 | 100.00 | 1409778724 | 363618337 | 25.79 | 100.00 | -6.13 | 0.00 |
| 北京 | 19612368 | 7907459 | 40.32 | 1.86 | 21893095 | 6391776 | 29.20 | 1.76 | -11.12 | -0.10 |
| 天津 | 12938693 | 4858591 | 37.55 | 1.14 | 13866009 | 3774122 | 27.22 | 1.04 | -10.33 | -0.10 |
| 河北 | 71854210 | 23631906 | 32.89 | 5.55 | 74610235 | 17990585 | 24.11 | 4.95 | -8.78 | -0.60 |
| 山西 | 35712101 | 11772419 | 32.96 | 2.77 | 34915616 | 9237865 | 26.46 | 2.54 | -6.50 | -0.23 |
| 内蒙古 | 24706291 | 7776286 | 31.47 | 1.83 | 24049155 | 5561819 | 23.13 | 1.53 | -8.34 | -0.30 |
| 辽宁 | 43746323 | 12495374 | 28.56 | 2.94 | 42591407 | 9204717 | 21.61 | 2.53 | -6.95 | -0.41 |
| 吉林 | 27452815 | 8313646 | 30.28 | 1.95 | 24073453 | 5318824 | 22.09 | 1.46 | -8.19 | -0.49 |
| 黑龙江 | 38313991 | 11460893 | 29.91 | 2.69 | 31850088 | 6825628 | 21.43 | 1.88 | -8.48 | -0.81 |
| 上海 | 23019196 | 8440839 | 36.67 | 1.98 | 24870895 | 7171467 | 28.83 | 1.97 | -7.84 | -0.01 |
| 江苏 | 78660941 | 24587879 | 31.26 | 5.78 | 84748016 | 21215731 | 25.03 | 5.83 | -6.23 | 0.05 |
| 浙江 | 54426891 | 17469037 | 32.10 | 4.11 | 64567588 | 17479196 | 27.07 | 4.81 | -5.03 | 0.70 |
| 安徽 | 59500468 | 17284518 | 29.05 | 4.06 | 61027171 | 15192314 | 24.89 | 4.18 | -4.16 | 0.12 |

续表

| 省(自治区、直辖市) | 2010年 | | | | 2020年 | | | | 青年人口占本省常住人口比例变化情况/% | 青年人口占全国青年人口比例变化情况/% |
|---|---|---|---|---|---|---|---|---|---|---|
| | 常住人口/人 | 青年人口/人 | 青年人口占本省(全国)常住人口比例/% | 青年人口占全国青年人口比例/% | 常住人口/人 | 青年人口/人 | 青年人口占本省(全国)常住人口比例/% | 青年人口占全国青年人口比例/% | | |
| 福建 | 36894217 | 13083336 | 35.46 | 3.08 | 41540086 | 10917035 | 26.28 | 3.00 | -9.18 | -0.08 |
| 江西 | 44567797 | 14076712 | 31.58 | 3.31 | 45188635 | 11474048 | 25.39 | 3.16 | -6.19 | -0.15 |
| 山东 | 95792719 | 28386295 | 29.63 | 6.67 | 101527453 | 23305426 | 22.95 | 6.41 | -6.68 | -0.26 |
| 河南 | 94029939 | 29152900 | 31.00 | 6.85 | 99365519 | 25262633 | 25.42 | 6.95 | -5.58 | 0.10 |
| 湖北 | 57237727 | 18328971 | 32.02 | 4.31 | 57752557 | 14153963 | 24.51 | 3.89 | -7.51 | -0.42 |
| 湖南 | 65700762 | 19402097 | 29.53 | 4.56 | 66444864 | 15590823 | 23.46 | 4.29 | -6.07 | -0.27 |
| 广东 | 104320459 | 41821150 | 40.09 | 9.83 | 126012510 | 40820320 | 32.39 | 11.23 | -7.70 | 1.40 |
| 广西 | 46023761 | 14421273 | 31.33 | 3.39 | 50126804 | 12233944 | 24.41 | 3.36 | -6.92 | -0.03 |
| 海南 | 8671485 | 3038489 | 35.04 | 0.71 | 10081232 | 2893512 | 28.70 | 0.80 | -6.34 | 0.09 |
| 重庆 | 28846170 | 7416470 | 25.71 | 1.74 | 32054159 | 8203511 | 25.59 | 2.26 | -0.12 | 0.52 |
| 四川 | 80417528 | 21961459 | 27.31 | 5.16 | 83674866 | 20804965 | 24.86 | 5.72 | -2.45 | 0.56 |
| 贵州 | 34748556 | 9717648 | 27.97 | 2.28 | 38562148 | 10363756 | 26.88 | 2.85 | -1.09 | 0.57 |
| 云南 | 45966766 | 15281048 | 33.24 | 3.59 | 47209277 | 12994131 | 27.52 | 3.57 | -5.72 | -0.02 |
| 西藏 | 3002165 | 1160845 | 38.67 | 0.27 | 3648100 | 1202746 | 32.97 | 0.33 | -5.70 | 0.06 |
| 陕西 | 37327379 | 12642503 | 33.87 | 2.97 | 39528999 | 10521126 | 26.62 | 2.89 | -7.25 | -0.08 |
| 甘肃 | 25575263 | 8039579 | 31.43 | 1.89 | 25019831 | 6330904 | 25.30 | 1.74 | -6.13 | -0.15 |
| 青海 | 5626723 | 1892233 | 33.63 | 0.44 | 5923957 | 1670863 | 28.21 | 0.46 | -5.42 | 0.02 |
| 宁夏 | 6301350 | 2143923 | 34.02 | 0.50 | 7202654 | 2060475 | 28.61 | 0.57 | -5.41 | 0.07 |
| 新疆 | 21815815 | 7487909 | 34.32 | 1.76 | 25852345 | 7450112 | 28.82 | 2.05 | -5.50 | 0.29 |

数据来源:《2010年第六次全国人口普查主要数据》,中国统计出版社,2011年版;《2020年第七次全国人口普查主要数据》,中国统计出版社,2021年版。

第三,基于青年常住人口占全国青年总人口比例指标及其变化的测度方法。从截面时点看,可以测算一个省份青年常住人口占全国青年总人口的比例,比例靠前的省份青年人口绝对数量规模庞大,可以认定为青年发展型省份。广东在青年发展政策宣传话语中经常提及一个事实,即每10个中国青年中就有1个广东青年。这正是从这个意义上来进行测度的。也可以基于相对规模比较视角,测量一个省份青年常住人口占全国青年总人口的比例和一个省份常住人口占全国总人口的比例的差值比较判断,对于前者高于后者的省份,意味着该省青年常住人口相对规模高于该省常住人口相对规模,可以视为青年发展型省份。从动态和趋势看,还可以测度七普和六普青年常住人口占全国青年总人口比例的变化,这反映出该省青年人口相对规模变化,比例提高的省份可以视为青年发展型省份。2020年,青年常住人口占全国青年总人口4%以上的省份共有9个,可以认定为青年人口大省,分别为广东(11.23%)、河南(6.95%)、山东(6.41%)、江苏(5.83%)、四川(5.72%)、河北(4.95%)、浙江(4.81%)、湖南(4.29%)、安徽(4.18%)。2020年,各省青年人口占全国青年总人口比例高于常住人口占全国总人口比例的省份共12个,分别为广东(2.29%)、浙江(0.23%)、云南(0.22%)、新疆(0.22%)、贵州(0.11%)、陕西(0.09%)、海南(0.08%)、西藏(0.07%)、山西(0.06%)、宁夏(0.06%)、福建(0.05%)、青海(0.04%)。2020年与2010年相比,全省青年常住人口占全国青年总人口比例上升的省份有广东(1.40%)、浙江(0.70%)、贵州(0.57%)、四川(0.56%)、新疆(0.29%)、安徽(0.12%)、河南(0.10%)、海南(0.09%)、宁夏(0.07%)、西藏(0.06%)、江苏(0.05%)、青海(0.02%)。

这些数据反映出,随着以人为核心的新型城镇化道路的持续推进,除超大城市和特大城市之外的其他城市落户逐步放开,县城建设提质升级工程实施带来的公共服务优化和集聚力、承载力提升,东部产业结构升级迭代带来的部分行业企业转移布局西部带给西部大量就业岗位,过去以青年个体城市化的城市化趋势逐步被青年家庭城市化新趋势所替代,人口形势变化、技术变革、产业迭代带来就业结构变化,这些带有一定长期性和趋势性的新变化,都为乡村青年、西部青年在本地本省安业提供了便利,加之新冠疫情的影响,青年远距离流动也逐步让位于市域内、省域内近距离流动。当然,这或许也能够反映出数字时代深入发展带来的青年"职业—居住"空间分离对青年发展空间的重构。

实体论的青年发展型省份关注青年省域分布的实然状态,有助于我们在权力、知识、媒介所生产出的知识之外更加客观地审视青年"用脚投票"的后果,以及由此折射出的"青和力"在不同省域的重新配置。总体看,浙江、广东、江苏等发达省份"青和力"优势依然突出,浙江省在各个测度维度均有突出表现,全省2020年净流入人口13824222人,净流入率达到了21.41%,净流入人口规模和净流入率仅次于广东,在所有省份中位列第二。得益于中央治疆方略、治藏方略,新疆、西藏等西部边疆少数民族自治区实现了经济社会高质量发展与社会稳定、长治久安相协调,此外青年发展相关领域的共青团、教育等对口支援新疆、西藏工作也在中央、省、市各层级展开,为新疆、西藏在青年发展领域获得教育机会、增强创新能力、拓展工作资源提供了助力,不仅实现了青年留疆留藏学习就业创业,还吸引大量内地青年来疆来藏居住工作。宁夏、贵州等过去的人口流出大省也依托西部大开发及"东产西移"逆袭。海南借助自贸岛建设成为青年向往之地。我们发现诸多主动建构青年发展型省份政策体系的省份在不同维度的实体论层面也呈现出青年人口规模或比例的优势,这或许也反映出随着治理现代化的推进,青年发展相关政策议程对青年人口现实问题回应性获得了一定优化。此外,福建、安徽、湖南、辽宁、河南、湖北、山东、河北等也在不同维度入围实体论青年发展型省份名单,反映出这些省在特定维度的优势。

当然实体论的方法也有一定局限性。一方面,限于数据可获得性,本文以总体流动人口推测青年流动人口,可能容易忽略了对不同地区流入人口和流出人口年龄结构差异性的影响。统计显示,2010年全国人口普查时,全国省外流动人口中的青年占比约为57.62%,而到2020年七普时,这一比例下降为44.99%,下降了近12.63个百分点。另一方面,2020年初以来暴发的新冠疫情对中国经济社会发展和人口流动态势也产生了较大影响。因此在2020年底实施的七普所反映的截面时点人口流动情况无疑也反映出,疫情之下东部、中部、西部省份青年分布和比例已经在一定程度上发生的变化,在2022年底疫情防控措施出现较大调整之后,青年人口流动所发生的变化将在今后进行研究。(见表7)

表7 实体论方法测度的青年发展型省份名单

| 测度指标 | 具体方法 | 省（自治区、直辖市）名单 |
|---|---|---|
| 本省人口净流入指标 | 方法一：2020年人口净流入率（测度截面时点对青年吸引力） | 广东、浙江、新疆、西藏、江苏、海南、福建、宁夏、辽宁等 |
| | 方法二：2020年人口净流入规模（测度截面时点对青年吸引力） | 广东、浙江、江苏、新疆、福建、辽宁、海南、宁夏、西藏等 |
| | 方法三：2020年与2010年相比人口净流入率相比增长程度（测度对青年吸引力变化趋势） | 新疆、西藏、浙江、广东、海南、湖北、宁夏、江苏、辽宁、四川、湖南等 |
| | 方法四：2020年与2010年相比人口净流入规模增长程度（测度对青年吸引力变化趋势） | 广东、浙江、江苏、新疆、湖北、山东、海南、辽宁、宁夏、西藏、江西、湖南、四川等 |

续表

| 测度指标 | 具体方法 | 省(自治区、直辖市)名单 |
|---|---|---|
| 青年常住人口占本省常住人口比例指标 | 方法一:2020年青年常住人口占本省常住人口比例高于全国青年总人口占全国总人口(测度人口年轻化程度) | 西藏、广东、新疆、海南、宁夏、青海、云南、浙江、贵州、陕西、山西、福建等 |
| | 方法二:2020年与2010年相比青年常住人口比例负增长程度低于全国负增长程度(测度人口年轻化变化趋势) | 贵州、四川、安徽、浙江、宁夏、青海、新疆、河南、西藏、云南、湖南等 |
| 本省青年常住人口占全国青年总人口比例指标 | 方法一:2020年青年人口占全国青年人口比例(测度青年人口绝对数比重) | 广东、河南、山东、江苏、四川、河北、浙江、湖南、安徽等 |
| | 方法二:2020年青年人口占全国比重高于常住人口占全国比重(测度青年常住人口相比常住人口年轻化程度) | 广东、浙江、新疆、贵州、陕西、海南、西藏、宁夏、山西、福建、青海等 |
| | 方法三:2020年与2010年两次青年人口占全国青年总人口比例相比正增长(测度青年人口绝对数比重变化趋势) | 广东、浙江、贵州、四川、新疆、安徽、河南、海南、宁夏、西藏、江苏、青海等 |

## 四、结语

　　基于上述主流化论、政策建构论、实体论的讨论,我们认为青年发展型省份是指一种认同青年独特价值、尊重青年成长权益、推动青年优先发展的省域治理现代化模式和可持续发展道路,它要求通过省域治理与国家治理、基层治理的良性持续互动,在省级政府层面构筑青年优先发展的制度体系、政策体系、工作机制、平台体系、项目体系、试验体系、技术体系、传播体系、保障体系、督导体系、评价体系,同时积极推动青年优先发展的理念和行动进入政治议程、治理议程、基层议程、学术议程、社会议程,大力推动青年发展型城市(县域)创建,协调层级间性、领域间性、城市间性、城乡间性、群体间性、流动性、"人—事"间性等关键发展关系,营造有利于青年思想引领、发展促进和建功立业的政治环境、经济环境、社会环境、文化环境、生活环境、空间环境,实现青年优先发展体系全领域、全省域、全过程覆盖,实现了省域青年绝对数量与相对比例增长趋势,对省外青年吸引力不断增强,青年精神成为全省各个社会群体共同的精神气象。总的来看,青年发展型省份构建既是省域治理现代化的题中之义,也是中国青年发展政策体系和实施机制完善的必然路径,过去数年乃至20年来的实践都展现出省域青年发展制度创新和实践探索对于整个国家青年发展战略完善的意义。本研究仅是对青年发展型省份的洞窥,未来应进一步加强对青年发展型省份的经验总结和理论构建,更好发挥这一中间层级对于实现青年发展现代化领域韧性治理的积极价值和意义。

第一,体系化逻辑。省域治理的特点有别于国家治理和基层治理(市域治理、县域治理、社会治理)。省级政府有时很难如城市政府(包括同样作为省级单位的直辖市政府)所承担的市域治理功能那样,直接面向基层、面向青年提供公共服务和活动,其主要责任更多在于对国家顶层设计进行转化,进而建立横向到边、纵向到底的省域青年发展治理体系机制、提升治理能力及其现代化水平。要在国家治理规范性和基层治理创新性的中间环节和中间层级探索省域青年发展治理现代化的坐标和定位,发挥省域青年发展治理体系的独特优势,在自主性和规范性关系之中,在层级间性、领域间性、城市间性、城乡间性、群体间性等青年发展关键关系中生成和扩散青年发展公共性的意义价值,凝聚和壮大共同体,在国家鞭长莫及、市县力所不能的领域发挥作用,从而实现国家、省域、基层青年发展治理的整体性、整合性、协同性、连贯性。

第二,数智化趋势。以大数据、云计算、人工智能、物联网、区块链等为标志的数字技术带来的变革对产业发展、政府运行、社会治理等各个领域都产生了深刻的变化。省域治理覆盖更加多元的青年群体类型、更加复杂的青年发展环境,青年发展型省份所涉及的问题域显然要比青年发展型城市县域更加广阔。省域青年发展治理必须适应青年的数字化生存以及数字经济、数字政府、数字社会的数字时代发展趋势,打造数智化的"未来青工"应用场景,通过省域治理现代化下的技术赋能可以为青年发展治理提供组织整合、平台构建、资源配置、信息共享、流程再造、业务整合等方面的支持,提高青年发展治理现代化水平。

第三,差异化逻辑。不同主体功能区位、不同能级量级、不同文脉传统、不同产业结构、不同治理优势、不同青年结构的市县,推进青年优先发展主流化的目标、内容、过程、路径方法、项目载体、保障措施也存在差异,而中国青年发展政策体系完善坚持系统思维、遵循"稳中求进"路线,因此,需要省级层面通过试点探索和示范推广等流程和路径优化将差异化的实践、经验、模式、理念在全省域进行推广,帮助市县选择合适的发展模式和道路。来自省域的探索创新一方面构建起跨层级决策者、专家学者、青年与青年组织、其他利益相关者互动的场景,增进了政策回应性与知识共享性;另一方面也有利于运用地方性知识和领域性知识助力国家治理层面完善顶层设计、优化政策体系、提升制度创新、增强治理韧性,而这些也正是中国青年发展政策自主知识生产的源泉。

第四,协同化逻辑。青年发展领域的协作、对口支援工作早已在地方层面或由国家提供诱因或由地方自主自觉展开。而在共同富裕的目标导向下,在城市群、都市圈成为城镇化新趋势的背景下,应鼓励不同城市县域因地制宜探索城市年轻化之路,并进一步协调省域、城市群青年发展关系,实现全省域整体性的青年发展治理的"帕累托改进",避免抢人大战、照搬照抄、政策雷同带来的负向外部性效应。例如一些青年流动人口很少的小城市照搬大城市的政策工具创建青年驿站,而驿站的使用效率很低,明显就是没有明确界定政策设计优先解决的问题和政策资源优先投入的方向。针对承担了长三角一体化发展战略、京津冀协同发展战略、粤港澳大湾区建设、西部大开发、东北振兴、中部地区加快崛起等区域发展国家战略任务的相关省份应"以区域化青年发展进步推动区域发展,在区域发展中更好促进青年发展"[1]。浙江省开展的山海协作模式未来或为省域内、省际发展协作,最终实现共同富裕和共同现代化提供可能的路径和方法。当然,在人口出生率持续下降、青年比例持续下降的时代背景下,更重要的是在全社会弘扬青年精神,让青年精神成为全社会各个社会群体的精神气象,促进国家、省域、市域(县域)的重新年轻化。还需加强青年发展型省份学理研究,有助于我们深度思考高层级地方政府以国家整体性超越地域分割性,在破解青年政策碎片化、分散化、割裂化以及城市间、地区间、城乡间青年发展协同性进程中应发挥的作用。未来,构建起容纳多层级互动、多领域交流、多方面参与的青年发展型省份政策平台与政策进化机制,促进政策知识的生产、传播和交流,不断提高青年发展型省份政策体系的可操作性和正当性也是必然趋势。

---

① 邓希泉、李伟娟:《目标评估与完善策略:中国特色青年发展政策体系研究》,《中国青年社会科学》,2022年第3期,第46—54页。

# 青年发展型省份建设的内涵释要与行动策略
## ——以浙江省为考察中心

浙江省青年工作联席会议办公室等①

## 一、研究背景

党的十八大以来,习近平总书记高度重视青年发展,亲切关心青年工作,亲自提议、亲自指导制定了新中国历史上第一个青年发展专项规划,并在党的二十大报告中向全党传递了"把青年工作作为战略性工作来抓"的鲜明信号。对标中央要求,浙江省委、省政府于2018年出台《浙江规划》,在全国率先提出青年发展型省份建设目标。2022年6月,"加快建设青年发展型省份"写入省第十五次党代会报告。12月,省委十五届二次全会又明确将"高水平建成青年发展型省份"纳入2035年的总体目标,青年发展型省份建设正式成为省委重大决策部署。浙江各地纷纷启动相关建设工作,并做出了诸多有益探索。在全国范围内,各地也在开展青年发展型省份与城市建设,截至2023年2月底,全国已有6个省提出建设青年发展型省份,187个城市提出建设青年发展型城市,13个省份将《中长期青年发展规划(2016—2025年)》(简称《规划》)和青年发展相关内容纳入党代会或政府工作报告中。这些省份和城市结合自身实际大

---

① 本文由浙江省青年工作联席会议办公室、浙江省青年发展研究中心联合供稿,具体撰稿人:蔡宜旦、程德兴、杨媛媛。

胆试、大胆闯，也形成了一批可复制、可推广的成功经验，在总体上形成了百花齐放、百舸争流的良好态势。

然而，在青年发展型省份进入全面建设的新阶段后，"青年发展型省份"更多是作为一种政策话语见诸各种政策文本和媒体报道中，相关理论发展相对滞后，各地对青年优先发展理念认识上的偏差、对青年发展政策顶层设计上的不足、对青年发展项目建设实践上的盲动，亦导致了发展定位不准、发展政策雷同、资金资源浪费等问题，尚存在较大理论研究空间。因而，本课题将聚焦"青年发展型省份建设"这一选题，以浙江省域建设实践为考察范围，探讨"青年发展型省份"的内涵意蕴与"青年发展型省份建设"的行动策略，从学理层面剖析"什么是青年发展型省份""青年发展型省份建设的目标和路径是什么"等理论"元问题"，同时结合浙江实践探讨青年发展型省份建设过程中面临的主要问题，提出相应的对策建议，以期能够为推动青年发展型省份建设提供理论支撑，也为各级党委政府解答好"如何处理青年发展与地区经济社会发展二元关系"的实践之问。

## 二、文献综述

在我国，青年发展型省份及其建设尚属于新生的社会治理议题，相关的理论研究尚在探索、起步阶段。在知网上以"青年发展型省份""青年发展型省份建设"为关键词进行检索，仅12条检索结果且多为发表在《中国共青团》和《中国青年报》上的新闻报道或实践总结性质的文章，理论性不高。鉴于"青年友好型省份""青年发展型城市""青年友好型城市"等概念与"青年发展型省份"具有一定的相似性，本文也对上述这些概念的相关研究进行了检索和梳理。从总体上看，"青年发展型省份"及其建设的学术研究滞后于地方实践。同时，"省份"是我国本土性概念，"青年发展型省份建设"也是本土性的治理实践，国外研究成果较少。

在国外，关于青年与城市发展议题，各界较早就提出了从关注儿童、老人等弱势群体需求的视角构建友好城市的发展模式。20世纪90年代，联合国发起了"儿童友好型"城市（Child Friendly Cities，CFC）倡议。后来，这一理念逐渐迁移至青年群体，衍生了"儿童—青年友好型"城市和"青年友好型"城市理念。如在美国，到2009年为止，40多个社区制订了青年规划，但规划侧重于社区实体间的合作及青年参与，没有注意到物理环境对青年的重要性，也没有引起城市规划者的普遍重视和参与，因此学者提出应该更多地关注物理环境，特别是与安全等相关的环境。澳大利亚学者也关注了相似的问题，他们利用"开放街区地图"收集与儿童和青年相关的城市基础设施数据，创建城市要素列表，总结出青年友好型城市包含的七大维度，包括教育和照顾、交通流动、娱乐与运动、文化活动、会见与常去场所、安全和数字化连接等。在"以人为本的地区治理"方面，21世纪以来，公共治理理论主要形成了以下基本共识：主张分权导向，摒弃国家和政府组织的唯一权威地位，社会公共管理应由多主体共同承担；服务而非统治，传统公共行政模式发生变革，公共政策、公共服务是协调的产物；等等。除在研究层面出现上述转向之外，地区公共治理实践也呈现出了相应的转变。具体而言，在实践层面，以政府治理为主的传统公共行政范式被解构，基于不同主体之间博弈和利益协调的"多中心"和多元关系共同参与的治理结构逐渐形成。而其中，原作为治理对象的"市民"或"居民"成为治理主体中的一员，"市民"及其与政府的关系成为地区公共治理的关键。"青年发展型省份建设""青年发展型城市建设""青年友好型城市建设""儿童友好型城市建设"等便是这种突出强调"市民"或"居民"等"人"在公共治理结构中重要性的一种实践形态。公共治理的相关理论为理解"青年发展型省份建设"提供了参照理论。

在国内，随着各级青年发展规划的出台实施，以及青年发展型城市建设相关文件的出台，"青年友好型""青年发展型"城市等概念和理念逐渐进入学术话语体系，成为学术研究的议题和方向。目前学界对于青年友好型城市、青年发展型城市研究侧重点大体分为理论内涵、功能特征及其指标体系建构等方面。在理论内涵分析层面，青年友好型城市因青年的发展性特征，在城市政策的话语体系中也叫青年发展型城市，在国内外的媒介话语中通常被称作"青春城市"或"年轻城市"，它是指青年发展与城市发展有机融合和良性互动的一种城市发展道路和城市政策框架（朱峰，2018）。从定义来看，青年友好型城市是一种以人为中心的、注重青年优先发展的城市规划、建设与更新的理念与模式（朱峰，2018）。从青年发展（友好）型城市建设来看，单耀军等（2020）认为青年友好型城市所赋予青年发展的意义在于将青年优先发展从理念照进现实，使得青年在城市发展中共享基础设施和公共服务，参与城市建设和城市治理，建构一种良性互动关系。聂伟等（2021）基于"2017年中国社会状况综合调查"（简称

CSS①2017)的数据分析发现,城市社会质量与青年获得感高度关联,青年友好型城市建设过程中需要关注城市社会经济保障、社会凝聚、社会包容和社会赋权。肖小平等(2022)认为青年与城市互动成长理念在不同空间类型的发展延伸,为青年发展型城市建设的试点推广营造了良好的社会氛围和政策环境。此外,青年发展型城市试点地区中有些城市正在积极探索志愿之城建设,青年和志愿服务成为"双城"建设的契合点,产生叠加效应(马凯等,2022)。但在青年发展型城市建设过程中,囿于注意力竞争、部门主义制约、信息技术应用滞后、利益表达失衡等因素,不少地区青年发展型城市建设也面临治理主体、治理机制、治理手段和服务供给等方面的碎片化困境。在指标体系建构方面,基于城市和青年互动的结构化理论,闫臻(2022)认为青年友好型城市具有主体性、包容性、参与性、流动性和可持续性的功能特征,并构建了以人本导向、平等共享、资源支撑、接纳融入、基础保障为一级标题的相关指标体系。

已有的国内外相关研究为本课题提供了一些关于青年友好型城市和青年发展型城市建设的学术探讨和地方实践,开拓了本课题的研究思路,但仍然存在以下不足:一是多数研究尚未完全跳出政策话语体系,没有明确研究的理论视角,对于"什么是青年发展(友好)型城市""什么是青年发展(友好)型城市建设""怎么建设青年发展(友好)型城市"未做出清晰的理论性的学理构建与阐释;二是对地方性建设实践的理论观照不足,建设经验与理论建构之间脱节较为明显。

本课题将聚焦"省份"这一行政空间,探讨"青年发展型省份"及其建设的理论内涵和机理,并将理论研究与地方实践进行有机结合,在对浙江青年发展型省份建设实践"深描"的基础上,从理论与实践的耦合缺口中反思青年发展型省份建设过程中存在的问题和不足。

## 三、青年发展型省份建设的内涵释要

正如文献综述中提到的,青年发展型省份建设是一个新生事物,是省域社会治理的新模式、新提法,目前学界的研究还比较少,也尚未形成关于青年发展型省份及青年发展型省份建设内涵的学理性界定,更多是作为政策话语存在于通知、文件、会议

①CSS,全称 Chinese Social Survey,即中国社会状况综合调查。

材料之中。然而,作为政策话语的"青年发展型省份及青年发展型省份建设"的概念并非凭空出现,而是在一定社会历史语境及底层逻辑之下发生的。全面梳理"青年发展型省份"概念发生的社会历史语境及底层逻辑是全面把握和理解其理论逻辑、本质内涵,以及青年发展型省份建设原则和方向等内容的基础。因此,下文将对"青年发展型省份"概念出现的社会历史语境、底层逻辑、重要维度进行系统梳理,并在此基础上全面剖析"青年发展型省份建设"的概念内涵和基本原则等内容。

## (一)"青年发展型省份"概念的产生:社会历史语境、底层逻辑与重要维度

### 1. 从青年倡议到全国性共识:"青年发展型省份"概念产生的社会历史语境

任何概念的出现都不能"悬浮"于社会结构之上,都有该概念赖以生长和存在的社会历史语境,并且在社会结构的动态建构过程中不断被再概念化。"青年发展型省份"这一概念的衍生也有赖于一定的社会历史语境。

在理论上,"青年发展型省份"的概念内涵在本质上是一种论述"青年与地区发展"的话语体系,而这种话语体系在纵向线性维度上具有一定的历史连续性。早在"青年发展型省份"概念出现之前,基于城市与青年发展之间关系来定位城市发展模式和发展方向的概念就已经在国内出现。2010年,200余名上海世博会、北京奥运会、广州亚运会的青年志愿者联合发表《海宝宣言》,提出要建设"青年友好型城市",并形成了"城市承载着青年的梦想,青年引领着城市的未来"这一"海宝共识"。彼时,《海宝宣言》中"青年友好型城市"的出现,是一群青年志愿者在城市志愿服务过程中对"青年在城市经济社会发展结构中力量发挥"的一种自我检视的结果,但也由此拉开城市与青年同频共进的帷幕。此后,随着青年在社会结构中的重要性以及青年工作重要性的日益凸显,"青年与地区发展"的话语体系逐渐进入政策体系之中。2016年,南通市提出加快建设"青年和人才友好型城市"计划,旨在吸引高层次人才、青年人才来南通创业创新,为产业转型提供人才支撑[1]。但这仅是基于本地经济社会发展需求的视角,强调在"青年引入"基础上给予部分青年人才政策上的关注,所关注到的

---

[1] 肖小平、郑金铃:《青年发展型城市建设的现状及推进策略》,《广西青年干部学院学报》,2022年第2期,第80—86页。

青年群体和涉及的青年发展领域较为有限,也更为强调"青年为城所用"的单向维度。直到2017年4月,国家层面的青年发展规划出台之后,"青年发展"正式被制度化,青年发展和青年工作所涉及的维度更加明确。此后,各地均从多样化和全面化的角度展开青年发展的政策设计,提出各自的发展定位。如,在市级层面,2017年5月,深圳在全国率先提出"青年发展型城市"建设构想,将青年发展与城市发展的融合上升到新的高度,对城市与青年发展之间的关系予以全新定位。2018年1月,深圳市委六届九次全会明确建设青年发展型城市任务。2020年,成都市以举办第31届世界大学生夏季运动会为契机,印发了《青年友好城市营造共建共治共享行动工作方案》,从"城市认同度、宜业性、互联度、创造性、公益性、国际性"6个方面着手,推进青年与城市的共建、共治、共享。同年,淄博在新经济发展大会上推出了《关于建设多彩活力的青年创业友好型城市25条政策措施》,这些措施包括从完善宜居宜业宜创服务配套到降低青年人创业生活成本,从打造国际化淄博范儿有机融合的青年社交场景到构筑青年荣耀之城。在省级层面,2018年,浙江省级层面的青年发展规划出台,首次提出了"青年发展型省份"。2020年贵州省在全国率先提出"青年友好型成长型省份"创建计划。至此,在各级青年发展规划出台和实施的基础上,青年与地区双向协同发展的理念正式被纳入一些城市和省域经济社会发展和社会治理的范畴,并一举成为某些地区经济社会发展的统领性目标之一,在某些地区成为一种制度性的任务。如果说,《关于开展青年发展型城市建设试点的意见》(中青联发〔2022〕1号,以下简称《意见》)出台之前,"青年发展型城市"和"青年发展型省份"只是某些城市和省份在推动规划落地实施过程中提出来的话,那么在《意见》出台实施后,"青年发展型城市"和"青年发展型省份"则在全国范围内形成了共识,成为各地市和各省份经济社会发展和建设的目标。

综上,通过对"青年发展型省份"概念发生的社会历史语境进行梳理发现,"青年发展型省份"概念的历史演变呈现出多维变迁图景,大概经历了3个阶段:一是规划出台前,嵌含在"青年与地区发展"话语体系之中的"青年友好型城市""青年和人才友好型城市"等概念零星出现,但提出来的地区较少,且此时这些概念要么是青年在自我检视之下提出来的口号,要么是个别地区在"青年为城所用"视角下基于引入青年目标提出来的单向维度的政策。二是《规划》出台后至《意见》出台前,在《规划》强大的制度指引力之下,不少地区提出了基于"青年与地区发展"双向协同的"青年友好型城市""青年发展型城市""青年发展型省份"建设目标。但此时,"青年发展型城市""青年发展型省份"与"青年友好型城市""青年创业友好型城市""青年友好型成长型省份"等多元化概念并存,这些概念之间彼此互通,但又有所侧重,且多是共青团组织从推动青年工作和规划落地实施的角度提出来的。三是《意见》出台后,"青年发展型城市""青年发展型省份"在全国成为一种共识,也真正跳出共青团推动青年工作的视域,成为各地政府主推的一项工作,也成为各地的区域性发展模式。回望"青年发展型省份"概念演变的历史脉络,《海宝宣言》标志着青年人主动揭开了"城市与青年同频共进"的历史序幕,《规划》的出台则让"城市与青年同频共进"成为促进青年发展和推动青年工作的统领性理念,《意见》的出台更是让"城市与青年同频共进"的"青年发展型城市""青年发展型省份"在全国成为一种共识,成为一种区域经济社会发展模式。

**2. "以人为本"与"青年优先":"青年发展型省份"概念的底层逻辑**

2019年11月,习近平总书记考察上海期间在杨浦滨江首次提出"人民城市人民建,人民城市为人民"的重要理念,为当下中国需要建设什么样的城市、怎样建设城市等重大理论命题指明了方向,也突出强调了人民在城市建设发展中的主体地位和城市建设和经济发展过程中"以人为本"的底层逻辑。在以人民为中心的城市发展观的引领下主体复合、服务复合、流程复合的城市治理复合形态正在逐渐形成。如,不少地方提出了儿童友好城市、老人友好城市等建设理念和建设目标。而青年发展型城市亦是充分贯彻"以人为本"城市建设理念的一种城市建设和经济发展的模式,正如《意见》中将"青年发展型城市"界定为"扎实推进以人为核心的新型城镇化战略,积极践行青年优先发展理念,更好满足青年多样化、多层次发展需求的政策环境和社会环境不断优化,青年创新创造活力与城市创新创造活力相互激荡、青年高质量发展和城市高质量发展相互促进的城市发展方式"。可以说,聚焦青年群体"以人为本"的城市建设和发展理念是青年发展型城市的逻辑底色。而青年发展型省份与青年发展型城市虽在建设的行政范围上有所不同,但两者在本质上具有一致性。所以,虽然目前在提出建设"青年发展型省份"的浙江、四川等省份的通知文件、会议报告等官方材料中并未给出"青年发展型省份"具体的概念解释,只是在抽象层面上从青年与省域之间的双向关系维度加以说明,如浙江提出了"浙江对青年发展更友好、更关爱,青年对浙江发展更担当、更有为"的青年发展型省份建设总体目标,但是参照"青年发展型城市"的概念界定和建设理念,"青年发展型省份"也是一种"以人为本"的省域建设和经济社会发展模式,突出强调"青年"在省域建设和经济社会发展中的主体性、能动性。

与儿童友好城市、老人友好城市等概念类似,青年发展型城市和青年发展型省份都在"以人为本"的底层逻辑之下,给予特定群体以充分的关照和优先性。"青年优先"则是青年发展型城市和青年发展型省份"以人为本"的底层逻辑的重要基石。各地打破"弱势群体优先"的人本主义倾向,将处于相对优势的青年群体置于"以人为本"省域建设格局中的优先级,原因主要有以下几点:一是从人类自然成长规律来看,代际更迭的浪潮中,青年犹如大地上苗壮成长的小树和初升的朝阳,积聚着能量,是确保党和国家事业兴旺发达、薪火相传的根本性力量;二是在地区竞争不断加剧的背景下,不断推进区域自身发展,是在激烈的竞争格局中立足的根本,而青年这一人群正是推动区域发展的建设性力量;三是在人口老龄化加速、人口红利逐渐消退的背景下,青年作为重要的人口资源,在地区经济发展中的稀缺性越来越凸显。可以说,青年是一个地区经济发展的生力军,地区经济社会发展离不开青年人口。在此背景之下,青年在国家发展格局中的重要性在政治层面不断被强化。《规划》指出:"党和国家事业要发展,青年首先要发展。"这也是第一次明确地提出了青年优先发展理念。也就是说,要真正从青年是国家的未来、民族的希望这一战略高度去看待青年发展工作,在制定政策时要充分照顾青年人的利益关切和长远发展需求,在开展工作时要注重优先解决制约青年发展的突出矛盾和问题,使青年发展总体上保持适度领先的水平,为我们国家在长期国际竞争中赢得战略主动性和优势。青年发展型省份就是将青年发展的优先权纳入城市规划视野,把青年优先发展理念落实到省份建设、管理、运行全方位、全过程。因而,"青年优先"的人本理念成为各地谋划地区发展模式的重要底层逻辑,"青年发展型省份"便是这一底层逻辑的产物和具体形式。

**3. 人地双向协同:"青年发展型省份"概念的重要维度**

在"以人为本"的地区发展观的价值内涵中,人民性是地区发展的根本属性,这包含着人民至上的主体地位、人民建设的动力机制与人民共享的根本目标等维度。首先,地区发展和建设依靠人民,必须强调发挥人民的主动性作用。人民通过实践活动参与地区建设与治理,地区治理也需要充分调动人民的主体性、积极性与创造性,实现地区共建共享共治。其次,地区发展为了人民,发展成果由人民共享并将人的全面发展视为地区发展的终极目的,并在地区治理的语境中通过系统化的制度设计与机制创新来体现和落实。而作为以"以人为本"为底层逻辑的"青年发展型省份"也充分强调了青年在省域建设发展中的主体以及青年与省域之间的双向协同性:一方面,要将青年的全面高质量发展视为省域高质量发展的终极目标,这就要求在充分尊重青年人主体需求的基础上,不断优化青年发展的环境,促进青年在省域更好地发展;另一方面,省域发展要依靠青年,要充分调动青年的主体性、积极性与创造性,为他们投身省域经济社会发展大局创造条件、创造环境。从而使得省域发展与青年发展形成了一种互为贡献者和受益者的"双向奔赴"的关系:省域对青年发展友好、关爱,青年对省域发展担当、有为,进而实现省域发展与青年发展良性互动、互融互促。

值得进一步说明的是,青年发展型省域中的青年与地区的双向协同发展并非一般意义上的发展,而是两者均可实现更高质量的发展。在青年高质量发展的维度可以看到,在青年发展型省份中,青年日益增长的美好生活需要、青年发展过程中的"急难愁盼"被充分关注并得到充足的、闭环式的政策支持、社会支持等,青年能够在省域经济社会中得到全面的发展支持,从而也就能够实现全面发展;在省域高质量发展的维度可以看到,在青年发展型省份中,青年这股磅礴的、充满无限潜力和可能性的建设力量被充分激发,青年反哺省域建设发展的潜能被无限放大,为省域的创新创业、乡村振兴、社会治理、内需消费等注入了活力和动能,从而促使省域经济社会发展的方方面面不断迭代向前发展。

综上,可以看到,"青年发展型省份"虽然是一个新生事物,但作为"青年与地区发展"话语体系中的一员,"青年发展型省份"是一个在一定社会历史语境中生成的概念,并在不同历史阶段,随着社会背景的变化尤其是政策环境的变化,呈现出了不同的再概念化的特征。同时,作为一种省域经济社会发展模式,"以人为本"和"青年优先"是其背后的底层逻辑,并且在这一底层逻辑之上,青年与省域的双向协同成为理解"青年发展型省份"概念的重要维度。

## (二)青年发展型省份建设的基本原则

如果说,青年发展型省份是一种省域经济社会发展模式和发展理念的话,那么青年发展型省份建设则是将这种发展模式理念落地实施的过程。相较于发展理念,青年发展型省份建设更强调实操层面上的问题。青年发展型省份建设是一个涉及省域

经济社会运行方方面面的系统性的发展模式,因而在建设过程中应该把握以下几个方面的原则:

### 1. 整体性原则

青年发展型省份建设是在省域范围内整体推动实施的,那么整体性建设应该成为青年发展型省份建设普遍追求的范式。首先,在建设理念上,要立足整体主义思维,强调从整体上应对建设过程中存在的问题;重视青年主体的整体性,以青年的完整需求为导向;为青年提供高质量的整合性服务。其次,在建设结构上,坚持建设层级、建设功能、公私部门的跨界整合,培育形成由政府、市场、社会、个人等多元行动主体协同合作构成的网络化建设结构。最后,在建设机制上,建立完善的协调、整合、信任机制,协调利益相关者之间的关系以及行动者与建设网络的关系;整合政府内部机构和职能,强化政府部门与其他部门的联结;促使建设过程中的多元主体形成信任,进而采取集体行动为青年提供满足其需要的公共服务。总之,青年发展型省份建设要以青年需求为导向,构建整体性青年发展型省份政策体系,形成协调联动的整合性工作机制,动态监测青年发展型省份整体建设进程,为青年提供无缝隙的整体性服务,探索青年发展型省份建设的整体性建设道路。

### 2. 动态过程性原则

在理论层面,青年发展型省份建设并不是一个要求省域达到某种特定建设水平的目标性概念,而是一种省份发展方向和发展模式的指引性理念。具体而言,是在这种青年与省域双向协同高质量发展理念的指引之下,省域与青年都处在不断动态发展的过程和状态之中。故而,从理论维度看,青年发展型省份建设不是一个固化的建设结果,而是一个促使省域与青年均处在动态向前高质量发展的过程。在现实层面,一方面,省域是一个开放的系统,其发展环境一直是处于动态变化的;另一方面,省域的青年群体不仅在数量上一直处在动态之中,而且在群体构成、发展诉求、发展环境等方面一直会发生变化。所以,青年发展型省份建设的手段、方式、举措等也要根据省域实际和青年发展实际的变化而不断进行动态化的调整和迭代。也正是这种在建设过程中存在的持续不断的动态变化性,使得青年发展型省份建设并不是一件一蹴而就的事情,而是需要长期地、不懈地建设下去。总之,青年发展型省份建设在本质上是一种促进青年和省域不断高质量协同发展的过程,在这个过程中,需要根据省域和青年发展中的实际情况动态化调整建设的手段、措施等等。

### 3. 双向协同推进原则

正如前文提到的,人地双向协同高质量发展是理解青年发展型省份内涵的重要维度。那么,在青年发展型省份建设过程中也要坚持双向协同推进的原则。具体而言,在建设过程中,不仅要强调省域中各方力量协调联动制定政策、推行多样化举措、搭建平台,为青年全面发展提供更优良的环境,还要强调不断创新机制和举措,为青年释放潜能、建功立业提供各种机遇、平台和机制,让青年人在省域真正能有所为。在不断完善青年发展环境的同时,还要为青年动能发挥创造更大空间,提供更多机会,不能只偏重某一方面,只有这样才能真正实现青年与省域的双向协同发展。

### 4. 差异化建设原则

作为一个行政区划的概念,省域是一个地域空间范围较广的概念,在行政区划的纵向连接上,省域涵盖了市域、县域和镇域的概念。然而,在实际建设层面上,省域范围内不同市域、县域和镇域的发展环境和青年发展状况都不太一样,无法做到同质化、同步调的发展。因而在建设实操层面,要充分尊重不同市域、县域和镇域的实际情况,允许各地采取差异化建设措施,真正通过不同行政层级的区域实现"青年与地区双向高质量发展"以达到青年发展型省份建设的整体性推进。

综上,在以青年为本、青年与省域协同发展理念支撑下的青年发展型省份建设本质上是一种不断促进省域和青年持续、动态发展的过程性实践,需要统筹协调全省各方资源整体性推进,同时还要兼顾地区差异性,在优化青年发展环境和促进青年建功立业方面协同推进,以真正实现青年与省域协同发展的目的。

## 四、青年发展型省份的建设实践——浙江案例

2018年,浙江在全国率先提出建设青年发展型省份目标。此后,浙江以青年发展型省份建设为统揽,坚持"党管青年"原则,大力推动中长期青年发展规划实施,不断健全青年工作机制,持续完善青年发展政策体系,积极营造支持青年优先发展、全面发展的浓厚氛围。尤其是《意见》出台后,浙江的杭州、温州、台州入选试点城市,北仑区、嘉善县、温岭市等入选试点县域,各市县积极探索,深入实践,形成了丰富的建设经验,为全国落实青年发展型省份建设做出了有益探索。浙江省青年发展型省份建设开展早、周期长、案例多,其实践经验从全国来看颇具代表性,因此本文以浙江省

为考察中心,对浙江青年发展型省份建设实践进行系统梳理,以便更好地阐释、探讨青年发展型省份建设的内涵。

对照青年发展型省份的理论内涵及青年发展型省份建设的基本原则,研究发现,浙江围绕建设内容、建设机制、建设评价体系以及建设理论支撑方面着重发力。下文将围绕上述几个方面对浙江实践进行深度剖析。

## (一)建设内容:构建以青年需求为导向的政策体系

作为社会治理的一种手段,制定和出台青年发展政策是为青年提供良好发展环境、促进青年发展的重要保障。可以说,把满足青年日益增长的发展需求作为青年政策制定和实施的出发点和落脚点,是建设青年发展型省份的必然选择和必由之路,也是青年优先理念的具体体现。浙江秉持青年优先的人本理念,聚焦青年就业创业、婚恋交友、教育发展、居住等领域的需求,构建了有机统一的青年发展政策体系。据不完全统计,自《规划》实施以来,全省出台青年发展政策1982项,428个青年发展项目被纳入各级政府民生实事。在青年人才招引方面,浙江省紧扣各层次青年发展需求,全面构建青年人才招引政策。例如,温岭市开展"曙光匠才"行动,为青年技能型人才提供生活津贴、子女入学等待遇,当地的台州第一技师学院在本地就业率超90%。在青年安居方面,浙江各市县在青年极为关注的居住事宜上加大探索力度。宁波市北仑区的安居政策在浙江极具代表性。北仑区根据新来仑青年的就业创业、公租房租赁、购房落户等不同需求构建了多层次青年安居保障体系,分别提供青年人才驿站7—14天免费住宿、公租房租赁补贴、购房落户补贴等政策支持,切实提高了北仑青年的居住生活质量。在青年就业创业方面,浙江省各市县均通过各类补贴政策吸引青年留浙发展。杭州市针对高校毕业生发放生活补贴的政策一度使得杭州成为应届毕业生"最向往的城市"。2022年面向专科以上毕业生发放"青荷礼包"117889人次,金额达到1569.97万元。通过近年来的积极推动,青年发展政策体系建设取得了显著成效,青年群体的发展诉求得到满足,精神文化生活更加丰富多彩,青年群体的幸福感、获得感不断增强,有力推动了青年发展型省份建设进程。

## (二)建设机制:打造上下贯通、协同联动的青年工作联席会议机制

从青年发展型省份建设的整体性、协同性原则来看,青年发展型省份建设是需要

在省域范围内跨部门、多层级联动推进的一项工作。但在现实层面,部门壁垒、层级壁垒等问题还比较常见,因而,建立常态化的、跨部门的、上下贯通的工作机制是在省域范围内整体性、一体化推进青年发展型省份建设的关键。从浙江的建设经验来看,浙江在实践过程中充分认识到这一问题,并采取多样化措施来构建上下贯通、协同联动的工作机制,其中核心的一项工作举措便是建立青年工作联席会议机制。从纵向上来看,浙江2020年建立了省市县三级青年工作联席会议机制,实现省级、市级、县级青年发展政策的层层传导、上下贯通,形成了青年发展政策的集群效应和规模效应。除此之外,2021年和2022年,浙江省又逐步健全了列席机制,将列席范围扩大至设区市级联席会议召集人,国家级、省级试点地区联席会议召集人,市级联席会议成员单位、省级试点县(市、区),列席机制的不断完善和列席范围的扩大不仅极大增强了青年工作力量,也在一定程度上确保了会议精神及时准确地在全域范围内贯彻落实。从横向上来看,为了打破各部门之间的行政壁垒,加强政策实施过程中的部门协作,浙江健全多跨协同机制,教育厅、农业农村厅、省委统战部、团省委等19家省直厅局成为青年工作联席会议的成员单位,联席会议成员单位发挥各自职能优势,推动部门工作形成合力,进一步为青年发展型省份建设赋权增能。

### (三)建设评价体系:编制覆盖面广、综合性强的青年发展综合指数

青年发展型省份建设是动态化、全过程的系统性工作,在动态变化过程中,把握青年发展型省份建设状况、跟踪青年发展型省份建设进程是必不可少的一个工作环节。对此,浙江在2022年底编制发布了全国首个评价市县青年发展状况和青年工作情况的综合指数,对11个设区市和90个县(市、区)进行了客观评价。形成了1个综合指数榜单,青年发展环境、青年生活品质、青年人文素养、青年职业发展、青年权益保障、青年社会参与、青年人口态势等7个一级指标指数榜单,以评促工作,全过程、动态化、可量化地掌握青年发展型省份建设进程。青年发展综合指数是浙江推动青年发展型省份建设政策完善、评估青年发展型省份建设进程的标志性成果,为浙江各市县做了一次青年发展状况的"全面体检",让市县能够检验成效、比学赶超,让省级能够"自我量化"、比照提升,让青年发展型省份建设成效更加直观可感。

### (四)建设理论支撑:形成有深度、有价值的理论研究成果

青年发展型省份建设目前还是一个新兴事物,缺乏足够的借鉴经验。在实践过程中,青年美好生活的需要与当前青年不平衡、不充分发展之间的矛盾逐渐加大,青年群体结构更加复杂,青年发展工作的理念和任务都有了新的变化。这就迫切需要紧紧围绕青年群体热点、痛点问题和青年工作开展课题研究,及时总结青年群体的新特点、新规律,不断推动青年发展理论创新,着力提升理论研究水平,以研究促发展。在此方面,浙江做了诸多有益探索。一方面,以智库建设为中心,为青年发展型省份建设提供智力支持。浙江省青年发展研究中心立足于青年发展型省份建设的实际情况,围绕青年发展的新情况、新要求、新变化,挖掘具有前瞻性、实用性的研究课题,编制出版了"浙江青年发展报告"系列,形成专题研究成果和咨政报告,为青年发展型省份建设提供了有力参考。另一方面,开展了形式丰富的调查研究,及时掌握青年发展的基本诉求和现实问题。通过深入基层、深入一线走访、座谈等形式,总结经验、分析问题,在总结青年发展与青年工作生动实践的基础上,形成了诸多有深度、有价值的理论研究成果。不仅为政府的科学决策提供有效参考,推动浙江青年工作水平进一步提升,也为青年发展型省份的深入实施提供了理论和智慧支撑。

## 五、青年发展型省份建设过程中存在的问题

当前,浙江立足实际,围绕构建青年发展政策体系、建立协调联动的联席会议机制、编制发布青年发展综合指数、形成理论研究成果等方面进行了诸多探索。在全国层面,青年发展型省份和城市建设也如火如荼,各试点城市和县域不断探索吸引青年、服务青年、成就青年的新路径。但是由于对青年发展型省份建设的内涵把握还不够到位,在推动青年发展工作时一些普遍性问题仍然存在,客观上影响了工作统筹与部门联动。

### (一)青年优先发展理念贯彻不够彻底,认识仍存在偏差

青年优先发展理念是落实习近平总书记提出的"全党要把青年工作作为战略性工作来抓"的重要内容,也是青年发展型省份的理论基点。"青年优先发展不仅包括青

年发展先于社会发展而超前发展的含义，而且包括在同一时期内青年群体要优于其他年龄人群而获得先行发展。"①这就要求各级党委和政府对青年发展工作做出优先安排，在人员配备、资金经费、公共服务等方面优先考虑、优先满足青年发展需求。而在当前青年发展型省份建设的实践过程中，部分地方党政领导和职能部门对青年优先发展理念认知还不到位，在政策制定、落实，社会资源分配等方面存在不当心态。一是旁观者、局外人心态。部分职能部门希望别的地方、别的部门能够承担更多责任，面对青年发展工作不作为、慢作为，"躲"字为上、"拖"字当先，未能真正投入青年发展工作中去。二是帮忙心态。部分地方党政领导和职能部门没有站在市县发展和城市治理的全局高度研究和推进青年发展型市县建设，把青年发展型市县建设单纯当作共青团的业务。三是搭便车心态。部分地区在青年发展政策制定和落实过程中滥竽充数，以"提及"青年充当青年专属。各级部门对于青年优先发展理念提出的背景、内涵和要求等方面的认识还有待加强，将之内化为具体政策和行动还需要一个过程。

## （二）青年发展型市县建设定位模糊，同质化现象突出

青年发展型省份建设当前还属于新生事物，部分省份、地区对其内涵理解还不到位，在纵深推动青年发展型省份建设过程中存在路径不明、定位模糊、同质化现象突出等问题。一是片面理解省域与青年的关系。青年发展型省份的本质特征是省域发展与青年发展"双向奔赴"，部分市县片面地侧重服务青年，在青年发展型市县建设过程中沿袭以往工作惯性，只是简单地将工作对象青年化，习惯性以资金补贴、安居工程等政策服务青年发展，而激发青年潜力、动员青年在当地建功的举措较少。二是将青年发展型市县建设等同于规划实施。部分市县在推进青年发展型市县建设时"新瓶装旧酒"，完全依照2019年、2020年编制的青年发展规划谋划的主要任务和重点工程，未能考虑到不同发展阶段市县建设的任务重点。三是同质化现象突出。部分市县在纵深推动青年发展型省份建设过程中自身发展定位不清晰、路径不明，市县工作举措和方案完全参照省级层面，或照搬其他市县做法，而与当地经济发展状况、工

---

① 张良驯：《新时代中国青年发展理论的创新成果》，《广东青年研究》，2022年第36卷第4期，第26—35页。

作实际联系不够紧密,导致发展重点不突出、区域差异化不明显。青年发展型市县建设定位模糊、同质化问题突出,在全国层面来看是一个普遍存在的问题,这一问题也在很大程度上导致财政经费、人力资源等的浪费。

## (三)青年工作联席会议机制有待完善,协同性需进一步增强

协同性是青年发展型省份建设的原则之一,青年发展型省份建设的成效很大程度上取决于各部门协同、整合作用的发挥。随着青年发展型省份建设的推进和落实,各地普遍建立了青年工作联席会议机制,发挥其青年工作组织网络的"连通器"和协调青年发展工作各类问题的"议事厅"作用。但部分地区青年工作联席会议成员单位协同性较弱,工作合力还有待进一步加强。一是存在"过堂会"现象。部分地区对于青年工作联席会议的会议主题、决议事项缺乏筹划,仅仅是为了开会而开会,青年工作联席会议成为"过堂会","专题会""联络员会"等功能未能得到有效开发。二是存在"会套会"现象。部分地区将青年工作联席会议嵌套在其他会议中,未能充分重视联席会议的作用。三是存在"不开会"现象。部分市县全年不召开青年工作联席会议,青年工作联席会议制度有名无实。

## (四)青年发展专属政策相对缺乏,青年获得感有待提升

青年发展型省份的评价标准是青年的获得感、归属感、幸福感,从"首次提出"到"高水平建成",不是一个自然而然的过程,而是需要加强顶层设计,推出更多符合青年发展需求的专属政策才能实现。当前青年发展政策数量众多、体系庞杂,但青年专属政策相对缺乏。以浙江为例,《浙江规划》实施后,浙江各部门、各地区出台了众多促进青年发展的优惠政策实施办法。根据不完全统计,自《浙江规划》实施以来的4年间,浙江省市县三级部门合计出台青年发展政策1800多项,数量众多但体系庞杂,政策间缺少必要的关联与整合,联动性不足,且青年"专属"政策相对缺乏。部分已有政策依附于其他普惠性政策中,难以突显、落实党委政府对青年发展的重视。例如,已经出台的政策过度集中于人才政策,涉及普通青年教育、健康、生育、托幼等方面的普惠性政策占比不到20%。由"关注精英"转向"普惠全体青年",是推进青年发展型省份建设工作的重点与难点。

## 六、关于青年发展型省份建设路径的几点思考

前文在理论层面系统梳理了青年发展型省份的概念内涵及建设原则,也深度剖析了浙江建设经验和存在的问题。在理论层面,可以看到青年发展型省份和建设实践的"理想形态",即回答了理论层面"青年发展型省份应该是什么样的"以及"青年发展型省份建设应该秉持的基本原则",但在综合对比理论分析和浙江实践后发现,实际经验与理论中的"理想形态"仍存在一定的错位情况和缺口,而这正为今后进一步推动青年发展型省份建设提供了方向。下文主要在理论与实践的对比中,对后续优化青年发展型省份建设路径提出几点思考:

一是要在青年"整体性发展"和"多样化需求"中找到平衡点。一方面,青年发展是一个动态概念,涵盖了一个人从稚嫩走向成熟的特殊阶段;另一方面,在概念上,"青年"本身也是一个"群体集合"的指代性概念,涵盖不同职业身份、不同年龄段、不同学历层次的子群体,不同的青年群体发展情况不一样、发展诉求不一样。那么,"以青年为本"的青年发展型省份建设如何较好地兼顾不同青年群体的利益和诉求,促进省域青年整体高质量发展,是需要破解的一个问题。而在浙江的实践经验中,虽然浙江为促进青年发展制定和颁布了非常多的政策,但这些政策多为针对青年发展的某个领域或某些高精尖青年群体,无法较好地促进省域青年的整体性发展。因而,一方面要加强政策制定的顶层设计,构建一个青年发展周期全覆盖、青年发展诉求全覆盖的政策体系;另一方面,要强化政策体系的普适性,将政策关注的对象由"精英"转向"全体青年"。不仅要为高学历高层次人才制定吸引和保障政策,也要为新业态从业青年、灵活就业青年、产业工人、低端服务业从业青年等提供有针对性的政策和服务。

二是要在区域"整体性推进"和"差异化发展"中找到平衡点。青年发展型省份建设要坚持上下联动的整体性、动态化推进,同时要兼顾地区的差异性。但在浙江的实践中,各地市和县(市、区)的认知还较为模糊,建设路径的同质化现象比较明显。那么,作为一项省域范围内的整体性工作,如何平衡好区域的"整体性推进"和"差异化发展"又是一个关键问题。一方面,在省级层面要做好全过程、整体性的把控和设计,探索出台《青年发展型省份建设的实施方案》;另一方面,深层剖析和把握每个市域和县域发展的基础,量体裁衣,出台实施符合各地实际的"市域方案""县域方案",探索差

异化的发展路径。三是要坚持双向协同推进的原则,要明确青年参与城市建设的主体地位。青年不仅是青年发展政策的实施对象和受益者,更是青年发展型省份建设的参与者和推动者。要为青年创立更多参与青年发展型省份建设的渠道,不能让青年发展型省份建设变成只是政府的事情。要为青年在省域建功立业创造更多的平台和机遇,真正在为青年发展提供良好外部环境的同时,让青年的动能得到充分释放,如:在征求政策制定、规划实施意见等座谈会中邀请各领域各行业青年参会,广泛听取青年意见;在评估建设成效时邀请青年参与,搭建调查平台,吸引青年主动发声。

# 青年发展综合指数指标体系建构研究
## ——以浙江省为例

中国青少年研究中心等①

## 一、青年发展综合指数建构的研究背景

青年是整个社会力量中最积极、最有生气的力量,国家的希望在青年,民族的未来在青年。2017年,在习近平总书记的亲自提议、亲自推动下,党中央、国务院颁布《中长期青年发展规划(2016—2025年)》(简称《规划》),首次明确提出"党和国家事业要发展,青年首先要发展"。2022年,中央宣传部、国家民委、共青团中央等17部门联合印发《关于开展青年发展型城市建设试点的意见》,开启了全国青年发展型城市建设试点和青年发展型县域建设试点。因此,在全国各地以"百花齐放""百舸争流"的良好态势推动青年发展型省份及市县建设的大背景下,如何建构全方位的青年发展指标体系、编制科学的青年发展指数,成为当下青年研究领域的重大研究问题和实践问题。

在加快建设青年发展型省份及市县,纵深实施中长期青年发展规划的进程中,建构青年发展指标体系、编制青年发展指数有以下3点意义:第一,青年发展指数能实

---

① 本文由中国青少年研究中心、浙江省社会科学院、浙江省青年发展研究中心联合供稿,具体撰稿人:蔡宜旦、朱钰嘉、雷薇田、马陈栋。

现青年发展型省份或市县建设成果的可感知、可量化、可评价,是《规划》推进全生命周期中不可或缺的环节;第二,青年发展指数能够多维立体地呈现一幅不限于个人视角的对各省或各市县的认知图景,能有效帮助青年选好城、创好业,是促进青年全面发展至关重要的支持举措。第三,青年发展指数能够量化和评估青年发展型省份及市县建设进展、青年发展规划推进成果,用指数倒逼各地尽早补齐短板、比照提升,是保障《规划》实施、促进绩效问责的关键机制。

## 二、国内外青年发展综合指数及指标体系研究综述

### (一)国外青年发展指标体系的研究

在国际上,美国、新加坡、日本等国家及东盟均开展了建立青年发展指标体系的探索,为国内的体系建构提供了多维度、多层次的建构思路和编制经验参考。如,加拿大解码公司围绕人口特征、生活质量和经济气候三大维度建构的"青春城市"(Youthful Cities)指标体系,具体包括适合年轻人的就业、收入、生活成本、教育和培训、公平和包容、气候变化、公共交通、公共卫生、数字化便利性、城市经济、企业家精神共11个领域76个指标,用以衡量城市对青年求职者和青年学生的吸引力和友好度。日本自1956年起就由政府牵头编制出版《青少年白皮书》,以向社会公开发布青少年发展状况和青少年政策实施情况,其中共包含青少年人口、健康、安全、生活和意识等7个大类、200多项青年发展监测指标。新加坡的青少年指标体系包含人口、青少年发展、价值观、培育工作共4个维度,以及生理状况、心理发展、闲暇时间和消费情况、政治参与、犯罪与偏差行为等54个二级指标。东盟秘书处在2017年8月首次发布《东盟青年发展指数报告》,其中涵盖青年发展机会、社会参与度、社会接纳度、性别公平、包容发展、代际公平等指标。

### (二)国内青年发展指标体系的研究

我国关于青年发展指标和监测系统的研究起步于20世纪末,主要分为3个层面:一是指标构建的途径和方法探究;二是指标的评估实施研究;三是指标构建实践。由

此,我国形成了比较完备的青年发展监测指标。[①]青年发展是一个多向度的概念,整体大于部分之和,在指标构建上,陈志夫认为青年发展指标体系包括个体发展指标、整体发展指标与社会期望指标等指标。[②]中国青少年研究中心课题组探索建构的当代中国青年发展状况指标体系[③],包含人口、健康、教育、从业、恋爱婚姻、闲暇与消费、公民参与、人际关系等8个一级指标和38项二级指标。香港青年事务委员会和香港大学社会科学研究中心联合出版的《二零一零香港青年统计资料概览计划》指标体系,以15—34周岁青年为调查对象,包含文化资本、社会资本、人力资本、青年就业、青年滥用药物以及青年贫穷等6个领域。澳门青年指标体系,以13—29岁澳门青年为调查对象,包含人口、婚姻、家庭,身心健康,教育与培训,劳动力与就业,康体文娱闲暇活动,公民义务与社会参与,青少年犯罪与行为偏差,价值观,消费与生活质量,社会环境与青年政策等10个领域。2017年,国家《规划》提出了青年发展的10个领域和44项具体发展措施,搭建了以思想道德、教育、健康、婚恋、就业创业、文化、社会融入与社会参与、权益保护、预防犯罪、社会保障为核心领域的青年发展指标体系基础框架,也进一步掀起了全国各地的青年发展指标体系研究热潮。从整体来看,《规划》既对以前的国内外青年发展指标体系做出了较好的归纳,也为后续的青年发展指标体系建构提供了指导。[④]

经过近30年的青年发展指标体系探索,青年发展指标的研究和制定越来越呈现出这样的特征:从最初主要强调青年的生存权利和发展权利,到后来更加强调青年的行动参与价值和主观感受价值。[⑤]

---

① 张良驯:《青年发展指标设立的基本标准》,《青年发展论坛》,2020年第30卷第1期,第10—18页。

② 陈志夫:《建立科学的青年发展指标体系》,《青年探索》,1996年第6期,第12—14页。

③ 中国青少年研究中心课题组:《当代中国青年发展状况指标体系研究概述》,《中国青年研究》,2005年第5期,第39—47页。

④ 殷沈琴、张恽、于畅:《中国青年发展监测指标体系构建研究》,《青年学报》,2020年第4期,第30—39页。

⑤ 沈杰:《中国青年发展的分析框架及其测量指标》,《北京青年研究》,2017年第26卷第2期,第5—13页。

### (三)青年发展指数研究

青年发展指数是衡量、监测、评估青年群体发展数量关系的基本依据,也是研究青年发展状况、相关关系和变化趋势的技术手段。[①]

从国际上看,目前对不同地域、不同经济发展水平的多个国家和地区进行青年发展综合评估比较的指数主要有2个:一是英联邦发布的"全球青年发展指数",二是欧洲青年论坛与社会进步促进会发布的"青年进步指数"。全球青年发展指数被用于衡量183个国家15—29岁的青少年发展状况,指数体系涵盖了健康与幸福感、教育、就业与发展机会、平等与包容、政治与公民参与、和平与安全6个领域共27项具体指标,并根据德尔菲法进行综合指数测算。青年进步指数是被用于研究15—24岁青年的进步情况,主要围绕基本人类需求、幸福基础、发展机会3个维度确定12个发展领域共58项具体指标,利用主成分分析赋权等方式计算综合指数。

部分国内学术机构借鉴国外指标的设计理念,应用自己所建构的青年发展指标体系,从国家、省域、城市等角度对青年发展状况进行指数测算。例如,中国青少年研究中心、中国国际青年交流中心、清华大学青少年德育研究中心、北京大学中国国情研究中心联合课题组充分借鉴联合国及相关国际组织青年发展评价体系,确定了以15—34周岁青年为调查对象,由健康与生活、教育与文化、就业与创业、家庭与社会、公共参与5个一级指标及其下属的17项二级指标组成的"国际青年发展指数"指标体系,并采用CRITIC[②]客观赋权法进行指标合成,测算出85个国家在教育、健康、婚恋、就业创业、社会融入与社会参与、权益保护等发展领域的青年发展指数得分。[③]

### (四)现有研究的不足之处

目前国内外的青年发展指标体系普遍涵盖了青年就业、青年教育、青年健康、青

---

① 温录亮:《构建高质量青年发展监测指标体系》,《中国社会科学报》,2023年2月8日第5版。

② CRITIC是一种用于评估模型的方法,全称为 Criteria Importance Though Intercriteria Correlation。

③ "国际青年发展指数"联合课题组:《国际青年发展指数报告2021》,《中国青年研究》,2021年第12期,第4—14页。

年社会保障、青年社会参与等多个青年发展领域,同时还进一步囊括了青年所需的公共资源、政策支持、流动渠道、社会环境、自然环境等要素,尽管关注视角各有侧重,但均能在一定程度上反映青年发展的现状与趋势。

我们也发现,国内青年发展指标体系构建与青年发展指数编制的相关实践与研究总体上还处于零散的、非系统的初级研究阶段。一是不同机构、不同学者所研发的青年发展指标维度存在诸多差异,无法从量化的标准去精准定位和描述某地青年工作在全国的水平,也无法进行国际城市对比。与青年发展指标体系建构的研究与实践相比,青年发展指数评价的实践与研究更处于起步阶段。据不完全统计,我国学者编制发布的各类青年发展指数仅2个:一是中国青少年研究中心、中国国际青年交流中心、清华大学青少年德育研究中心、北京大学中国国情研究中心联合课题组编制的《国际青年发展指数报告2021》;二是浙江省青年工作联席会议办公室牵头编制的"浙江青年发展综合指数(2022)"。上述这些指数因为存在测度的准确性、指标选择的合理性和权重赋予的科学性等问题而没有得到广泛应用。因此,迫切需要在青年发展型省份或市县建设目标的框架下,开展青年发展指标的构建和评价。

## 三、青年发展综合指数指标体系构建的理论框架

### (一)终极目标:实现青年的全面发展

在马克思主义理论体系中,人的全面发展是恒久的话题。马克思主义人学以人的生存现状和境遇为理论基点,关注和讨论"现实的、具体的人"的解放和发展问题,并坚持用"全面"和"自由"对人的发展做了最富价值的形象设计和未来展望。[①]

人与社会是相互映照的,个人与社会的关系是社会生活中的基本问题。作为整个社会力量中最积极、最有生气的力量,青年的自由全面发展不仅是实现个人幸福的内在要求,也是社会发展提出的外在要求。历史唯物主义揭示了推动人类社会不断

---

[①] 杨勇:《习近平总书记关于青年工作的重要思想的马克思主义人学意蕴——以马克思主义关于人的自由全面发展理论为视角》,《新生代》,2023年第1期,第62—67页。

向前发展的根本动力是社会生产力,而在生产力的复杂总体中最活跃的因素是人。[①]因此,一个区域的发展程度很大程度上取决于青年自由全面发展的程度。反过来说,省份或城市社会财富的增长和生产力的发展又为青年素质的提高以及人力资源的开发利用提供了必要条件。因此,坚持青年优先发展理念,着力推进青年的自由全面发展,是青年发展型省份或市县建设的终极价值目标。在青年发展型省份或市县建设的进程中,既要关注城市发展物质的和外在的维度,又要考虑内在的、人文的维度;既要不断优化更好满足青年多样化、多层次发展需求的政策环境和社会环境,又要积极引导、支持青年参与省份或城市建设,鼓励和倡导青年做积极的行动者和城市主人翁。从这个意义上说,"区域对青年发展更友好、青年对区域建设更有为",是青年走向全面发展的必由之路,也是架构青年发展综合指数指标体系的基本维度。

### (二)逻辑基点:聚焦青年核心需求

马克思主义认为,人的发展离不开他们需要的满足,"人以其需要的无限性和广泛性区别于其他一切动物"[②]。尤其是青年正处于从生理、心理、文化、社会等多个维度由青少年向成年人进行全方位过渡的特定人生阶段。在进行身份转换、心理适应和持续社会化的过程中,青年面临着来自教育成长、就业创业、身心健康、婚恋生育、养老抚幼、社会交往、政治参与等多个方面的人生阶段性任务,并由此衍生出大量的、广泛的、紧要的现实性发展需求。而囿于社会资源的有限性和分配机制变化的相对滞后性,处于人生刚起步阶段的青年,尚未积累到足够的社会经验和社会资源,成为全面发展中的"脆弱"群体。因此,建设青年发展型省份或城市,破解青年的"急难愁盼"问题可谓势在必行。只有这样,才能让青年在奋斗中找到归属感和价值感,进而能够与省域、城市同奋斗、共进步。

每个年轻人的起点和目标不同,人的需要并无一个标准答案。恩格斯将需要划分为3种:生存需要、发展需要和享受需要。马斯洛则将需要划分为5个层次:生理需要、安全需要、社交需要、受尊重需要和自我实现需要。人的需要在当代被赋予了深

---

① 徐先艳、王义军:《马克思主义人的自由全面发展理论与新时代青年发展》,《中国青年研究》,2018年第8期,第38—44页。

② 《马克思恩格斯全集》(第49卷),人民出版社,1982年第130页。

刻的时代意蕴。习近平总书记曾这样论述："人，本质上就是文化的人，而不是'物化'的人；是能动的、全面的人，而不是僵化的、'单向度'的人。人类不仅追求物质条件、经济指标，还要追求'幸福指数'；不仅追求自然生态的和谐，还要追求'精神生态'的和谐；不仅追求效率和公平，还要追求人际关系的和谐与精神生活的充实，追求生命的意义。"①党的十九大报告进一步指出，要"更好满足人民在经济、政治、文化、社会、生态等方面日益增长的需要"，表明人的需要与"五位一体"总体布局具有同构性，指向物质上的富足、精神上的富有、权益上的彰显、生命价值的实现以及绿水青山。与此相对应，青年发展测度指标可分为职业发展、生活品质（包括生态环境）、权益保障、人文精神、社会参与等维度，涵盖客观现实与主观感受。

### （三）外因驱动：党委政府"在场"统筹

人对自由全面发展的期待，需要高层次的公共服务供给。但供给相对不足、供给结构失衡与供给质量不高导致事实上的差异化供给表征，随之而来的收入分配差距扩大、社会矛盾累积等进一步制约了共享型增长的形成。因此，实现基本公共服务均等化，需要党委政府"在场"统筹。正如美国学者约瑟夫·斯蒂格利茨的政府干预理论所述，在理想情况下，能够通过市场竞争状况来实现资源的最优化分配。但是，现实中存在的垄断和外部性影响，信息不完整以及公共物品领域出现的市场调节无法实现效率最优化等因素的影响，使得资源的有效利用不能仅通过市场机制调节，否则所谓的市场失灵将会发生。为此，政府应发挥自身行政效能，实施一定的干预来实现最佳的资源分配效率。②

青年发展型省份或市县建设是促进青年高质量发展的重要抓手，这意味着青年发展型省份或城市理应是一个具有吸引力、向心力、创造力的青年发展之城。这样，光有消费、娱乐和就业机会是远远不够的，必须从青年的视角来弥补公共服务的短板，如住房保障、劳动保障等，也包括优生优育、儿童教育医疗等问题。因此，各地党委政府要认真落实习近平总书记"全党要把青年工作作为战略性工作来抓"的重要要求，以负责兜底的责任和担当，围绕青年发展"痛点"，提供长效常态的组织保障、政策

---

① 习近平：《之江新语》，浙江人民出版社，2007年，第150页。
② 陈克铭：《广东省文化产业园区建设中的政府作用研究》，广西师范大学，2021年。

保障、措施保障,营造全党全社会关心帮助青年的浓厚氛围,让青年切实有感,这既是贯彻党管青年原则和青年优先发展理念的必然要求,也是促进青年更好发展、加快建设青年发展型省份的重要基石。因此,青年发展综合指数也应当体现党政对青年工作的顶层设计和支持保障力度,把"发展总体环境"纳入评价考量。

### (四)内因驱动:持续优化人口结构

人口问题是全球性最主要的社会问题之一,也是当代许多社会问题的核心。改革开放40多年以来,中国的经济增长创造了前所未有的奇迹,人口要素起到了重要的推动作用。但我们也要看到,当前,我国人口发展的内在动力和外部条件发生了显著变化。国家统计局发布的2022年全年经济数据显示,2022年末全国人口比上年末减少85万人,61年来我国人口首次出现负增长。从当下中国的人口年龄结构来看,中国已进入"生育率持续走低、人口老龄化急速加剧、城市化不断加速、人口流动更加增强"的人口新常态时期。

中国经济40多年的高增长不足以用劳动力扩张,即狭义的人口红利来解释,因为劳动力在部门间的有效配置以及劳动力素质提升也对中国经济增长做出了重要贡献,[1]中国经济发展的前途不能把宝完全押在生育率的提高上面。但立足新阶段人口基本特征和趋势,把握人口在经济社会发展中的基础性作用,推动实现适度生育水平,促进人口长期均衡发展,依然是一个长期的任务。尤其是,青年作为促进区域高质量发展的核心引擎和创新动力,是否具备青年人口吸引力和增长潜力,直接关系到区域未来发展的命脉与潜力。而一个区域的发展成效和吸引力究竟如何,青年群体会"用脚投票",并最终展现在青年流动趋势上。因此,青年人口规模、增长潜力理应成为青年发展型省份或城市建设的关键发展指标,青年发展综合指数也应将"青年人口态势"作为评估的重要维度。

对青年发展型省份或城市建设的终极目标、逻辑基点、外因驱动、内因驱动等四因素进行分析,再充分考量青年发展的实际需求和板块间的逻辑对应关系,可知青年发展综合指数指标体系应由"青年发展总体环境""青年生活品质""青年人文素养"

---

[1] 袁越:《深挖劳动力潜力应对老龄化挑战——中国"人口红利"消退之辩》,《中国经济报告》,2021年第6期,第26页。

"青年职业发展""青年权益保障""青年社会参与""青年人口发展态势"七大维度构建(见图1)。

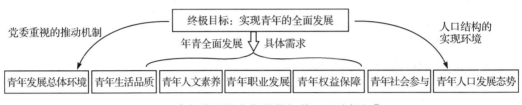

图1  青年发展综合指数指标体系理论框架①

## 四、青年发展综合指数建构的浙江实践

浙江既是我国的经济强省、富庶之地,又是最具有创新活力的省份之一。近年来,浙江的生产总值总量稳居全国第四,人均可支配收入稳居全国省(区)第一。在"敢为人先"的首创精神激励下,浙江创造出"温州模式""宁波模式"等新经济模式,探索出"枫桥经验"等优秀做法,谱写出众多干事创业、勇当先锋的生动故事。在浙江的发展历程中,青年群体一直扮演着极其重要的角色。20世纪50年代,467名团员青年奔赴大陈岛勇当垦荒先锋,把荒凉海岛改造为东海"明珠";20世纪80年代,19岁的温州姑娘章华妹办理了我国第一张个体工商户营业执照,开启了市场经济的"破冰之旅";现代,"90后"民警钟毅带领团队开发出健康码,打响了数字防疫、数字治理的"抗疫反击战"。可见,浙江青年一直站在时代发展的潮头,承担了省域和国家发展的重任。浙江也始终秉持着"发展为了青年,发展依靠青年"的理念,致力于为青年创造更好的发展环境。2018年,浙江省委、省政府出台《浙江规划》,在全国率先提出建设青年发展型省份目标。自《浙江规划》出台以来,浙江促进青年发展的工作体系不断健全,于2020年8月实现省市县青年工作联席会议机制全覆盖。2022年6月,"加快建设青年发展型省份"被写入浙江省第十五次党代会报告;12月,中共浙江省委十五届二次全会明确将"高水平建成青年发展型省份"纳入2035年的总体目标。自此,以全域推进青年发展型市县建设为抓手,纵深推进青年发展型省份建设的氛围更加浓

---

① 为保证数据准确性,本书所使用的图片基本遵循原始图片格式,部分有改动。下同。

厚。截至2022年底,浙江已有11个设区市、62个县(市、区)出台青年发展规划,11个设区市和72个县(市、区)明确提出建设青年发展型城市或县域的目标。在突出顶层设计的同时,为反映《浙江规划》实施进展情况,共青团浙江省委联合省统计局建立"浙江青年发展统计调查制度",依法对涉及青年发展的统计监测数据进行采集。这些都为浙江编制首个省域青年发展综合指数打下了坚实基础,也提出了迫切需求。

### (一)编制思路

作为推动浙江高水平建设青年发展型省份的标志性成果,浙江需要建构一个既全方位体现青年高质量发展内涵要求又兼具浙江特色的青年发展状况综合评价指数。在具体编制过程中,主要有以下三方面的考虑:(1)突出《浙江规划》实施的牵动性。浙江编制青年发展综合指数的主要目的在于精准掌握市县两级青年发展状况,并以此作为牵一发而动全身的改革抓手,有力牵动《浙江规划》在市县纵深实施。因此,指数评价需要覆盖省市县三级,立体呈现全省、11个设区市、90个县(市、区)青年发展的具体情况。(2)突出青年工作的指导性。青年发展综合指数需要分不同维度,对市县青年发展各领域状况和青年发展型省份建设进展进行评估,从而帮助市县了解自身优势和短板,明确青年工作发力方向。(3)突出浙江与青年的双向互动。青年发展综合指数还应当彰显青年和浙江之间互构、互惠、互促的关联结构,一方面促进就业难、房价贵、保障少等青年"急难愁盼"问题的解决,另一方面有助于引领青年建功,推动青年为省域发展贡献更多智慧和力量。

### (二)指标筛选与体系建构

#### 1. 指标筛选

指标筛选是青年发展综合指数编制过程中最为关键的环节,浙江在选取评价指标时主要遵循了以下原则:(1)科学性原则。指标选取既要遵循浙江经济社会发展的现实规律,也要遵循浙江青年的成长发展规律,能够真实客观地反映省域发展与青年发展之间的相互关系,具有科学的导向性。(2)代表性原则。指标选取应当少而精、少而全,要在控制指标数量的同时,最大限度地反映青年发展各领域的主要特征,舍弃一些只反映局部特征的指标,尽可能保留表征范围全面的核心指标。(3)可及性原则。指标选取要充分考虑现实情况,不能囿于理论设想而导致出现数据无法采集或是偏差过大的情况,优先考量已有权威统计数据并能够获得的指标。

## 2. 体系建构

在梳理清楚青年发展综合指数指标体系以"青年发展总体环境""青年生活品质""青年人文素养""青年职业发展""青年权益保障""青年社会参与""青年人口发展态势"等七大维度为基本构建框架的基础上,综合考量数据可及性和可比性,浙江最终敲定了青年发展综合指数1.0版本的体系架构,共包含7个一级指标、14个二级指标、54个三级指标。具体可见表1。

**表1　浙江青年发展综合指数(1.0版)指标体系**

| 一级指标 | 二级指标 | 序号 | 三级指标 |
|---|---|---|---|
| 青年发展总体环境 | 支持保障 | 1 | 青年工作组织领导情况 |
| | | 2 | 青年政策供给情况 |
| | | 3 | 青年民生实事情况 |
| | 青年评价 | 4 | 青年安全感 |
| | | 5 | 青年归属感 |
| | | 6 | 青年幸福感 |
| | | 7 | 青年成就感 |
| 青年生活品质 | 生活友好 | 8 | 居住收入比(反向)* |
| | | 9 | 青年平均通勤耗时(反向)* |
| | | 10 | 医疗机构与运动休闲娱乐场所可及性 |
| | | 11 | 夜间消费力指数 |
| | | 12 | 设区市空气质量优良天数比率 |
| | | 13 | 地表水省控断面达到或优于Ⅲ类水质比例 |
| | | 14 | 人均公园绿地面积 |
| | 身心健康 | 15 | 青少年体质健康达标率 |
| | | 16 | 中小学生心理健康达标率 |
| | | 17 | 青年学生近视与肥胖检出率(反向)* |

| 一级指标 | 二级指标 | 序号 | 三级指标 |
|---|---|---|---|
| 青年人文素养 | 道德法治水平 | 18 | 未成年人思想道德建设工作测评成绩 |
| | | 19 | 每万名青年拥有省级及以上爱国主义教育基地数量 |
| | | 20 | 每万名青年中查处的吸毒人员数量(反向)* |
| | | 21 | 每万名青年中违法犯罪数量(反向)* |
| | | 22 | 党员及监察对象中受党务政纪处分的青年人数(反向)* |
| | 教育文化水平 | 23 | 教育现代化发展水平监测成绩 |
| | | 24 | 劳动年龄人口平均受教育年限 |
| | | 25 | 青年综合阅读率 |
| 青年职业发展 | 就业质量 | 26 | 青年就业供求比 |
| | | 27 | 青年求职学历与薪酬匹配度 |
| | | 28 | 青年月均加班时长(反向)* |
| | 创业创新 | 29 | 青年创业创新孵化平台数 |
| | | 30 | 新增企业法定代表人中青年占比 |
| | | 31 | 青年职业人才数量 |
| | | 32 | 科技创新指数 |
| 青年权益保障 | 特殊群体保护 | 33 | 涉罪未成年人附条件不起诉率 |
| | | 34 | 残疾青少年入学率与就业率 |
| | 普惠保障水平 | 35 | 青年社保参保率 |
| | | 36 | 新增保障性租赁住房占新增住房供应总量比例 |
| | | 37 | 义务教育阶段进城务工人员随迁子女在公办学校就读比例 |
| | | 38 | 每千人口拥有3岁以下婴幼儿托位数 |
| | | 39 | 青少年校外活动场所人均建筑面积 |
| 青年社会参与 | 政治参与 | 40 | 人大代表和政协委员中青年占比 |
| | | 41 | 青年公务员占比 |
| | | 42 | 村(社区)两委班子成员中青年占比 |

续表

| 一级指标 | 二级指标 | 序号 | 三级指标 |
|---|---|---|---|
| 青年社会参与 | 政治参与 | 43 | 青年党员发展状况 |
| | | 44 | 社会领域共青团组织密度 |
| | 公益参与 | 45 | 每万名青年注册志愿者数 |
| | | 46 | 青年注册志愿者年均社会公益活动时间 |
| | | 47 | 每万名青年获取社会工作者职业水平证书数 |
| 青年人口发展态势 | 人口规模与引力 | 48 | 青年常住人口占比 |
| | | 49 | 青年户籍人口占比 |
| | | 50 | 新引进应届高校毕业生占当地青年流入人口比重 |
| | | 51 | 青年流入人口对省域青年人口增长的贡献率 |
| | 人口增长潜力 | 52 | 总和生育率与人口出生率 |
| | | 53 | 常住青年人口性别比（反向）* |
| | | 54 | 女性青年平均初育年龄 |

注：*反向指标，即实际数值越大指数越低的指标。

（1）青年发展总体环境。贯彻党管青年原则和青年优先发展理念，建构长效常态的组织保障、政策保障、措施保障，营造全党全社会关心帮助青年的浓厚氛围，让青年切实有感，是促进青年更好发展、加快建设青年发展型省份的重要基石。评价指标：支持保障、青年评价。"支持保障"再细化为青年工作组织领导情况、青年政策供给情况、青年民生实事情况3个三级指标，将对区域召开青年工作联席会议、印发青年发展规划、推进青年民生实事项目等具体工作进行考察评价；"青年评价"再细化为青年安全感、归属感、幸福感、成就感4个三级指标，拟通过抽样调查方式，考察青年对区域发展的满意程度。

（2）青年生活品质。追求高品质生活已日益成为青年的一种生活态度。生活成本合理，娱乐休闲公共空间便利可及，生态环境绿色环保，身心康健，理应成为青年发展型省份建设的基本内容。评价指标：生活友好、身心健康。"生活友好"再细化为居住收入比、青年平均通勤耗时、医疗机构与运动休闲娱乐场所可及性、夜间消费力指数、设区市空气质量优良天数比率、地表水省控断面达到或优于Ⅲ类水质比例、人均公园绿地面积7个三级指标，以全面评价青年生活的舒适度；"身心健康"再细化为青少年体质健康达标率、中小学生心理健康达标率、青年学生近视与肥胖检出率3个三级指标，将考察青年的体质、体能和心理健康状况。

（3）青年人文素养。丰富的人文知识、深厚的人文基础、高尚的人文情操，是青年高质量发展的基础和重要表征。提升青年人文素养，引领青年以更加自信的姿态彰显浙江的凝聚力和向心力，是推进实现精神共同富裕的重要内容。评价指标：道德法治水平、教育文化水平。"道德法治水平"再细化为未成年人思想道德建设工作测评成绩、每万名青年拥有省级及以上爱国主义教育基地数量、每万名青年中查处的吸毒人员数量、每万名青年中违法犯罪数量、党员及监察对象中受党务政纪处分的青年人数5个三级指标，拟考察区域内青年的思想道德教育情况和青年的遵纪守法情况；"教育文化水平"再细化为教育现代化发展水平监测成绩、劳动年龄人口平均受教育年限、青年综合阅读率3个三级指标，以评价区域教育高质量发展水平和青年的综合素质。

（4）青年职业发展。要想促进青年优先发展，青年职业状况是必须给予足够重视的核心议题。促进青年高质量就业、打造青年创新创业的"圆梦之都"，是厚植青年发展型省份的发展根基。评价指标：就业质量、创业创新。"就业质量"再细化为青年就业供求比、青年求职学历与薪酬匹配度、青年月均加班时长3个三级指标，以考察青年是否充分就业、高质量就业；"创业创新"再细化为青年创业创新孵化平台数、新增企业法定代表人中青年占比、青年职业人才数量、科技创新指数4个三级指标，拟评价区域的创业环境和青年创新活力。

（5）青年权益保障。既关注青年群体的普惠性福利，又强调底线思维，夯实兜底保障，不让一个青年掉队，关乎青年发展权益的彰显，也是青年发展型省份建设的基石。评价指标：特殊群体保护、普惠保障水平。"特殊群体保护"再细化为涉罪未成年人附条件不起诉率、残疾青少年入学率与就业率2个三级指标，用以考察对罪错青少年和弱势青少年的兜底保障情况；"普惠保障水平"再细化为青年社保参保率、新增保障性租赁住房占新增住房供应总量比例、义务教育阶段进城务工人员随迁子女在公办学校就读比例、每千人口拥有3岁以下婴幼儿托位数、青少年校外活动场所人均建筑面积5个三级指标，旨在考察对全体青年的福利保障情况。

（6）青年社会参与。青年是推进社会进步的重要力量，引领青年更担当、更有为，为浙江注入蓬勃活力，既是青年从个体化走向社会融合的内在需求，也是加快建设青年型省份的应有之义。评价指标：政治参与、公益参与。"政治参与"再细化为人大代表和政协委员中青年占比、青年公务员占比、村（社区）两委班子成员中青年占比、青年党员发展状况、社会领域共青团组织密度5个三级指标，拟考察青年参政议政、在组织规则下发挥才干的情况。"公益参与"再细化为每万名青年注册志愿者数、青年注册志愿者年均社会公益活动时间、每万名青年获取社会工作者职业水平证书数3个三级指标，以考察青年主动参与公共事务、回馈社会的能力和水平。

（7）青年人口发展态势。在人口红利逐步减少之际，是否具备青年人口引力和增长潜力，直接关系到区域未来发展的命脉与潜力，也是建构青年发展型省份的重要着力点。"人口规模与引力"再细化为青年常住人口占比、青年户籍人口占比、新引进应届高校毕业生占当地青年流入人口比重、青年流入人口对省域青年人口增长的贡献率4个三级指标，拟考察区域当下的人口吸引力；"人口增长潜力"再细化为总和生育率与人口出生率、常住青年人口性别比、女性青年平均初育年龄3个三级指标，将考察区域未来的青年人口增长潜力。

## （三）数据采集与建模测算

### 1. 数据采集

浙江青年发展综合指数数据包括3个来源：以相关政府统计数据为主，结合手机信令数据、抽样调查数据。

2022年，共青团浙江省委依托省级青年工作联席会议机制，联合省统计局建立浙江青年发展统计调查制度，从制度层面促进部门间统计数据共建共享，构建指数体系的基本数据库。对于统计制度缺失数据，积极探索开展国家统计制度以外青年发展监测数据的采集研判工作，主要通过大数据网络技术，获取青年在求职就业、通勤加班、娱乐消费等方面的动态大数据，以动静结合的方式完整描绘浙江青年鲜活的发展状态。此外，还以大样本问卷调查的形式采集青年主观评价数据，根据人口统计学特征在浙江全省90个县（市、区）分层分类发放问卷，对当地青年的安全感、归属感、幸福感、成就感进行调查评估。最终共回收问卷6万余份，全面反映了浙江青年对各区域发展的真实感知。

### 2. 建模测算

（1）数据标准化处理。采用数据同趋化和无量纲化的方式对每个指标数据进行标准化处理。数据同趋化主要是解决不同性质数据的问题（即反向指标），无量纲化主要解决数据可比性问题。在具体操作上，以2021年各测度指标值的最大值与最小值作为阈值，将样本数据归一化到0—1之间，再将归一数值映射至60—100之间，即60为指标指数最小值，100为指标指数最大值。

（2）指标赋权。采用主次指标排队分类法、德尔菲法和主成分分析法相结合的方式对54项三级指标进行赋权。第一步采用主次指标排队分类法，将指标以重要或敏感程度划分为3个层级，分别命名为"关键指标""重要指标""一般指标"。对"关键指标"赋权3%左右，对"重要指标"赋权2%左右，对"一般指标"赋权1%左右，最终三级指标的平均权重为1.85%。第二步运用德尔菲法，邀请40余位相关领域专家对第一步确定的权重进行2—3轮背靠背匿名赋权反馈互动，以平均值调整赋权方案。第三步运用主成分分析法，由专业测算团队根据前两步赋权结果，结合已有监测数据和试调数据优化赋权方案，最终确定各指标权重。

（3）指数化。假设 $A_{pq}$ 代表 $p$ 设区市中第 $q$ 个区县（市）（$p=1,2,\cdots,11$；$q=1,2,\cdots,r$），$t$ 代表年份，$i$ 代表某分类（$i=1,2,\cdots,n$），$j$ 代表 $i$ 分类中的某维度（$j=1,2,\cdots,m$），$k$ 代表 $j$ 维度中的某测评指标（$k=1,2,\cdots,l$），$X_{A_{pq}tijk}$ 表示 $A_{pq}$ 区县（市）$t$ 年 $i$ 类 $j$ 维度下属 $k$ 指标的指标值。则三级指标指数值与总指数的计算公式分别为：

$$正向指标：Y_{A_{pq}tijk}=\frac{X_{A_{pq}tijk} - \min(X_{A_{pq}tijk})}{\max(X_{A_{pq}tijk}) - \min(X_{A_{pq}tijk})}$$

$$逆向指标：Y_{A_{pq}tijk}=\frac{\max(X_{A_{pq}tijk}) - X_{A_{pq}tijk}}{\max(X_{A_{pq}tijk}) - \min(X_{A_{pq}tijk})}$$

$A_{pq}$ 区县（市）$t$ 年 $k$（三级）指标的指数值：$Z_{A_{pq}tijk}=40\times Y_{A_{pq}tijk}+60$

$A_{pq}$ 区县（市）$t$ 年 $j$（二级）指标的指数值：$Z_{A_{pq}tij}=\dfrac{\sum\limits_{k=1}^{l} W_{ijk} Z_{A_{pq}tijk}}{W_{ij}}$

$A_{pq}$ 区县（市）$t$ 年 $i$（一级）指标的指数值：$Z_{A_{pq}ti}=\dfrac{\sum\limits_{j=1}^{m} W_{ij} Z_{A_{pq}tij}}{W_{i}}$

$A_{pq}$ 区县（市）$t$ 年的总指数值：$Z_{A_{pq}t}=\sum\limits_{i=1}^{n} W_{i} Z_{A_{pq}ti}$

其中，$W_{ijk}$ 为 $k$ 指标的权重，$W_{ij}$ 为 $j$ 维度的权重，$W_i$ 为 $i$ 分类的权重，则有 $\sum W_i = \sum W_{ij} = \sum W_{ijk} = 1$。

### （四）总体评价结果

经测算，2022年浙江全省层面的青年发展综合指数值为78.83（最大值为100）。分维度看，7个一级指标指数值分别为青年发展总体环境（79.80）、青年生活品质（84.77）、青年人文素养（79.07）、青年职业发展（75.75）、青年权益保障（76.25）、青年社会参与（75.08）、青年人口发展态势（81.08）。其中，青年生活品质、青年人口发展态势的指数值超过80分，达到了良好水准。这背后体现出浙江在城市基础设施建设、青年人才引育留用等多个层面的长期发力。而青年社会参与、青年职业发展、青年权益保障3项指数值相对较低，说明需结合各地的实际情况找到问题点，尽快补齐短板。

从设区市横向比较来看，获得青年发展综合指数优秀等次（排名前5）的为杭州、宁波、嘉兴、湖州、绍兴，这大体上与浙江省内生产总值排名靠前的设区市名单相一致，也与公众对各设区市在青年工作投入力度上的观感基本相符合，浙江青年发展综合指数的科学性和有效性得到了验证。具体来看，杭州市位列综合指数总分第一，由于城市能级和产业层次高，青年就业创业创新空间广阔，杭州在青年人口发展态势和青年职业发展上的表现优异，与后续设区市拉开了较大差距。而湖州则是发展均衡性强，7个一级指标维度全部获得优秀等次，从而也获得了一个不错的综合指数总分。其他设区市也各有出彩之处，这里不再赘述。

## 五、总结与展望

一个指数的科学出炉不易，但做好指数背后的分析与运用工作更难。由于受主客观条件的限制，浙江在首轮青年发展综合指数编制和测算过程中也存在一些不尽如人意的地方。一是部分维度缺少有效评价指标。这里最为突出的是青年人文素养维度，由于青年思想状况、思政工作成效很难找到数据可及的有效评价指标，因此在指数编制时，只能选取青年违法犯罪情况、青年吸毒情况等反向指标进行替代，但这些指标的表征范围与青年思想道德仍有较大偏差。另外，通过指数测算发现，青年人文素养、青年社会参与的测评结果与公众的观感不太相符，也从侧面反映出可能存在所属维度三级指标选取不够精准、丰富等问题。二是部分核心关键指标取数难。这一问题主要体现在2个层面：首先是由于数据保密或者不便从总体数据中切分出青年口径数据等因素，有关厅局难以提供诸如青年失业率、青年人均可支配收入等核心指标数据。其次是由于部分指标省市县三级统计监测数据尚未打通等，像青年体质达标率、农村实用型人才中青年占比等核心指标仅能获取省市二级数据，而无法获得县（市、区）级数据。三是个别指标优劣标准难以界定。这主要体现在婚恋生育指标上，比如像女性青年平均初育年龄，难以说是年龄小生育好，还是年龄大生育好，而生育合理年龄区间在医学层面上与青年发展个体层面上是不同步的，因此指标数据的优劣标准难以界定。此外，由于浙江青年发展综合指数是全国首个评价市县两级青年发展状况的综合指数，在取数上仅能获得本省数据，而国家层面或其他省份暂未发布指标体系近似的有关指数，因此浙江的指数仅能评价本省的青年发展工作，而无法与全国平均情况或其他省份情况进行纵向横向对比。

世界上没有完美的制度，作为"新生儿"的青年发展综合指数亦是如此。尤其是青年发展是一个多向度的概念，整体大于部分之和，指标体系必须不断螺旋迭代才能日趋完善。下一步，浙江将进一步对现有的青年发展综合指数指标体系进行补充完善和迭代升级，并探索更有效的取数手段和更科学的测算方式，逐步形成全面、稳定、精准的青年发展评价标准，从而持续推动青年高质量发展与省域高质量发展有机融合、良性互动，推动青年发展型省份理想蓝图早日转变为浙江的现实图景。但在这个渐进的过程中，需要政府、社会、青年给予更多的耐心和信心。值得说明的是，只要是"考试"，就必然会有分数高低。不同地区间的青年发展水平不均衡，同一个地区的不同指标之间也不均衡。这是资源禀赋、发展基础、历史条件等多方面因素作用的结果。对于浙江的各市县，也不妨以"再出发"的心态，从容理性客观地看待地区排名，更多地思考如何汇聚职能部门之力，有针对性地研究出台青年专属政策，有意识地将青年发展项目纳入政府民生实事工程，将更多发展资源向青年投注，努力在未来的比拼中取得新的更大成绩。

# 二、浙江实践

# 《浙江省中长期青年发展规划（2017—2025年）》实施中期评估报告

浙江省青年工作联席会议办公室等[①]

　　"青年强,则国家强",青年是国家的未来、民族的希望,也是浙江高质量发展的战略资源与磅礴力量。党的十八大以来,以习近平同志为核心的党中央从确保党的事业薪火相传和中华民族永续发展的战略高度出发,加强党对青年工作的领导,出台了新中国历史上第一个青年发展规划,将青年发展事业纳入国家经济社会发展总体规划,不断完善具有中国特色的青年发展政策体系和工作机制,对全面加强党的青年工作具有里程碑意义。

　　在忠实践行"八八战略"、全力打造"重要窗口"、高质量发展建设共同富裕示范区、奋力推进"两个先行"的进程中,青年是强有力的主力军,也是党和国家实现"两个一百年"奋斗目标的中流砥柱。2018年12月,浙江省委、省政府深入贯彻落实习近平总书记关于青年工作的重要思想,依据中共中央、国务院出台的《中长期青年发展规划(2016—2025年)》(以下简称《国家规划》),颁布了《浙江规划》,并在全国率先提出建设"青年发展型省份"的目标。2022年6月,"加快建设青年发展型省份"被首次写入浙江省第十五次党代会报告,2022年12月中共浙江省委十五届二次全会明确将"高水平建成青年发展型省份"纳入2035年的总体目标,释放出在"两个先行"大格局

---

① 本文由浙江省青年工作联席会议办公室、上海社会科学院联合供稿,具体撰稿人:姚建龙、郗培植、柳箫、刘宇涵。

中来谋划青年发展的强烈信号,向新时代青年发出了唱响"我在窗口写青春"最强音的总动员、总号令。

作为浙江省历史上第一个中长期青年发展规划,《浙江规划》坚定不移地落实党管青年原则,旗帜鲜明地倡导青年优先发展理念,确立了"建设青年发展型省份"的目标。《浙江规划》系统归纳了青年的基本特征,全面梳理了青年的发展基础,深入分析了青年所面临的发展形势,制定了10项青年发展主要任务和8项重点工程,对标《国家规划》着力完善实施机制与保障措施,形成了以青年工作联席会议机制为总协调、以重点任务责任分工机制为举措、以青年发展经费投入为保障、以青年发展统计监测评估为抓手的实施体系。

目前,《浙江规划》实施周期过半,为全面评估《浙江规划》实施进展情况,确保《浙江规划》落地落实,更好推进"十四五"时期青年的全面发展,浙江省青年工作联席会议办公室联合上海市社会科学院对《浙江规划》实施情况开展中期评估。

# 一、中期评估工作概述

## （一）评估目的

"十四五"时期是浙江奋力推进中国特色社会主义共同富裕先行和省域现代化先行的关键阶段,也是浙江全面建设青年发展型省份,完善青年发展政策体系和工作体系,引导广大青年奋力建设社会主义现代化强国的重要时期。为更好地把握《浙江规划》落实的现实情况,在《浙江规划》实施过半的重要时间节点,以《浙江规划》主要任务目标的完成度为评估标准,对规划所取得的进展与成效进行客观评价,检视、研判《浙江规划》在实施过程中存在的问题,从而以评估促发展,做好《浙江规划》实施后半篇文章。

## （二）评估方法

本次评估主要运用文献研究法、访谈法、问卷调查法和数据分析法等4种评估方法,包括对浙江省、设区市和县(市、区)三级青年发展工作开展情况等进行资料分析评价以及对全省青年发展工作开展情况进行实地调研等。

### 1. 文献研究法

收集研究了近5年省、设区市和县（市、区）三级青年发展工作政府文件、青年工作联席会议、青年发展重点建设工程等相关材料；对比分析了全省青年基础信息数据、监测指标数据等。同时，梳理了全国各省市青年发展规划文本、实施经验以及现有青年发展理论文献。

### 2. 访谈法

2022年8月20日至9月28日，省青年工作联席会议办公室组织开展《浙江规划》实施中期评估工作，面向全省11个设区市、22个县（市、区）进行实地调研，走访各地青年发展工作特色品牌项目、青年活动场所和阵地50余处。参与青年发展规划中期评估工作汇报会11场，同时，召开青年代表座谈会11场，并分别从20多个行业、363名青年中随机选取121名青年进行面对面交流并形成访谈记录，形成相关访谈资料共40余万字。

### 3. 问卷调查法

为更好了解青年对《浙江规划》工作的了解度与满意度，评估组设计64道题目，采用线上问卷调查方式，对浙江省青年发展工作展开综合评估。其中，问卷调查对象为浙江省内14—35周岁的青年群体，采取分层抽样的方法将浙江90个县（市、区）按照国家试点、省级试点、省级培育试点以及其他县区进行划分，分层选取省内10个县（市、区）进行抽样；同时根据浙江不同类型高等学校数量选取20所不同类型的高校进行抽样。调查内容包括青年对《浙江规划》所涉及的各大领域工作成效的感知与评价。最终合计发放问卷44236份，筛选出有效问卷28862份。

### 4. 数据分析方法

一方面，通过对比2020年、2021年《浙江规划》51项统计监测指标数据变化，针对性分析相关职能部门提供的各项数据资料，科学客观评估《浙江规划》目标进展情况。另一方面，对问卷调查数据与实地调研中收集的调查资料采用定量分析与定性分析相结合的方式进行处理，了解新时代青年发展的客观环境与青年群体特征、主观认知等现状。

## （三）评估结果

### 1. 11个设区市全部出台青年发展规划，规划实施机制基本建立

截至2022年底，浙江11个设区市已全部出台青年发展规划，并提出"青年发展型城市"的建设目标。在全省90个县（市、区）中，已有62个县（市、区）出台县域青年发展规划，72个县（市、区）提出青年发展型县域的建设目标。截至2022年12月31日，根据评估组不完全统计，全省出台青年发展政策1846项，其中省级层面出台青年发展政策161项、设区市出台青年发展政策336项、县（市、区）出台青年发展政策1349项，着力推进青年民生实事项目落地。各地规划能够结合本地青年发展实际设置青年发展指标与青年工作任务，根据已有工作基础创新打造青年发展工作品牌，赋能青年成长成才。此外，浙江省青年工作联席会议于2023年1月正式发布青年发展综合指数（2022），对青年发展状况进行量化评价，其也成为全国首个评价市县两级青年发展状况的省级青年发展综合指数，实现了浙江省"高水平建成青年发展型省份"的可测量、可评价、可感知。

### 2.《浙江规划》主要指标如期完成，部分监测指标离目标尚有差距

分别对比《浙江规划》中设置的11项"浙江省青年发展主要指标"2020年与2025年的预期目标，可以发现：2020年青年发展预期目标完成情况良好，其中儿童预期受教育年限、高等教育毛入学率、青年体质达标率、青年年均参加社会公益活动时间、青少年事务社会工作专业人员数、青年实名注册志愿者人数、结对帮扶不良行为青少年、闲散青少年比例等7项指标已达标，省内高校毕业生留浙比例1项指标未达标，在校学生心理健康核心知识知晓率、应届高校毕业生自主创业率等2项指标数据缺失，新增中小学生心理健康测评达标率1项指标，青年马克思主义者培训人数1项指标变更含义。2021年的指标完成情况为3项指标达标，5项指标未达标，4项指标数据暂时缺失（详见表1）。

2020年，《〈浙江省中长期青年发展规划（2017—2025年）〉统计监测工作实施方案》（简称《统计监测方案》）制定的51项核心指标中，67.4%的核心指标已提前完成或基本完成2025年预期目标。其中，青年体质健康水平、青年受教育程度、教育均衡程度等方面的指标超出全国平均水平。但是，省内高校毕业生留浙比例、高等教育毛入学率、儿童预期受教育年限等指标与《浙江规划》设定目标值略有差距；青年

实名注册志愿者人数、青少年事务社会工作专业人员数等2项指标与目标值差距较大。（具体数据参见表1）

表1 《浙江规划》中"浙江省青年发展主要指标"完成情况

| 分类 | 指标 | 预期目标 | | | 进展情况 | | 评估结论 | |
|---|---|---|---|---|---|---|---|---|
| | | 2020年 | 2025年 | 属性 | 2020年 | 2021年 | 2020年 | 2025年 |
| 青年健康成长 | 1. 儿童预期受教育年限 | 14.7年 | 15年以上 | 预期性 | 14.8年 | 14.9年 | 已达标 | 未达标 |
| | 2. 高等教育毛入学率 | 62% | 65%以上 | 预期性 | 62.4% | 64.8% | 已达标 | 未达标 |
| | 3. 青年体质达标率 | 93%以上 | 93%以上 | 预期性 | 93.8% | 93.9% | 已达标 | 已达标 |
| | 4. 在校学生心理健康核心知识知晓率 | 80% | 90% | 预期性 | 暂无数据 | 暂无数据 | — | — |
| | 5. 中小学生心理健康测评达标率（新增指标） | | | | 83.4% | 88.5% | — | — |
| | 6. 青年马克思主义者培训人数（省级/高校） | 100/10000人（每年） | 100/10000人（每年） | 预期性 | 99/31095人（每年） | 定义改变 | — | — |
| 青年就业创业 | 7. 省内高校毕业生留浙比例 | 85% | 85% | 预期性 | 82.3% | 暂无数据 | 未达标 | 未达标 |
| | 8. 应届高校毕业生自主创业率 | 4%以上 | 4%以上 | 预期性 | 暂无数据 | 暂无数据 | — | — |
| 青年社会参与 | 9. 青年年均参加社会公益活动时间 | 2.5小时 | 3小时 | 预期性 | 2.58小时 | 3.12小时 | 已达标 | 已达标 |
| | 10. 青年实名注册志愿者人数 | 700万人以上 | 800万人以上 | 预期性 | 673.6万人 | 726.7万人 | 已达标 | 未达标 |
| 青年发展环境 | 11. 青少年事务社会工作专业人员数 | 1万人 | 2万人 | 预期性 | 1万人 | 暂无数据 | 已达标 | 未达标 |
| | 12. 结对帮扶不良行为青少年、闲散青少年比例 | 100% | 100% | 预期性 | 100% | 100% | 已达标 | 已达标 |

同时，2020年浙江省青年发展统计监测数据显示，青年发展还存在青少年肥胖率与青少年近视人数居高不下、青少年犯罪率较高、青年就业较为困难、乡村青年人口持续减少、青年初婚初育年龄推迟、离婚率普遍上升、生育意愿持续低迷等问题。

### 3. 青年对当前生活发展状况满意，对所在城市满意度较高

从《浙江规划》实施成效来看，问卷调查结果显示：75.80%的青年对当前的生活与发展感到满意，仅有2.54%的青年感到不满意；70.92%的青年对当前学习和工作的城市表示满意，仅有2.81%的青年表示不满意；从政府评价、生活环境、文教卫生、休闲娱乐、法治环境、发展潜力等18个城市评价指标来看，除生活成本外，青年对所有城市评价指标的满意度均达到60%以上（具体数据参图1）。

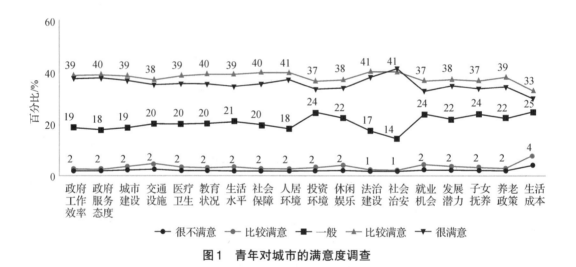

图1 青年对城市的满意度调查

### 4. 青年发展工作仍有薄弱环节，八类不足之处需重点关注

从实地调研、青年座谈以及问卷数据的交叉分析中发现，浙江省青年发展工作虽然取得了诸多成就，但是仍然存在一些不足之处，具体体现在以下8个方面：青年发展政策传递的边际递减效应显著；青年优先发展理念落实存在认识偏差和落实短板；部分地区青年工作联席会议机制运转流于形式，不牢不实；青年发展政策数量众多，体系庞杂，青年政策出台缺乏顶层设计；青年发展规划与地区"十四五"规划、其他专项规划编制在衔接上存在脱节情况；青年发展工作与青年人才工作混同；青年发展程度存在地区差异性和不均衡性，受地区整体发展水平制约；青年发展型城市建设目标

和发展定位模糊,同质化现象突出。

综上,《浙江规划》实施过半,青年发展状况总体向好,党管青年原则、青年优先发展理念、建设青年发展型省份的共识不断深入,青年发展工作组织领导体制机制与工作网络逐步完善,主要任务目标大部分完成过半,预计可以如期完成。青年教育、青年安居、青年创新创业、新时代青年文化、青少年合法权益维护等方面均得到有效发展,青年安全感、归属感、成就感、幸福感不断提升。但仍存在少数指标完成难度较大,青年发展工作存在瓶颈制约,需要继续总结经验、创新思维、大力推进,以确保如期全面完成各项任务目标,切实解决青年发展"急难愁盼"问题,使浙江对青年发展更友好、更关爱,青年对浙江发展更担当、更有为,引导广大青年"在全面建设社会主义现代化国家的火热实践中绽放绚丽之花"。

## 二、青年发展规划实施的"浙江模式"

《浙江规划》颁布4年多来,特别是浙江省第十五次党代会做出"加快建设青年发展型省份"重要部署以来,党管青年原则制度化落地见效,省级青年工作联席会议积极发挥统筹协调作用,三级青年工作联席会议机制逐步建立,《浙江规划》提出"到2020年,以青年发展型省份为引领的青年发展政策体系和工作机制初步形成"这一阶段性目标基本完成,青年发展规划实施的"浙江模式"初步形成。

### (一)青年工作联席会议机制全面建立

2019年5月,浙江省级层面青年工作联席会议机制正式建立,截至2022年底,已成功召开4次全体会议、4次联络员会议,分别就联席会议工作规则、青年发展统计监测、《浙江规划》中期评估、浙江省青年发展综合指数及每年度重点工作等进行部署与安排,联席会议成员单位的主体责任意识在协同发力中得到显著增强。在设区市、县(市、区)层面,各地均建立了青年工作联席会议机制,截至2022年底,浙江省11个设区市、90个县(市、区)已经完成青年工作联席会议机制建立工作,覆盖率达到100%。同时,浙江还将《浙江规划》实施纳入省委群团工作督查考核范畴,一些设区市和县(市、区),如宁波市北仑区、温岭市还将青年发展规划实施列入党政班子绩效考评体系。《浙江规划》的制度效能不断提升,"党委领导、政府主责、共青团协调、各方齐抓共管"青年事务的机制安排不断优化,覆盖全省的青年发展工作网络和工作格局初步形成。

## (二)青年发展规划体系逐步完善

浙江各设区市、县(市、区)参照《国家规划》《浙江规划》,结合各地实际编制本地区的青年发展规划。截至2022年底,11个设区市级青年发展规划全部出台,"省级规划＋设区市规划"构建起青年发展规划的"四梁八柱"。截至2022年12月31日,杭州市萧山区、宁波市北仑区、温岭市、安吉县、嘉善县等62个县(市、区)自主制定本级青年发展规划,为县域青年发展积极探索新路径。此外,各级党委政府还特别注重加强同该地区"十四五"经济社会发展总体规划、相关专项规划的衔接。如,《浙江省国民经济和社会发展第十四个五年规划和二○三五年远景目标纲要》明确提出"壮大优秀青年人才队伍,实施青年英才集聚系列行动",温岭市、宁波市奉化区等地区的"十四五"规划也对青年发展进行了专门表述。

## (三)青年发展工作合力基本形成

以落实《浙江规划》为统揽,各地区、各部门紧紧围绕青年就业创业、婚恋交友、"双减"辅导、社会融入等烦心事、难心事,出台了一系列扶持政策,实施了一系列民生实事项目。如,省人力资源和社会保障厅等16个部门出台支持青年多渠道灵活就业的实施意见,针对疫情影响开展专项招聘,扩大企业用工、就业见习的招聘招募规模,帮助青年就业。省委网信办等多家单位常态化开展"扫黄打非""清朗""护苗"等专项行动,有力保护青少年健康成长。省民政厅印发《全省婚俗改革试点工作方案》,开展婚俗改革试点,强化青年婚恋服务。

## (四)青年优先发展理念稳步确立

近年来,随着全国人口结构的变化,青年群体的战略性地位越发突出。《浙江规划》在纵深实施过程中,积极倾听青年声音,努力回应青年诉求,将青年优先发展理念融入经济社会建设的各个方面。当前,浙江青年发展型省份建设取得了斐然的成效,杭州市、温州市、台州市3个设区市入选全国青年发展型城市建设试点,宁波市北仑区、嘉善县、安吉县、绍兴市上虞区、义乌市、温岭市6个县(市、区)入选全国青年发展型县域试点,青年优先发展理念已经在浙江"生根发芽、茁壮成长"。

## (五)青年发展监测评估机制初步建立

为保障《浙江规划》落地落实,结合全省青年发展的实际情况,浙江建立并完善省级青年发展指标监测体系,形成了规范化、制度化的统计监测工作机制。2019年,浙江省出台《统计监测方案》,由团省委联合省统计局牵头组织实施省级青年发展指标统计监测工作。省级青年发展指标统计监测分为2个阶段进行,2020年为首轮统计监测阶段,优先监测51项核心指标并形成《2020年度〈浙江省中长期青年发展规划(2017—2025年)〉统计监测报告》。2021—2025年为第二阶段,推动省级青年发展统计调查制度纳入政府统计序列,实施年度常规统计监测,逐步实现对全省青年发展状况的动态精准监测。

## (六)青年发展规划实施评价体系独具特色

近年来,浙江省将《浙江规划》实施列入党政领导班子绩效考评体系。在具体实施上,浙江省采取全域评估与《浙江规划》实施试点建设评估相结合的方式,切实推动《浙江规划》落实。在全域评估方面,2022年3月,经省委办公厅、省政府办公厅审核,青年发展规划实施工作作为省委群团工作督查类项目,被列入2022年省直单位督查检查考核事项备案清单。2022年7月起,通过组建11个由省青年工作联席会议成员单位的厅局长带队、处级干部和业务骨干一同参与、专家团队协同参与的评估督查组,对各设区市《浙江规划》实施情况进行全方位、多领域、深层次的客观评估。在《浙江规划》实施试点评估方面,浙江省建立试点工作包干联系制度、定期督导制度、晋位淘汰制度、研究会商制度、问询督促制度等体制机制,确保《浙江规划》落地落实。如,对青年发展规划国家试点单位、省级试点单位、省级试点培育单位发布标准化任务清单,于2021年3—4月完成首次互观互检评价工作,对怠于完成青年发展规划实施工作的试点单位予以晋位淘汰并进行团内团外通报,真正做到较真碰硬,狠抓落实,形成了规划评价的"浙江经验"。

## 三、《浙江规划》分领域评估

在省委、省政府的领导下，浙江经济水平、科技创新能力、现代化水平和人民生活水平跨入新阶段，地区生产总值逐渐突破6万亿元、7万亿元大关，青年的发展环境得到了极大改善。青年生逢"新时代"，自身成长与地区发展同向而行，通过国际比较、社会观察和亲身实践，"四个自信"更加坚定，对中国共产党的拥护、对中国特色社会主义道路的信念、对中国未来发展的信心显著增强。数据显示，《浙江规划》设立的中期指标已基本完成，《统计监测方案》涉及的指标稳中有进。

### （一）青年思想政治引领能力不断提升

在青年思想道德领域，《浙江规划》设定了青年思想政治引领1项主要任务，青年马克思主义者培养工程、青年社会主义核心价值观培养工程2项重点工程。《统计监测方案》中涉及的指标有：高校、中学和职业学校思想政治理论课每学期按照教育部规定设置课时，每年青年马克思主义者培训省级100人、高校1万人。

#### 1. 注重青年思想政治引领，相关指标如期实现

在青年思想道德领域，从实施成果看，浙江省在2019年实现省属高校马克思主义学院建设全覆盖，高校、中学和职业学校思想政治理论课全配置，全部符合教育部的规定。在青年马克思主义者培训方面，高校超预期完成每年1万人的目标；省级"青马工程"完成率也达到99%。在党的十九大之后，浙江省还深入开展习近平新时代中国特色社会主义思想的宣传教育工作，用党的最新理论成果引领青年、武装青年。总体来看，浙江省在青年思想道德方面的主要指标基本完成，青年思想政治教育主阵地持续巩固。

#### 2. 青年积极践行社会主义核心价值观，关键时期体现青年担当

调查问卷数据显示，94.8%的青年对社会主义核心价值观的内容比较熟悉，74.0%的青年在近2年内参与过志愿者活动和社会公益活动。在疫情防控期间，浙江1.6万支青年突击队、27.2万名青年志愿者投身疫情防控一线，体现了青年在关键时刻冲得上、靠得住的责任与担当，充分展现了当代浙江青年的良好风貌，得到全社会的点赞、认可。

### 3. 网络思想阵地坚实,宣传方式各具特色

在网络思想阵地建设上,"青春浙江"公众号影响力广泛,粉丝数超过1000万,"青年大学习""浙里潮音"平台网上学习人数突破2.7亿人次。在理论宣讲队伍建设上,全省建立各类青年宣讲团3100余个,组织"80后""90后""00后"宣讲团等开展宣讲21.9万场。如,在衢州市,"8090新时代理论宣讲团"成员结合本地"红色故事"为青年上党课,深受当地青年的喜爱;宣讲团成员用情景剧的方式为当地群众宣讲整村搬迁政策,亲切的乡音、鲜活的形式拉近了村干部与村民间的距离。

但同时需要注意,当前中学、职业学校、高校中都设有思政课,但一些学生代表在座谈会中反映,思政教育存在重"量"轻"质"的问题,如:部分中学生表示,学校思政教育活动流于形式,个别同学对相关知识的学习热情不高;部分职校学生表示,在职业教育中比较欠缺系统的思政教育。

## (二)青年教育质量总体显著提升

在青年教育领域,《浙江规划》设定了青年教育1项主要任务。《统计监测方案》中涉及的指标有:到2025年,义务教育巩固率达到100%,高中阶段毛入学率达到98.5%,义务教育阶段进城务工人员随迁子女在公办学校就读人数占总人数比例达到75.0%,儿童预期受教育年限达到15.5年以上,高等教育毛入学率达到70.0%以上。

### 1. 教育质量显著提升,相关指标基本完成

浙江深入实施科教兴省、人才强省战略,通过教育进一步提升青年发展的素质与能力。在基础教育方面:2020年,全省义务教育入学率为100%,巩固率为100%,比全国巩固率(95.2%)高4.8个百分点,提前完成规划目标。高中阶段毛入学率为98.1%、儿童预期受教育年限为14.7年,基本完成《浙江规划》至2025年达到"高中阶段毛入学率98.5%""儿童预期受教育年限15年"的目标。义务教育阶段进城务工人员随迁子女在公办学校就读的人数从69.2万增长至72.1万,3年增长4.2%,占比从74.2%增长至78.0%,2025年目标已提前达成。2020年,全省高等教育毛入学率为62.4%,比2020年全国高等教育毛入学率(54.4%)高出8.0个百分点,预计2025年可以达到65%的预设目标。全省每10万人口中高等教育在校生人数从2018年的1756.7人增长至1949.6人,3年累计增长11.0%。

### 2. 重视职业技能人才培养,职业教育质量稳步提升

推动实施新时代浙江工匠培育工程,加大高技能人才激励力度,印发《新时代浙江工匠遴选管理办法》,对入选新时代"青年工匠"的优秀高技能人才给予不同程度的奖金支持(浙江大工匠50万元、浙江杰出工匠30万元、浙江工匠3万元、青年工匠2万元)。注重青年职业技能提升,如衢州实体化运作浙闽赣皖四省边际职业培训联盟,搭建"一站式"就业平台,年职业培训量4万人次以上,中职毕业生就业率达99.3%。调查问卷数据显示,73.6%的青年在工作后参加过职业教育培训。在青年座谈会上,一名职业技术学院的学生代表谈到所在学校职业教育成效时说:"三年的学习,我们很多同学都是骑着自行车来(读书),开着宝马车走(去工作)的。"侧面反映了浙江现代化职业教育的成效。

### 3. 积极响应国家"双减"教育政策,大力开展青年校外教育阵地建设

浙江积极响应"双减"政策,完善托管工程。如浙江共青团主推"双减"爱心托管志愿服务,在"浙里办"的"青春浙江"板块,上线了"青春助力'双减'志愿服务"的跨场景应用,集成各方需求信息和资源清单。截至2021年底,全省已有101454人次参与托管志愿服务,开发课程2019节,创建红色研学基地1334个,全省开展课后托管17510次。

浙江各地扎实推进青年校外教育阵地建设。例如,在杭州市萧山区,已有10个街道完成了对社区场地的改造,青年在社区有了自己的自习室、阅读空间;在建德市,工作人员在介绍新建成的青少年中心时自豪地说道:"这个青少年中心是我们的人大代表一票一票投出来的,我们孩子的'第二课堂'终于有了更好的场所。"

但值得关注的是,在高中教育阶段,教育资源过度向发达地区、市区集中,导致教育质量、生源质量差异较大,如部分县(市、区)高中教育师资相对薄弱,各地、各校间高等教育毛入学率差异较大。此外,座谈中部分学生表示,课业负担较重、课后完成作业时间过长;部分村社组织反映,课后托管志愿服务存在资金问题,政府购买服务的规模难以覆盖辖区需求。

在青年终身学习方面,调查问卷数据显示,仅有40.1%的青年了解终身学习理念并参与过相关学习活动,45.7%的青年虽然了解过终身学习理念但未参加过相关活动,14.2%的青年从未了解过终身学习理念。

## （三）青年健康水平持续改善

在青年健康领域,《浙江规划》设定了青年健康1项主要任务,青年体质健康提升工程1项重点工程。《统计监测方案》中涉及的指标有:2025年,青年体质达标率不低于94.5%,青年学生(14—18周岁)近视检出率每年下降1.0%。

**1. 青年体质健康水平稳步提升,青年心理健康教育得到进一步重视**

《健康浙江2030行动纲要》《关于推进健康浙江行动的实施意见》全面实施,浙江省体育局、教育厅联合印发《关于深化体教融合促进青少年健康发展的实施意见》,为青年全面健康发展提供了政策保障。2020年,青年体质达标率达到93.8%,提前完成2025年不低于93.0%的目标。青年学生近视检出率由2018年的87.7%下降至2020年的85.0%,2021年全省青少年近视率下降1.16%,达成每年下降1%以上的目标。率先在省内实现中小学心理健康辅导室标准化建设100%全覆盖,将心理健康教育课程纳入各校课程表,每年发布《浙江省中小学心理危机预警通知》,定期开展中小学心理高危学生排查。

**2. 推动全民健身与全民健康深度融合发展,为青年体育锻炼营造良好环境**

打造青少年体育春苗工程,保障学生每天校内、校外1小时体育活动时间,帮助青少年掌握2项以上运动技能。调查问卷数据显示:高达91.7%的青年拥有至少1项体育运动爱好,其中有2项体育运动爱好的青年占比达62.5%;87.2%的青年每周都进行体育锻炼,62.0%的青年运动频率集中在每周1—3次。2020年以来,浙江省相继出台《浙江省公共体育设施管理办法》《浙江省全民健身实施计划(2021—2025年)》等文件,计划到2025年打造城市社区"10分钟"健身圈,并要求各地公共体育设施开放时间从每周不少于35小时延长到每周不少于70小时,省公共体育场馆年对外开放时长、服务人次分别增长14.6%和16.0%。在部分县(市、区)制定的青年发展规划中更是将"15分钟"健身圈作为明确的建设指标。调查问卷数据显示,浙江省60.7%的青年享受到了"15分钟"健身圈带来的便利。

**3. 青年高度认可健康生活理念,"小胖墩"现象需重点关注**

调查问卷数据显示,近80%的青年高度认可"健康是一切成就的基础"这一理念,62%的青年表示每周锻炼超过1小时的频次在1—3次,25.2%的青年表示每周锻炼超过1小时的频次在4次以上,问卷数据显示青年在积极践行健康的生活理念。但从监测数据来看,近年来全省青少年学生(14—18周岁)肥胖检出率呈上升趋势,从2018年的7.1%上升至2020年的9.5%,超重肥胖正逐步成为影响青少年体质的重要问题之一。

值得关注的是,在各地青年访谈中发现,多数中学生普遍表示会面临同辈竞争带来的心理压力,升学焦虑、容貌焦虑等情绪较多,且感觉难以自我疏解;部分职业青年对未来发展、"职场内卷"等问题表现出较强烈的焦虑情绪。当前,虽然青年心理健康核心知识知晓率逐年提升,但青年表现出来的心理问题并未显著减少,青年对心理健康教育培训、负面情绪宣泄场所的需求度较高。调查问卷数据显示,仅有36.0%的学生青年在出现心理问题时愿意求助于心理老师,"不一定会求助"和"一定不会求助"的青年占比分别为39.4%和24.6%。此外,当前青年心理健康关注的重点人群主要是在校学生,各界对社会青年心理健康问题的关注程度不高。

## (四)青年婚恋与家庭服务体系不断完善

在青年婚恋领域,《浙江规划》设定了青年婚恋与家庭1项主要任务。《统计监测方案》中涉及的指标有:适龄青年(法定结婚年龄至35周岁以下)结婚登记人数每年达到40万以上,35周岁以下青年离婚登记人数少于9万,以及浙江适龄青年平均初育年龄统计。

### 1. 适龄青年结婚、离婚登记人数双降,初婚、初育年龄推迟

2020年,浙江适龄青年结婚登记人数41.7万人,虽然符合40万人的预期目标,但相较2018年、2019年均呈现下降趋势,值得警惕。35岁以下青年离婚登记人数为8.5万人,比2019年减少约1万人,降幅达10.8%,可能与离婚登记制度"离婚冷静期"的设置有关,但相关数据也值得警惕。

此外,2020年,浙江青年平均初婚年龄为27.4岁,其中男性为28.3岁,女性为26.4岁,分别比2015年提高0.8岁和1岁。2018—2020年,育龄妇女平均初育年龄从27.7岁升至28.3岁,延迟了0.6岁。

### 2. 积极推动婚俗改革,倡导婚事新风

调查问卷数据显示,浙江各地彩礼集中分布在10万—20万元之间,占比为34.3%。针对青年彩礼高问题,浙江全省深入推进婚俗改革试点,提倡新式文明婚礼,杜绝天价彩礼,推动移风易俗,引导青年树立文明、健康、理性的婚恋观和家庭观,

目前拥有1个国家级(三门县)、19个省级婚俗改革实验县和各地确定的22个市级实验县、16个实验乡镇街道。

### 3. 优化婚恋生育服务,提升青年婚育幸福感

打造"亲青恋"特色婚恋交友平台品牌工程,为青年提供交友、相亲等服务,帮助青年树立正确的婚恋观和家庭观。2020年,在全国率先实现内地居民婚姻登记"全省通办",致力于青年结婚"只用跑一次",提升幸福领证体验感,同时全力推进出生"一件事"一站式联办、一体化服务和"网上办""掌上办",实现全省域生育医疗费用和生育津贴无感申办。通过线上线下相结合的模式深化开展婚姻家庭教育服务,2018—2020年,全省婚姻登记机关为50万人次提供了婚姻家庭辅导,满意率为98.0%,离婚辅导成功率50.4%;执行离婚冷静期以来,38.5%离婚申请当事人撤回了申请,其中民政部门开发的"浙江省婚姻家庭辅导平台"率先推出线上辅导,疫情期间累计服务1.1万余人次。

但值得关注的是,在访谈中发现,当前婚恋交友服务集中于城市,对农村青年的关注度、覆盖度不足,农村青年参与相关活动的机会不多;此外,城市中的婚恋交友活动也主要面向企事业单位青年,对社会普通青年关注不够。同时,各地婚恋交友活动的种类、形式相对单一,对青年缺乏吸引力,通过活动牵手成功的比例较低。问卷调查数据显示,高达59.7%的青年没有参加过婚恋活动且不愿意参加,26.7%的青年没有参加的途径,通过婚恋活动相恋、结婚的成功率仅有1.7%和2.0%。访谈发现,青年群体普遍不愿意生育,或者只愿意生育一孩,二孩、三孩较少在青年的考虑范围内。问卷调查数据也显示,仅有1.5%的青年愿意生育三孩以上,18.9%的青年甚至选择不生育。

## (五)青年就业创业形势基本稳定

在青年就业创业领域,《浙江规划》设定了青年就业创业1项主要任务,新生代浙商培育工程、青春助力乡村振兴工程2项重点工程。《统计监测方案》中涉及的指标有:青年就业见习计划人数,省内高校毕业生就业率达到97%,省内高校毕业生留浙比例保持在85%以上,应届高校毕业生自主创业率达到4%以上,全省博士后流动站、工作站招收培养博士后人数达到2万人,农村实用型人才中青年人才比例达到28%,青年获取技能人员职业资格证书数、专业技术人员职业资格证书数分别达到

150万人次和250万人次。

**1. 青年就业较为充分，青年人才队伍建设需加强**

青年就业见习人数逐年增加，2019—2020年期间浙江省共组织4.9万名青年参与就业见习；省内高校毕业生就业率未能达标且存在波动，2018年、2019年，省内高校毕业生就业率分别为96.8%和96.9%，接近97%的目标值，但受新冠疫情影响，2020年、2021年两年就业率分别为90.2%和94.3%，距离97%的目标还有一定差距；省内高校毕业生留浙比例先增后降，距离85%的目标值存在差距，2018—2020年分别为86.2%、84.9%、82.3%，该指标值得警惕；应届高校毕业生自主创业率未能达到4%的要求，2018年、2019年分别为3.9%和3.6%；全省招收培养博士后人数逐年增加，但距离两万人的目标存在差距；农村实用型人才中青年人才比例、青年获取技能人员职业资格证书数及青年获取专业技术人员职业资格证书数的比例及数量都逐年增加，但距离设置的目标值仍存在差距，其中青年获取技能人员职业资格证书数预估难以完成。

**2. 就业创业服务迭代升级，青年人才培养力度持续加大**

《浙江规划》实施以来，持续加大青年就业帮扶力度，以高校毕业生为重点，先后开展"百日千万网络招聘专项行动"、民营企业招聘月等招聘活动。2021年，完成6.76万名离校未就业毕业生一对一帮扶任务；实施青年就业启航计划，2018—2021年，共组织8.42万名青年参与就业见习。持续推动青年投身创业实践，2018—2021年，扶持大学生创业6.99万人。加大创业担保贷款政策支持力度，2021年更是将创业担保贷款额度提高到最高50万元。此外，团省委持续开展"创青春""挑战杯""振兴杯"等赛事，为青年创新创业搭台赋能。问卷调查数据显示，超过71.6%的青年接受过就业、创业政策的指导。此外，浙江省持续加快创新创业人才培养，2021年出台《新时代浙江工匠遴选管理办法》，遴选青年工匠1950名；实施"青春领航"人才培养计划，出台青年人才队伍培养"二十项举措"；大力实施"金蓝领"职业技能提升行动，面向高校应届毕业生等青年群体开展职业技能培训。

**3. 注重引导青年投身乡村振兴，青年返乡就业创业成效显著**

浙江省农业农村厅出台《关于实施十万农创客培育工程（2021—2025年）的意见》，不断探索引进农村职业经理人，如：杭州市余杭区、杭州市临平区等地聘任农村职业经理人22名；湖州市成立"绿水青山就是金山银山"青年新农人联盟，开办"绿水青山就是金山银山"青年学院,累计培育新农人2650人、农村青年电商4000余人,新建星级青创农场119个,孵化农村创业典型项目147个。在走访调研中,湖州安吉的数字游民公社通过改造破旧茶厂吸引青年群体低成本入住,为当地乡村发展带来了新的产业与思路。

但需要关注的是,青年群体就业创业的地域选择差距明显,由于大城市的虹吸效应,农村地区对口产业不多,就业创业的环境、政策支持等方面都不及城市优越,城市与农村的政策普惠标准差异明显等,导致小地方难以吸引年轻人,高层次技术人才较为缺乏。多地调研访谈发现,农村普遍存在农业从业人员老龄化严重、青年人才招聘难等问题。除了部分创业成功的青年外,很少有青年选择在农村就业。

此外,创业青年普遍反映,当前就业创业指导存在形式化问题,就业创业政策帮扶偏向大学生、人才精英等特定群体,对其他青年群体(比如低学历青年、进城务工青年)的支持较少;创业政策支持关注前端多、关注中后端少,主要体现在创业项目成立后,对创业企业缺少跟踪帮扶;部分初创企业者表示自己仅懂技术,由于缺乏管理、财务、税务、法律等方面的专业知识,导致企业发展走了很多弯路,希望得到官方组织的相关培训;另外,创业者表示其与政府部门间、创业群体间沟通交流的平台与渠道不足,信息交流不顺畅。

## (六)青年文化建设不断增强

在青年文化领域,《浙江规划》设定了青年文化1项主要任务。《统计监测方案》中涉及统计监测指标有:入选国家级宣传思想文化青年英才人数、青年综合阅读率、青年互联网渗透率。

### 1. 打造宣传思想文化人才蓄水池,青年文化人才队伍建设量质齐升

实施"四个一批""万人计划",培育青年文化人才队伍,为青年文化创作提供平台,激励青年文化创作。特别是在全国文化名家暨"四个一批"人才工程中直接推荐入选的人数从前一批的4人增加至12人,较历年大幅提升并创新高。在2021年国家级重大人才工程评选中,30名宣传思想文化人才新入选国家高层次人才工程,入选数量继续居全国前列。

### 2. 青年图书阅读率稳定,青年网民占比高于全国

据监测,2019年,浙江省14—17岁青少年图书阅读率达93.6%,人均年图书阅读

量为12.1本；2020年，18—34岁青年图书阅读率达92.9%，人均年图书阅读量为4.5本。青少年的总体阅读率超92%。浙江网民中，10—49岁网民占比高达72.1%，比全国该年龄段网民占比（70.6%）高出1.5个百分点；10—29岁网民占比达36.2%，比全国该年龄段网民占比（31.3%）高出4.9个百分点。

### 3. 强化文化阵地建设，打造良好文化环境

重点推动公共文化设施建设，推动浙江省公共图书馆服务质量提升，通过开展"家门口的图书馆"等行动计划，实现了全省图书馆业务一张网，实现通借通还。重点推动县级图书馆、文化馆的总馆、分馆建设，累计建成图书馆分馆1491个、文化馆分馆1188个、城市书房1025家、文化驿站578家、其他公共文化空间3316处。持续加大对山区26个县的扶持力度，新增1500万元资金用于支持山区26个县的公共文化服务体系建设。深入开展公共文化惠民活动，实施文化惠民"百千万"工程，提出每年完成送演出下乡2万场，送书下乡150万册，送讲座展览下乡1000场，开展文化走亲1000次等实施目标，目前每年均超预期完成目标（具体数据参见表2）。逐步推进线上文化惠民活动，2020年浙江省提供线上文化服务活动（送戏、讲座、展播展览等）18907场，线上活动参与数达1.27亿人次；2021年开展各类线上活动32660场，参与人次达1.99亿人次。

**表2　浙江省文化惠民"百千万"工程完成情况**

| 活动 | 规划预期指标 | 进展情况/年 | | | 完成度/% |
| --- | --- | --- | --- | --- | --- |
| | | 2019 | 2020 | 2021 | |
| 送戏下乡/场 | 20000 | 24900 | 21700 | 21700 | 100 |
| 送书下乡/万册 | 150 | 345.22 | 290 | 418 | 100 |
| 送讲座送展览/场 | 1000 | 15042 | 16193 | 23877 | 100 |
| 文化走亲/次 | 1000 | 2045 | 1592 | 2354 | 100 |

但同时值得注意的是，调查数据显示，青年知晓并参与地方政府组织的文化活动较少，参与感不足，参加过并想继续参加的青年仅占22.3%，从来没有参加过的青年占比高达74.9%，官方组织的青年文化活动对青年的吸引力需要增强。此外，随着多元文化的蓬勃发展，亚文化对青年的影响与日俱增。特别是一些给青年发展带来负

面影响的亚文化现象,如狂热支持明星偶像的应援文化、推崇消极颓废的"丧文化",以及以过度消费为标志的消费文化等。调查问卷数据显示,超过80%的青年了解上述亚文化,近一半的青年希望参与一些亚文化活动。但当前相关职能部门对于"丧文化""躺平思想""饭圈文化"等青年亚文化研究力度不够,采取分类别的引导力度不强。

## (七)青年社会融入积极主动

在青年社会融入与社会参与领域,《浙江规划》设定了青年社会融入与社会参与1项主要任务和青年志愿者行动工程1项重点工程。《统计监测方案》中涉及的指标有:到2025年,各级人大代表、政协委员中的青年比重,青年党员人数和比重,青年团员人数和占28周岁以下青年的比重,青年公务员人数和比重,青年注册志愿者总人数突破800万,青年注册志愿者年均参加社会公益活动时间达到3小时。

### 1. 青年积极参与志愿服务,预期指标基本实现

2018—2021年,浙江省青年注册志愿者人数从632.4万增长至741.4万,预计可以完成2025年志愿者人数达到800万的目标。截至2020年底,青年注册志愿者年均参加社会公益活动时长已经达到每人每年3.2小时,远超浙江省2025年年均3小时的目标要求。庞大的参与人数、高涨的服务意愿,青年志愿者用实际行动为社会贡献青春力量。

### 2. 创新工作机制,促进青年志愿服务和社会治理相融合

浙江省广泛开展"双减"爱心托管志愿服务,34.7万名志愿者开展托管服务159.4万小时;制定《关于加强志愿服务与检察公益诉讼协作的意见》《公益诉讼志愿观察员制度试点工作方案》,聘任618名公益诉讼志愿观察员,将环境保护、社区治理、检察院公益诉讼等工作与志愿服务相结合,推进志愿服务多样化;开展大学生团员向村(社区)报到工作,鼓励大学生切实参与社会实践与服务工作。创新的机制、丰富的形式体现了浙江省注重将志愿服务同社会治理相结合,帮助广大青年在志愿服务中提升对社会现实的认识和理解,增强实践能力。

### 3. 健全青年政治参与机制,为青年提供参与渠道

2009—2019年间,每年定期举办"共青团与人大代表、政协委员面对面"活动,截至2020年,团组织累计开展相关活动3440余次,覆盖企业近4000家、青年6.1万人、

基层组织 3600 多个,收集问题 2300 个,帮助解决问题 1600 多个。2020 年,浙江全省村社组织换届后,35 岁以下班子成员占比从 40.1% 增长至 80.8%。义乌市全国首创"一村一青年委员"工作机制,受到浙江卫视及《浙江日报》报道,并获省委领导的批示肯定。

但需要关注的是,调查问卷数据显示,青年认为最有效的政治参与途径排名前三的依次是:进入党政机关工作,入党,选举成为人大代表、政协委员。但上述途径中,青年的参与比重并不高。如,青年在省级层面担任人大代表和政协委员的比例偏低,在政策制定、意见表达过程中发挥的作用有限。同时,在促进青年融入社会与参与政治方面,对弱势青年群体关注不足,更关注贫困青年在经济上脱贫,而忽略其政治参与需求。

## (八)青年国际交流渠道更加多元

在青年国际交流领域,《浙江规划》设定青年国际及港澳台地区交流 1 项主要任务。希望通过港澳台青年来浙交流增进彼此认同,同时也希望通过青年国际交流拓宽当代青年国际视野。

### 1. 推进线上线下双重阵地建设,拓展国际交流渠道和领域

省委统战部联合多部门每年开展"浙台基层交流周"活动。疫情期间,在坚持青年为本和改革创新的基本原则下,及时打造国际及港澳台地区青年线上交流阵地。如,省委统战部与杭州市委统战部联合开展"筑梦杭州"香港青年线上暑期实习等活动,取得较好效果,得到省委主要领导的肯定性批示;指导各设区市打造"假日联络""云夏令营"等网上交流平台。省文化和旅游厅在 2021 年通过举办线上培训的方式为港澳青少年内地游学提供了专门指导,帮助港澳青少年更快更好地了解和融入内地生活。

### 2. 打造青年人才驿站,吸引海内外青年来浙交流

积极开展各种活动和项目,吸引国内外青年汇聚浙江。2019 年至 2022 年底,仅杭州市萧山区依托杭州全球青年人才中心就已累计服务全球青年人才 385 人,举办各类交流活动 25 场。"浙江港澳青年人才服务中心"落户杭州,为吸引港澳青年人才来浙交流提供了源源不断的助力。台州市建立和更新台州籍在读硕博人才库、海外青年人才库、乡小贤队伍,共吸纳成员 2760 名,会员遍布全国 23 个省、自治区、直辖

市,以及美国、英国、日本、澳大利亚等海外国家,成为台州聚集高层次青年的平台。

### 3. 聚焦国际融合,打造"一带一路"青年发展枢纽城市

作为通达四海、买卖全球的"世界小商品货源地",义乌市有力推进了与"一带一路"合作伙伴之间的政策沟通、设施联通、贸易畅通、资金融通、民心相通,正全力打造"一带一路"国际青年融合之城。创新"10＋10"国际青年融合工作路径,提供多元文化公共服务1000余场,建设"鸡鸣山联合国社区"国际青年交流融合基本单元。该社区常住人口2.3万人,包含29个少数民族人员2082人,以及来自74个国家和地区的境外人员1388人,创立了中外居民之家、民族团结"融书苑""青春合伙人"等服务项目;创新"以外调外""以外管外"国际社区治理模式,成立了全国首个社区中外居民之家自治委员会,打造"国际老娘舅"工作室,开办"家门口的孔子学院",累计为10万人次提供汉语培训。

但值得注意的是,自2020年以来,青年国际交流工作进展受到疫情阻碍,预期完成《浙江规划》目标存在困难。浙江省沿海地区推动青年参与国际及港澳台地区交流活动较为积极,非沿海地区参与度较低;现有交流活动中,国际交流相对较少,青年特色以及中华文化"纽带"作用也不够突出,线上交流活动实际效果不佳,影响力有限。

## (九)青少年权益保障体系日益健全

在维护青少年合法权益与社会保障领域,《浙江规划》设定了维护青少年合法权益1项主要任务,青年安居工程1项重大工程。《统计监测方案》中涉及的统计监测指标有:符合法定条件的未成年人获得法律援助率达到100%,青少年事务社会工作专业人员达到2万人,结对帮扶不良行为青少年、闲散青少年比例达到100%。

### 1. 青少年关爱帮扶项目扎实推进,相关指标基本达成

2018—2020年,符合法定条件的未成年人获得法律援助率为100%;结对帮扶不良行为青少年、闲散青少年比例从95.0%提升至100%,提前达成规划目标。2018—2020年,青少年事务社会工作专业人员数量,从5957人增长至9991人,基本完成2020年达到1万人的目标。2020年浙江省共有特殊教育普通高中(部、班)6个、在校生784人。残疾人中等职业学校(班)16个,在校生1124人。中学随班就读残疾学生人数8701人,比2018年、2019年分别增长13.4%和6.3%。三类残疾学生学前3年和高中段教育普及率分别达到90.0%和85.0%以上。436名残疾人被普通高等院校录

取、475名残疾人进入浙江特殊教育职业学院学习。

**2. 持续完善法律法规，青少年权益保护体系更加完善**

出台《浙江省人民检察院关于加强性侵未成年人犯罪惩防工作的意见》《浙江省未成年人犯罪记录封存实施办法》等保护青少年合法权益的制度文件36份，建立配套工作机制11项，创新构建党委领导、部门协同、社会参与的多跨联动工作体系，治理效能得到全面提升。省委政法委建立数字帮教团队和系统，共打通34个数源系统，建立帮教团队66个，通过省、市、县（市、区）、镇、村、网格六级联动，协调27个部门业务，破除部门之间业务、数据壁垒，实现业务协同、数据共享。大力推进"少年法庭"建设，完善未成年人审判工作社会支持体系，依法打击侵害青少年合法权益的行为。深化重点青少年结对帮扶帮教，对1.8万余名青少年开展常态化帮扶帮教7万余次。但值得注意的是，《中华人民共和国未成年人保护法》《中华人民共和国预防未成年人犯罪法》在2020年均已经大幅度修订，但《浙江省未成年人保护条例》修订工作进展缓慢。《浙江省家庭教育促进条例》虽先于国家的家庭教育促进法出台，但在国家法颁布后，地方立法的修订也有待提上日程。

**3. 依托数字化改革，打造青少年权益保护的新模式**

充分考虑青少年的生理和心理特点，依托数字化改革，利用大数据、互联网平台等，在青少年犯罪改造、课后托管、打击犯罪等方面推陈出新；积极探索国家资源平台＋各地优质资源上云＋"问学名师"答疑解惑的免费线上学习服务方式；在教育、医疗、预防犯罪等方面打造青少年合法权益的"互联网+"的新模式。

## （十）预防青少年违法犯罪工作扎实推进

在预防青少年违法犯罪领域，《浙江规划》设定了预防青少年违法犯罪1项主要任务。《统计监测方案》中涉及的统计监测指标有：青少年、未成年人罪犯人数和比重，查处治安违法人员、刑事案件作案人员、吸毒人员中青少年人数，中小学法治副校长配备率。

**1. 青少年法治教育力度不断加大，中小学法治副校长全面覆盖**

持续开展"开学法治第一课""法治进校园""三禁三防三自"等普法宣教活动；聘请专业人士担任法治副校长（辅导员），2018—2020年，浙江省中小学法治副校长配备率已达100%，总数从5788人增长至6240人，已实现全省中小学全覆盖。

**2. 青少年司法帮教保护机制更加健全,涉法涉罪数据逐步下降**

持续健全青少年司法帮教保护机制,积极推进专门学校建设;开发和上线"未来学院""易帮教"等帮教 App,帮助刑满释放青少年重新就学就业、融入社会。"亲青帮"普法活动覆盖青少年283.7万人次,常态化结对帮扶重点青少年26万人次,12355热线服务青少年9.8万人次。调查问卷数据显示,知晓12355热线的青年占比达到62.0%,知晓《中华人民共和国未成年人保护法》《中华人民共和国预防未成年人犯罪法》中相关规定的青年占比达到78.2%。未成年人犯罪绝对数量呈逐年稳步下降趋势,刑事犯罪中的青少年占比也低于全国平均水平。同时针对不良行为青少年的教育矫治能力不断增强,社会面治安良好。

**3. 数字赋能预青工作,典型经验推介全国**

紧扣数字化改革战略部署,利用数字赋能,加快多跨场景建设,逐步探索走出一条"个案办理—类案监督—系统治理"新路径。截至2022年底,全省共创建数字未检工作新平台5个。其中诸暨市检察院联合公安、司法、民政等10余个部门打造出集"帮教矫治、家庭教育、公共服务、综合治理"四大功能于一体的"星海守望"未成年人违法犯罪预防治理平台,该创新实践被评为全国"2021政法智能化建设智慧检务创新案例",并成为"浙里预防青少年新型违法犯罪应用"雏形,纳入浙江省数字化改革重大应用"一本账"。此外,湖州市南浔区检察院联合当地多部门出台《南浔区未成年人罪错行为分级处遇区域治理实施办法》,在全国率先探索"未成年人罪错行为分级干预"县域治理方案,得到最高人民检察院的关注,并涌现出以章春燕检察官为代表的一批基层先进工作者,也多次获得国家荣誉。

但需要注意的是,统计监测数据显示,2018—2020年,浙江省14—35岁青年罪犯人数、查处的治安违法人员中青少年占比均有所下降,但同时存在青少年违法犯罪率高位运行、犯罪低龄化现象显著增加等问题,预防青少年违法犯罪工作应当持续关注。此外,调研过程中发现,当前浙江专门学校建设滞后,公安机关、教育部门甚至司法机关对于未达刑事责任年龄的未成年人违反《中华人民共和国治安管理处罚法》的行为矫治手段有待进一步优化,这些未成年人在成年后不少会转换成为成年人罪犯,这类现象尤其值得警示。调研访谈中,社会组织负责人、青年社工普遍反映社会公众对社工组织误解较大,政府对于社工组织的支持力度不够,难以留住专业人才,社工组织发展过程中普遍面临着资金紧张、社工跳槽频繁等问题。当前,浙江在省级层面尚未制定预防未成年人犯罪的地方性法规,法律建设也待加强。

## 四、《浙江规划》实施中需关注的问题

随着浙江省全域推进青年发展型省份建设的目标体系日渐明晰,覆盖省市县三级的青年工作联席会议工作机制全面构建,吸引青年、服务青年、成就青年的政策供给体系不断完善,全域贯通、上下协同的青年发展评价指标体系初步确立,但一些普遍性问题仍然存在,客观上影响了工作统筹与部门联动,影响了青年发展工作整体成效。

### (一)部分地区青年发展政策传递的边际递减效应明显

《浙江规划》于2018年颁布,2019年开始实施,落实到具体各县(市、区)的规划时,存在实施周期缩短、青年优先发展理念弱化和不同群体主观感受差异大等问题。

青年发展规划实施周期逐级递减。除杭州市的青年发展规划是在2019年12月发布实施外,剩下的10个设区市均在2020—2021年间才发布各市的青年发展规划,且主要集中在2021年。各县(市、区)的青年发展规划则基本集中在2021年下半年出台,还有的在2022年才发布实施。从2021年看,此时距离国家青年发展规划的颁布实施已经过去了4年,距离浙江省青年发展规划的实施也已经过去了3年,各地区政策出台都较为滞后,将青年发展的十年规划,变成了四年、五年规划。

省、设区市、县(市、区)、乡(镇)不同层级青年发展工作相关部门对青年发展政策的理解逐级弱化。梳理浙江省、设区市、县(市、区)三级青年发展工作报告、青年政策时发现,省级青年工作联席会议成员单位青年发展工作总结质量优于市级,而大部分市级报告优于县(市、区)级。调研时也发现,不同层级的党政领导、部门领导对于青年发展规划的熟悉程度也逐级递减。同一行政级别的不同部门之间,也存在对于青年发展政策的理解程度参差不齐的现象。

体制内外青年群体对青年政策的主观体验感层层递减。座谈发现,不同青年群体对于青年发展政策的了解度与享受度呈现出由"内"到"外"的递减,大致表现为党政机关和事业单位青年对政策的体验感强于社会组织青年、国企青年、民营企业青年、自由职业者。在多地的青年座谈中,多数体制外青年表示没有听说过青年发展规

划,更没有享受过规划带来的政策红利。

## (二)部分地区对青年优先发展理念依然存在认识偏差

"党和国家事业要发展,青年首先要发展",青年优先发展理念是落实习近平总书记提出的"全党要把青年工作作为战略性工作来抓"的重要内容,是各级共青团组织开展青年发展工作的重要法宝,更是协调各部门形成青年发展工作合力的关键一招。调研时发现,部分地区的团组织未能深刻理解青年优先发展理念,致使在工作汇报中往往无法准确传达青年发展规划与青年发展工作的核心要义,地区党政领导因此对于青年发展规划的要求缺乏深入了解。与此相对应,在召开青年工作联席会议时,同级机关不同部门间对于青年优先发展理念的认知也存在一定差距,"青年发展工作并非共青团一家之事"的观念还未能深入人心,各部门职责衔接有待优化。

## (三)部分地区青年工作联席会议机制运行效能有待提升

青年工作联席会议机制是支撑青年发展工作组织网络的"连通器",更是推动规划落地落实、协调青年发展工作的"议事厅"。在梳理浙江省、设区市、县(市、区)三级青年工作联席会议相关资料后,结合调研发现,部分地区未能较好地利用青年工作联席会议机制,对联席会议的"专题会""联络员会""督导会"等功能缺乏探索;个别县(市、区)青年工作联席会议存在"会套会""不开会"现象,青年工作联席会议制度未能得到应有的重视;部分地区对于青年工作联席会议的会议主题、决议事项缺乏筹划,青年工作联席会议制度的实际功效未能有效发挥。

## (四)青年发展政策体系缺乏有效的顶层设计

《浙江规划》实施后,浙江各部门、各地区出台了众多促进青年发展的政策。根据评估组不完全统计,自《浙江规划》实施以来,浙江省、设区市、县(市、区)三级各部门合计出台青年发展政策1846项,数量众多且体系庞杂,但由于职责分工所限,各项政策间缺少必要的关联与整合,联动性不足,各部门仅对自身职责范围内工作负责,存在政策重复操作、实施不一致等情况。此外,青年发展政策专属性不强,青年发展政策往往依附于其他普惠性政策中,难以突出、落实国家对青年发展的重视程度。省级层面需要进一步强化对青年发展政策制定的顶层设计,当前亟须将相关青年发展政策法治化、体系化、专门化。

### （五）部分地区青年发展规划与其地方规划衔接不畅

《浙江规划》是浙江省社会发展规划体系中关于青年发展的专项规划，"徒法不足以自行"，应当进一步推进青年规划纳入《浙江省国民经济和社会发展第十四个五年规划和二〇三五年远景目标纲要》，形成专章、专节、专栏，并同时做好同《浙江省教育事业发展"十四五"规划》《浙江省卫生健康事业发展"十四五"规划》等其他专项规划的衔接工作。调研发现，部分地区的青年发展规划未能及时纳入地区"十四五"发展规划；部分地区将青年发展规划纳入当地"十四五"规划时，宣传性、口号性内容所占篇幅占比较大，各级政府民生实事项目中与青年发展相关的民生项目数量还有待增加；部分地区青年发展规划与当地其他专项发展规划未能及时衔接，尚无法有效发挥"1＋1＞2"的作用。

### （六）部分地区倾向重视青年人才而忽视普通青年需求

习近平总书记谈到中长期青年发展规划时提到，"特别是对城乡贫困青年、进城务工青年、残疾青年、农村留守妇女儿童等，团组织要多做雪中送炭的工作，使他们实实在在感受到党的关怀"。"补短板"是落实青年发展规划的重要一环，这也是总书记如此关心普通青年或是困难青年发展的重要原因之一。调研发现，多数地区在编制、落实青年发展规划时，更加看重高层次青年人才的培养、引进，对普通青年群体、困难青年群体的关注与帮扶不足。而问卷数据显示，普通青年群体、困难青年群体对于青年政策的渴望度、迫切度更高。青年发展工作不等同于青年人才工作，社会的发展也并非仅依靠青年人才，更多依靠的是普通青年的力量，政策实施者、政策落实者的目光应将视野放眼到全体青年，而非局限于高层次青年人才。

### （七）不同地区青年发展程度不均衡

浙江省青年发展存在程度不均衡、不协调的问题，在11个设区市间，同一地区不同县域间、城乡间、不同青年群体间都存在青年发展水平、发展机遇等方面不均衡现象。不同地区之间的青年发展不均衡，体现在各地区对青年发展的重视程度、部署落实力度、实施成效上有差异。同一地区城乡青年发展不均衡，体现在城乡间青年发展的外部基础和外部环境的差距,农村发展环境、资源获取、生活便利等方面均不及城市。此外杭州、宁波等综合实力较强的城市与杭州市上城区、宁波市北仑区、义乌市等城市中心区成为青年人口主要聚集地,青年发展水平较高;外围市县对青年群体的吸引力比较薄弱,非本地青年归属感、幸福感有待提高。

### (八)部分地区青年发展型城市建设定位模糊

2022年4月国家出台《关于开展青年发展型城市建设试点的意见》,杭州市、温州市、台州市入选国家级城市试点,宁波市北仑区、绍兴市上虞区等6县(市、区)入选国家级县域试点。2022年6月,"加快建设青年发展型省份"首次写入浙江省第十五次党代会报告。建设青年发展型城市已也成为各地区青年发展工作争相追求的战略目标。然而,对于何为青年发展型城市、青年发展型城市的建设内涵与维度、青年发展型城市的评价标准等问题仍处于研究与探索过程中,各地在建立青年发展型城市的路径选择中存在趋同化倾向,需要进一步挖掘浙江不同城市发展的特性。

## 五、未来3年的重点工作考量

"十四五"时期是开启全面建设社会主义现代化国家新征程、向第二个百年奋斗目标进军的第一个五年,也是中长期青年发展规划纵深实施、丰富政策成果的关键时期。浙江省需要认真贯彻落实习近平总书记2021年2月对《浙江规划》实施工作的重要批示与省第十五次党代会精神,密切关注青年发展领域的潜在风险与现实难题,切实提升《浙江规划》的组织实施效能,使青年发展总体上在全国保持领先水平,高质量打造青年发展型省份建设的"浙江样板"。

### (一)推动党的青年政策法治化,鼓励地方先行先试

青年政策的法治化是青年工作体系和青年工作能力现代化的必然要求,是深入贯彻习近平法治思想的重要体现与要求。浙江省各地在落实规划过程中,形成了众多独具特色、卓有成效的做法和经验。探索制定《浙江省青年发展促进条例》,以地方立法的方式明确青年发展工作各方主体职责,协调各部门之间的关系,确立青年发展工作具体形式,可为青年发展型省份建设提供制度性支持、规范性保障,并为其他省

份提供可视化、制度性参考。

## (二)深化青年优先发展理念,打造青年专属政策

《国家规划》中指出:"青年是国家经济社会发展的生力军和中坚力量。党和国家事业要发展,青年首先要发展。"《关于开展青年发展型城市建设试点的意见》也将"倡导青年优先发展"作为基本原则。在推动青年发展过程中,要进一步提倡与深化青年优先发展理念,只有政策制定者、政策实施者、政策受惠者及人民群众都对该理念有所认识与认同,才能更好地扫清政策实施中的障碍,针对青年关注的"急难愁盼"问题出台更多专属性、针对性政策,不仅让青年有所发展,更推动青年高质量发展。

## (三)优化各级青年工作联席会议机制,推进青年发展重点工程

实施青年发展规划,必须在党委、政府领导下,相关职能部门协同联动、共同施策。当前浙江各级青年工作联席会议机制已普遍建立,未来3年要不断加强机制建设。通过不断健全青年工作联席会议议事规则,不断增强各成员单位的主体责任;要着重完善联席会议全体会议、专题会议、联络员会议的制度化建设,加强跨部门信息沟通和政策整合;逐年分解青年发展目标任务,确定年度重点工作,开展自我评估与第三方评估相结合的年度评估,督促各地区各部门抓细落实;建立联席会议成员单位联合调研制度,形成高质量的政策分析报告。此外,《浙江规划》中的八大重点工程总体进展良好,但部分工程落实存在困难,需要适当调整。未来3年,在持续做好重点工程的基础上,要积极研究青年发展的热点、难点问题,借助青年联席会议制度将研究成果转化为民生实事项目,切实为青年人办实事、解难题。

## (四)依托"数字化"改革,提高青年发展指标统计监测质量

在统计监测指标已经细化完善的基础上,进一步提高青年发展指标统计监测的质量。2021年3月中共浙江省委全面深化改革委员会发布《浙江省数字化改革总体方案》,"数字浙江"建设进入数字化改革的新阶段。青年发展相关指标的监测统计也需要结合数字化改革,充分利用大数据,建立青年发展监测指标数据库平台,实现指标体系数据的上报提交、采集汇聚、集中管理、监测评估和决策分析。开展动态监测,明确数据来源,确定每个青年发展领域指标数据的获取途径有效,确保数据的真实

性。对各项监测指标进行阶段性分解,细化到年度发展目标,逐步构建周期性的监测制度。针对约束性指标,根据监测指标评估体系建立奖惩机制,通过目标管理方式促进整体目标的达成。

### (五)探索青年发展型省份建设标准,以县域试点带动全域发展

围绕"浙江对青年发展更友好、更关爱,青年对浙江发展更担当、更有为",通过不断完善党委对青年发展工作的领导机制,积极践行青年优先发展理念,有效丰富促进青年发展的普惠政策和实事项目,积极探索各具特色的青年发展型城市建设模式,在促进青年宜学、宜居、宜业等方面,形成可复制、可推广的经验。到2025年,须达到青年发展规划工作机制比较健全、青年优先发展理念得到社会广泛认同、青年发展型省份评价体系逐步建立并完善、青年发展政策更具体系化和普惠性、青年投身浙江发展的主动性和贡献度明显提升的目标。在总体目标的领导下,以试点带动全域发展,完善青年发展型省份和青年发展型市县的建设标准与评价指标,形成全域全周期支持青年发展的政策体系,以青年高质量发展驱动青年发展型省份建设。

### (六)持续优化《浙江规划》实施环境,营造青年友好氛围

随着《浙江规划》深化推进,优化实施的政策环境,营造青年友好的社会氛围非常重要。未来3年,青年发展规划要做到以下几点:一是持续做好与国家、地方相关总体规划、专项规划的衔接,推动落实青年发展民生实事项目,保障青年发展经费持续投入;二是推广中央的做法,在各级领导干部培训中设置青年发展相关课程,提升党政领导干部对青年发展规划的认识和理解;三是充分运用各类媒体,特别是新媒体,广泛宣传《浙江规划》的主要内容,宣传各地区的实施举措与实施成效,切实提高青年对青年发展规划的知晓度,增强青年的获得感,进而营造良好的社会氛围。

## 六、结语

在浙江省奋力实现"中国特色社会主义共同富裕先行和省域现代化先行"的伟大实践中,青年是实现"两个一百年"奋斗目标浙江篇章的生力军和中坚力量。省委领导在第十五次党代会开幕式和第十五次团代会开幕式上强调,浙江省青年发展工作

要在奋力推进"两个先行"大场景中找准新方位，实现在强化青年思想引领、优化青年人才生态、促进青年健康成长、保障青年合法权益、提升青年生活品质、强化青年工作领导等6个方面的创新突破，同时需要继续深刻理解省委推进青年发展工作重点方向，进一步健全规划实施机制，丰富青年发展政策体系，推进规划各项具体任务的贯彻落实。

中国梦是历史的、现实的，也是未来的；是我们这一代的，更是青年一代的。中华民族伟大复兴的中国梦终将在一代代青年的接力奋斗中变为现实。在以习近平同志为核心的党中央坚强领导下，在习近平新时代中国特色社会主义思想科学指引下，青年正向着第二个百年奋斗目标、向着中华民族伟大复兴奋勇前进！未来3年，浙江将在青春的赛道上跑出好成绩，书写奋进新时代的青春华章，努力为全国推进青年发展规划实施提供浙江范例。

# 浙江省青年发展政策体系特征、问题及对策建议:基于政策文本的分析

浙江省青年发展研究中心等①

## 一、研究背景

青年兴则国家兴,青年强则国家强。党委和政府历来高度重视青年工作和青年发展,习近平总书记在党的二十大报告中强调,"全党要把青年工作作为战略性工作来抓"。2017年4月,中共中央、国务院印发《中长期青年发展规划(2016—2025年)》(以下简称《全国规划》),首次在国家层面编制实施面向青年群体的综合性政府专项规划。2018年12月,浙江省委、省政府对标《全国规划》,按照浙江省经济社会发展的总体目标和要求,并结合浙江省青年发展的实际情况,印发了《浙江规划》,提出了"到2020年以青年发展型省份为引领的青年发展政策体系和工作机制初步形成,到2025年以青年发展型省份为引领的青年发展政策体系和工作机制更加完善"的工作目标。自《浙江规划》实施以来,各级党委和政府领导下的跨部门综合性青年工作联席会议

---

① 本文由浙江省青年发展研究中心、浙江省委党校联合供稿,具体撰稿人:卫甜甜、程德兴、马陈栋、杨媛媛。

机制已实现全覆盖,各级党委政府也聚焦青年发展规划中的各项任务和领域①积极出台了一系列相关政策。

新时代青年呈现出的新特点新规律新需求,尤其是处在高质量发展阶段的青年发展,需要更完善的青年发展政策体系提供更坚实的支撑②。构建与优化浙江省青年发展政策体系是促进青年更好成长、更快发展的重要制度保障,也是浙江建设青年发展型省份的关键切入点。那么,浙江省是如何在"出台青年发展政策""构建青年发展政策体系"等方面积极破题,将青年发展规划的机制效能转化为政策效能的呢? 是否存在能够进一步释放地方政策创新活力的改进空间呢? 为了更好地回答这些问题,本文拟对浙江省青年发展政策进行文本分析,概括浙江省青年发展政策体系的基本特征,挖掘政策体系构建过程中存在的问题与不足,进而反思如何完善现有政策体系并激发政策效能,以期能够推进青年发展规划实施和青年发展型省份建设。

## 二、研究方法

### 1. 概念界定

最早产生的青年政策,其初衷主要是以制度化力量解决青年问题并矫治问题青年,属于管理型政策③。而随着20世纪50年代青年发展现代化研究的兴起,青年发展逐渐成为社会发展的重要组成部分。青年政策的主要形态呈现出差异状态,产生了以推动青年发展而非管理青年为宗旨的发展型青年政策,并且其基础理念和价值取向呈现出弱势关怀与优势开发的差异。在《全国规划》实施以前,学界一般认为我国的青年政策大部分属于管理型政策,主要是指政府等公共部门为了实现教育和服务

---

① 《浙江规划》明确要求,需要落实青年思想政治引领、青年教育、青年健康、青年婚恋与家庭、青年就业创业、青年文化、青年社会融入与社会参与、青年国际及港澳台地区交流、维护青少年合法权益和预防青少年违法犯罪等10项主要任务。
② 邓希泉、李伟娟:《目标评估与完善策略:中国特色青年发展政策体系研究》,《中国青年社会科学》,2022年第41卷第3期,第46—54页。
③ 沈杰:《中国青年发展政策体系建构的理论预设》,《中国青年研究》,2021年第3期,第38—44,52页。

青年的目标,在青年事务的管理中就青年成长发展和权益维护而制定的行为准则①。而随着各地青年发展规划的推进实施,在更高层面上,既要开发青年发展维度优势,又要关怀青年生存维度弱势,具有中国特色的青年发展政策体系正在慢慢形成。在其他学者对青年发展政策类型和定义梳理的基础上,本文将青年发展政策概念界定为:党和国家机关为了促进青年群体发展、维护青年根本利益、保障青年合法权益等,聚合、调剂、分配和运用各种资源制定的法规、条例、办法、实施意见、通知等条文性规定。

### 2. 研究对象

本文以《浙江规划》制定实施以来,各级党委和政府及相关职能部门围绕青年发展规划的落地实施而出台的一系列青年发展政策为研究对象,重点是对政策文本的内容、数量等方面进行分析。考虑到青年发展政策概念较为宏观且涵盖领域较广,为了有重点且明晰地分析政策体系,本文按照以下标准进行政策文本筛选:首先,选择《浙江规划》实施以来2018—2022年的时间段内省、市、县三级出台的青年发展相关政策文件;其次,政策文本内容需要与《浙江规划》中青年发展的十大主要任务密切相关,需要直接体现青年发展主题,不包括仅在正文提及"青年""青年发展"等字样的政策;最后,所选政策主要是相关法律、法规、办法等文件,不包括回函、批复等非正式决策文件。基于以上标准,本文共筛选出1846份青年发展政策文本。其中,省级政策文本161份、设区市级政策文本336份、县(市、区)级政策文本1349份。

### 3. 研究方法

本文综合采用政策文献计量和质性文本分析方法开展研究。政策文献计量作为一种规范的研究方法,旨在对政策的制定时间、发文数量、文本类型、主题词等非内容要素进行量化分析,进而对政策体系进行客观、系统和量化描述,揭示政策的核心关注点的变化。质性文本分析方法是通过资料收集方法对研究对象进行整体性探究,并结合社会现象从其行为和意义建构中获得解释性理解。就本文而言,对浙江省青年发展政策的文本分析,一方面是通过对浙江省青年发展政策的外部属性进行描述性量化分析,揭示其政策体系的基本特征,另一方面是对文本内容进行叙事分析,如

---

① 张良驯:《论我国青年政策的独立性、完整性和专项性》,《中国青年研究》,2015年第2期,第5—10,18页。

对某一具体发展领域或是某一地区的政策文本展开深入质性研究,有效地探究政策文本中存在的问题。

## 三、浙江省青年发展政策体系的基本特征

当前,为了推动青年发展规划落地实施,浙江省出台了数量众多、类型不一、领域多元的青年发展政策,形成了具有浙江特色的青年发展政策体系。下文将从政策出台数量、政策领域、网络聚类、政策类型等维度来深度剖析浙江省青年发展政策体系的基本特征。

### (一)政策数量:规划实施以来持续增长

从整体上看,2018—2021年浙江省青年发展政策处于出台"加速期",省市县三级政策数量均呈现"井喷式"增长。省级青年发展政策年出台数量从17份增加为46份,市级青年发展政策年出台数量从22份增加到86份,县级青年发展政策年出台数量从96份增加到418份。(见图1)自《全国规划》实施以来,浙江各级党委和政府高度重视,对标相关要求,编制出台了符合本省以及市县发展实际的青年发展规划,建立健全了青年工作联席会议机制,党管青年原则和青年优先发展理念得到充分贯彻,各级青年发展规划中所涉职能部门为推动青年发展规划落地实施,结合各自部门工作积极谋划,不断出台相关政策。因而,可以看到,《浙江规划》出台以后,青年发展政策出台数量呈现不断增长的趋势。与此同时,为了进一步推动青年发展规划落地实施,在国家层面,2022年中共中央宣传部、国家民委、共青团中央等17部门联合出台了《关于开展青年发展型城市建设试点的意见》文件。在浙江省级层面,"青年发展型省份"建设上升为省委省政府的重要战略部署,这些顶层文件的出台和新的战略部署无疑会给各级党委政府在推动青年发展规划落地实施上注入"强心剂"。可以预见的是,各级党委政府势必会更加重视青年工作,青年发展政策出台数量也会继续处于高位,政策的精准性会进一步提高,覆盖面也会进一步扩大。

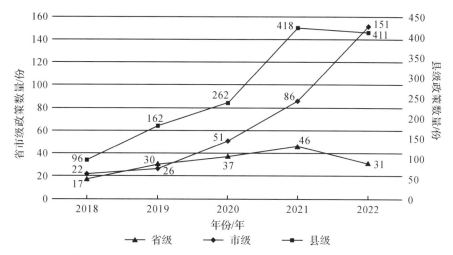

图1  2018—2022年浙江省青年发展政策数量变化折线图

## (二)政策领域：侧重青年"就业创业"和"权益维护"

《浙江规划》出台以来,各级党委政府和职能部门围绕青年发展规划中所涉及的青年发展领域出台相关政策,以达到推动青年发展规划落地和促进青年发展的目的。对浙江省青年发展政策领域进行统计分析发现,政策出台涉及领域最多的是青年就业创业,其次是维护青少年合法权益。以市县两级青年政策为例,青年就业创业政策占市县两级青年发展政策总数的38.06%,维护青少年合法权益领域的相关政策占市、县两级青年发展政策总数的10.73%(见图2),其中住房保障相关政策又是维护青少年合法权益领域政策出台的重要组成部分,占比超过了6成。此外,青年教育、青年文化、青年健康、青年婚恋与家庭等青年发展领域政策也相对较多,占比依次分别约为9.72%、9.51%、8.10%、7.89%。而青年社会融入与社会参与以及青年思想政治引领领域的政策数量相对较少,占比分别约为6.68%、4.86%。青年国际及港澳台地区交流和预防青少年违法犯罪等方面的政策数量则更少,占比仅为3.04%和1.42%。这主要是因为,就业和住房是青年立身立业的关键,加之受疫情带来的就业创业市场低迷、高房价等因素的影响,就业创业和住房成为当前青年发展过程中的"急难愁盼"之事。为青年就业创业提供更好环境、解决青年居住难问题成为各地政策制定出台的关切点,也是各地实现"引来人、留住人"的关键筹码。

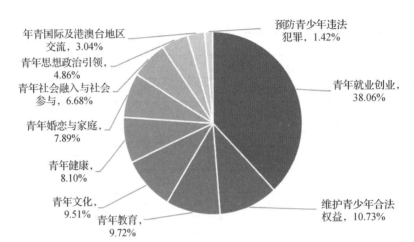

图2　2018—2022年浙江省市县两级不同青年发展领域政策数量占比

## （三）网络聚类："人才""创业""未成年人"是主题词

主题词是对政策文本的凝练,通过对主题词的抓取和分析,可以了解浙江省对于青年发展工作的重视程度以及浙江省青年发展政策出台的重点和方向。本文以2022年浙江省青年发展政策市县两级政策文本为例,利用语义网络分析实现对政策样本库的主题词聚类,凸显政策文本的核心内涵。通过浙江省青年发展政策的关键词图（见图3）可以看出,浙江省青年发展政策内容主要集中在人才、就业、创业、创新、青年、未成年人、大学生、教育、住房等主题词上。其中,从语义聚类分析来看,政策文本主题词之间又形成了以"人才""创业""未成年人"3个主题词为核心的聚类（见图4）。在"人才"聚类中,"创新""住房""教育"是核心词,说明市县两级青年人才政策的主要内容就是聚焦在激发青年人才创新潜能以及为青年人才在住房和教育等方面提供保障。在"创业"聚类中,"人才""就业""创新"是核心词:一方面就业与创业是青年职业发展的重要维度,两者密不可分,所以在政策文本中促进青年就业创业的内容常常是相伴存在的;另一方面,创业需要创新,而人才是创新创业的关键人力资本,因而创业政策中"激发青年人才的创新潜能"是较为核心的内容。在"未成年人"聚类中,"思想道德""保护""教育"是核心词,说明浙江省市县两级政府同样关注未成年人群体,并将未成年人权益保护和思想政治引领作为当前相关政策的核心内容。

图3　2022年浙江省青年发展政策的关键词

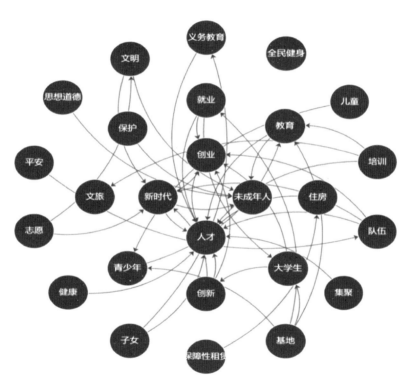

图4　2022年浙江省青年发展政策关键词的语义网络图

## （四）政策类型：环境型政策工具是主流

罗斯维尔和泽哥菲尔德根据政策的直接作用和间接作用将政策工具分为供给

型、需求型和环境型3种类型①。供给型政策工具是指党和国家机关通过投入人、财、物等资源，直接为青年成长和青年事业的发展提供支持，为解决青年问题、促进青年持续成长奠定基础。基于此，本文将青年发展政策文本中的人才培养、培训、资金投入、技术支持、场地支持等相关内容视为供给型政策工具。需求型政策工具是指政府通过激发市场潜力、降低市场风险、减少市场的不确定因素，营造关注青年、扶持青年的社会氛围，为青年的健康发展及投身社会主义事业创造稳定的环境，减少青年从事相关事业及产业的发展障碍。本文具体将政府购买服务、青年市场塑造、青年海外交流等内容视为需求型政策工具。环境型政策工具是指政府直接施加影响的促进青年成才和事业发展的外部因素，持续潜移默化地对宏观环境中的影响因素进行协调和管理，从而间接影响与青年相关的各项事业。本文具体将青年目标规划、青年税收优惠、策略性措施等内容视为环境型政策工具。其中，"青年目标规划"指政府通过制定相关政策对青年发展的前景进行方向性规划；"青年税收优惠"指对青年的创业实施免税或降费；"青年服务管制"指对与青年和青年事业发展相关的各个环节进行监管；"策略性措施"指将宏观目标规划细分、落实为可行的、具体的策略的过程②。对全省青年发展政策工具进行划分统计发现，环境型政策工具的数量远多于供给型政策工具和需求型政策工具。以省级青年发展政策为例，环境型政策工具占比高达71.84%。为确保政策文本分析更具代表性和指导性，本文选取数量最多的创业就业领域进行分析。同时，考虑到政策文本分析数量的可操作性，本文专就省级层面青年就业创业领域政策类型进行文本分析，具体见表1。

表1 省级层面青年就业创业领域政策文本类型

| 序号 | 政策名称 | 政策工具名称 | 政策工具类型 |
|---|---|---|---|
| 1 | 关于实施"浙商青蓝接力工程"加强新生代企业家教育培养工作的意见 | 人才培养 | 供给型政策 |

① 杨凯瑞、何忍星、史可等：《中国政府支持创业创新发展的政策工具选择：政策文本分析》，《创新科技》，2022年第22卷第8期，第27—40页。
② 侯帅杰：《政策工具视角下我国青年政策研究》，《乌鲁木齐职业大学学报》，2022年第29卷第4期，第47—51页。

| 序号 | 政策名称 | 政策工具名称 | 政策工具类型 |
|---|---|---|---|
| 2 | 关于深入实施浙江共青团"千校万岗"大中专学生就业精准帮扶行动的通知 | 就业培训 | 供给型政策 |
| | | 宣传动员 | 环境型政策 |
| 3 | 浙江省人力资源和社会保障厅等6部门关于实施青年就业启航计划的通知 | 创业创新培训、场地支持 | 供给型政策 |
| | | 宣传动员 | 环境型政策 |
| 4 | 关于支持和鼓励高校科研院所科研人员兼职创新创业的指导意见(试行) | 政策激励 | 环境型政策 |
| 5 | 浙江省人力资源和社会保障厅等5部门关于做好求职创业补贴发放工作的通知 | 资金投入 | 供给型政策 |
| 6 | 转发财政部 人力资源社会保障部 中国人民银行关于进一步加大创业担保贷款贴息力度 全力支持重点群体创业就业的通知 | 财政金融 | 环境型政策 |
| 7 | 关于印发《新时代浙江工匠遴选管理办法》的通知 | 榜样激励 | 环境型政策 |
| 8 | 关于举办第五届浙江省青工创新创效大赛的通知 | 比赛竞赛 | 环境型政策 |
| 9 | 浙江省农业和农村工作领导小组办公室 浙江省农业农村厅印发《关于实施十万农创客培育工程(2021—2025年)的意见》 | 人才培养、资金投入 | 供给型政策 |
| | | 产业发展 | 需求型政策 |
| | | 平台建设、税收优惠 | 环境型政策 |
| 10 | 关于印发《关于实施"青春助力乡村振兴"专项行动的意见》的通知 | 人才培养 | 供给型政策 |
| | | 产业发展 | 需求型政策 |
| | | 思想引领 | 环境型政策 |
| 11 | 关于实施第四期浙江省青年创业"扬帆工程"的通知 | 人才培养、资金投入、信息服务、业务培训 | 供给型政策 |
| | | 产业发展 | 需求型政策 |
| 12 | 关于实施"浙里担·青农贷"团银担合作公益项目的通知 | 财政金融 | 环境型政策 |
| 13 | 关于举办第三届浙江省青工创新创效大赛的通知 | 比赛竞赛 | 环境型政策 |
| 14 | 关于举办2020年浙江省青年职业技能竞赛的通知 | 比赛竞赛 | 环境型政策 |
| 15 | 关于举办第四届浙江省青工创新创效大赛的通知 | 比赛竞赛 | 环境型政策 |
| 16 | 关于举办2019年全省青年职工职业技能竞赛的通知 | 比赛竞赛 | 环境型政策 |

对省级层面16条就业创业政策文本分析发现,其中含有不同类型的政策工具26个,在这26个政策工具中,环境型政策工具有13个,占比超过50%,是政府及职能部门政策制定的重点方向。而对环境型就业创业政策做进一步细化分析发现,职能部门更倾向于通过财政金融、税收优惠等政策工具降低创业成本,提升青年创业积极性;通过技能竞赛、宣传动员等举措为青年就业创业营造良好的外部氛围。有7个政策工具属于供给型政策工具,占比约30%。此外,根据统计,供给型政策工具在实际执行过程中,资金投入、场地支持、人才培养、培训辅导等政策工具均有所体现。以浙江省农业和农村工作领导小组办公室和浙江省农业农村厅出台的《关于实施十万农创客培育工程(2021—2025年)的意见》为例,该政策通过使用阵地建设、资源整合、人才培育、资金支持、培训辅导、信息服务等不同形式的供给型政策工具,来培育农村创业人才,激发农业农村创业创新活力。需求型政策工具只有3个,占比13%,在3种政策工具类型中处于明显的弱势地位。

## 四、存在的问题

虽然浙江省已经逐渐构建了一个数量较多、涉及领域较广、关注点聚焦的青年发展政策体系,较好地回应了青年发展诉求,但值得注意的是,浙江省青年发展政策体系形成过程中尚有许多问题亟待解决和完善。

### (一)政策工具类型的整体结构有待进一步优化

政策工具的运用是政策发挥作用的关键环节,从上文的分析可以看出,浙江省青年发展政策工具运用存在失衡现象。从外部结构来看,浙江青年发展政策具体表现为环境型政策工具运用过溢,而供给型政策工具和需求型政策工具运用相对不足。如在省级青年发展政策中,环境型政策工具占比为71.84%,而供给型政策工具和需求型政策工具占比分别仅为22.33%和5.83%。从内部结构来看,同一类型的政策工具内部政策手段运用也有待进一步优化。仍以省级青年就业创业领域的政策工具类型分析为例,在青年就业创业的供给型政策工具方面,以资金投入、场地支持、人才培养、培训辅导等政策手段为主,而基本没有运用创新驱动和技术支撑等手段,这表明政府意识到了人才、资金和设施对于就业创业的直接推动作用,但对技术及创新有所忽视。在环境型政策工具方面,内部倾向仍比较明显,不同政策手段和方式比例失调明显。具体来看,职能部门更倾向于通过财政金融、税收优惠、技能竞赛、宣传动员等手段来为青年就业创业营造良好的外部氛围,而法律监管方面的政策手段使用较少,这也间接说明青年创新创业的法律体系还不够完善。在需求型政策方面,这种政策工具类型不仅使用较少而且政策手段极为单一,其中"产业发展"是推动青年创新创业需求型政策工具中最主要的手段,其他政策手段基本没有。由此可见,浙江青年发展政策运用的政策工具结构不合理,需要重点考虑如何均衡、合理地使用各政策工具,从完善青年发展政策类型结构出发推动规划进一步落地实施。

## (二)政策覆盖面有待进一步改善

目前来看,浙江省青年发展政策的均衡性、普惠性不强,存在较强的"高聚焦性"与"低普惠性"问题,这主要表现在以下几个方面:一是在涉及领域上,青年发展政策涉及领域存在不均衡性。正如前文所分析的,各级党委政府对青年就业创业、居住、人才等方面给予了充分的关注,而对青年国际及港澳台地区交流和预防青少年违法犯罪等领域关注不足。数据显示,青年国际及港澳台地区交流和预防青少年违法犯罪等方面的政策数量分别位居十大青年发展领域的倒数第二和第一,占比仅为3.04%和1.42%。二是在涉及群体上,青年发展政策侧重群体存在较高的局限性。当前,青年发展政策更多聚焦于大学生、高层次青年人才,而对弱势青年群体、农村青年、普通青年群体的关注不够。在人才政策中,不少县(市、区)的人才政策在学历等方面设置一些申请门槛,如杭州市某区对应届全日制大学毕业生和区域内用人单位柔性引进的符合市本级D类及以上专技人才认定标准的青年人才,在住房、补贴等方面给予一定的支持。再如,在思想引领领域,政策多聚焦在在校学生群体,而对社会青年群体关注不够。

## (三)青年政策的系统性有待进一步增强

政策的出台和落地实施是一项系统性、整体性的工程,但是分析发现,浙江省青年发展政策的整体性和系统性有待进一步增强。这主要表现在以下几个方面:一是政策交叉现象仍存在。在实操层面,通常某个青年发展领域的相关工作会涉及不同职能部门,不同职能部门均会针对该领域出台相关政策,但因缺乏统筹,同一领域的青年发展政策可能存在对象交叉、资源交叉等问题。如某市农业和农村工作领导小组办公室联合市财政局、市农业农村局、市海洋与渔业局在2021年制定出台的《关于建立乡村振兴返乡大学生创业示范基地帮扶机制的通知》中提到,对被评为市级返乡大学生创业示范基地的项目"可给予贷款总额不超过300万元的全额贴息补助";同时在该市农业和农村工作领导小组办公室2021年出台的《××市深化"两进两回"行动的实施意见》中提到,"面向返乡创业青年、电商创业青年设立创业担保贷款,最高贷款额度100万元"。很明显,这两个政策涉及的对象和内容存在交叉,但又没有相应的政策对相关问题进行配套解释,这可能会导致某些群体重复享受政策福利,使得政策福利过于集中在某些群体身上。二是青年政策同质化较为明显。从青年发展领域来看,针对同一个青年发展领域,不同地区政策内容具有较强的相似性。例如对比台州市人民政府办公室2021年制定出台的《关于加强大学生招引工作的补充意见》和丽水市人民政府办公室2020年制定出台的《关于加强引进高校毕业生工作的若干意见》发现,台州和丽水在招引大学生时都比较强调对大学生在安家住房等方面的保障。其中,丽水在购房补贴上最高额度到达了35万元/人。这无疑增加了经济发展较落后地区的政策成本,那些地区优势不足的市县必须不断提高政策成本,才有可能在同质化的政策竞争中胜出。然而,不管是不同职能部门的合力有待进一步增强还是不同地区政策同质化竞争在加剧,从省级层面看,这都意味着省域内青年政策体系的系统性有待进一步增强。

## 五、对策建议

### （一）进一步完善政策工具的组合结构

一是政府在制定相关政策时,注意不同政策工具类型的均衡性,适当加大供给型、需求型政策工具的比例,增加资源统筹、税收优惠、奖赏鼓励等政策工具的使用频次。优化需求型政策工具结构,在后续的政策制定过程中给予被忽视的工具一定的政策倾斜。调整供给型政策工具比例,在保持政府对人才、资金和基础设施政策聚焦的基础上,重视与创新和技术相关的政策制定,加大相关政策工具的使用力度。二是根据政策的具体目标和阶段变化,选择适合的政策工具,提升政策工具选择的系统规划,发挥政策工具之间的联动效应,避免因政策工具与政策目标不匹配造成结果错位或冲突。三是加强对政策工具使用效果的评估,测量政策工具使用频次与政策目标实现之间的平衡点,在政策制定过程中,掌控好政策工具的使用频次,防止由于政策工具的过度或匮乏使用,导致政策目标无法完全实现。对政策工具的监控和调适也同样重要。一项政策颁布后需要及时监控其落实情况和进度。对政策提出严格的落实要求,制定详细和科学的监控标准,引入纠偏机制,建立一套严格的监控制度,一旦出现落实不力和滞后的情况,及时调整政策工具,增强政策的可持续性。

## (二)积极构建普惠性的青年发展政策体系

一是发挥政策评估指标体系的"风向标"和"指挥棒"作用,积极利用青年发展综合指标体系,通过动态监测十大领域尤其是青年健康、青年婚恋与家庭、青年国际及港澳台地区交流等领域的青年发展政策制定和实施状况,为进一步制定青年发展政策奠定数据支撑和保障。二是积极对接各政府职能部门,抓住政策征求意见等协商契机,推动青年工作进一步融入新型城镇化战略、县域经济发展、乡村振兴等中心工作大局中,推动青年发展诉求与党政综合、专项政策部署相衔接。三是政策制定由"关注精英"转向"普惠全体青年"。不仅为高学历高层次人才制定吸引和保障政策,也要为新业态从业青年、灵活就业青年、产业工人、低端服务业等领域青年提供有针对性的政策和服务。

## (三)增强政策体系的系统性和整体性

一是积极争取党政领导的重视和支持,高质量召开各级青年工作联席会议,谋划青年发展议题,为政策出台提供"催化"环境,化解职能部门行政壁垒。二是推动政策顶层设计和基层探索良性互动、有机结合,成立青年发展工作专班领导小组,协调各部门共同出台专门化、系统化、精细化的青年发展政策,进而创新出台或完善更多满足青年发展需要的专项政策。三是把握区域发展差异特征,进行符合当地特色的青年发展政策创新。在政策制定过程中,关注区域青年人口规模、青年群体的结构特征、地方产业发展状况,剖析不同区域优势及其自身亟待解决的问题,寻求差异化发展。

# 青年发展型县域建设理论与创新实践研究

团湖州市委课题组[①]

青年发展一直都是党和国家事业的关键所在,党的二十大报告明确提出"全党要把青年工作作为战略性工作来抓,用党的科学理论武装青年,用党的初心使命感召青年"。2022年4月,中央宣传部、国家民委、共青团中央等17部门联合印发《关于开展青年发展型城市建设试点的意见》,决定开展青年发展型城市建设试点,为建设青年发展型城市指明了方向。浙江省第十五次党代会也明确提出要加快建设青年发展型省份,省委十五届二次全会进一步将"高水平建成青年发展型省份"纳入2035年的总体目标,推动全省各地形成比学赶超、奋勇争先建设青年发展型城市的浓厚氛围。县域是我国基本行政单元,青年发展型县域建设已经成为未来青年发展型省份和青年发展型城市建设的基本单位和主要方向,同时也是推动青年高质量发展与省域高质量发展有机融合的重要抓手。截至2022年12月底,全省已经有62个县(市、区)出台规划,72个县(市、区)提出青年发展型县域建设目标。

## 一、青年发展型县域建设的理论内涵

"青年发展型城市"概念源于1996年由联合国发起的"儿童友好型城市"(Child Friendly Cities,CFC)倡议,其后衍生出"儿童—青年友好型城市"和"青年发展型城

---

① 本文由团湖州市委课题组供稿,具体撰稿人:陈荣甦新、归加琪、赵力斌、吴卫华。

市"的概念。随着第一个百年奋斗目标的实现,我国已经开启全面建设社会主义现代化国家新征程,标志着我国进入了一个新发展阶段,准确把握新发展阶段、深入贯彻新发展理念、加快构建新发展格局成为重要工作任务。青年发展型城市的理论内涵也相应发生变化,愈加关注政策环境和社会环境的优化、青年与城市创新创造活力的相互激荡、青年与城市高质量发展相互促进等问题。近年来,省外许多大型城市围绕各自城市特点推动青年发展型城市建设,探索出基于城市特色的青年发展模式(见表1),为现代城市发展注入新活力。

表1　省外青年发展型城市建设代表性模式

| 项目 | 城市 | | | |
|---|---|---|---|---|
| | 上海 | 深圳 | 武汉 | 成都 |
| 城市特色 | 国际化大都市 | 国际化创新型城市,青年人口占比达46% | 新一线城市,高校资源丰富 | 新一线城市,网红城市 |
| 发展目标 | 城市承载着青年的梦想,青年引领着城市的未来 | 为世界青年打造一座青年发展型城市 | 大学生最友好城市 | 青年与城市共成长 |
| 发展核心 | 创新人才 | 创新创业 | 引才 | 共建、共治、共享 |

然而,当前有关青年发展型城市的实践与探讨,多针对经济发达的一线或二线城市,而从县域角度进行分析与思考的较少。作为国家基本行政单元,县域处于承上启下的关键环节,是促进社会高质量发展、推进乡村振兴、实现共同富裕的重要基础。党的十八大以来,以习近平同志为核心的党中央高度重视县域经济社会发展,多次强调"要把县域作为城乡融合发展的重要切入点",这为青年发展型县域建设提供了指引。

青年发展型县域建设是中国式现代化背景下县域高质量发展的重要一环,其核心是坚持以青年为中心,是在制度设计、政策配套、空间规划、公共服务优化等方面保障县域青年群体发展的一种模式。当前我国县域人口已经占据全国城镇常住人口的30%,青年发展型县域建设能够帮助这些县域青年群体解决毕业求职、创新创业、社会融入、婚恋交友、老人赡养、子女教育等方面的困难,为吸引青年、留住青年、成就青年创造良好的发展条件,这对于优化城镇空间结构、促进区域经济发展、实现共同富裕具有重要意义。因此,青年发展型县域建设必须秉持开放和可持续发展精神,发挥县域韧性,建立高质量县域的空间环境、生态环境和人文环境。基于此,青年发展型县域建设应该包含2个相互作用的维度:一是如何构建县域空间对青年群体的友好氛围,这需要政府强化顶层设计和整体统筹,做好政策配套,营造"有为""乐居""立业"的青年发展生态;二是如何激发青年群体在县域建设中的动力和活力,使青年在城市更有为,这需要凝聚青年力量,激发青年活力,增强青年群体对县域建设的参与感、推动力和贡献度。

## 二、青年发展型县域建设的浙江实践

党的二十大以来,浙江省委省政府深入贯彻习近平总书记重要讲话精神,紧紧把握党管青年重要原则,围绕构建"宜业、宜居、宜学、宜游"的青年成长环境,为高质量推进青年发展型县域建设提供坚强保障。浙江在青年发展型县域建设过程中紧紧围绕2个中心:一是坚持为党育人这个根本点,以城化人;二是坚持县域高质量发展,以人聚城。2022年6月中国青年网的一份调查显示,90.5%的受访"00后"会优先选择青年发展型城市就业创业,其中长三角城市群是"00后"的就业首选地。作为长三角城市群一体化发展的金南翼,浙江已经明确将建立"四核、四带、四圈"的城市群空间格局,即以杭州、宁波、温州、金义四大都市区核心区为中心,以环杭州湾、甬台温、杭金衢、金丽温四大城市连绵带为轴线延伸,以四大都市经济圈为辐射拓展的城市空间,涵盖全省90个县(区、市)。"县域强,则浙江强",长期以来,浙江县域发展一直位于全国前列,成为浙江高质量发展的一张名片,因此,青年发展型县域建设不仅对于浙江意义重大,对于长三角地区乃至全国也具有重要示范意义。

为深入了解青年发展型县域建设的浙江经验,提炼浙江样本,课题组深入省内青年发展型县域建设一线,选取湖州市吴兴区作为典型案例,通过现场走访、问卷调查、访谈等形式深入青年群体当中,总结青年发展型县域建设的普遍经验,以形成可复制、可借鉴、可推广的青年发展型县域建设模式。调研发现,组织领导、要素保障、方法创新和品牌打造是吴兴青年发展型县域建设的主要特色。

## （一）组织领导有力，确保措施落实

组织领导是青年发展型县域建设的根本保障，组织领导背后蕴含着青年发展型县域建设的逻辑自洽：领导重视、认识到位、态度坚定、组织得力与措施保障，这些因素都是做好青年发展型县域建设的基础。吴兴区充分发挥党委牵头抓总作用，建立青年工作联席会议制度，由区委主要领导和分管领导任联席会议召集人，专题研究青年发展型县域建设工作；同时，团区委成立工作专班，全面完善党建带团建、经费保障等重点工作保障机制；区委常委会定期研究青年发展型县域建设工作，确保青年发展型县域建设专题会议机制常态化；切实增强基层团组织对广大青年的吸引力和凝聚力，提高青年综合素质，不断强化基层团组织建设，完善组织架构，形成区级、乡镇、村（社）三级团组织全面覆盖，推动青年社会组织与共青团工作紧密协同。目前，全区社会领域团组织数已经达到950家，"青年之家"实现全区乡镇、街道全覆盖。

## （二）要素保障到位，护航发展环境

要素保障是青年发展型县域建设的重点环节。要素保障是系统化的工作，涵盖青年发展型县域建设的诸多方面，包括政策保障、平台保障、资金保障、民生实事等，其核心是以青年需求为导向，用心服务青年。在政策保障上，2021年吴兴区出台青年发展"十四五"规划，并将它纳入区"十四五"重点专项规划，同时出台包括"人才新政4.0版""飞英计划"等在内的一系列生活补贴、购房补贴、创业补贴、实习补贴、落户政策等多项配套青年政策，构建有利于吸引青年群体的体制机制和政策体系。在平台保障上，针对青年人才群体，吴兴区建立统一的青年人才数据库，绘制辖区人才分布数字地图，打造人才成长平台，推行"一件事"集成服务，实现引才数字化、监管精准化、服务多元化，有效破解青年人才"引进难、留用难"问题。在资金保障上，设立面向青年创新创业群体的"凤凰基金"，扶持青年创业和企业上市。在民生实事上，将"公共教育"工程、"一老一小"工程、"就业创业"工程等纳入民生实事项目，优化青少年成长成才环境；在未来社区建设过程中，通过政府购买服务形式，探索建立专业的青年社工队伍，为辖区范围内的青少年群体提供基层服务。在参政议政上，建立政协青联委员工作室，发挥政协青年委员作用，推动政协协商民主向青年延伸。

### （三）工作方法创新，增强工作实效

创新工作方法是提升青年发展型县域建设水平的重要方式，吴兴区紧紧围绕省委省政府中心工作和重大决策部署，以数字化改革和共同富裕为重要抓手，开展青年发展型县域建设。吴兴区开发"人才项目汇"数字化改革应用场景，并将其作为全省首批试点纳入"浙里人才之家"，打造青年服务"一码集成"、青年治理"一屏通览"、青年数据"一站共享"，以"专属优惠＋专享空间"形式，成功建成首个"人才街区"；借助"青年码"试点应用机遇，全维度聚焦青年学习、就业、成长等方面，实现联系青年"一码触达"、服务青年"一码集成"；推出国内首个"考研新城"，通过聚合国内高水平专业服务团队，致力于为广大青年群体特别是外地的大学生群体提供一站式的成长服务，探索新型发展城市的人才聚集新模式；通过挖掘农村乡镇地区的资源禀赋，打造"旅游＋农产品"联动发展模式，助力青年直播电商产业发展，赋能乡村振兴。

### （四）打造阵地品牌，构建发展生态

打造青年阵地品牌，挖掘区域优势资源，塑造县域形象，是青年发展型县域建设的重要策略。吴兴区锚定"湖州副中心、吴兴新中心"定位，提出"新青年城市"口号，围绕运动、音乐、时尚、创新、文化五大主题，融入青春力量，推动以东部新城为主体的青年发展型县域建设，将青年元素与文创、艺术、商业、娱乐等要素有机融合，推出"西街青年"品牌，成立了小西街团总支，下设"青"字头的八大功能型团支部；与浙江音乐学院、上海音乐学院等高校合作，引入更多青春力量，助力吴兴建设新青年之城。

这些举措较好地发挥了引导作用，为青年发展型县域建设提供了新思路。如今，吴兴正以青年集聚共筑"新青年城市"，成为吸引青年、留住青年、成就青年的青春活力之城。2022年12月发布的浙江青年发展综合指数（2022）显示，吴兴区综合指数得分位列全省第十，在青年发展环境、青年职业发展、青年权益保障、青年人口态势等4个一级指标体系中获得优秀，其中青年发展环境指数排名全省第一。吴兴模式是浙江青年发展型县域建设的一个缩影，其得分充分说明打造良好青年发展生态环境的重要性，良好的青年发展生态环境是青年发展型县域建设成功的基础。

## 三、青年发展型县域建设存在的痛点难点

2018年浙江正式出台《浙江规划》，在全国率先提出"青年发展型省份"建设目标。紧随其后，全省11个设区市提出了建设青年发展型城市目标，很多区县制定了青年发展型县域建设规划。课题组在调研过程中发现，当前青年发展型县域建设仍然存在一些痛点难点，主要表现为以下几点。

### （一）中心城市的虹吸效应使得青年发展型县域建设面临更多挑战

一方面，中心城市拥有交通、教育、经济、医疗等优势，通过虹吸效应将周边县（区）的资本、人口、资源吸引进来，使得周边县（区）难以避免地产生人口数量锐减、产业空心化、青年流失等问题。如杭州巨大的虹吸能力使得周边德清、安吉等县（区）面临引进高层次人才难的困境；随着交通枢纽网络的贯通，从县（区）到达沪、杭、宁三大城市的时间大大缩短，大城市的青年人口虹吸效应将进一步增强。在调研组面向吴兴区青年群体发放的1120份问卷中，有42.3%的青年反映"杭州、上海等中心城市对湖州的虹吸效应明显"。另一方面，虹吸效应使得中心城市快速形成产业集聚和产业升级，继而使得劳动密集型产业不断外溢，与周边县（区）形成差异化布局与分工，为周边县（区）青年就业提供了更大的机遇。

### （二）县（区）"小城市病"成为当前青年发展型县域建设的主要短板

由于经济、人口和社会结构失调，很多县（区）出现人口流失、产业空心化、文化发展乏力等"小城市病"问题，并集中体现为一种"庸堕化"趋势：人才集聚性不强、排斥外来人口、内生发展动力欠缺、精神生活乏善可陈、文化娱乐形态单一、社会交往"强关系化"、创新资源渐露颓势等。这些问题均会影响青年发展型县域建设。调研发现，吴兴区青年群体反映较为强烈的问题主要有"人才引进力度不足"，以及需要"打造更多户外休闲公共空间""进一步丰富夜间经济形式""打造创新平台"，等等。这些问题也侧面反映出"小城市病"已经成为影响吴兴青年发展型县域建设的主要短板。

### (三)现有政策主要面向高层次青年人才群体,政策普惠性不足

全省共青团组织联合各地各部门出台的青年发展政策涵盖住房、教育、健康、婚恋、就业创业等方方面面,合力解决青年"成长的烦恼"。然而,这些政策大多关注高层次青年人才群体,忽视对普通青年群体特别是边缘青年群体的关注,比如外来务工青年、社区闲散青少年、流浪未成年人、残障青年等,同时对县域范围内的农村青年群体关注也不够。这些青年群体是传统组织体系较难覆盖的群体,容易被社会所忽略,但也是最需要被关注的群体。调研过程中,吴兴区不少企业主反映,当前企业最紧缺的是技术类骨干人才,一般企业内大专毕业生较多,但近几年出台的相关人才政策主要针对本科以上学历,因此,企业内可享政策的人数偏少,扶持力度不大。另外,也缺乏对社会边缘青年群体的救济扶助专项政策。

### (四)团组织力量有待进一步强化

团委作为群团组织,虽然在创新举措上有干劲、想作为,但团属资源有限,工作力量较为薄弱,一旦缺少相关职能部门的支持,在整体协调沟通上就会遇到困难,从而影响团组织在青年发展型县域建设中的力量发挥。调研中,部分县(区)团委表示在青年发展型县域建设过程中,其在人员保证、经费安排和部门协调等方面经常遇到问题。

## 四、青年发展型县域建设的创新发展路径

中共中央、国务院在《中长期青年发展规划(2016—2025年)》中明确提出"青年是国家经济社会发展的生力军和中坚力量",要"把青年发展摆在党和国家工作全局中更加重要的战略位置"。青年兴则国家兴,青年强则国家强,青年身上折射着城市发展的未来图景,他们是时代的先锋、国家的希望。调研组建议:要把青年发展型县域建设工作作为战略性工作来抓,深刻把握党管青年重要原则,推动青年成长发展与县域经济社会高质量发展相融共生、互促共进。关注青年个性化需求,因县施策,充分发挥不同县(区)的竞争优势。推动形成党委领导、党政齐抓共管、部门各负其责、群团组织履职尽责的青年工作格局。

### (一)加强青年思想引领,构建青年发展型县域建设组织保障

坚持党管青年原则,做好顶层设计,形成"党委重视＋部门支持＋团委牵头"的工作体系;以县域共青团基层组织改革为契机,扎实做好青年思想政治引领工作,发挥共青团"青春纽带"作用,凝聚青年,服务大局,当好桥梁。健全青年工作联席会议制度,县(区)党委、政府与乡镇(街道)两级联动;强化思想政治引领,筑牢意识形态防线,凝心聚力服务青年工作大局;建立青年新媒体矩阵,依托新媒体平台传播青年声音,发挥团学组织理论资源优势,打造青年理论学习"冲锋队",定期在青年群体中开展培训,提升县域青年政治素养;坚持"重心下移",打造"青"字品牌服务项目,紧紧抓住青年最关心、最直接、最现实的利益问题,切实提高服务青年的水平。

### (二)完善青年发展规划,强化青年发展型县域建设政策保障

因地制宜出台青年发展规划,建构与县(区)发展相适应的青年发展政策,形成自上而下的青年发展型县域建设规划体系;针对青年群体最为关注的住房、就业、创业、发展、信贷、消费业态、子女入学、医疗、服务、文化等10个方面,出台普惠性和广泛性的青年发展专项政策,关注普通青年群体,特别是农村青年群体和城市边缘青年群体的权益,聚焦青年发展迫切需要关注的核心领域,将青年发展需求纳入县(区)总体规划;制定青年发展工作清单,细化任务举措,以需求定项目,形成青年发展需求清单和项目清单;对青年发展项目进行监测评估,完善青年发展项目和政策举措。

### (三)优化青年发展环境,营造青年发展型县域建设社会氛围

推动"涉青"资源下沉,建设社区服务青年的体系,增强青年群体的获得感、幸福感和安全感;加强事关青年群体的住房、教育、医疗、体育、婚恋、交通等方面的民生保障制度建设,增强社区场景供给,打造青年生活"半小时经济圈";实施学区化、集团化办学,推动教育资源均衡发展;完善青年职业教育,开展"工匠学堂""现代学徒制"试点,构建校企共同育人的创新机制;开通青年人才医疗绿色通道,丰富青年婚恋社交场景,举办青年文化节,打造以"公益活动＋运动健身＋婚恋交友＋文化消费"为核心的青年文化活动模式;迎合青年消费心理,拓展文化创意屋、网红打卡点、文创集市等青年喜闻乐见的消费新场景。

### （四）紧抓青年发展核心，激发青年发展型县域建设发展动力

青年发展型县域建设应紧抓"人口"和"经济"2个核心。一方面，全面取消县（区）落户限制，鼓励外来青年人口落户，确保新落户人口与县城居民享有同等的教育、医疗、住房保障等公共服务，落实企业为职工缴纳社会保险责任；另一方面，青年发展型县域建设应增强县域综合承载能力，引导县（区）主动融入周边大城市发展建设，承接产业转移，吸引企业回迁。青年发展型县域建设的重点应当以县域经济高质量发展为着力点，以产业升级为抓手，开发具有县域特色的产业，完善产业配套，夯实县域产业基础，推动青年高质量发展与县域高质量发展有机融合。特别是面对省内诸多"平原县、山区县、沿海县、海岛县"，要做好"一县一策""一县一业"，念好"山海经"，画好"山水画"。

### （五）激发青年发展活力，打造青年发展型县域建设创新创业高地

搭建青年双创平台，深化信贷、补贴等金融政策与青年就业创业之间的联动融合，为青年创业提供政策和资金支持，鼓励设立青年创业孵化平台和双创空间。立足新发展理念，聚焦战略性新兴产业、未来产业，增强带动青年群体就业的能力，扎实开展青年就业实践。丰富青年人才引进渠道，各县（区）搭建就业平台，提供就业信息，引导县域青年人才洄游。鼓励县域内发展"夜间经济"和互联网平台经济，引导青年群体通过临时性和弹性工作等灵活多样的形式实现就业。鼓励企事业单位建设高校毕业生见习基地，以产业集聚、产业链延伸、价值链提升促进青年就业创业，营造青年创新创业氛围。加强对失业青年的指导和帮助，开展公益性职业规划讲座和职业技能培训，通过政府购买服务形式加大对就业困难青年群体的扶助。

### （六）监测青年发展指标，开展青年发展型县域建设评估

构建科学的指标体系、开展客观的评估比较，是推动青年发展型县域建设的重要方式。2022年12月，浙江省青年工作联席会议正式发布浙江青年发展综合指数，该指数也成为全国首个评价市县两级青年发展状况的省级青年发展综合指数。该指数从青年发展环境、青年生活品质、青年人文素养、青年职业发展、青年权益保障、青年社会参与和青年人口态势等7个维度对青年发展状况和青年工作水平进行量化评

价,涵盖了《中长期青年发展规划(2016—2025年)》中确定的青年发展10个领域。青年发展型县域建设应以此为观测点与考核点,强化监测,明确青年发展型县域建设路线图和任务点。

# 浙江省青年发展型市县建设试点的
# 实践与探索

团杭州市委等[①]

2022年4月,为深入落实《中长期青年发展规划(2016—2025年)》,中央宣传部、国家民委、共青团中央等17部门印发《关于开展青年发展型城市建设试点的意见》。6月,中长期青年发展规划实施工作部际联席会议办公室对外公布全国青年发展型城市建设试点和青年发展型县域试点名单,其中,试点城市(含直辖市的市辖区)45个、试点县域99个。浙江的杭州市、温州市、台州市被列为试点城市,宁波市北仑区、嘉善县、安吉县、绍兴市上虞区、义乌市、温岭市被列为试点县域。

自试点工作开展以来,浙江省委高度重视、高位谋划,将"加快建设青年发展型省份"写入了省第十五次党代会报告。试点城市以"最高规格、最大力度、最快速度"抢抓试点机遇,青年发展型城市试点高位推进。试点县域先行先试,灵活探索形成一县一特色,青年发展型县域试点亮点纷呈。本文汇总了浙江3个试点城市和6个试点县域在青年发展型城市/县域建设过程中的实践与探索,以期为各地青年发展型城市/县域建设提供工作经验和创新案例方面的参考。

---

① 本文由团杭州市委、团温州市委、团台州市委、团宁波北仑区委、团嘉善县委、团安吉县委、团绍兴上虞区委、团义乌市委、团温岭市委联合供稿,具体撰稿人见后文。

# 一、杭州市青年发展型城市建设情况①

自杭州申报并获批全国青年发展型城市建设试点以来,杭州市委市政府高度重视,将青年发展型城市建设试点工作写入市委十三届二次全会决议和三次全会报告,制定市和县(市、区)两级试点实施方案,出台试点预期成果、重点政策、实事项目"三张清单",2022年以来,全市出台有关青年发展方面的政策举措91项。省青年工作联席会议办公室发布的浙江青年发展综合指数(2022)显示,杭州及下属的11个县(市、区)获评优秀等次。其中,在全省11个设区市中,杭州青年发展综合指数全省排名第一;在全省90个县(市、区)中,滨江区、西湖区、钱塘区、上城区、余杭区、拱墅区青年发展综合指数分列前六。

## (一)工作开展情况及主要经验

### 1. 聚焦青年优先发展,构建"党委政府重视、部门协同推进"的青年工作新格局

坚持党管青年,把党的领导贯穿青年发展型城市建设全过程。杭州市委常委会先后3次听取青年发展型城市建设试点工作等情况汇报,将建设试点工作写入市委十三届二次全会决议和三次全会报告。省委常委、市委书记刘捷在《中国共青团》杂志发表《杭州对青年更友好 青年在杭州更有为 打造青年心生向往、人生出彩、情感归属的梦想城市》署名文章。以市委市政府名义出台《杭州市青年发展型城市建设试点实施方案》,并强力推进实施。坚持守正创新,邀请浙江大学专家团队共同组成课题组,组织精干力量编写《青年更有为,城市更友好——关于青年发展型城市建设的研究和实践综述》调研报告。借鉴国内外先进经验,创新推出"实施青少年阳光成长行动""打造全球青年人才向往地""建设低成本高品质生活空间"等硬核举措,将城市战略优势转化为青年发展优势。坚持市县联动,高规格召开杭州市青年发展型城市建设试点工作部署推进会,全域推动13个县(市、区)制定试点实施方案,钱塘区、上城区、西湖区、临平区、富阳区等将打造"青年发展型城区"写入各地全会报告或政府工作报告。市青年工作联席会议办公室牵头建立与市直属部门的常态化对接联络机

---

① 具体撰稿人:汪杰、马君雅、倪敏捷、郭德智、洪晓珍。

制,推动资源力量整合,精准施策形成合力,营造齐抓共管、全员参与的良好氛围。

### 2. 聚焦青年就业创业,打造全球青年人才向往地

针对高校毕业生,落实《杭向未来·大学生创业创新三年行动计划(2020—2022年)》等政策举措,对来杭工作的全球本科及以上学历应届毕业生(含毕业5年内的回国留学人员、外国人才),按照本科1万元、硕士3万元、博士10万元发放生活补贴,2022年发放应届毕业生生活补贴87153人次,金额达9.23亿元;发放大学生"青荷礼包"117889人次,金额达1569.97万元,帮助减轻应届毕业生生活压力。针对待业青年,深入实施青年就业帮扶计划和职业技能提升行动,开展"新春纳才 杭向未来"长三角高层次人才招聘大会等活动,对有就业意愿的离校未就业毕业生做到百分之百帮扶。针对创业青年,着力建设"五链集成"创新创业生态系统,持续打响"数智杭州·双创天堂"的城市品牌,大力扶持创新创业项目。针对技能型人才,连续举办三届"振兴杯"全国青年职业技能大赛(学生组)决赛和农创客大赛等,深入实施助力乡村振兴人才"春雨计划",成立杭州市农创客联盟,累计培训农创客5128名,营造尊重技能人才的良好氛围。2022年,全市新引进35岁以下大学生34.7万人,新增高技能人才5.02万人。

### 3. 聚焦青年住房难题,推进低成本高品质生活空间建设

加大住房供给,着力构建以公租房、保障性租赁住房和共有产权住房为主体的住房保障体系,推动保障性租赁住房供应面积达到当年住宅用地供应总面积的10%。截至2022年12月,全市累计筹集保障性租赁住房项目12.1万套(间),试点期间筹措保障性住房40万套以上。认真落实大学生租房补贴政策,对符合条件的应届全日制本科及以上大学毕业生每户每年发放1万元租房补贴,连续发放3年。2020年以来累计发放34万人次,约29.5亿元。抓好建设未来社区契机,打造"瓜山青年未来社区"等样板,推进在社区、园区、企业等重点领域场景建好青年发展基本单元,深化"未星计划""在杭州遇见你"等青年创业、婚恋交友品牌,不断增强青年获得感。

### 4. 聚焦青年教育需求,高水平建设"美好教育"

大力发展人民满意教育,推动22所"公参民"学校转为公办学校,落实"阳光招生"政策,全面推行"积分量化、公平透明"的流动人口随迁子女入学制度,确保入学更加公正、公平、公开。2022年,全市新建中小学、幼儿园104所,新增学位9.67万个,学前教育普惠率提升至90.02%,试点建设期间将新增基础教育学位45万个。落实"双

减"要求,从严规范校外培训机构办学,引导营利性学科类培训机构"两转一注销",实现压减率、办结率两个100%。擦亮团市委所属杭州青少年活动中心美好校外教育品牌,积极拓宽宫—校、宫—社和线上协同育人空间,加大优质素质教育资源供给。2022年,市本级青少年宫开设班级2.7万个、培训38.7万人次,建成活动中心二期2.7万平方米,流动少年宫、社区少年宫、空中少年宫年服务突破600万人次,服务规模和质效持续走在全国前列。推动青少年宫向街道、社区延伸,打造普惠性、便捷性的"家门口的少年宫",该项工程已纳入2023年现代社区建设15件民生"关键小事"。

### 5. 聚焦青年健康成长,实施青少年阳光成长行动

突出机制建设,建立健全"家庭、学校、政府、社会"四位一体青协同育人体系。突出心理健康,建立杭州市儿童青少年心理健康诊疗(促进)中心,成立全市儿童青少年心理健康服务专家联盟,推动杭州12355青少年服务台迭代升级,重塑心理健康促进服务体系。深入推进嵌入式体育场地设施建设,开展万堂专项体育课进校园和"阳光成长·开学团队第一课"等活动,组建心理健康守护员队伍,并送心理辅导进校园、社区。突出关心关爱,加大未成年人保护工作站、杭州西子少年司法社会工作服务中心等建设力度,对重点青少年群体做到百分之百结对帮扶。持续开展"春风助学""百场公益夏令营""流动少年宫""职工子女暑期爱心托班"等活动。依法推进未成年人保护工作,加大校园、食品、药品、网络等领域安全整治力度,织密织牢安全防护网,为广大青少年健康成长保驾护航。

### 6. 聚焦青年担当作为,营造建功立业良好氛围

思想引领持续深化,广泛开展"学习二十大、永远跟党走、奋进新征程"主题教育,组建党的二十大"杭州青年说"宣讲团,赴基层开展宣讲1000余场次,以"党的二十大精神青年学习交流日""'追随足迹'现场学""理论宣讲脱口秀"等形式,用党的创新理论指引青春航向。服务大局更加有为,围绕奋进新时代、建设新天堂,打造中国式现代化城市范例,深入开展青年文明号、青年安全生产示范岗、青工技能比武等活动,团结引领青年在大战大考中担当作为、展现才华。2022年,组建2800余支青年突击队积极投身疫情防控、抢险救灾、重点工程攻关等,参与团员青年7.1万人次。疫情期间,设立青年志愿服务岗位3500余个,累计志愿服务时长逾100万个小时。组织青年全力服务杭州亚运会,杭州亚运会赛会志愿者首批报名人数超22万,第一批预录用志愿者3.96万人。2022年11月启动补充招募工作,共计9.17万人报名,其中原报名

人员确认继续参与选拔的达到2.38万人,预计将招募5万名赛会志愿者。打造"亚运青年V站"288个,以"亚运青年V站"为主阵地常态化开展平安巡防、助老帮困、垃圾分类等志愿服务,发挥青年在社会治理中的积极作用,截至2022年底,全市注册青年志愿者达169.6万人,位居全国前列。

## (二)建设过程中存在的问题

### 1. 青年政策的普惠性有待进一步提升

青年发展政策多面向大学生等高层次人才,涉及普通青年的少。截至2022年底,杭州常住人口突破1220万人,其中青年人口(15—34岁)占比32.4%,远高于全国25.8%的平均水平,但杭州现有的青年发展政策多面向高层次人才,如《杭向未来·大学生创业创新三年行动计划(2020—2022年)》主要面向大学本科及以上青年群体。

### 2. 青年归属感有待进一步增强

浙江青年发展综合指数(2022)显示,杭州青年归属感、平均通勤耗时、人均公园绿地面积等指标数据低于全省平均水平。与此同时,青年在住房、婚恋交友、子女教育等关键事项上仍面临较大压力,青年幸福感、归属感有待进一步增强。

### 3. 以数字化改革破解青年"急难愁盼"的成效有待进一步提升

各地各部门主动适应时代和青年发展特点,聚焦青年就业创业、婚恋交友、身心健康等需求,以数字化改革为契机,积极破解场地、投入经费受限等客观因素,推动服务方式从线下到线上转变,开发推广面向青年不同需求的数字化应用场景,着力扩大覆盖面,提升影响力,但服务效能还有待进一步提升,如目前所开发的服务青年的应用场景,真正受用、管用、好用的还不多。

## (三)下一步工作考虑

### 1. 进一步完善全国青年发展型城市建设试点工作推进机制

依托市青年工作联席会议制度,进一步健全常态化工作对接机制,加强部门协同,一体推进。聚焦青年心理健康、就业创业、婚恋育儿等需求,全面推动青年发展型城市建设试点预期成果、重点政策、民生实事等3张清单动态更新、落地落实。联合市直有关部门推出一批青年民生实事项目,择优争取列入政府民生实事项目。

**2. 全力推进亚运赛会志愿服务筹备，有力推动青年在杭州更有为**

高标准开展5万名亚运赛会志愿者选拔培训，高质量推进场馆志愿者管理团队组建，以"亚运青年V站"为主阵地，组织青年志愿者积极开展环保宣教、文明引导、关心关爱等活动，助力城市环境品质和文明水平提升。培育千名乡村振兴青年先锋，带领青年积极投身共同富裕和乡村振兴。积极承办"振兴杯""创青春"等国家级赛事，做大做强杭州全球青年人才中心和"青年文明号"等青字号品牌，引领青年在创新创业、重大项目攻坚中更加有为。

**3. 深入实施青少年阳光成长行动，持续推动杭州对青年更友好**

制定出台《杭州市青少年阳光成长行动实施方案》，优化完善青少年心理服务体系，持续加强青少年心理健康教育，提升青少年抗挫折能力、团队合作能力和社会适应能力。广泛开展法治宣传和安全教育，加强校园治安、食品安全等领域监管整治，维护青年合法权益，为青少年健康成长营造良好环境。

**4. 高质量打造青年发展型城市示范点**

打造青年发展型社区、园区、企业、街区、楼宇等典型示范点，调动各县（市、区）和市直相关部门从青年视角补齐公共服务优质共享短板，积极出台青年发展专属政策，让更多青年关注杭州、向往杭州、爱上杭州。

**5. 打造青年发展型城市宣传体系**

按照统一设计风格、统一品牌元素等，打造具有杭州特点的青年发展型城市形象标识，依托"青年之家""悦读益站""城市书房""亚运青年V站""青春杭州"等线上线下团属阵地，加大宣传力度，打造青年发展型城市宣传体系，持续提升试点工作的知晓度。

## （四）典型案例——"浙爱童（数智护未）"应用场景

### 1. 实施背景

2021年以来，淳安县聚焦"让留守儿童在共同富裕路上不掉队"目标，从安全守护、亲情陪伴、身心健康等方面入手，创新打造"浙爱童（数智护未）"应用场景，全力构筑留守儿童健康成长安全屏障。该应用场景于2021年6月上线，截至2022年，已有41568人注册。同时，该应用场景成功入选浙江共青团数字化改革第一批优秀案例、2022年全省重大改革（重大应用）"一本账S2"，并逐步向富阳、临安、桐庐、建德等地升级推广。

**2. 主要做法**

一是立足现状明确思路,强化顶层设计。首先,多方联动,构建关爱体系。实行联动工作机制,联合县民政局、团县委、农业农村局等22个职能部门参与留守儿童关爱工作,探索构建"家庭、学校、政府、社会"四位一体的留守儿童关爱体系,共同解决现有体制下职责交叉、工作重复、关爱滞后等问题。其次,全面摸排,梳理突破方向。成立留守儿童数智调研专班,围绕该县留守儿童生活现状、心理问题产生与发展的原因等开展调研,累计向3600名留守儿童发放调查问卷,召开专题座谈会26场,参与家长、教师达300人次,深度剖析留守儿童亟待解决的亲情陪伴、心理辅导、健康安全、学业教育等4类问题。最后,深度融合,集成技术优势。为兼顾系统功能和经济效益,由主管单位、配合单位和技术公司共同组建专项推进小组,协同开展应用建设,确保应用纳入全省改革跑道。全面吸收"淳爱童"应用场景和"数智关爱平台"两大原有场景的核心功能点,梳理精准定位、实时求救等功能33项,整合打造"浙爱童(数智护未)"留守儿童数智关爱平台,实现"1＋1>2"效果。

二是立足需求数据赋能,优化架构体系。首先,构建精细指标体系。打通县民政局、教育局等职能部门指标数据壁垒,实现指标数据自动抓取,形成"留守程度、学业成绩、医疗消费指数、心理健康、校外校正情况、家庭情况"等6个大项留守儿童健康成长指数。围绕6个大项指数,细化形成19个小项跟踪指标。如将"家庭情况"指数细化到单亲、低保、底边、残疾、家暴、父母服刑、领养等,便于精准分析儿童健康情况。其次,构建高效预警体系。将6个大项指标、19个小项指标分别作为一、二级儿童问题指标,根据逻辑判断规则,形成红黄绿三色码(绿码为正常,黄码为需关注,红码为急需介入),并以此为预警载体,实行"一个指标一个码"。明确指标的合格标准和转码依据,形成"动态监测、自动预警、联动帮扶"闭环处置流程。最后,构建智能终端体系。围绕"浙爱童(数智护未)"建设"两端一屏",即浙政钉、浙里办及一个数据呈现分析研判的数字驾驶舱。普通群众、留守儿童家长、职能部门工作人员可依据自身角色定位,在各自端口查看留守儿童健康数据现状及码色,以便快速发现问题、处理问题,实现精准、有效、全面的关爱,根据现有预警码色情况,及时上门、主动对接、有效处置。

三是立足关爱关口前移,提升场景实效。首先,云端物联,安全防护。配发儿童安全手表,配置"精准定位、实时求助、轨迹呈现、亲情连线、栅栏报警、紧急呼救"6项功能。通过北斗、GPS及基站三重定位,实时呈现、自动记录留守儿童活动轨迹,一旦超出预警栅栏区域,系统自动推送预警信息。同时,在终端设置"一键求助"和遇险"一键呼救"功能,守护儿童安全。其次,重塑流程,便民服务。优化留守儿童关爱救助业务流程,变手动派单为自动转单,着力减环节、减材料、减时限,将审批手续办理时长由20天缩减至8小时,极大提升办事效率。如针对大病救助流程多渠道申请、多头填报的情况,依据后台医保数据自动生成健康预警,并在系统内推送儿童医疗消费报告,家长一键点击即可匹配系统内救助政策并进行申请。最后,个性发展,温情陪伴。量身定制个性服务,在公益帮扶模块中开发微心愿功能,家长可依据孩子需求,向属地团委提出儿童微心愿,社会爱心人士可通过平台在线一键认领;在学习活动模块中,家长可以针对孩子个性需求选择性报名参加各联动单位组织的公益活动、特色成长课程,丰富孩子课余生活。截至2022年底,共帮助留守儿童实现微心愿151个,开展温情陪伴、公益课堂等公益活动75次,惠及儿童2521人次。

### 3. 工作成效

一是留守儿童关爱的体制机制更加完善。通过数智赋能,有效破解职责交叉、工作重复、关爱滞后等问题,逐步形成了"家庭、学校、政府、社会"四位一体的留守儿童关爱体系。

二是留守儿童关爱的帮扶举措更加精准。通过细化完善留守儿童健康监测指数和指标,实时监测,有效区分急需关注和急需介入的对象,实现了点对点、面对面的精准帮扶。

三是留守儿童关爱的环境氛围更加浓厚。通过微心愿、公益课堂等形式,有效加强了与家长、被帮扶对象的良性互动,再加上公益组织和社会爱心人士的积极参与,让关爱留守儿童的环境氛围更加良好,也为持续关爱提供了资源和力量支撑。截至2022年底,该场景注册家长和留守儿童等已达41568人,受益青少年2521人次。

### 4. 典型意义

通过数智赋能,构建精准指标体系,进一步打通关心关爱留守儿童等重点青少年群体的数据壁垒和难点堵点,实现安全守护、亲情陪伴、身心健康等全方位关心关爱,有效助力青少年健康成长。

## 二、温州市青年发展型城市建设情况①

温州市委、市政府一直高度重视青年工作,市委常委会多次专题研究部署青年工作,大力开展"温青回归"行动,广泛搭建"一区一廊一会一室"建功平台,制定了《温州市青年发展规划(2021—2025年)》《温州市人民政府关于打造千万级常住人口城市的若干意见》等青年政策。2022年6月,温州成功进入全国青年发展型城市建设试点行列,省委常委、市委书记刘小涛同志多次开展实地调研,亲自参加温州市青年发展型城市建设动员部署会,并在《中国青年报》发表《牢记嘱托打造青年发展型城市 让广大青年与温州共成长》署名文章,引领全市上下着力打造青年发展"五大高地""十大场景",努力推动温州成为青年的向往之地、荟萃之地、成就之地。2022年8月26日,《中国青年报》头版头条专题报道了温州市青年发展型城市建设的经验做法。

### (一)工作开展情况及主要经验

在工作实践与创建推进中,温州注重联动各方资源、优化工作载体,聚焦顶层设计、创新创业、普惠均等、城市融入等重点领域,全力推进青年发展型城市建设。

**1. 聚焦顶层设计,加快构建青年工作新格局**

全面建立青年发展工作机制,形成"党委统一领导、部门齐抓共管、社会广泛参与"的工作格局,推动中长期青年发展规划落地见效。一是建立组织领导机制。高规格成立青年发展型城市建设领导小组,实现市县青年工作联席会议机制全覆盖,在全省率先出台青年发展型城市建设实施方案,提出打造青年发展"五大高地""十大场景"的工作目标,明确"七个优化环境""五个组织动员"的工作体系。二是建立部门协同机制。创新组建"一专班六专项组",统筹27个职能部门,分设青年思想引领、科技创新、就业创业、医疗健康、安居保障、品质消费等6个专项组,动态完善11条政策举措、15个实事项目、10项预期成果,指导12个县(市、区)联动完善"一方案三清单",实行清单管理、全域推进。三是建立社会参与机制。开展"我为青年发展型城市献一计""青年设计师带你看温州"等专题调研、实地探访活动,收集各类意见建议340多

---

① 具体撰稿人:张呈念、郑翔、池腾飞、兰天宏、谢尚琼。

条,推动更多青年成为城市建设的参与者。发挥青年企业家、青联委员等的主观能动性,合作打造城市岛屿、小坝坊等青年阵地和活动场景,实现从政府单一干到社会力量同频共振的转变。

### 2. 聚焦创新创业,全力推动青年与城市共成长

聚焦温州打造区域重要人才中心和创新高地,健全青年创新创业服务体系,全力打响"来温州·创未来"品牌。一是充分激发"青创"活力。紧扣"一区一廊一会一室一集群"创新格局,沿大孵化器集群布局"众创空间+青年公寓",新增孵化面积152万平方米,成立温州市青年创新创业促进会,打造"星光里""抖音直播基地"等一批青创街区。率先推出的"科创指数"贷,对3243家企业授信超60亿元,推出金融支持青年创业十大举措,进一步活跃青年在温州共创新、来温州共创业的众创氛围。2022年,全市新设市场主体22.3万户,新增高新技术企业764家、科技型中小企业2159家。二是大力推动"温青回归"。深入实施"家燕归巢·智汇温州"行动,在北京、上海等城市组建40个"温籍学子联盟",常态化开展学子家乡行、服务峰会看温州等活动52场,推出"学子云"数字化平台,对接温籍学子来温实习实践1.2万余人。设立海外人才联络站点、海智工作站,举办全球精英创新创业大赛,吸引全球青年人才来温返温。2022年,全市新引育大学生、技能人才23.5万人。三是重磅培育"瓯越英才"。迭代人才新政40条,高水平建设国家级人力资源服务产业园等人才创新创业平台,推动"人才+金融+项目+产业+生态"一体化发展,集成创业人才"领创计划"、工程师"引擎计划"等六大人才计划,深入实施"510+计划"大学生集聚等九大培育工程,加速实现"百万人才聚温州"。

### 3. 聚焦普惠均等,持续完善青年发展政策体系

围绕青年发展全周期全链条需要,强化政策系统集成,2022年以来出台青年发展政策23项,推动青年政策更具体系化、普惠性。一是让青年就业更顺心。推出"稳岗就业16条"举措,实施新时代"瓯越工匠"培育工程,完善新业态从业人员劳动权益保障机制,分类分策推进青年群体高质量就业。二是让青年教育更省心。出台《温州市企业外来用工子女入学保障措施25条》,进城务工人员随迁子女公办就读率达到98.7%,落实"双减"提质增效八大行动,助力解决青年"后顾之忧"。三是让青年居住更舒心。推动出台《温州市人才住房租售并举实施办法》,探索共有产权、人才房票等创新举措,进一步放宽人才住房配售申请要求,助力青年"安居乐业"。四是让青年成

长更安心。出台《温州市加强心理健康服务的实施意见（2022—2025）》，深入实施"温心健康"行动，建强温州市心理健康指导中心，加强预防和惩治侵害未成年人违法犯罪工作，助力青少年健康成长。

**4. 聚焦城市融入，引领青年共铸"千年商港、幸福温州"新景象**

打造适应青年需求的高品质城市环境，充分发挥温州传统文化和时尚活力优势，擦亮"千年商港、幸福温州"底色。一是做实青年民生项目。实施"温馨善育·颐养温州"集成改革，启动爱心餐三年接力行动，向新居民子女发放14.3万份，缓解青年育幼养老负担。推出单身男女职工疗休养、"亲青恋"集市夜市、飞盘之夜等特色活动78场，拓宽青年交友渠道。推出城市驿站、小哥能量站、共富安新保等关爱服务，让新就业群体共享共富成果。二是做优青年阵地矩阵。创新推出"青春奋斗号"主题列车、54路"青年号"公交巴士，打造集综合服务、休闲娱乐、品质消费等功能的"15分钟品质文化生活圈"890个、城市书房25家、文化驿站21家。创建青年之家、青春社区、青年街区、青年楼宇等青年发展基本单元，打造"城市阳台"青年之家旗舰店，在五马街、公园路等推广"老街区·新青年"，不断丰富青年文化活动阵地。三是做精青年消费场景。围绕区域消费中心城市创建，招引青年友好的国内外知名品牌首发首店入驻重点商圈，布局铁盒1.8联创街区集市、微醺小酒馆等青年消费打卡地，规范发展"后备箱集市""露营经济"，激活青年消费潜力。

## （二）建设过程中存在的问题

一是服务青年发展的有效供给不足。在双创服务方面，缺乏促进青年创新创业行之有效的工作平台，相关职能部门还没有完全打通政策落地、项目孵化、资金扶持等方面的渠道。在公共服务方面，青春元素在城市功能和布局中还不够突显，青年发展基本单元建设相对滞后。在文化服务方面，缺少吸引青年的文化项目，"年轻态"城市IP品牌较欠缺，青年"15分钟品质文化生活圈"建设有待进一步提升。

二是部分领域青年发展不平衡不充分。对照浙江青年发展综合指数（2022），温州市青年发展水平总体较优，但也存在部分指标整体滞后、个别县（市、区）在全省排名靠后的现象。例如，每万名青年运动休闲娱乐场所数、医疗机构数、青少年校外活动场所人均建筑面积等指数排名靠后，说明温州市支撑青少年成长发展的阵地建设、硬件设施底子差、投入少，历史欠账较多。

三是条块协同联动有待进一步加强。部分职能部门承担青年工作职责的意识不够到位,主动性不够强,青年发展型城市建设的氛围还不浓郁,仍需进一步探索,以实现资源共享、信息互联、功能集成、政策集聚,解决青年发展过程碎片化、难集成、慢回应等问题。各个县(市、区)建设青年发展型县域的进度快慢不一,在试点工作的重视程度、推进力度、工作进度等方面都存在差距。

## (三)下一步工作考虑

### 1. 完善齐抓共管的青年工作格局

一是抓年度性考核。推动青年发展型城市建设纳入2023年市委市政府对市直单位的考核内容,充分发挥绩效考核"指挥棒"作用,推动27个领导小组成员单位落实职责分工、高质量完成年度任务。二是抓机制化建设。领导小组每季度召开一次例会,研究促进青年成长发展的重点领域、重要举措;由市领导不定期召开专题会议,督查各领域试点工作任务落实情况。三是抓常态化联络。进一步发挥"一办六组"作用,通过每月联络员会议以及考察交流活动,加强沟通联系,协调推进青年政策举措和实事项目。

### 2. 增强温州青年发展型城市建设的辨识度

一是推进青年立法工作。《温州市青年发展促进条例》已列入温州市人大常委会2023年度立法调研项目。下一步加快推进青年立法工作,立足地方特色,广泛凝聚智慧,推动《温州市青年发展促进条例》尽早制定出台,以填补青年发展领域的立法空白。二是强化政策集成创新。整合各部门最优政策,优化完善"来温州·创未来"促进青年来温留温十条政策(简称"青十条")举措,推动举措尽快出台实施,切实加强政策宣传、政策倡导,对接市直部门出台更多涉及青年创新创业、品质消费、安居保障等方面的青年政策,持续推动政策迭代升级。三是打造青年阵地体系。实质化推进青年社区、青年商圈等5类青年阵地建设,加快制定创建标准和评价细则,节点化推进试点领衔工作,设计、装修、运营"城市阳台"青年之家旗舰店,加快落地青少年活动中心三垟湿地分中心建设。

### 3. 提升温州青年发展型城市的美誉度

一是争取承接上级活动。加强与团中央权益部、团省委的沟通对接,积极承接试点工作的全国性或区域性经验交流会以及世界青年发展论坛子活动等项目。二是加大综合宣传力度。通过新闻发布会、《温州青年》周刊以及其他各类合作媒体，进一步宣传青年发展型城市建设经验成效。三是巩固拓展成果成效。成立青年发展研究中心，组织专家智库力量参与青年发展战略研究，总结、提炼、推广市县青年发展建设实践经验。

### （四）典型创新案例："青十条"举措

#### 1. 实施背景

2022年6月，温州市入选全国青年发展型城市建设试点，掀开了青年工作的新篇章。8月，市委召开青年发展型城市建设动员部署会，提出建设"五大高地""十大场景"的目标任务，全力打造适应青年需求的高品质城市环境，全域推进青年发展型城市建设工作。为高质量推进青年发展型城市建设，团温州市委创新打造"青十条"举措，为全域试点建设及青年发展提供政策支持。

#### 2. 主要做法

一是争取党政支持。多次主动向市委、市政府主要领导、分管领导汇报工作计划，获市委书记刘小涛专题批示，市委和市政府分管领导先后对"青十条"提出修改意见。二是广泛联动部门。发挥联席会议作用，由团市委书记带领班子成员主动上门与相关部门协商研讨，综合集成相关职能部门最新青年政策形成"青十条"，并会同财政部门顺利完成资金测算工作。三是覆盖青年发展全周期。"青十条"包含青年人才招引、创新创业、高质量就业、青年工匠培育、住房保障、婚恋生育服务、子女入学入托、青年品质生活、办好青年民生实事、加强综合服务保障等10个方面，覆盖青年成长发展全周期，全力优化青年发展环境，推动青年来温留温。

#### 3. 工作成效

"青十条"举措充分吸收了杭州、宁波等先进城市做法，升级创新青年公寓、婚恋服务、双创扶持等政策举措，如围绕健全青年创新创业扶持体系，对接市人力资源和社会保障局，有力扩大创业担保贷款政策覆盖面，全年发放创业担保贷款3亿元，惠及8000余人；推动全市大孵化集群建设新增面积由120万平方米扩大至150万平方米，就业岗位供给、青年工匠培育、保障性租赁住房等指标投入相比往年均有大幅增长，预计投入财政资金9500万元以上，全面实施后惠及在温青年超90万人，将有力增强在温青年的获得感，提升他们的满意度。

### 4. 典型意义

"青十条"举措聚焦青年成长发展全周期,充分集成了温州各部门领域最新相关青年政策,落实相应经费保障,通过新闻发布会、团属媒体矩阵、温籍学子云平台等渠道进行集中覆盖式宣传,能有力缓解青年反映的政策知晓度不高、兑现程序不了解等问题,全力优化青年发展环境,推动青年来温留温。

# 三、台州市青年发展型城市建设情况[①]

台州着力构建与青年发展相适应的指标体系、工作体系、政策体系和评价体系,形成全市域、全周期支持青年发展的城市环境,推动台州新时代青年工作系统变革、迭代升级。2022年6月,台州市本级和下属的县级市温岭分别入选全国青年发展型城市和青年发展型县域试点名单,青年发展工作获台州市党政主要领导批示5次,市委书记署名文章在《中国青年报》刊发。

## (一)工作开展情况及主要经验

### 1. 健全"党管青年"的工作机制,推进青年工作不断融入党的工作大局

一是高规格完善运行机制。台州成立以市委书记和市长任双组长的青年发展型城市建设工作专班,召开2次专班会议专题研究青年发展和人才工作,市委常委会审议通过《台州市青年发展型城市建设试点实施方案》。发挥青年工作联席会议机制作用,开展市直部门意见征求3轮次,收集意见和建议52条。制定完善青年发展型城市友好有为"双十行动",形成第一批重点项目清单和重点改革清单,市县两级全部出台"一方案三清单",推动全域创建。

二是高站位出台青年政策。市政府聚焦青年教育、住房、婚育、健康、安全等核心领域出台普惠性政策举措,如2022年出台"引人留人"三年行动、教育提质三年行动、职技融通改革、支持大学生就业创业等硬核政策17条,推进台州市中长期青年发展规划纳入全市国民经济和社会发展整体规划,与公共服务体系建设、数字经济、教育事业、制造业等其他重点专项规划深度衔接。

---

[①] 具体撰稿人:陈永兵、戴奕、尹茹翀、朱昊轩、金露燕。

三是高质量推进民生工程。坚持青年优先发展理念，落地一批青年民生实事，解决一批青年"急难愁盼"的关键难题。2022年，台州市政府十大民生实事中涉及青年项目6个，投入1158万元建成乡镇（街道）青少年活动中心9家，场地面积超2.9万平方米。今后，台州市将继续推动将青少年发展服务一站式阵地建设纳入2023年市政府民生实事项目。

**2. 坚持"发展为了青年"的核心理念，全方位优化青年发展城市环境**

一是开展青年就业提升行动。开展"青年英才聚台州"专项行动，2022年新引进大学生10.2万人，高校毕业生留台率达41.6%，创历史新高。规范化建成青年人才驿站34家，开展"千人千岗""返家乡"等实践活动，服务青年和大学生1.2万余人次，打响了"乐业台州"品牌。组织企业赴高校开展人才专聘，提供岗位13259个，达成求职意向5105人。实施"500精英计划"，新落地院士创业项目10个，新入选国家级引才计划41人。

二是开展教育提质三年行动。3个县（市、区）通过"全国两创"省级评估，4个县（市、区）教育现代化发展水平提升至全省B等。全市引进好教师21人、名校长5人，永宁中学等90个项目完工，全面实现"中小学空调进教室"，顺利完成规范民办义务教育发展专项工作。此外，积极推进国家职业教育创新高地试点，台州职业技术学院跻身全省高职院校第一方阵。

三是开展青年安居保障行动。完善"保障性租赁住房＋共有产权房＋人才公寓＋购（租）房补贴"的青年住房保障体系，建设筹集保障性租赁住房3.65万套，新增省级未来社区试点38个。推广"青年公寓"3—6个月免费创业居住服务、"青年人才驿站"7天免费就业居住服务，实现"短期免费住、长期低成本"目标，服务青创客和青年求职者超1.3万人次。持续加大高端人才房票补贴力度、青年人才公共租赁住房租赁补贴力度。

四是开展青年品质生活行动。优化城市公共空间布局，探索建立与青年发展相适应的城市公共服务空间。建成青年文化地标35个，引进"朵云书院""大隐书局""钟书阁"等一批网红IP，打造青年向往的"15分钟品质文化生活圈"。台州府城创成台州第3个国家5A级景区，5A级景区数量在全省设区市中位列第一。开展"购车狂欢节""双品购物节""暑期促消费"等活动，发放消费券超3亿元，带动居民消费61.2亿元，把椒江建设成为省级夜间经济样板城市，南官智慧商圈获批第二批省级示范智慧商圈,临海、三门入选首批省级县域商业体系建设试点。

### 3. 完善"发展依靠青年"的动员体系,打造青年与城市"双向奔赴"的互动格局

一是动员青年创业创新。以建设"五城"产业生态圈和国家级工程师基地为抓手,构建"双创"全生命周期生态体系,努力打造全国最优小企业蓄水池。举办"500精英"系列创业大赛,落地创业企业545家。设立天使梦想基金、青创基金,帮扶青年企业近百家,涉及金额超8300万元。开展青年双创综合赋能行动、"600青年农创客共富行动",为青年创业创新厚植沃土。2021年,台州入选国家创新型城市试点建设名单。

二是动员青年社会治理。深化"基层吹哨、青年报到"工作体系,部署开展"除险保安"十大专项行动。全面推行"团网融合",206名青年网格员新任团支部书记。进一步加大青少年预防犯罪和权益维护力度,建成省级12355青少年服务台区域中心,引入第三方社工团队,构建"团属组织+社会组织+专业社工+志愿者"的大维权体系。承接"双零社区"省级试点,创建市级"双零社区"78个,青少年维权岗31个。探索共享法庭主任助理制度,聘请38名兼职团干部担任主任助理。加强公益诉讼监督,新增志愿观察员57名。

三是动员青年风尚引领。开展志愿服务五大行动,建立"平战结合"动员机制,储备应急青年志愿者600名。组织102名市直机关青年投身天台"4·28"疫情第一线,在大战大考中彰显青春担当。开展"共享药箱 青年送达"防疫药品志愿配送服务,129支青年志愿小分队实现全市乡镇街道配送全覆盖。

四是动员青年革故鼎新。迭代升级"青省心""房省心""学省心""游省心""青年人才码"等涉青数字化服务平台23个,上线"青燕归巢""浙里青创派"等一批多跨场景应用,逐步建立起完善的数字化服务体系,构筑起青年畅想的数字生活全场景平台,带领青年在创业创新、就业提质、住房安居等方面争先创优。

## (二)建设过程中存在的问题

一是共青团牵头作用发挥得还不够有效。在青年发展型城市工作专班会议和青年工作联席会议召开期间,共青团作为青年工作联席会议办公室能有效与各部门协调沟通、交流意见。但闭会期间,共青团的动员协调作用没有得到充分发挥,工作靠人情、卖面子现象仍存在。

二是部门齐抓共创的合力还没有形成。青年发展型城市建设涉及城市建设的方方面面，需要各部门通力配合、加强合作，但实际工作中各部门各自为政、单打独斗的情况还没有得到本质改变。

三是政府对青年需求的把握还不够精准。新时代青年的需求具有多元化、个性化、快速变化等特点，这就要求党委和政府部门增强跟进青年需求变化的能力，增强做好青年群体调研工作的能力。目前政府深入青年群体调研的次数还不够多，对青年需求的把握不够及时、准确、有效。

四是各县（市、区）推进创建工作还不够平衡。台州既有经济发展百强县，又有山区偏远县，各县（市、区）间经济发展水平、人口情况、地理风貌、人文风俗等都存在较大差距，全域推进青年发展型城市建设还需制定更有针对性、更符合地方实际的实施细则。

## （三）下一步工作考虑

继续坚持青年优先发展理念，围绕"推进共同富裕有力、激发民营经济活力、彰显新时代垦荒能力"的青年城建设目标，以"十大青年发展工程"和友好有为"双十行动"为抓手，将台州打造成各类青年英才汇聚的高地、全国青年向往的宝地、创业创新首选的热土。一是健全机制强引领。推进青年发展型城市工作专班高效运转，每2个月召开专班会议，定期梳理工作任务，挂图作战、对表推进。发挥青年工作联席会议机制作用，形成部门合力。二是出台政策惠青年。市县联动出台一批"专属型""普惠型"青年政策，推进更多青年民生实事纳入市政府为民办实事清单，让青年有更多获得感、幸福感。三是全域创建抓推进。围绕青年发展型市县"一方案三清单"，打造一批青年社区（街区）、运动空间、文化地标等基层单元，形成市县一体、全域创建的推进态势。四是紧盯指标补短板。围绕浙江青年发展综合指数开展补短板行动，推动台州青年发展综合指数稳步进位。五是宣传推广浓氛围。推出台州城市青年主题形象，发布青年发展型城市彩铃、海报、宣传片、每月媒体专题报道等，营造浓厚创建氛围。

## （四）典型创新案例——浙江省（台州市）12355青少年服务台

### 1. 实施背景

加强12355青少年服务台建设，是共青团组织参与社会治理的重要举措。台州市及9个所辖县（市、区）均开通了12355青少年服务热线，由各团县（市、区）委自行承接、按键导航，但各地热线服务时间不统一，青少年咨询、求助等事项未有统一的规范流程，缺乏信息化的手段进行闭环管理，亟须整合资源、迭代升级。

### 2. 主要做法

一是坚持规范化建台，确保热线"接得起"。成立专业社工机构，注册成立民办非企业单位（组织）"台州市12355青少年发展服务中心"，培育招纳专业青少年事务社工10名，选聘驻台心理、法律专家20余名。健全完善运行模式，明确值班值守、专家座席、工单转介等9个流程，开发12355热线数字化系统，打造"统一接听、统一受理、分类处置、分级跟办、线下服务"的闭环模式。严格落实督查制度，建立月度抽查、季度例会、半年度分析报告、年度考核评价机制。

二是坚持多元化服务，确保群众"找得到"。拓宽咨询渠道，融合网站、微信、小程序、App等新媒体渠道，提供电话、留言等多种接入服务。加强与12345政务咨询投诉举报中心、市12348法律援助中心的联络合作，互通青少年心理咨询、法律援助等服务。延伸基层触角，推动12355走进社区、学校，强化12355与"双零社区"创建相融合，广泛开展法治宣传教育、禁毒防艾宣传、家庭教育、青少年网络素养教育等活动。开展应急服务，及时动员12355专业力量介入疫情防控、抗台救灾等重大突发公共事件，2022年5月针对天台"4·28"疫情开通防疫心理援助专线。

三是坚持一体化处置，确保服务"帮得了"。强化预警干预，建立有效线索处置"24小时工作法"，形成绿、黄、橙、红"四色预警"，截至2022年底已干预1267条。强化部门协同，探索12355青少年维权一件事改革，优化11个部门办事流程32项。强化就近处置，按常住地就近服务，做到及时服务、跟踪回访、效果评估、归档结案全闭环。

四是坚持社会化参与，确保工作"靠得住"。完善基础保障，积极承接政府购买服务项目和财政专项支持，2022年市本级投入12355青少年服务台建设和运维资金约40万元。推动志愿参与，推进青少年心理健康阳光护航行动，深化心理健康关爱保护机制平台建设,建立专业心理干预志愿者队伍186人。扩大专业合作,加强与"天宜社会工作发展中心"合作,开展线下外展社工服务、重点个案跟进等业务。加强与春风(未成年人犯罪预防)、春晖(罪错青少年干预)、春雨(服刑人员子女帮扶)、蒲公英(女童保护)、康宁医院(精神类专业)等多家专业社工机构和医疗机构资源共享,帮助处理专业咨询。

### 3. 工作成效

以12355区域中心建设为目标,深入实施12355青少年服务台提质升级工程,坚持立足台州、辐射全省、面向全国,建成约1000平方米的全市统一的12355青少年服务台,服务内容涵盖青少年维权、心理健康支持、困境救助帮扶等,构建"团属组织＋青年社会组织＋青少年事务专业社工＋志愿者"的青少年大维权服务体系,为青少年提供全生命周期、全过程、全链条的一站式服务。12355青少年服务台已被确定为省级服务台,2022年共接听电话1505起,来电办结率达97%。举办各类线下活动580余场,服务青少年10.4万余人次,线下帮扶困境青少年2800余名。

### 4. 典型意义

12355青少年服务台是共青团服务大局、服务青年的重要切入口,是共青团参与基层治理的重要载体,也是青年发展型城市建设的重要抓手。加强12355青少年服务台建设,能及时地掌握青少年思想动态和现实需求,引导青少年依法反映诉求,动员社会力量帮助他们解决实际困难和问题,促进青少年全面发展,推动青年发展型城市建设。下一步,台州将持续推动12355青少年服务台建设提质升级,擦亮12355品牌,让城市对青年更友好。

## 四、北仑区青年发展型县域建设情况①

自入选全国青年发展型县域试点以来,北仑区牢牢把握"城市对青年更友好、青年在城市更有为"的核心理念,在思想上、政治上、行动上同党中央保持高度一致,把青年工作摆在重要位置,高标准开展青年发展型县域建设工作,高质量推进《中长期青年发展规划(2016—2025年)》《浙江规划》落实落地,全力打造青年理想之城,奏响

---

① 具体撰稿人:黄铭月、李莹琦、干敏敏、张超婷、郭嘉瑜、陆颖尔、胡刚。

了北仑与青年相互成就的"和谐曲"。

## （一）工作开展情况及主要经验

一是优化齐抓共管，拓展青年工作"朋友圈"。首先，提升战略高度。结合区"十四五规划"和《北仑区青年发展规划（2020—2025年）》，制定出台全国青年发展型县域试点"一方案三清单"，修订区青年工作联席会议制度，将成员单位扩大至36个，召开区青年工作联席会议暨全国青年发展型县域试点部署动员会，青年理想之城建设目标更加统一。其次，扩大参与广度。将青年工作联席会议机制向基层延伸，探索实施片区青年工作联席会议机制，共商片区青年工作，全方位升级"党委领导、政府主导、政策支持、企业融入、社会参与"的青年工作体系。实施"亲青民主"项目，依托人大代表联络站挂牌成立青少年民主体验中心，动员青少年参与全过程人民民主。最后，激发社会热度。汇聚全社会力量参与青年发展型城市建设，涌现出灵峰工业社区、万华集团、富邦广场等一大批青年发展型社区、企业和街区，共建青年发展基本单元，让小单元汇聚成大集群，全方位构建青年与城市共同成长的发展格局。

二是坚持整域提升，构筑青年友好"服务圈"。首先，青年思想共识更加凝聚。成立"领航"青年宣讲团，重点培育"00后"宣讲员，举办青年理论宣讲大赛、青年"学习二十大"短视频大赛等，走近青创客、快递小哥等新业态新就业青年群体，充分融入青年话语体系，开展线上线下宣讲活动400余场，覆盖青少年3万余人。打造"爱国青年"文创品牌，联合举办"争做锋领青年，看我'8090'"创新创业创效大赛，开展区杰出青年等优秀青年评选，挖掘正能量青春榜样，激励广大青年强化使命担当。其次，青年实事项目扎实推进。加快青年优先型综合体建设，青年理想之城"凤凰城""凤还巢"项目已投入使用，凤凰金融中心已竣工交付，青年创业创新大厦、"青年SPORT港"施工有序推进，青年发展基础设施不断完善。加快数字化改革进程，全速推进浙里办"青年北仑"专区——"青有所成"项目迭代升级，探索推出"青年码"，增设青年互动板块。持续优化升级青年公寓政策，截至2022年底，累计发放青年公寓购房码3485个，其中2022年1000个，总补贴额近5.9亿元。最后，青年城市氛围更加浓厚。开展青年才俊北仑行活动，吸引来自清华大学等18所高校40余名学子相聚北仑，感受城市发展，当好"北仑推介大使"。开展"仑青实践岗"暑期社会实践活动，推出"云聘万岗"品牌行动，广泛对接区内企业，全面助力大学生就业。深挖区内优质资源，开展"亲青恋"、荧光公益夜跑、"三人制"篮球赛等青年活动30余场，推出"港城印记"品牌，让青年打卡区内精品线路，感受北仑人文风情，拉近青年与城市的距离。

三是促进活力绽放，营造青年有为"生态圈"。首先，创业创新显生力。积极发挥自贸区政策和经济技术开发区高能级战略平台优势，全面构建有利于创业创新的营商环境，为青年提供广阔的发展舞台。2022年，青年创业带就业效果显著，发放一次性创业社保补贴近450万元，实现创业带就业近600人。涌现一批青年创业创新优秀典型，21名青年人才入选市级以上人才计划，6名优秀创业创新青年获专项奖励55万元。其次，社会参与显贡献。持续打造多元化高品质的青年社会参与项目，深化"伙伴计划"社会组织扶持平台，200多支青年志愿者队伍、5万余名青年志愿者活跃在文明城市创建、平安建设、疫情防控等工作一线，带动引领"志愿之城"成为北仑城市名片，在全国和省级青年志愿服务项目大赛上共获4金1银1铜，北仑区志愿者协会获评2022年浙江省品牌社会组织。最后，大战大考显担当。广大青年响应党的号召，在疫情防控、防汛救灾、技术攻关等"急、难、险、重、新"工作一线锻造硬核力量。全区青年突击队坚守疫情防控、抗台防汛等一线战场，累计参与20万余人次，筑起青春防线。在"1·01"疫情和"10·13"疫情期间，青年突击队累计收集民情5500余条，两类重点信息解决率达97%，为广大群众提供实实在在的真情服务。

## （二）建设过程中存在的问题

一是青年政策质效不够高。虽然现已出台30余项青年政策，覆盖青年教育、青年健康、青年婚恋、青年就业创业、青年文化等领域，但部分青年发展政策实施以来，实际兑现率不高。例如《北仑区关于工业领域青年创办实体购租厂房补助的实施细则（试行）》等一些促进青年与产业协同发展的政策，自实施以来，青年从中获益的例子不多。青年政策制定不平衡，例如在青年婚恋交友、子女养育领域，尚未推出较有影响力的举措，也尚未形成较完善的制度机制。

二是青年实事项目的地域覆盖面不够广。每年投入的青年实事项目大多集中在中心城区，比如已经投用的青年体育公园、"凤还巢"，正在开发建设的青年创业创新大厦、"青年SPORT港"等均设在人口更为密集的中心街道，对偏远地区的辐射作用不够明显。

三是青年人才引进竞争优势不明显。北仑区产业结构以制造业为主，服务业还欠发达,导致企业的影响力、知名度、雇主品牌等方面对青年的吸引力不强。青年技能人才的引进和培养方式方法还不够多样,市场机制作用发挥不够充分,青年人才储备尚显不足。

## (三)下一步工作考虑

一是持续在完善青年工作顶层设计上凝聚合力。健全青年工作联席会议机制,进一步吸纳市场主体、社会力量加入,营造全社会参与青年工作的良好氛围。注重青年发展型县域试点工作反馈,加大对全区青年工作的调研,以实效实绩作为工作评价标准。强化政策支持,根据实际情况加强对重点政策的修订优化,全力补齐政策短板。争取资金保障支持,特别是加大对青年发展政策、实事项目和重点活动等的资金扶持力度。

二是持续在提供青年发展顶格服务上倾注心力。营造青年城市氛围,以人本化、数字化为目标,深化线上线下青年综合服务体系。常议常抓"宜业宜居"两大重点,加强青年人才引育,加快基础硬件设施建设,深化青年租房住房政策改革。实时回应"急难愁盼"问题,深入听取各行各业青年的需求和意见,在教育医疗、婚恋生育、青少年身心健康和权益维护等领域全面保驾护航,让青年在北仑干得安心、住得舒心、玩得开心。

三是持续在搭建青年作为顶级平台上激活动力。持续推动学习宣传贯彻党的二十大精神走深走实走心,推进红色经典研学,选树优秀青年楷模,加强机制、阵地、工作、成果协同。发挥港口和自贸区优势,丰富双创赛事活动,提升各级孵化平台质量,促进青年企业家成长发展,持续发挥"青年文明号"的引领作用,动员青年立足自身岗位争先创优。构建"微网格＋青年"治理模式,引导青年成为基层自治共治的参与者与践行者。

## (四)典型案例——北仑区青年安居政策举措

### 1. 实施背景

近年来,新能源汽车、高端装备、数智科技和生命健康产业等一批新兴产业在北仑加速崛起,造就了一大批新产业、新形态、新业态的企业,这些年轻的朝阳产业吸引青年来到北仑就业和定居。但在青年为城市发展带来活力的同时,也促使人口迅速增长,这让青年面临着更大的租房、买房压力。为此,北仑聚力打造青年安居体系,切实提高北仑青年的居住生活质量,吸引更多青年扎根北仑。

**2. 主要做法**

一是围绕筑巢引凤聚合力,构建多层次青年安居保障体系。依托酒店、民宿等资源持续运行好青年人才驿站,为新来北仑创业就业青年提供7—14天免费住宿。整合辖区内4家人力资源服务机构,首批统筹500张床位,不设门槛,针对外来务工人员,推出"免费住3天"服务。完善青年公租房租赁补贴政策,结合住房租赁市场发展试点,依申请最高提供每月60平方米、每月每平方米12元的补贴,每年补贴2400户。鼓励青年购房落户,对在北仑区首次购买家庭唯一住房的,按户籍情况给予1万元或2万元购房落户补贴。持续优化升级青年公寓政策,不设户籍、学历、职称等门槛,每年发放1000个购房码,最高提供30万元购房补贴,其中50%可用于首付,有效缓解青年购房压力。设立青年安居资金(基金),加大自贸区境外青年住房保障,助力浙江自贸试验区宁波片区开发建设。

二是围绕数字赋能提效力,完善数字化青年安居办理机制。设立"青年北仑"服务专窗、专线,为青年提供靠前服务。基于浙里办,打造"青年北仑"专区,实现青年人才驿站、青年公寓等青年安居政策"一站快享""一机通办"。以青年公寓为例,专区内建立北仑青年申购资格核验在线申请系统,采取平台化的开发模式,充分利用平台实名制,共享平台用户,青年公寓从资格申请核验、购房码的发放使用管理到补贴兑付,实现了"零"证件提交、"零"跑腿审批,充分体现资源共享、数据集成、全流程覆盖的强大力量。例如,使用购房码时,房地产开发企业用自身账户登录青年公寓系统,选择相应房屋和买卖合同,扫码验证青年购房码,验证成功自动生成补贴申请,并提交至房产中心(合同备案管理部门)、财政部门联合审批,审批结果自带电子签章,从系统中反馈给房地产开发企业和青年,凭审批反馈可继续办理购房按揭。

三是围绕青年参与增活力,打造立体式青年安居公开模式。组建专题调研组,通过走访相关部门、实地调研、深度访谈、问卷调查等方式获取真实资料,总结青年安居的政策方向。组织青年全过程参与青年安居政策的迭代升级、青年创业创新大厦的设计建设,召开"青"听会、座谈会等与青年面对面,开展"云监工"系列活动,不断优化青年安居政策体系。比如,在"新时代好青年"座谈会上,青年提出首付压力大,住建部门立即对青年公寓政策进行修订,补贴额从只能完成购房后申请到50%可用于首付,青年福利保障进一步体现。来北仑就业的大学生反映青年人才驿站点位过少,所以在新一轮的签约中,新增了3个点位。青年公寓政策实施秉持公平公正公开原则,申购通知、摇号办法、结果公告等在公众号、网站等处实时发布,现场摇号由公证处全程公证,接受全社会监督。

### 3. 工作成效

北仑区青年安居政策举措一经提出便受到全社会的广泛关注,尤其是补贴力度空前的青年公寓政策,在全国范围内少有,多次受到《人民日报》《浙江日报》等各级媒体的报道,截至2022年底,累计发放青年公寓购房码3485个,总补贴额近5.9亿元。青年租房住房申请通过数字赋能简化手续,实现服务24小时在岗,且不受地域限制。青年的全过程参与,让青年的意见得到倾听,让政府的诚意得到展现,实现青年与城市的双向奔赴。

### 4. 典型意义

北仑区青年安居政策举措实现了"从普通青年到青年人才、从临时住宿到购房安居、从租房补助到购房补贴"的不断升级,基本做到了对青年群体租房住房需求的全覆盖,且首创了对学历无限制、对购买的商品房无限制、在购房过程中直接减免并享受补贴等措施,让更广泛的青年群体可以无差别地从中受益。每年3亿元的财政资金支持,力度空前,足以体现北仑的善意和诚意,极大地增强了青年的获得感、幸福感,切实缓解了青年生活压力。

## 五、嘉善县青年发展型县域建设情况①

嘉善县是全国唯一的县域高质量发展示范点,是长三角生态绿色一体化发展示范区重要组成部分。在新一轮示范点和新三年示范区建设新征程上,嘉善始终牢记习近平总书记关于青年工作的殷殷嘱托,持续推动县域青年发展工作融入"双示范"国家战略。作为首批试点县域,2022年全县青年常住人口达到20.1万人,占全县常住人口的31%,较2019年提高5.5个百分点,其中大学以上学历和专业技能型人才分别达7.64万人、10.1万人,较2019年分别增长31%、16.6%。

---

① 具体撰稿人:于洋、田秀琴、吴涵、盛凌霄、魏熠。

## （一）工作开展情况及主要经验

### 1. 探索"党管青年、统分结合"试点先行路径

把统筹牵头与协同支持紧密结合，全县46家联席会议成员单位合力把试点工作融入党政工作大局、融入县域整体规划建设、融入职能部门主责主业。一是党政重视再上台阶。县委、县政府连续2年出台青年专项规划、试点三年实施方案等文件，把"打造青年发展型县域"写入党委全会报告、政府工作报告。党政领导在省、市会议上交流发言4次，亲自推动青年工作32次，组织召开青年工作联席会议5次，为青年发展型县域建设提供战略支撑。二是青年发展态势强劲。以优异成绩通过《浙江规划》省级试点验收，在浙江省青年发展综合指数（2022）中获优秀等次。创刊《示范区青年》杂志，青年工作连续3年荣登《中国共青团》杂志封面、专版，并获《中国青年报》点赞肯定。三是试点建设硬核出招。首先，镇级层面，姚庄镇以建设"青年姚庄"作为一号工程，投资1.68亿元建设沉香文艺青年部落项目，赋予老集镇新活力；西塘镇打造稻香未来乡村项目，并纳入全国青年发展县域试点实事项目清单。其次，部门领域，聚焦破解青年"急难愁盼"问题，截至2022年12月，累计投资11.5亿元，实施"爱心暑托班"等青年民生实事工程14项，惠及人数达25万。中小学生心理健康关爱项目入选2023年度民生实事候选项目。

### 2. 形成"建功立业、城青结合"示范引领效应

把城市友好与青年奋斗紧密结合，动员全县20.1万名青年在扛起"展示窗""试验田""桥头堡"新使命中主动担当作为，先闯先试，建功立业。一是担当"红色根脉"使命。一大批青年榜样群像脱颖闪耀，青农创客杨珍、快递小哥董华等青年获得团中央、省市等荣誉表彰66项；成立青少年文学艺术联合会，其中"00后"作家陈书缘成为全省最年轻的全国作协会员，文艺青年张艾嘉斩获白玉兰奖。二是激发"双示范"活力。助力示范区三周年"13820"行动计划，高品质建成祥符荡科创绿谷研发总部、竹小汇"双碳"聚落等12个项目，总投资132亿元的浙江大学长三角智慧绿洲创新中心将建设6个未来实验室和2个高级学院，集聚近万名高层次人才，其中90%以上是青年。245名"善青"志愿者服务示范区开发者大会暨全链接大会、示范区三周年现场会。三是逐梦"青创之城"建设。紧扣青年创业创新需求，搭建科创中心、归谷智造小镇、上海科创飞地等青创平台，引进高科技项目123个。特别是立足"青创之城"建

设,在高铁新城规划建设占地84.2亩的"嘉善中心"标志性项目。成立新生代和青年企业家协会,实施青年商业领军培养计划,10家会员单位获国家级、省市荣誉,其中副会长企业长盛轴承获国家级专精特新"小巨人"称号。制订实施"祥符英才"计划和大学生就业创业十条举措,发放"青轻贷"创业贷款约1亿元。

**3. 迭代"问需青年、软硬结合"品质生活服务**

把"硬"保障与"软"服务紧密结合,为青年搭建更优质的工作生活平台,同时提供更多契合时代特点和青年特点的公共服务,青年品质生活指数位列全省第7。一是构建接轨上海的"生活圈"。以特殊区位优势共享一体化发展成果。教育方面,引进上海师范大学附校、华东师范大学第二附属中学等12所学校的优质教育资源共同办学;筹建嘉善技师学院,每年将面向长三角地区培养7000名高技能青年人才。医疗方面,推动嘉善市民卡在长三角461家医疗机构实现实时刷卡结算等。目前,在沪善"双城"生活和工作的青年人才已超过7000人。二是构筑落地扎根"理想栖所"。建设人才公寓100万平方米,其中国际人才公寓669套、善城长租公寓276套,满足各领域各层次青年群体租赁需求。推出"企业人才住房券""八折人才福利房"等配套政策补贴,让新嘉善青年住得安心、住得舒心。市场化运营5家青年人才驿站,提供3—7天免费住宿和人才服务。三是打造县域文化"爆款品牌"。延伸以"善文化"为核心的县域人文品牌的青春内涵,嘉善县"两馆"已成为县域文化新地标、青少年公共文化主阵地,每年吸引近1.5万名青少年阅读、逛展。进一步聚焦IP赋能共促,连续举办10届的西塘汉服文化周已成功入选全省首批文旅IP库,每年吸引超10万名青年来善参加活动。此外,举办汉服青年集体婚礼并进行直播,现场点击量达18万,集体婚礼品牌辐射力持续出圈。

## (二)建设过程中存在的问题

### 1. 青年人口态势亟须重视

根据浙江省青年发展综合指数(2022)排名,嘉善人口态势指数位列全省第56名,排名相对靠后,特别是总和生育率与人口出生率、常住青年人口性别比等指标处于全省倒数10位内。以上数据显示,嘉善现有人口规模、人口结构与"双示范"建设的发展定位不相匹配。

### 2. 普惠青年发展政策不多

嘉善近年来相继实施了"祥符英才"计划等青年发展政策，但主要面向高层次和紧缺型青年人才，对一般高校毕业生、新就业新业态青年群体覆盖不足，在学历技能提升等方面缺乏针对性政策，尚未惠及大部分青年人群。

### 3. 文化教育供给存在短板

对比上海、杭州、苏州等周边城市，优质教育、文娱设施等服务供给差距明显，难以满足青年对服务丰富多元的需求。比如，嘉善县域高等教育体系不完善，截至2022年，仅有1所民办高等学校且总体办学规模较小。在浙江省青年发展综合指数（2022）中，嘉善青年人文素养指标排名仅列第56位，这反映嘉善整体公共文化服务供给尚存在较明显缺口，特别是缺乏标志性、龙头型公共文化服务综合平台。

## （三）下一步工作考虑

### 1. 争取党政领导持续重视试点工作

抓牢推动青年发展型县域试点建设关键，强化党政支持，立足全局推动试点；提升青年工作联席会议机制运转效能，每年召开2次全体会议，并构建简报报送、联络员定期交流工作机制。推动青年工作议题每年纳入县委常委会，且政府常务会议不少于1次，充分利用青年工作联席会议机制进行政策倡导。

### 2. 紧扣重点环节纵深推动试点实施

一是健全青年招才引智体系。健全支持青年就业创业等9项引领性政策，加快出台科技人才新政3.0版，集聚大院名校科创资源和优秀人才团队，试点期内力争新引育省级以上高端人才超60人，吸引超1.2万名大学生来善就业创业。同时，发挥长三角同城化优势，加大柔性引才和青年灵活就业扶持力度，用有温度的政策让长三角地区的青年真正"流进来、留下来"。二是构建青年发展支持体系。坚持生育、养育、教育统筹谋划，探索建立成本共担机制，构建生育利好的一揽子政策体系，着力解决好人口发展这个战略性问题。支持青年在基础性、前沿性项目进行科技创新，特别是针对新业态新就业青年，着力打造丰富、活跃的科创平台和青创基地，提供技术支持、科技研发等服务。引导青年立足一线岗位创新，挖掘一批"青年工匠"，助力产业转型升级。放大嘉善外来青年人口红利，大力培育产业经济高质量发展急需的现代产业工人队伍。三是完善公共服务保障体系。加快现代化城市基础设施建设，在嘉善滨水人居未来城规划青春客厅,因势利导建设集"青创产业、青春文化、青年共享"于一体的未来社区。特别是聚焦青年"急难愁盼"问题,系统布局教育、文化等资源,加快上海大学附属实验学校、伍子塘吴越文化绿廊、孙道临文化艺术公园等重点项目建设,全面推动城市品质升级,全方位优化青年服务。

### 3. 动员各方力量系统推进试点建设

推动形成政府层面的合力,切实用好联席办统筹协调作用,主动融入党委和政府中心工作,加强与成员单位和其他政府部门的沟通衔接、协同配合。推动形成全社会的合力,用好各级媒体资源以展示试点成效,力争在《中国青年报》《中国共青团》杂志等国家级媒体上推广更多嘉善特色经验。结合嘉善特色提炼有辨识度的青年发展型县域理念表达,发布青年发展型县域LOGO、宣传片,将文化效应转化为青年的聚集效应。发挥示范区青年发展研究中心的作用,常态化开展青少年工作课题调研,探索制订县域青年发展统计监测工作方案,动态摸清青年发展情况。

## (四)典型案例——"青想·嘉"枢纽型青年综合体

### 1. 实施背景

嘉善入选首批青年发展型县域试点以来,积极探索以罗星主城区为样板,创新打造青年发展型商圈。罗星街道是嘉善县的中心城区,区域面积39.5平方千米,城镇化率达65.8%。全域常住人口13.1万人,其中55%是青年,是名副其实的青年城区。试点实施以来,罗星街道以青年集聚的城区商圈为中心辐射点,通过青春巴士密织"1234"青年空间服务网,打造"青想·嘉"枢纽型青年综合体。

### 2. 主要做法

"1"项"青想·码"数字化应用:依托罗星银泰团建基础,迭代"团团开心卡"和"志愿青享卡",开发"青想·码"商圈楼宇团建数字化应用场景,包含个人信息管理、政策展示、共青团商户、青年活动、团属阵地、青年办事、青春营垒、青春先锋、数据中台等模块。其中,共青团商户模块已接纳商户60家,面向2.4万名优秀团员、青年志愿者,实现"亮码"给予8.5折福利优惠。

"2"条青春巴士专线:联合浙江交通投资集团开设青春巴士专线,车身以"青年发展型县域"为主题,致力打造青年来善"第一站"。青春巴士以高铁站为起点,2条专线纵向串联人才公寓至万联、银泰两大商圈,以及青年人才驿站至嘉善县"两馆";横向连通新联青春社区、新青年夜校、善城长租公寓、国际人才公寓。青春巴士累计载客量达14.9万人次,实现城区青年阵地集聚、服务功能集成。

"3"家青年人才驿站:与罗星城区桔子酒店等合作建成商圈楼宇型、酒店民宿型青年人才驿站3家,提供床位161张。委托国家级众创空间"创客邦"市场化运营,提供短期住宿、培训交流、企业引才、政策咨询、城市体验等服务,开展人才日、职场体验日等活动10场次,吸引省内外高校大学生来善发展。同时,通过高新科技企业联系学校、招聘会、"善青乡贤会"、校友会等积极开展宣传,邀请"嘉燕归巢"暑期大学生和双百双进、校地合作大学优秀学子亲赴嘉善感知体验,目前驿站入住50余人次,形成了良好的"爱才助才"示范效应。

"4"家"共青团影厅":与县委宣传部、嘉善县电影发行放映公司合作,在罗星城区建成4家"共青团影厅",在"共青团影厅"建设中,凸显"团团"元素和青年特色。一方面,在线下青年必经的等候区、服务区、影厅内等地添加"青年之家"和青春特色标语;另一方面在淘票票、美团等线上订票系统,打造"共青团影厅"标识。100余家共青团示范商户分批在影院"青年之家"开展便民宣传服务、"周六爱心集市"等活动。在"共青团影厅"服务台设立"青年服务专窗",专兼职青少年事务的社工轮流入驻,为青年提供团组织关系转接、志愿服务礼遇兑换等专门服务。

### 3. 工作成效

2022年以来,引入萤火虫公益服务社等3家青年社会组织入驻运营"青想·嘉"枢纽型青年综合体。依托青年城市生活节、红色观影等青少年喜闻乐见的形式,有效引领凝聚青年,累计开展各类活动3600场次,吸引全县12万人次团员青年参与。同时,有效利用青年人才驿站、共青团影厅等阵地,进一步丰富基础团务、志愿服务、婚恋交友、创业创新等青少年服务产品供给,创造了联系服务青年的新模式。

### 4. 典型意义

青年作为最活跃的群体,其生存形态、生活方式在不断发生着迭代性变化,嘉善县打造"青想·嘉"枢纽型青年综合体,是适应广大青年集聚流动特点和对新时代品质生活需求的有益探索,是开门办团、直接联系服务青年的创新尝试,具有深刻实践意义。

# 六、安吉县青年发展型县域建设情况①

自2020年,安吉县被列为《浙江规划》实施省级试点培育单位以来,安吉县始终把青年工作摆在重要位置,引领青年思想,带好青年组织,抓实青年政策。2022年6月,安吉县获批全国青年发展型县域试点。2022年,安吉常住人口为58.6万人,青年常住人口为16.1万人,青年占比27.5%,青年人口数量近3年来呈持续上升趋势;同时县域经济不断发展,地区生产总值从2020年的469.6亿元跃升至2022年的582.4亿元。城市对青年发展更友好、青年对城市发展更有为的发展格局进一步巩固。

## (一)工作开展情况及主要经验

一是构建齐抓共管工作格局。县委县政府对青年发展高度重视,常态化落实青年工作联席会议机制,17家成员单位定期会商青年发展工作。2022年召开安吉县青年工作联席会议第四次全体会议暨青年发展型县域建设推进会,探讨试点建设工作,评估政策项目落实情况。以县委名义印发《安吉县青年发展型县域试点实施方案》,配套出台21项政策举措,推出50项细化任务清单,新建9个实事项目,由38个机关部门认领并共同推进试点建设。推动制定《安吉县大学生招引"百千万"专项行动实施方案》《关于支持大学生就业创业八条政策》等政策、指导意见40余项。聘任22名各行业领域的青年人大代表、青年政协委员为安吉县"青年发展观察员",研究青年发展存在的痛点、难点和堵点,并形成人大议案和政协提案进行反映,进一步完善全县青年发展政策体系。

二是凝聚县域发展青年力量。以"两进两回"为抓手,构建青年人才"引育留"全链条服务体系。围绕大学生招引,举办"百所高校走进安吉"社会实践团队出征仪式,吸引全国34所高校200余名师生走进安吉;与28所高校签订校地合作协议,对接上海交通大学、浙江大学等48所高校调研团暑期来安调研。成功招募63所高校引才大使82人,走访浙江理工大学、湖州师范学院等10所高校,发挥引才大使桥梁作用,向400余名大学生推介安吉县情、政策,为乡镇创业平台连接高校大学生项目54个。连

---

① 具体撰稿人:汤潮、王幸、李青、梁杰、杨婷婷、叶静斑。

续3年开展"家燕归巢"安吉籍大学生社会实践活动,已有460名安吉籍大学生在机关、企事业单位、社会组织、村(社区)等领域的200余个岗位进行实习锻炼。实现村(社区)团干部社会化选聘试点工作全县域覆盖,首批93名青年已返乡下沉至村(社区)一线开展为期6个月的团干部实习工作。

三是狠抓就业创业发展之本。依托各乡镇(街道)产业园区优势全力构建"3＋4＋N"大学生众创空间平台体系,挖掘数字游民公社(Digital Nomad Anji,DNA)、灵峰智荟家等21家极具青年味的创新创业平台。实现创新创业平台总面积超6.9万平方米,提供免费创业工位1000个,启动"鲁家农创令"、"白叶一号"产业合伙人等一批"一村一品"特色项目,推出《安吉县支持大学生就业创业八条政策》等一批扶持政策,推进科创园、"绿水青山就是金山银山"未来科技城等一批创新平台提档升级。举办"创青春乡村振兴大赛""城市能级现代农业分赛""抖音直播赛"等创新创业大赛4场,吸引全国88个项目参赛,其中创青春乡村振兴大赛、城市能级组现代农业分赛金奖项目均落户安吉。创新青企协产业小组社团模式,累计举办政企活动3次,有100余名创业青年参与活动。加强青年普惠金融支持,联合县农商银行、邮储银行推出专属青创贷产品,2022年累计完成青创贷516笔,发放青创贷款2.34亿元。

四是打造安居乐业安吉特色。聚焦青年住房问题,完善青年购房租房补贴政策,为新来安吉创业就业青年提供3年免租金公寓或每月1000元租房补贴,对来安就业(不含国企)的高中毕业生至博士研究生提供4万元到50万元不等的购房补贴或0.6万元到5万元不等的安家补贴。创新实施"人才共有产权住房"举措,2022年共筹集人才共有产权住房3313套,办理人才购房凭证438张,人才购房202套,建筑面积约1.9万平方米,切实缓解人才购房压力。聚焦青年社会融入,印发实施《关于加强青年社团建设的实施方案》,围绕就业创业、志愿服务、兴趣爱好等五大青年需求,建立Fly Go、剧中人等团属青年社团47个,累计开展活动116场次,服务青年3000余人次,其中以飞盘、腰旗橄榄球、咖啡为主题的各类活动深受青年喜爱。聚焦青年出行便捷需求,有效补充青年出行方式,在主城区开通3条人才专列,提供主城区往返湖州市区、杭州市区、偏远乡镇等短途定制路线服务,2022年共有4000余人次乘坐人才专列;引入"小蓝车"共享电动自行车项目,在全县各小区、商业综合体、医院、学校等400个点位投放共享电动自行车3000余辆,有效缓解城区交通拥堵状况。聚焦青年婚恋难问题,组织开展"缘定安吉"婚恋交友活动23场,累计有1144人次单身青年参加活动,成功牵手32对。

## (二)建设过程中存在的问题

一是受周边地区虹吸效应影响,县域青年人口数量增加受阻。随着交通枢纽网络的贯通,从安吉到达杭州、上海等城市的时间逐渐缩短,大城市的虹吸效应也逐渐增强,越来越多的青年愿意去资源更丰富的杭州、上海等地工作、定居,安吉县青年人口数量的增加受到了一定的阻力。

二是青年创新创业服务政策覆盖面不够广、力度不够大。虽然安吉县近年来推出了一系列青年创新创业政策,但政策主要针对毕业不久的大学生,普惠性政策不多,相较于周边杭州、宁波地区在青年人才住房、创业就业等方面的政策扶持而言也没有明显优势,对青年人才缺少足够的吸引力。

三是青年生活品质还有待提升。依据浙江省青年发展综合指数(2022),安吉县"青年生活品质"的数据指标仅列全省第57位,对比杭州、苏州、上海等周边城市,青年生活品质差距明显,难以满足青年日趋多元化的需求。比如安吉县仅有一个公共体育场且建成年份较久,人均体育场地面积不大;缺乏标志性、综合性的文化中心服务平台,教育文化娱乐消费占比不高。青年在住房、婚恋、就业等方面仍面临较大压力,提升青年生活品质创新举措有待丰富。

## (三)下一步工作考虑

一是持续优化服务青年发展的工作机制。健全青年工作联席会议机制,加强全面统筹和对溪龙乡数字游民公社、孝丰镇"小杭坑"露营基地、上墅乡大麓书院等一批业态丰富的青年聚集地的靠前指导,加快青年融入与政策共享,加强对"余村合伙人"等青年社群的培育,打造青年发展型乡村样本。注重青年发展综合指数分析,运用好"安吉县青年发展观察员履职评价机制",加强对全县青年工作的调研,通过青年联系青年、青年服务青年的形式,将青年发展的问题反映在人大议案和政协提案中,辐射、覆盖、服务更多的青年群体。

二是持续强化促进青年发展的服务供给。坚持以人本化、生态化、数字化为目标,深化线上线下青年综合服务体系,全面提升青年学习、工作、生活环境。聚焦"青创之城"建设,加强青年人才引育,吸引入驻的青创项目不少于30个;深化"余村全球合伙人"计划,吸引聚集国内外青年人才1000人次,引进乡村振兴人才创业项目100个。在青年极为关注的安居事宜上加大投入、强化探索,深化青年人才共有产权住房实践探索,擦亮青年发展型县域建设的安吉金名片。

三是持续激活青年乡村振兴实践的动能活力。充分发挥安吉政治文明、生态环境、地理区位三大优势,提档升级县乡创新创业平台,以产业革命、人才革命、治理革命为主攻方向,以全域乡村运营为基本方法,以大力发展数字游民经济为重要路径,全方位提升乡村环境能级、设施能级、服务能级、文化能级、治理能级,着力打响"乡村创业首选地"品牌。

## （四）典型创新案例——数字游民公社

### 1. 实施背景

近年来,安吉县始终坚持"发展是第一要务,人才是第一资源,创新是第一动力"的发展思路,聚焦"数字游民"这一新兴群体,在安吉县溪龙乡试点建设数字游民公社,通过不断完善设施配套,打造社群生态,聚集助推乡村发展的互联网灵活就业青年人才,引导青年人才从自身需求、专业技能出发,助力打造乡村新业态,实现乡村能级新提升。

### 2. 主要做法

一是搭建平台,提升乡村吸引人才的"硬实力"。围绕县委提出的打造"3＋4＋N"创业平台体系工作要求,联合爱家集团,收储位于安吉县溪龙乡横山自然村约5000平方米的闲置竹木加工厂房,以"微改精提"的方式,将其改造成国内首个集群体生活、共享办公、公共服务于一体的数字游民综合园区——安吉数字游民公社。截至2022年12月底,公社共配置单人间到六人间的各类宿舍30间,各式工位105个,可同时容纳80人入住及办公,试运营以来入住率一直保持在98%以上。推出了一片叶子茶饮空间、树下小白屋、白茶会客厅、ACDC安吉创意设计中心等一批乡村新业态,不断丰富和扩展数字游民的工作和休憩空间,提升数字游民平台的建设品质和承载能力。

二是多元发力,提升乡村汇聚人才的"软环境"。创新采用全球通行的数字游民公社形态,以乡村优越的自然环境和开放、共建、共享的工作生活方式,将利用互联网远程办公的具有高学历、高收入、高专业技能的"三高"人才群体聚集在一起。以平台化的运作方式激发创造力和生产力,结合数字游民自身技能和需求,催生共享厨房、健身房、咖啡吧等新业态。在数字游民中举办"缘定安吉"青年联谊、青年兴趣社团等活动20余场,宣传推广人才共有产权房、《安吉县支持大学生就业创业八条政策》等人才政策,切实增强数字游民的黏合度和归属感。

三是打响品牌,提供人才施展才华的"大舞台"。精准聚焦目标人群,以游民带游民形式,全力打响"让全世界有趣的人聚集起来"的口号,在要素保障、政策支持、基础设施建设等方面加大力度,不断做强"乡村创业首选地"品牌,把更多、更优质的高专业技能、高学历、高收入"三高"自由职业游民集聚起来,实现"人才聚引+能级提升"发展新路径。鼓励和引导数字游民在日常工作之余,参与到助推安吉县经济社会发展的各个环节中来,以自身才能唤醒乡村大量沉睡资产,为乡村振兴赋能蓄力,走出一条独具特色的人才聚引助推乡村振兴发展之路。

### 3. 工作成效

截至2022年12月底,安吉数字游民公社已累计入住游民300余人次,其中80%的游民居住时间超过3个月;入住过的游民中,硕士及以上学历的92人,有留学经历的67人;吸引了松木巴士、糯米饭怪兽工作室等6个青年创业项目入驻。通过举办座谈会、青年社团、围炉煮茶等活动,加速了数字游民社群搭建,推动本地创业者和数字游民互通共享信息资源,促进资源互动形成聚力,助力安吉县"一村一品"建设。数字游民群体已先后参与了安吉白茶开采节活动策划、新丰村玩水节IP设计、《白茶原小报》编辑、一片叶子茶饮空间改造等活动,间接带动周边村民就业200余名。团省委、团湖州市委以及各地党政考察团多次来到安吉数字游民公社调研青年发展工作;开设的DNA数字游民微信公众号发布推文35篇,阅读量超10万人次,先后吸引《浙江日报》、学习强国、凤凰视频、新浪新闻等20余家官媒、主媒进行宣传报道,累计浏览量达30万人次。

### 4. 典型意义

一是进一步激发青年发展型县域双创活力。按照招募数字游民、数字游民带动数字游民、数字游民孵化数字游民"三步走"路径,邀请数字游民积极参与青年发展型县域建设,着力打造了赋能乡村振兴的人才集聚示范地,实现了人才集聚与产业发展双向联动。二是进一步激发青年发展型县域乡村振兴潜力。依托数字游民从事的产业资源共享与专业能力输出,赋能活化了"车载咖啡"、精品民宿、农产品直播带货等一批本地业态,带动了周边村民就业创业,实现乡村产业转型与融合发展,为安吉县城乡能级提升注入活力,为乡村振兴路径探索提供经验参考。

## 七、上虞区青年发展型县域建设情况[①]

上虞区依托全国青年发展型县域试点契机,围绕"一年一个样,三年大变样"工作理念,提出实施"青春之城"建设主战略,以超常规、系统化抓好产业、教育、科技、人才工作,引领推动高质量发展、竞争力提升、现代化现行,全面建设朝气蓬勃、近悦远来的"青春之城"。2022年,上虞区在浙江青年发展综合指数(2022)中获优秀等次,其中,青年发展环境、青年生活品质、青年人文素养、青年权益保障、青年社会参与等5个一级指标指数获得优秀等次。

### (一)工作开展情况及主要经验

#### 1. 谋全局,为"青春之城"建设绘制蓝图

一是织密"青春责任网"。成立"青春之城"建设工作领导小组,由区委区政府主要领导为组长,各相关部门单位、乡镇(街道)主要领导为成员,有效发挥好决策参谋、综合协调、"赛比督考"等作用。建立常态化沟通协调、定期会商、专题解难、科学奖惩等工作制度,实施"月交流、季晾晒、年考核",及时打通"中梗阻",推动项目建设提速提质。二是打造"青年生力军"。实施青春人才行动,"全链条、全周期、全覆盖"做优人才创新创业生态链,着力构建青年人才金字塔,通过青蓝工程、青年座谈会、青年创新创业大赛、青年先进典型选树等方式提升来虞在虞创业创新人员的成就感、荣誉感、归属感。出台人才新政5.0版、《上虞区优化生育政策(试行)》等进一步加强青年集聚的政策,重点优化见习实习政策和高校毕业生政策。通过建立一个虞籍学子联谊会,每年写一封家书,开展一次青春故乡行、一次暑期社会实践活动、一次虞籍大学生创业就业活动、召开一次恳谈会,等"六个一"机制,增强青年学子与家乡的情感交流。三是发出"青春最强音"。注重深度融入青年话语体系,与青年同频共振,定制并发布上虞区青年发展型县域试点LOGO"虞青向上",制作区青年发展型县域试点宣

---

① 具体撰稿人:王炜吉、丁琦、葛如婷。

传视频《浪》。研究制定《"青春之城"建设宣传工作方案》，组织"青春之城"主题宣传报道，推出《"青春之城"建设大家谈》专栏，拍摄制作《新青年·虞创业》专题节目。

**2. 出实招，为"青春之城"建设筑巢引凤**

一是突出兴产业、强平台，打造创业创新的"青春之城"。坚持"以产兴城、以业留人"，全面做优做强适宜青年和创新创业人群发展的科创平台体系、产业平台体系，推进基金投资项目产业园高质量建设，2022年新建新起点创投产业园1个，累计建设产业园3个，入驻培育各类高端初创和人才项目26个。举办2022年上虞人才发展大会、国家级青年领军人才高峰论坛、"海创人才"国际创新创业大赛等活动，为青年创新创业项目提供交流展示平台。二是突出低成本、高便捷，打造宜居乐居的"青春之城"。定期召开青年工作联席会议，建立健全青年工作议事机制，2022年下半年以来出台青年政策9项，推出区青少年综合活动中心前江基地、上虞鸿雁社区（未来社区）等2022年度青年民生实事8项，解决好新市民、青年人等群体的住房、交友、婚恋、育儿等问题。推进未来社区青年公寓、e游小镇创客之家建设，截至2022年12月底，已为青年人才供给1500套优质住房，指导新和成等企业建设青年人才公寓1600间，入住率已达86%。启动新（扩）建中小学、幼儿园项目11所，完成托育机构备案4家、新增托位416个。截至2022年12月底，试点三张清单任务完成率已达66.37%，累计投入近54亿元。三是突出造场景、育文化，打造时尚活力的"青春之城"。以未来城市理念建设"青春之城"，加快生活、创业、消费、文化、休闲、爱情、生态等场景建设，在青年集聚区打造上百万悦城、e享城（数创广场）和观澜里等青年业态商业街区，新潮美食、青春酒吧、桌游密室等业态逐渐入驻。听取青年呼声，建设体育中心小球馆，启动建设卡丁车场项目。提出打造"潮流派"社群概念，实施青年社群梯度培养计划，目前，已有12个本土社群平台已入驻"青椒聚院"。

**3. 创品牌，为"青春之城"建设增添动力**

一是创精神品牌，引导青年向上发展。高度重视城市文化创新发展，通过各领域、多场次的专家、青年座谈会，集思广益凝聚"明德尚贤、创变笃行"的新时代上虞精神，打响"今在上虞、遇见未来"这一城市品牌口号，打造"上虞吉象"城市IP，制作推广"城市IP青春味"趣味表情包，系统抓好发布推介、传播运营、全域践行工作，推进新时代上虞精神、城市品牌口号和城市IP全域联动。二是创阵地品牌，特色工作显性可视。创新打造"青椒聚院"青年综合服务体，提供搭建实体化、开放型、互动式的青年公共服务平台,为上虞青年搭建交流合作、信息沟通、资源共享、专业提升和才能展示的发展空间。正式运行全球路演中心(TR35青年社区),充分发挥平台效能,已开展青年企业家培训和沙龙活动8场,营造创新创业良好氛围。提档升级"青创农场",构建"农业物联网"体系,打造"现代化农业设施＋智慧云平台＋农业监控设备"的"农创智谷"平台,孵化新农人农创项目。三是创活动品牌,搭建舞台展示青春。打造具有特色的青年宣讲、交友、创业、实践等品牌活动。开展党的二十大精神、省第十五次党代会精神等专题"青虞说"青年宣讲活动516场,青年受众3万余人次。开展"青年＋科创＋产业"系列活动,启动实施"青春故乡行"家乡教育,加强在虞学生与产业平台的交流互动。进一步打响"新青年下乡""青农集市""青春带货王"等活动品牌,开展乡村振兴带头人选培、"青牛奖"选树,打造青春共富工坊。

## (二)建设过程中存在的问题

### 1. 产业发展有待进一步优化

科创与产业的融合还不够紧密,创新转化速度还不够快,产业层次提升、新动能培育仍需持续发力。区内3所大学所设专业与本地企业需求匹配度不够高,毕业生留虞率较低。设备制造等传统企业生产和工作环境与年轻人期望存在差距,用工薪酬吸引力优势不足。

### 2. 空间布局有待进一步提优

引留青年的"青春社区""青春街区""青春服务"等场景建设有较大进步空间,青年活动、交流的公共空间稍显不足,在满足青年群体多元需求上需要有更多的思考和更完善布局,在提升城市能级品质、高水平推进网络大城市一体化发展上还需下更大功夫。

### 3. 青年服务保障有待进一步提质

教育医疗、养老托幼等公共服务供给结构升级滞后,难以满足城市青年个性化、多样化的消费需求。在现有面向全员全龄的社会服务和社会保障体系中,如何针对青年开展有吸引力的政策优化集成,需要做进一步研究。在青年群体关注的住房、婚恋、育儿等方面,需要改革创新,提供更好的服务保障。

## （三）下一步工作考虑

上虞区以区委、区政府名义印发了《关于深入学习贯彻党的二十大精神 全面建设"青春之城"的行动方案（2023—2026年）》。作为落实"青春之城"建设主战略的起步之年，2023年，上虞将努力把自身打造成为创业最便利、创业最容易成功的地方，让上虞成为青年心生向往、近悦远来的地方。

### 1. 坚持系统理念，整体推进抓落实

牢牢把握高站位、高标准的要求，坚持面向未来城市的发展模式，以"科创＋产业"为主抓手，以"一江两岸三城多片区"为主平台，着力建设创新、活力、有为、开放、舒适、有爱的青年发展型、全龄友好型、生态宜居型、文化包容型"青春之城"。牢牢把握全面性、全局性的要求，大力实施青春产业蝶变提档工程、青春人才赋能提级工程、青春社会强基提效工程、青春文化激活提能工程、青春环境优化提升工程、青春党建聚势提质工程，通过做好方方面面、横纵贯通的工作，激发青年群体创新创业活力，促进社会整体青春化、活力化。牢牢把握条目式、清单化的要求，构建"青春之城"建设评价指标体系，内含6个方面共81项评价指标，每个指标都分别设置了2023年、2024年、2026年的3个目标值，由33个部门单位牵头实施，做到目标明确、责任落地。

### 2. 坚持问题导向，锻长补短抓落实

不断加强一线调研，勤开青年座谈会、勤搞青年问卷调查、勤走青年工作生活场所，让青年需求反映畅通无阻，让青年对城市建设和民生服务的相关意见建议得到有效回应和落实。不断补齐工作短板，定期召开试点工作领导小组会议和青年工作联席会议，敏锐关注青年痛点、难点、堵点问题，加强青年政策出台的整体谋划、统筹考虑、靶向供给，着力解决事关青年住房、生育、子女教育的三大关键问题。不断巩固发展优势，持续建强杭州湾经济技术开发区、曹娥江经济技术开发区、曹娥江旅游度假区、e游小镇等产业平台，为工、农、文、旅等各行业青年提供丰富的就业创业机会，提升城市的青年承载力。发挥上虞上市公司数量多、质量好的特点，加强龙头引领，注重"创二代"成长接班。进一步打响"江南农小二""新青年·虞创业""青春共富工坊"等特色品牌，挖掘各领域优秀青年代表，加大融媒体、自媒体宣传力度，让青春上虞的展播不停歇。

### 3. 坚持项目为王，突出重点抓落实

实施一批有影响力的重大项目，启动建设绍兴轨道交通2号线上虞段、曹娥江文化艺术中心、皂李湖休闲综合体等项目，推进建设邵逸夫医院绍兴院区、鸿雁未来社区等项目，通过完善这些大项目的建设，提高优质交通、医疗、住房、文化等供给水平，提升青年在上虞的品质生活能级，打造青春时尚城市。实施一批心生向往的特色项目，建设网游、动漫、元宇宙等各具特色的e游PARK主题街区，建设"谢晋故里·晋生星片场"，筹备青年电影周等活动，建设曹娥江特色水道和游船项目，让夜里的曹娥江灵动闪亮，建设一批出门即入的口袋公园和快闪公园以及城市入口花园等青春时尚标志性建筑，塑造丰富多彩的青春场景。实施一批获得感强的软性项目，深入实施"虞青向上"品牌建设工程，实施校地联动"合伙人"、青年社团"培育师"、青年英才"摆渡人"等青春计划，以"青年需要、青年热衷、青年欢迎"为导向，围绕青年行为特点和社交模式开发一批例如即兴戏剧体验、脱口秀、思维旅行沙龙、青春奇葩说等青年参与度高、获得感强的沉浸式、互动式社交活动项目，打造"潮流派"社群，组建青年社群联盟，以资源场地连接活动，以兴趣爱好连接青年，从而更好地凝聚青年、团结青年、引领青年。

## （四）典型创新案例——"青椒聚院"青年综合服务体

### 1. 实施背景

近年来，上虞区发展势头强劲，具备青年增量的优势：产业平台发展壮大，特别是杭州湾经济技术开发区、e游小镇等吸引了大量青年集聚。区位优势逐渐彰显，随着杭绍台高铁建设、沪绍金高铁的谋划，城市吸引力有较大提升。高等院校相继落户，浙江理工大学科艺学院、浙江建设职业技术学院等多所高校、研究院落户运行，学生人才不断涌入。配套设施不断完善，体育会展中心、未来社区等重点项目建设完善，城市的青年契合度日渐提升。但区内青年工作体制机制尚需提档升级，青年服务水平有待提升，且缺少专门服务青年的综合体或阵地。

### 2. 主要做法

打造"青椒聚院"青年综合服务体，优化升级青年工作机制，孵化培育青年社团组织，并依托该阵地成立在虞高校共建联盟。

一是打造青年服务综合体。改造原曹娥江畔城市书房，将它打造成青年综合服

务体"青椒聚院",分上下层,总面积约600平方米,搭建实体化、开放型、互动式的青年公共服务平台,涵盖资源信息共享、学习沟通交流、生活服务保障、创业项目培育孵化等线上线下综合服务。同步设立"一专一站两联"站点,加强团干部、团员以及政协委员、青联委员与广大青年的交流与互动。

二是成立青年学子工作站。不断挖掘并激发阵地集聚优势,将在虞大学生社团组织引流到"青椒聚院"开展社团活动,让阵地成为大学生中转休憩、展示爱好的好场地。与在虞3所高校共建联盟,引导大学生参与社区治理、志愿服务、乡村调研、企业实习等活动。对接全区各政策平台,协调推进青年人才政策落地,开展招才引才宣传引导等工作。

三是构建青年线下朋友圈。"青椒聚院"位于上虞e享城、人才公园、城市阳台等新兴网红打卡点,以及e游PARK、未来社区、曹娥江城市人行桥等青年重点关注在建项目的中心位置,上虞充分利用该阵地的地理优势,优化运维思路,囊括周边特色点位,拓展阵地适用范围,为构建青年线下"朋友圈"提供了良好的物理空间。此外,在此基础上,上虞提出打造"潮流派"兴趣社群概念,实施青年社群梯度培养计划。

**3. 工作成效**

一是"一站式"服务青年。邀请第三方秀合文旅正式入驻"青椒聚院"开展日常运维,协助团区委优化设置"青年之家",做好场地有机更新及活动策划等工作,实现青年常态化资源共享、学习交流、志愿服务等功能。高效运转"一专一站两联",完成全区163名团代表以及相关政协委员、青联委员信息进驻,组织开展"我为青年办实事""我在窗口写青春""集中调研日"等活动9场。

二是"联动式"团青共建。联合在虞高校,以校内社团联动校外社团组织,筹备开展"百团大战"活动,有效促进本土青年社群和社团的孵化培育。截至2022年12月底,TALKing MORE、HIGH FIVE篮球、自由旋律街舞、百灵鸟合唱团等12个社群组织已正式入驻"青椒聚院"。开展"青年+产业"活动4场,通过"线上直播+线下研学"的方式,让青年学子直观感受企业的生产和运作,打通学社衔接壁垒,覆盖青年超5100人。

三是"沉浸式"体验互动。策划实施红色剧本杀《抉择》、普法剧本杀《狂飙》以及相关青年交友联谊活动20余场,对接青年喜爱的明星演唱会、脱口秀等多场特色活动。充分利用内设的咖啡吧、读书卡座、活动室、观影吧等阵地,每月开展青年交流沙龙等活动2场以上。

4. **典型意义**

一是为开展青年发展工作提供"地利"。青年服务综合体是一个让青年群体想得起、愿意来、找得到的固定阵地，为联络在外虞籍学子、提供青年创业就业信息咨询、开展青少年"家乡教育"等方面工作提供了一个物理空间，对于促进青年工作开展发挥着巨大作用。

二是为落实校地团建合作搭建"平台"。青年服务综合体是一个地方与高校深度合作、互相成就的有效载体，有利于充分发挥上虞地方资源优势和在虞高校的人才智力优势，进一步深化高校与上虞青年人才合作交流，更好地促进青年成长成才。通过不断地培育和壮大青年社团组织，也能从中引导和培育出能够承接政府购买服务的社会组织。

三是为提升青年服务水平开辟"捷径"。青年服务综合体的打造，不仅可以由点及面地有效提高地区青年服务水平，激发青年活力与创造力，从长远来看，"青椒聚院"更是可以成为青年来虞首站阵地，对吸引更多青年来虞创业、就业和生活，对于推进区域人口结构优化、提振发展后劲具有重要意义。

# 八、义乌市青年发展型县域建设情况[①]

"青年兴则国家兴，青年强则国家强。"自入选全国青年发展型县域试点以来，义乌持续贯彻落实习近平总书记关于青年工作的重要思想，突出青年优先发展理念，加快构建"城市对青年更友好、青年在城市更有为"的城市生态。2022年9月召开了义乌市青年发展型城市全域建设推进会，2023年1月将打造青年发展型城市纳入义乌市委全会报告和市政府工作报告。2022年度首次来义大学生新增4.5万人，位居全省前列。"全城联动"组织保障逐步清晰，"上下一心"协同合力不断凝聚，青年发展整体成效逐步显现。

---

① 具体撰稿人：傅凤丽、龚子渊、方镧镭、万索非、泮军有。

## （一）工作开展情况及主要经验

### 1. 加强顶层设计，着力优化机制，构建全城联动系统推进的工作格局

紧扣中长期青年发展规划主线，制定《义乌市青年发展型县域试点实施方案》，构建以战略目标、指标目标、阶段目标为总揽的目标体系，以"义青春"等十大工程为主体的工作体系，以青年优先为核心的政策体系，以"三张清单"为重点的项目体系，以考核评估、第三方测评为主体的评价体系，统筹教育、人力资源和社会保障、文化和旅游等职能部门的青年工作经费合计3329万元，明确24家青年工作联席会议成员单位工作职责，从战略和全局高度推动试点工作。

以青年工作联席会议制度为基础，聚焦青年最关心的问题和试点建设重点任务，推出十大青年民生微实事制度和"攻坚赛马"专项工作机制，推动青年发展型城市建设走实走深。一是紧扣青年需求，"十大青年民生微实事"机制推动纾困解难。聚焦在义青年最关注、最关心的"关键小事"，通过项目征集、青年投票等程序，选出涵盖服务青年婚恋交友、保障青年子女教育等十大青年民生微实事。"十大青年民生微实事"机制实施以来，33家相关单位协同推进，用心用情解决好青年的"急难愁盼"问题。例如，开展青少年宫"两个全覆盖"工程，目前已建设完成5个少年宫村社分宫和8个村社服务站，服务青少年6000余人次。依托"青年之家"向村社配送"焕新乐园""小候鸟夏令营"等服务项目100余项，举办活动5281场，服务青少年超20万人次。二是不断凝聚合力，"攻坚赛马"专项工作机制推动社会共建。聚焦试点工作中的重点、难点、堵点，实施广邀攻坚帖、众揭攻坚令、全周期赛马的3步工作法，形成首批10项攻坚帖。积极推动职能部门、社会力量等通过试点制、项目制、赛事制、军令状制等形式参与揭帖攻坚233次。紧盯揭令、实施、验收3个环节，实行全链条闭环管理，通过实施多部门资源整合"打包配送"、"阶段考＋定期考"考核、"红黄榜＋现场会"验收等，推进攻坚任务落地见效。例如，攻坚帖"青年发展型镇街建设"以试点制发布后，福田、城西等2个街道经层层筛选揭下攻坚令，打造出了"e创e居"青年安居项目、望道信仰线产业链等系列惠及青年的特色项目。

### 2. 健全政策体系，强化需求导向，让青年见实效有实感

试点以来，制定实施《义乌市人民政府于加快直播电商发展的若干意见（试行）》《义乌市加快发展保障性租赁住房实施办法》等事关青年发展相关政策13项，着力打

造"我负责阳光雨露,你负责茁壮成长"的青年发展生态环境。一是打造"就业无忧"政策体系。根据不同学历,青年来义就业可享受最高96.6万元政策补助,2022年已累计发放青年人才购房补助17.8亿元,发放租房补贴、大学生生活补贴等6.68亿元。2022年度,在义高校毕业生留义率超60%。二是构建"义起创业"服务保障。加大创业资金扶持力度,推出一次性创业补贴、创业带动就业补贴、创业孵化补贴、"亲青创"资金帮扶等政策支持,高校毕业生个人贷款免息额度提高到50万元,2022年总计发放创业担保贷款3546万元,同比增长195%,市内应届高校毕业生自主创业率达到8%以上。推出电商培训"赋能计划",在全国率先开展"互联网＋"创业培训,2022年共开展各类创业培训17.7万人次。三是推动宜居生态不断优化。2022年,完成了建成投用学校40所、新增学位2.92万个、为青年提供保租房1万套、打造130个省级"15分钟品质文化生活圈"等一系列事关青年发展的城市建设。2022年11月发布《义乌市基本公共服务标准(2021年版)》,关注和保障外来人口的生活需求,计划"十四五"期间新增学位7万个以上,为新市民、外来青年筹建7.3万套保租房。

**3. 聚焦"四城"建设,打造具有义乌辨识度的标志性品牌**

一是赓续红色根脉,建设信仰坚定的红色之城。强化政治引领,构建青年思政教育标准化体系,做强望道青年学院,打造"义乌发展经验"研究、国际青年研学、农村"青马工程"等6个项目,构建10门特色课程和28个现场教学点。打响"真理的味道非常甜"望道红色品牌和"望道青年宣讲团"品牌,2022年开展的系列青少年思政教育实践活动获得央视《新闻联播》、《光明日报》(头版)等关注。二是突出青年优先,打造最具魅力的"双创"之城。推进"创业一件事"改革,搭建创业孵化平台,建成"创业学院"1家、人才创业园4个、"双创"孵化平台23家、创业孵化基地33家,构建"淘宝村—众创空间—孵化器—加速器—产业园"的创业链条,吸引超过30万名电商青年来义创业,如湖北小伙邓志伟实现了"一只手机来义创业",在"网红直播第一村"北下朱村提供的"一站式"服务下,开启了他的直播创业之路。三是引领青年建功,打造城乡"一盘棋"的共富之城。聚焦打造城乡融合共富义乌样板,深化"一村一青年委员"农村基层青年骨干改革成果,通过实施青年委员"3＋X"任期目标管理、创新创业项目化工作法、"导师帮带制＋强基工程培训"培育等,推动村社青年委员助力共富。实施"1＋100"青聚乡村行动,以青年委员为起点累计带动4376名青年回乡,培养创客145名。在2022年度青年委员创新创业大赛上,孵化落地"小众云仓""豆动经济"等创业项目76个,牵动资金978万元,助力农村集体经济突破100万元。四是聚焦国际融合,打造"一带一路"青年发展枢纽城市。实施"义路同行——全球青年创业伙伴计划",打造国际青年交流站6个,建成国际创客园和国际青年实习就业创业基地,开展线上线下国际性青年交流活动10场。加强国际青年融合,打造鸡鸣山国际青年融合社区、宾王国际特色夜生活街区、俄罗斯风情街等国际融合基本单元,通过"10+10"工作路径,不断提升国际青年融入与发展的力度。

## (二)建设过程中存在的问题

### 1. 青年发展政策宣介体系不够完善

2022年义乌市在青年就业创业、住房保障、子女教育等方面均出台了政策举措,但各类政策举措的发布渠道分散、宣传力度有限,未建立青年触手可及、应享尽享的政策宣介体系。

### 2. 打通服务青年"最后一公里"有待突破

服务青年的政策措施和服务项目在逐步成型,但实现的平台载体较为有限。如在青年交友方面,以小范围、非常态化的活动为主,缺乏常态化、体系化的活动项目、阵地和专职运营团队,导致活动的落地实效不强。如在青年发展型社区、公园、商圈等建设过程中,如何因地制宜地提供便捷精准的青年服务,如何推出更多惠及青年的实在举措,还有待进一步探索。

### 3. 试点建设特色品牌打造不足

虽然前期在青年就业创业、国际青年融合等领域推出了一系列举措,但青年工作的系统化、机制化、品牌化建设还不够完善,未形成具有义乌特色的品牌性工作载体和平台。

## (三)下一步工作考虑

2023年,将以习近平总书记关于青年工作的重要思想为指导,紧扣青年发展规划主线,加快青年发展型县域试点建设,着力做好以下5个方面的工作。

### 1. 高水平健全"红色根脉"守护者培育体系

加强望道青年学院建设,持续开发具有改革味、浙江特色、义乌经验的项目体系、课程体系和现场教学点。擦亮"望道青年宣讲团"品牌,构建课程体系、宣讲体系、活动项目体系有机融合的党团队一体化培育模式,更好地引领青少年。

### 2. 不断完善青年发展政策体系

发布青年政策"一本通",依托"i人才"等数字平台加大政策宣传推广力度,联合青年工作联席会议成员单位,以项目化形式加快推动政策举措落地见效,着力增强青年的获得感。

### 3. 全域打造青年发展型城市基本细胞单元建设

探索建设青年发展友好型镇街、社区、农村、街区、公园等细胞单元,充分发挥青年发展友好型细胞单元在全域打造青年发展型城市中的基础性作用。

### 4. 打造青年发展"十大品牌"项目

围绕"众创之都"青年创业综合生态、青年"15分钟乐享圈"、"振兴有我·青春共富"专项行动、国际青年创业综合服务体系、望道青年研学体系、"益博会"志愿服务培育体系、青少年宫分宫全域建设行动等,打造具有义乌特色的青年发展品牌项目。

### 5. 打造全球青年就业创业集聚地

联合义乌市人力资源和社会保障局推出全球青年就业创业系列服务项目,加强就业创业政策体系、服务体系建设,搭建国际青年创业孵化平台,不断优化青年在义就业创业环境。

## (四)典型创新案例——"攻坚赛马"工作机制

### 1. 实施背景

义乌市坚持以系统观念推进青年发展型城市建设,为充分调动各方积极性,激励青年工作联席会议成员单位、社会力量推进试点建设,推出了"攻坚赛马"工作机制。实施广邀攻坚帖、众揭攻坚令、全周期赛马的3步工作法,形成全流程工作闭环。聚焦试点建设中的重点难点任务,着力特色亮点打造,发布首批10项攻坚帖,机关企事业单位、社会力量参与揭令攻坚233次,青年需求更加清晰,协同合力不断凝聚,重点项目推进更为有力,青年获得感持续增强。

### 2. 主要做法

(1)广邀攻坚帖,精准定位青年发展需求。依托青年工作联席会议机制,构建三级需求邀约模式,面向党委政府、基层团组织和社会组织、广大青年群体开展广泛需求征集。一是向全市机关企事业单位发出邀约。结合《义乌市青年发展"十四五"规划》和《义乌市青年发展型县域试点实施方案》,向全市各单位发出征求意见函,组织1次青年工作联席会议、4次青年工作联席会议联络员会议,聚焦服务全市中心工作,围绕共同富裕建设等多领域征集事关青年的攻坚帖。二是向基层团组织和社会组织发出邀约。发挥好基层团组织、青年之家和社会组织的触角延伸和神经末梢作用,广泛动员基层组织,通过走访座谈、调研等形式向573个基层团组织和社会组织征集青少年需求1500余条,摸清各领域、各行业青年群体的痛点、难点。三是向广大青年群体发出邀约。依托"十大青年民生微实事"机制,发放青年问卷2万余份,开展青年座谈20余次,发动8万人次参与线上投票,"点对点"精准对接青年需求。

(2)众揭攻坚令,全面激发各界攻坚活力。通过梳理整合三级需求形成了攻坚帖,以攻坚帖作为"考题",攻坚主体揭帖"破题",制定涵盖攻坚目标、完成时限、预期成效的"提案",即一张张攻坚令。为提升揭帖效率,根据"考题"的内容、形式和攻坚主体范围,探索形成揭令"四制",全面激发各界参与"赛马"比拼的积极性,增强各界处事的实效。一是试点制揭令。主要聚焦城市的镇街、村社、商圈、公园等基本单位,做好青年发展友好型基本细胞单元建设工作,鼓励各镇街和村社先行先试、积极探索。截至2022年底,已有29个试点单元展开建设(其中镇街试点4个、社区试点8个、农村试点9个、商圈街区试点4个、公园试点2个、园区试点2个),"软硬"并举,从城市空间营造、基础设施改善、公共服务水平提升等方面探索基本细胞单元建设。二是项目制揭令。针对构建青年发展型城市标识体系、国际青年融合等覆盖面较广的任务,全面发动社会力量以精细化、项目化的形式进行揭令,推动揭令项目精准对接青年需求。例如,依托义乌市青年组织公益博览会平台发布"社会力量服务青年发展计划"攻坚帖后,社会各界踊跃提供解决方案。截至2022年底,共有13个社会组织参与揭令,打造了"家校社""青益书屋"等21个青年服务项目,有效提升了社会力量在社会基层治理的参与度。三是赛事制揭令。针对揭令受众范围广、参与度高的攻坚帖,开展赛事制揭令,进一步提升活动的影响力、创造性、共享度。如为推动青年委员助力共富,举办"红雁领航·雏雁争先"义乌市青年委员创业创新擂台赛,74个青年委员团队孵化出"青聚乡村""未来社区合伙人""百年红釉"等创业项目超70个,一大批创意新颖、带动性强的优质项目落地村社、助力发展,形成青年委员引领带动、全市青年争先垂范的创新创业工作新局面。四是军令状制揭令。针对部分预期成果清单、政策举措清单、实事项目清单,由市领导召集青年工作联席会议,推动28个机关企事业单位签订军令状,明确工作任务和完成时限。

（3）多元方式赛马比拼,构建"进管出"多元激励管理机制。根据攻坚任务的实施阶段,对揭令、实施和验收"进管出"构建了全周期的激励管理机制,主动搭建赛场、定期比拼,推进攻坚项目落地见效。一是在揭令"进"的阶段,构建"一次申请＋资源整合"的激励模式。重在加大对攻坚项目的培育,未来将谋划成立"青年发展培育基金",用于对初期项目的支持。攻坚主体可向青年工作联席会议提出支持申请,由青年工作联席会议联合各相关单位对项目内容、初期成效等综合分析研判,再组织多部门进行资源整合和"打包配送"。如北苑街道揭下青年友好公园试点建设任务,着力打造青年相亲主题公园,在项目前期遇到一个难题:缺乏专业的公益相亲团队和公园改造的许可。提交申请后,青年工作联席会议组织民政局、建设局等单位帮助北苑街道联系市园林绿化工作室和3家青年婚恋志愿者团队,量身提供解决方案。二是在实施"管"的阶段,根据项目的内容和实施时间,构建了2种激励模式。针对短期项目,构建"分次考核＋力量支持"的激励模式。由青年工作联席会议成员、优秀团干部等构成"考评团",根据实施阶段进行考核并提供实施建议。例如,在国际青年融合型社区试点建设中,鸡鸣山社区的"以外调外""以外管外"国际社区治理模式通过初评。考评期间,根据社区提出的打造中外融合创业微平台愿景,考评团帮助联系专家指导、招引初创团队入驻等助力创业微平台逐步形成。针对常态化推进项目,构建"定期考核＋年终奖励"的激励模式。要求相关责任部门在年度工作计划和总结中设置青年发展专题,并列入市委专项督考,在年终单位考绩中进行加扣分。三是在验收"出"的阶段,构建"红黄榜＋现场会"的激励管理模式。根据项目完成情况,将攻坚主体纳入揭帖攻坚的"红黄榜单",项目实施效果好、青年获得感强。若项目攻坚主体被纳入"红榜",则在后续的揭令中优先"准入"。如在青年发展型城市标识体系的揭帖攻坚中,对入选的LOGO、吉祥物等揭令主体给予了5万元的奖励,并优先与该主体签订青年发展型城市文创产品设计协议。对实施进度过慢、效果不佳的,将攻坚主体纳入"黄榜",取消试点管理,并不再将其纳入其他攻坚帖的候选人中。

### 3. 工作成效

一是试点建设重点任务逐步清晰。通过向全市机关企事业单位、基层团组织和社会组织以及广大青年群体发出需求邀约,梳理形成了青年友好型镇街试点建设、青年创业"一件事"改革、社会力量服务青年发展计划、加大优质青少年校外教育供给、青少年思政教育供给侧提升等首批10项攻坚任务,明确试点建设发力重点。

二是攻坚项目推动路径不断拓宽。通过探索"四制"揭令法,形成了以试点先行先试、以赛事锤炼队伍、以公益平台孵化项目等多样化的参与形式。机关镇街、村社、社会组织、青年群体等各方力量逐步明晰了参与试点建设的方式路径。

三是政策举措落地成效不断显现。截至2022年底,第一轮"攻坚赛马"已过半,涉及5个攻坚帖的56个攻坚令完成攻坚任务。全市累计制定实施了《义乌市加快发展保障性租赁住房实施办法》等事关青年发展相关政策文件13项,实现建设青年交友中心镇街全覆盖、为青年提供保租房1万套、组织青年文化活动1000余场、开展国际青年交流活动10场等实事落地见效,青年获得感不断增强。

### 4. 典型意义

"攻坚赛马"机制是在系统化推动试点建设的要求下探索出来的工作路径,以青年工作联席会议制度为核心,系统构建了需求征集、力量汇集、闭环管理的核心流程,提供了青年发展型城市重点项目"做什么、谁来做、怎么做"的工作路径。一是通过广邀攻坚帖,形成全市范围内对青年发展、青年需求的征集与讨论,既有市级层面上从全市中心工作出发的重点任务,也有青年切身感受的难点问题,进一步为试点建设厘清工作重点方向。二是通过探索"四制"揭令法,构建多样化平台,实现"一道考题"对接无数个社会各界力量"提案"的可能性,推动重点项目差异化、精准化、高效化开展,以更好贴近青年需求。三是通过全周期赛马攻坚,加强对攻坚项目和攻坚团队的管理、支持与考核,提升项目落地实效,切实做到青年有感。

## 九、温岭市青年发展型县域建设情况①

自温岭被列为全国青年发展型县域试点以来,市委市政府高度重视、高位谋划,坚持将青年工作作为全局发展的基础性工作来抓,以打造"青年发展型城市"为目标,贯彻"融入式发展"思路,创新青年发展型县域试点"三个三"任务清单和"1+5+N"工程;以两大路径,将"青年与城市双向奔赴"愿景绘制到温岭"青创之城"建设图景中,推动青年与城市的共建、共治、共享。截至2022年12月,累计配套出台青年发展

---

① 具体撰稿人:金诗佳、吕沪航、邵维雅。

相关政策 15 项，打造青年发展相关工程 10 余个，青年发展环境不断优化，青年群体的幸福感、获得感有力提升。

## （一）工作开展情况及主要经验

### 1. 以"融入发展"为导向，高位谋划，构建青年发展一体化框架

坚持将促进青年发展融入温岭"两城两湖"全局中，精心编制反映青年需求、拥抱城市发展的试点方案，确立青年发展在城市建设中的战略地位。

一是坚持高站位组织。深入贯彻"党管青年"原则，市委常委会专题研究青年工作 2 次，迅速成立青年发展型城市建设工作专班，市委书记、市长任双组长，明确将青年工作融入温岭"两城两湖"发展新格局；市委书记点题谋划"三大青年回归工程""三大青年提升工程""三大青年阵地"清单，作为温岭青年发展的重点举措全力推进。为进一步加强试点方案落地，将打造"青年发展型城市"写入市委全会、党代会和政府工作报告中，将相关工作列入共同富裕先行市系统架构图、技能型社会建设试点工作方案等一揽子政策中，在顶层设计中奠基定调。

二是坚持问题性导向。牢牢把握青年需求，以青年座谈、城市调研、基层调查、网络建言等形式，开展青年线下互动和线上交流活动 18 场，广泛收集问卷 5000 余份，形成传统制造业从业青年、金融业从业青年、行政事业单位青年、大学生、社会工作者等分人群的"温岭青年城市印象"相关调研报告 10 篇，分区域"青春寻根大调研"相关报告 16 篇，涉及青年教育、青年婚恋、青年创业、青年文化等贯穿青年成长全周期多类问题，其中《温岭青年城市印象调研报告》《温岭籍大学生返乡意向调查报告》《青年企业家温岭城市印象调研报告》获得市委书记批示，为党委政府决策提供了科学依据。

三是坚持全领域覆盖。在青年发展规划"九大行动"基础上，主动融入温岭经济社会发展需求，推出"1＋5＋N"重点工程，明确以打造一个"融入式"青年发展示范区为核心目标，以实施《温岭市青年城市空间提升 5% 计划》为标志举措，以推动形成城市极青年发展生活区、乡村极青年发展实践区等 N 个具有温岭辨识度的特色化场景为具体举措的建设路径，将青年元素落实到城市"硬件"建设和"软件"开发中，建设范围覆盖至全市 16 个镇（街道），全面包含"专属政策、发展空间、生活乐趣"等青年关注点。

## 2. 以"双向奔赴"为主题,聚焦重点,呈现城市友好多样态表达

坚持培育具有县域辨识度的标志性工程,将试点方案项目化、实体化,构建青年发展具体路径,多元化展现"城市对青年更友好、青年在城市更有为"内涵。

一是突出试点氛围营造。聚焦打造全域"融入式"青年发展示范区,内外兼修,营造青年发展型县域试点建设氛围,增强城市的"年轻气质"。在外部环境营造中,多样化开展夜景灯光秀、"青春态"户外广告、试点宣传道旗、宣传片等氛围布置,在城市核心生活区和青年消费娱乐区两大板块树立宣传道旗300余杆,开展以"青年"为主题的灯光秀6场,发布《young光温岭 青创之城》等宣传片3个,累计播放量突破3万。在内在气质涵养中,以增强青年城市认同感为落脚点,以学习贯彻党的二十大精神和建团百年为契机,将"青年与城市双向奔赴"的理念通过团史展览、理论宣讲、短视频、直播等方式,根植青年心中。截至2022年底,已建成"新青年"抖音直播、《青农共富·田间说》短视频节目等优质平台5个;举办"党领导下的青年运动史·温岭篇"专题展览,接待青年参观者100余人次;开展主题教育、宣讲等上千场,覆盖青少年30余万人。

二是突出重点青年引育。聚焦"三大青年回归工程"和"三大青年提升工程",拓宽青年人才概念,将高层次青年人才、技能型青年人才、青年企业家、大学生等统筹纳入市委重点青年人才库。持续实施《温岭市"聚人兴市"三年行动计划(2022—2024年)》,先后开展"曙光匠才""青燕归巢""青蓝培优"等行动,在政策、金融、平台等领域全面发力,畅通重点青年人才发展渠道。比如,通过"曙光匠才"行动,为青年技能人才提供房票补助、生活津贴、医疗优待、子女入学等待遇,为就读职业学校的随迁子女发放生活补贴;提高技能人才能力,提升技能青年就业率,台州第一技师学院在本地就业率超90%。又比如,通过开展"青燕归巢"行动,培育"梦想＋"、"农创客"、"城市青年密码"暑期实践、"有为青年"职业体验等品牌,建设升级众创空间、青年人才驿站、青年人才码等平台,孵化青年重点创业项目70多个,引导近万名温岭籍在外青年回乡。

三是突出普惠服务供给。聚焦青年基本需求和成长需求,发挥温岭优势,率先加强权益保障和社会融入方面的普惠性服务供给。打造全国未成年人检察工作社会支持体系示范建设单位,新建市青少年健康发展中心,落实青少年保护综合反应、异常青少年预警干预、"青合力"工作室、"法制副班长"等项目,年均服务青少年10万余人

次。在此基础上,提供更加丰富的文化与教育服务,满足青年成长需要。以"温岭青年城市生活节"为主线,开展"山海音乐节"、"青春 Hi Go 季"、"当夏有趣市"青年夜市等大型主题活动 10 余场,打造青年文化地标、15 分钟青年文化圈等阵地 15 个。建成乡镇青少年宫和红领巾研学基地各 1 家,推动教育资源向基层倾斜,累计服务 3 万余名青年,有力增强青年对城市的参与感和归属感,城市"温度"明显提升。

**3. 以"青年有为"为目标,多维保障,激发"青创之城"持续性动能**

坚持精准释放青年发展政策红利,通过制定青年发展政策机制,支撑引导青年在温岭持续、健康、优先发展。

一是不断完善工作机制。在青年工作联席会议和联络员会议制度基础上,推出专项会议、圆桌对接会等"一事一议"机制,创新实施青年工作专班会议制度,围绕青年住房、就业、文化、婚恋等问题,召开专班会议 3 次,邀请市分管领导到会指导,并以市委督办单的形式对重点、难点问题进行分工认领和限期考核,实现全市 27 家青年发展相关部门常态化议青年事、解青年忧。比如,将通过专班会议推动青年住房问题解决写入党代会工作报告,推动青少年心理健康中心建设等 2 个事项列入政府年度十大民生实事项目。优化"共青团与人大代表、政协委员面对面"互动交流机制,以代表团活动、界别组活动、青联界别组活动为平台,推动青年诉求进入党委政府视野,青年发展型城市建设列入市政协课题并进入政协会议发言。

二是持续优化专属政策。创新谋划出台《温岭市青年城市公共空间提升 5% 计划》,探索在土地出让时,以单独建设或社区配建方式保障青年公共服务硬件设施,该项工作经专题会议对接、可行性调研等环节,在 2022 年已进入政策制定阶段,并写入政府工作报告。持续推动《温岭市"百千万"青年人才集聚工程三年行动计划(2021—2023 年)》落地落实,继续实施"共富青英贷""志愿服务青春指南"等原有政策,应时推出"创业担保贷款""城乡教共体""高层次人才子女入学""未成年人保护工作站""年轻干部选育管用"等创新政策,不断拓展青年政策覆盖领域,从传统的经济、社会领域延伸细化到教育、法治、文明、人才等领域,统筹部门和社会资源,集中力量服务青年发展。比如,中国银行针对青年创业信贷难问题,牵头推出"创业担保贷款",对符合条件的青年创业者,提供贷款财政贴息,全年累计发放贷款 2780 万元;市农商银行等适时推出"青创贷""农创客贷""'8090'贷"等"青"字号金融产品,惠及 7610 户青年创业者,发放贷款超 15 亿元。又比如,教育局针对城乡教育资源不平衡问题,出台

"城乡教共体",推动青少年义务教育优质均衡发展。

三是坚持拓展发展平台。着眼青年关注的城市公共服务供给不足问题,以"点面结合、纵横交错"的思路,推动"1＋5＋N"工程和"三大青年阵地"在空间上的深度拓展。在横向上,联合各部门打造青年文化阵地、青年服务阵地、青年创新创业阵地,绘出"城市友好"蓝图。比如,在九龙湖核心区块打造九龙湖科创中心和"一站式"青年综合服务平台——"初遇温岭"青年之家,在城市新区升级新锐众创空间和青商大厦,联合社会机构、民营企业新建职业体验基地和见习基地66家,累计发放见习基地补贴188万元,为青年发展持续赋能。在纵向上,围绕青年行为特点和生活模式,在主城区和开发区推动青年发展示范区建设,在镇(街道)依据区域特点,分批次打造青年科创、青年安居、青年婚恋交友等特色化场景。比如,丰富坞根镇青春小镇内涵,打造乡村极青年发展实践区,新建设青年农创客直播基地等项目,加大青年返乡创业、就业服务支持力度,相关工作被《中国青年报》报道。

## (二)建设过程中存在的问题

一是青年发展评价体系需进一步完善。根据浙江青年发展综合指数(2022),温岭的青年生活品质、青年职业发展、青年社会参与指标排名较为靠后,与"温岭青年发展指标"数据之间存在差距。这在一定程度上反映了温岭的青年发展评价体系不够完善,尤其是在整体评价方面,结果性指标较多,对过程性发展趋势掌握不足;青年全面发展的指标覆盖不足,预期相对较低。比如,在青年婚恋问题上,易于掌握的是青年结婚和离婚的数量等数据,但难以了解青年婚恋观的变化、结婚意愿等质变情况,影响了对青年婚恋交友总体情况的分析,无法更加精准、有效地与相关责任单位进行对接、合作、指导、督查。

二是青年发展项目攻坚需进一步加码。温岭通过"三个三"清单和"1＋5＋N"工程对青年发展项目进行了深化细化。但在实施过程中,有时会因土地资源不足、资金支持有限、项目主体繁多、政策出台较慢等问题,造成项目推进存在困难。比如,在青年住房问题上,高层次青年人才的住房问题较容易解决,但若要提供更加普惠的青年住房政策,则要进一步破解土地空间、财政资金等难题,仍然任重道远。

三是青年发展特色品牌需进一步推广。温岭在充分调研的基础上提出了"青年城市生活节"这一特色品牌,但因品牌打造时间较短、活动开展区域有限等,品牌内涵还不够丰富,与温岭传统文化、青年新需求点的结合都还有所欠缺,在对一些乡村青年、弱势青年、外来务工青年等群体的覆盖上还有很大不足。比如,后备箱集市、青年夜市等子活动主要在主城区举办,虽然能吸引一些来主城区休闲娱乐的青年,但一些乡镇务工青年、村社青年对此知之较少,主动参与意愿较低。

### (三)下一步工作考虑

下一个阶段,温岭将始终坚持规划引领,以"九大行动"和"三个三"重点工作为关键发力点,以"1+5+N"工程为实施路径,以"建体系、优机制、推项目、抓品牌"为主线,进一步健全青年发展评价体系,不断完善部门联动、社会参与、资源对接的可行路径,推动形成一批具有温岭辨识度的特色化场景、标志性成果、地方性政策、代表性项目,做大做强"温岭青年城市生活节"综合品牌,让青年在温岭有新鲜感,保持活跃度,提升青年发展的整体环境,促进青年的高质量发展,推动打造具有辨识度的青年发展型县域试点建设"温岭模式"。

### (四)典型创新案例——"初遇温岭"青年之家

#### 1. 实施背景

2022年6月,温岭被列为"全国青年发展型县域试点"。如何推动"城市对青年更友好、青年在城市更有为"成为温岭重点思考的问题。通过"青年城市印象"调研发现,温岭青年城市融入度不高,主要体现在对青年发展政策了解渠道不畅通、参与城市社交性活动机会不多、对城市发展的参与感不强等。对此,台州市委常委、温岭市委书记朱建军亲自点题谋划"三大青年回归工程""三大青年提升工程""三大青年阵地"青年发展清单,明确指出要建好"初遇温岭"青年之家,为青年来温、留温提供"一站式"赋能。团温岭市委积极向上争取,联合温岭市委人才办选址市"两城两湖"发展新格局之一的九龙湖核心区块,打造"初遇温岭"青年之家。

#### 2. 主要做法

一是确立核心定位,打造聚才"青春磁场"。把"一站式"回应青年所需、所惑、所求作为"初遇温岭"青年之家的核心定位,借助选址、设计、规划予以深度解读。以青年分布规律选好阵地。充分摸排可以提供"集成服务、日常休闲、活动开展等多元供给"的地址,最终选定青年业态成熟、青年集聚度高的九龙湖核心区域作为阵地位置,广泛辐射吸引周边商圈、博物馆、文体中心、文化中心等区域的青年群体。以青年活动特点设计阵地。打破传统的"办公式"设计,选用突出青年主体、方便青年活动、吸引青年进驻的建筑模式,划出青年交流、阅读、咨询、活动等六大区域,提高阵地利用效率。以青年发展需求规划阵地。在阵地运行计划中充分考量青年发展涉及的住房、就业、创业、婚恋、娱乐等需求,通过项目、活动、团队、品牌的预先规划,回应青年期待,推动青年之家高标准建设、高效化运行。

二是连接三大资源,集聚青年发展合力。按照"一核＋多元＋连线"思路,集聚政府和社会资源为青年服务。"一核"即购买服务。以政府购买服务的形式,每年争取80万元固定资金,由温岭市新锐青年服务中心承接运转,确保有专人入驻办公、提供服务、推出活动,保障青年之家常态化服务青年。"多元"即连接组织。与全市部门单位、公益组织、青年社团合作,打造"青年城市生活节"品牌,开展青年夜市、华服节、脱口秀等活动,嫁接政务服务咨询办理、公益组织招募管理、社团组织志愿活动等功能,以丰富的资源、项目、活动为支撑,为青年发展持续赋能。"连线"即联动公众。以活动合作、项目合作、服务合作等方式,吸引更多企业、商家、基金会、自媒体等社会力量,加入阵地运作中来,与阵地进行链式联动,不断充实青年之家的供应内容。

三是拓展五大功能,回应青年多元需求。按照"综合性、一体化、一站式"的青年多元化服务供给平台建设要求,拓展服务综合体、资源蓄水池、公共活动区、多元展示厅和综合孵化器五大功能。强化基础功能。联合市行政服务中心,综合集成住房、就业、创业、生活、婚恋等青年来温、留温的一系列服务事项,下沉至青年之家,让青年得到一对一的咨询、对接和办理服务。优化实体功能。将青年之家作为城市形象的重要展示窗口和青年活动的重要承载平台,设立具有特色的城市展厅、文化展厅和品牌展厅,向广大青年群体、青年组织和其他社会组织开放预约,接收各领域青年入驻活动、休憩、交流。开发关键功能。畅通资源输入—输出渠道,通过广泛吸收全市服务类、商家类、公益类资源,形成资源蓄水池,再以"阵地带活动、活动带项目、项目带品牌、品牌带团队"等方式,输出资源,助力青年组织、公益项目、品牌活动的孵化,实现"聚人造物"。

### 3. 工作成效

"初遇温岭"青年之家自建成以来,有力满足了广大青年群体、青年社会组织和共青团自身的发展需求。在青年发展上,深入挖掘青年所需所盼,通过"青年城市生活节"，在文明实践、婚恋交友、少儿托育等方面主动作为，累计服务3万余名青年。在青年社会组织培育上，通过项目联手、活动联办、资源共享，吸引入驻青年社团10家，广泛联系青年社团30余家，联合开展活动20余场，和青年社会组织的关系更加紧密。在共青团自身建设上，形成了社会化运转的"双枢纽"，团的资源蓄水池、综合孵化器功能更加强大，团的影响力、战斗力不断提升。

### 4. 典型意义

"初遇温岭"青年之家既是温岭青年发展型县域试点建设的一个节点，也是试点建设的一个缩影和展示窗口。通过在青年集聚区域提供"一站式"服务，提升了城市青春形象的同时，也增强了共青团与青年的有效联系，将"被动等待青年"转变为"主动去找青年"，实现了服务青年模式的又一次转型升级。通过有效服务青年，进一步增强了青年的幸福感、获得感、安全感，更好地支持了青年在城市的奋斗，进而推动青年与城市同频共振、相互促进。

# 三、重点关注

# 浙江青年安全感、归属感、成就感、幸福感的呈现图景及影响因素

浙江省青年发展研究中心[①]

2022年4月,中共中央宣传部、国家民委、共青团中央等17部门联合印发的《关于开展青年发展型城市建设试点的意见》中明确提出,要建设青年发展型城市,"不断提升青年在城市生活的获得感、幸福感、安全感"。2022年6月,浙江省第十五次党代会报告指出,要加快建设青年发展型省份,致力于为青年提供更好的发展环境。在浙江青年发展型省份建设过程中,浙江青年获得感、幸福感、安全感的获得程度是衡量青年发展型省份建设成效的关键所在。在此背景下,本文不仅聚焦于浙江青年的获得感、幸福感、安全感,同时还将青年对城市的"归属感"纳入研究的范畴。这主要是因为归属感是衡量青年对所生活地区的情感认同程度,也是衡量城市与青年之间"黏性"和"引力"的重要维度;同时,大量的研究成果也显示,人们对所生活地区的情感认同程度与获得感、幸福感之间有着密切的联系。因而,本文的研究主题涵盖了浙江青年的安全感、归属感、成就感、幸福感(以下简称"四感")。基于此,本文将聚焦青年主体,从青年切身感受出发,对当前浙江青年的"四感"进行全方位的量化调研评估,全面把握当前浙江青年"四感"的整体情况和影响要素,以及存在的短板,并据此提出相应的对策建议,以期为推动高质量建设浙江青年发展型省份提供一定的数据支撑和学理参考。

---

① 本文由浙江省青年发展研究中心供稿,具体撰稿人:蔡宜旦、雷薇田、程德兴。

# 一、研究方法

## (一)问卷调查

本文主要采用问卷调查法,调查对象以浙江省内14—35周岁(含14和35周岁)的青年为主,调查覆盖浙江省内的11个设区市和90个县(区、市),力求全方位收集省内不同地区、不同职业、不同年龄阶段青年人群的真实数据。基于调查的需要,剔除了填答不规范、IP重复或在省外、年龄不符合的问卷,最终将每个县(区、市)的问卷数量控制在300份左右,有效问卷共计29589份,并运用统计产品与服务解决方案(Statistical Product and Service Solutions,SPSS)软件对问卷调查数据进行录入,按照研究需求对数据进行统计分析。

## (二)测量工具

安全感是衡量城市社会治安、公共安全的重要指标。它不仅直接关系人民群众的生命安全、健康安全、财产安全,同时也能体现城市居民对政府应对公共事件、实施社会治理的思路、方法、成效的满意度。本文主要调查了受访者对现居地的生态、治安、交通、食品卫生等不同社会领域环境状况的安全感知,以及对现居地应急能力、医疗救治水平的信心。在具体的测量维度上,参考了2011年夏春、涂薇设计的中国居民生活安全感量表以及中国社会科学院社会学研究所在2006年进行的"社会和谐稳定问题全国抽样调查"中关于安全感的7个项目。

归属感是指居民对所在城市的情感表达和依赖程度。提高居民特别是外来居民的归属感,能有效推动居民的社会融合,加快推进以人为核心的新型城镇化,对于区域的社会稳定和长远发展有着深远影响。本文主要调查受访者对现居地的风土人情的认可程度、在当地的居留意愿、地区居民身份认同以及地区情感依赖。在具体的测量维度上,参考了2020年赵佩、黄德林针对农民工群体所做的城市归属感问卷,以及2022年冯敬杰针对农民工群体所做的城市归属感问卷。

成就感是指个体对自身成就所产生的自我肯定感、自我价值感。从青年发展型省份建设的视角出发,为青年提供用武之地,让青年在城市中更有获得感和成就感,

如此,才能不断提升城市对青年的吸引力、凝聚力,促进城市实现可持续发展。本文依托马斯勒倦怠量表(通用版)(MBI-General Survey,MBI-GS),主要调查受访者在情绪枯竭、去个性化、低个人成就感3个维度上的感知。在具体的测量维度上,参考了2017年李晓晶在马斯勒倦怠量表基础上改编的失独联系人职业成就感量表。

居民的幸福感是人们对自身生活状态的主客观整体评价,它是个体对自身生活的满意程度的直观表达。建设青年发展型省份,从生活品质视角来看,需要达成青年幸福生活与城市发展的良性互动和双向促进。主观幸福感综合性地呈现了个体的生活质量、生活满意度、情感状态、心理健康状况等多个维度,而这些不同的维度之间天然存在着密切联系,现有研究也不断重视从整体层面来理解幸福感这一综合概念,因此本文采取了从整体角度来直接测量个体幸福感的调查方法。在本文中,幸福感的具体测量维度参考了中国综合社会调查(Chinese General Social Survey,CGSS)中测量居民主观幸福感的一道题目。(见表1)

**表1　问卷指标的测量维度**

| 四感 | 指标维度 |
|------|----------|
| 安全感 | 对现居地的生态环境的安全感 |
|  | 对现居地的治安环境的安全感 |
|  | 对现居地的交通环境的安全感 |
|  | 对现居地的食品卫生环境的安全感 |
|  | 对现居地的应急能力的信心 |
|  | 对现居地的医疗救治水平的信心 |
| 归属感 | 对现居地的生活习惯、风俗文化的认可程度 |
|  | 在当地定居、养老的意愿 |
|  | 是否愿意认同自己是当地人 |
|  | 离开当地的不舍程度 |
| 成就感 | 我能有效地解决工作和生活中出现的问题 |
|  | 我感觉我在为单位和社会做贡献 |
|  | 在我看来,我善于工作、善于生活 |
|  | 当达成一些工作或生活目标时,我感觉特别快乐 |

续表

| 四感 | 指标维度 |
|------|----------|
| 成就感 | 我完成了很多有价值的工作任务或生活任务 |
|  | 我周围的人对我的能力表示肯定 |
| 幸福感 | 在现居地生活的幸福程度 |

## （三）调查样本的基本情况

本次调查的 29589 份问卷在人口统计学变量上的分布都较为均衡：

（1）在性别分布方面，男性 13156 人，占比 44.5%；女性 16433 人，占比 55.5%。

（2）在年龄分布方面，19—25 周岁的 10462 人，占比 35.4%；26—30 周岁的 10857 人，占比 36.7%；31—35 周岁的 8270 人，占比 27.9%。（见图 1）

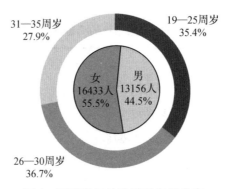

**图 1　受访青年的性别及年龄分布**

（3）在受教育程度方面，初中及以下 1045 人，占比 3.5%；高中、中职与技校 2672 人，占比 9.0%；大专 7353 人，占比 24.9%；本科 16938 人，占比 57.3%；硕士及以上 1581 人，占比 5.3%。

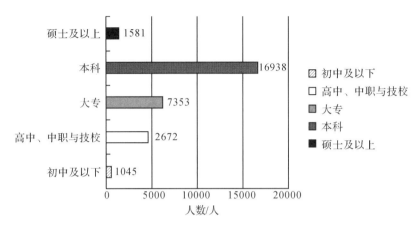

图2 调查受访对象的最高学历分布

(4)在填答问卷时所居城市方面,杭州4511人,湖州1734人,嘉兴2450人,金华2991人,丽水2611人,宁波3372人,衢州1758人,绍兴1970人,台州3127人,温州3733人。(见图3)

图3 受访青年的居住城市分布

(5)在职业分布方面,党政机关和事业单位工作人员(包括基层村社干部)共8893人,占比30.1%;国企/央企工作人员1773人,占比6.0%;民营/私营企业员工11983人,占比40.5%;其他青年群体(包含社会组织从业青年、自由职业者、农业劳动

者、无业/失业和其他）6940人，占比23.5%。（见图4）

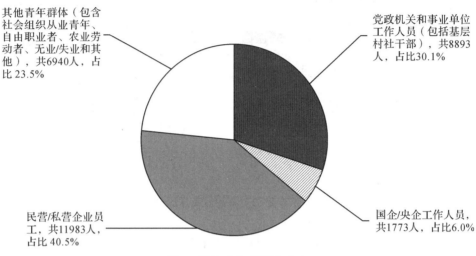

图4　受访青年的职业分布

## 二、浙江青年"四感"的总体特征及影响特点

　　总体来看，浙江青年的安全感、归属感、成就感、幸福感的均值分别为4.29、4.28、3.79、3.72，均远超中间值3。这说明浙江青年"四感"均值达到了相对较高的水平。这是改革开放以来浙江省经济发展和民生建设的成果体现，是浙江省全面落实以人为本、着力保障和改善民生系列政策取得的良好成果，也是浙江省青年工作的成效体现。但数据也显示，浙江青年的"四感"之间存在着高低差异，其中，浙江青年安全感均值最高，归属感均值其次，幸福感均值最低。因而，如何进一步提高浙江青年的幸福感是值得持续关注的问题。同时，青年的安全感、归属感、成就感和幸福感之间并不是简单的并列关系，而是相互嵌套、交织影响、相互促进的。相关性分析显示，浙江青年的安全感、归属感、成就感和幸福感之间均存在显著正向相关性，当"四感"中的其中"一感"提高时，其他"三感"也会相应提高。因而，浙江青年的"四感"提升需同步推进，协同发展。

### （一）城市视角：区域经济社会发展水平影响青年"四感"

　　青年发展型省份建设的核心理念是"城市对青年更友好、青年在城市更有为"，青年是建设城市的中坚力量,城市是青年发展的重要场域,因此城市应当为青年提供良好的发展环境和优质的公共服务。在本文中,青年的主观"四感"同样也是城市青年发展状况的"晴雨表",同时青年的主观"四感"也与城市的发展现状、发展优势息息相关。

总体来看,浙江各设区市的青年"四感"总体水平较高,均值在3.5—4.5。其中,嘉兴、湖州的青年"四感"普遍相对较高,衢州的青年"四感"普遍相对较低;各设区市青年的安全感和归属感相对更高且两者的曲线分布较为近似,成就感和幸福感相对更低且同样存在着分布近似的特点。值得说明的是,设区市之间"四感"之所以存在差异,在一定程度上与影响青年"四感"的各城市经济社会环境或某个变量因素有关。此外,设区市之间"四感"的差异也能在一定程度上反映该地区某项工作的具体成效。(见图5)

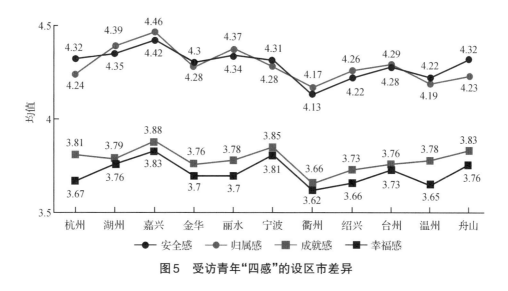

图5 受访青年"四感"的设区市差异

### 1. 区域客观条件直接影响青年的安全感和归属感

数据显示,嘉兴和湖州青年安全感较高,可见两地青年对社会安全情况的评价较好,也侧面反映了这两个城市平安创建工作成效较好。对比全省"平安浙江指数"的排名分布情况可知,嘉兴和湖州两地"平安浙江指数"也是相对靠前。此外,相关性分析显示,青年归属感受中青年在所居住城市的生活时长的影响显著($r=0.273$,$p<0.01$),生活时间越长归属感越强。例如,嘉兴和湖州的青年归属感较高,同时,在本

次调查中,在这两地生活10年以上的受访者占比均超过7成。

**2. 城市经济发展水平与青年成就感、幸福感之间的关系更为复杂**

经济活力是城市发展的动力,也是青年职业发展的基础和保障。例如,在杭州、宁波等地方产业结构更加完善、经济更为发达、工资水平更高的城市,青年普遍有着更为多元的就业选择、更为丰富的就业机会和更为广阔的职业发展前景,居住在这些城市的青年就会相应具备更强的职业成就感。但同时,已经有相当多的研究成果表明,居民的主观幸福感与城市的经济实力并非简单的线性相关关系,幸福感不仅与当地的经济社会发展水平等"硬实力"相关,而且与当地生活节奏、社会氛围等"软实力"相关。一方面,区域经济发展水平是当地青年幸福生活的首要基础和根本保障。例如,在经济基础相对薄弱的26个山区县中,有16个山区县的青年幸福感低于全省平均水平。这些山区县虽然生活节奏慢、生活成本低,但总体的城市建设、配套设施完善度相对较低,社会资源的供给和流动也相对较弱,因此在以山区县为主的城市中,青年的幸福感相对较低。另一方面,城市经济发展与青年的主观幸福感之间也并不能简单地画等号。例如,在杭州、温州等经济相对发达的城市,青年幸福感反而居于全省下游水平,这主要是因为这些地区的青年有着更快的生活节奏、更"卷"的就业形势和更高的生活成本,他们普遍会有更大的生存发展压力,同时还需要面对贫富差距所带来的"相对剥夺感"。

**3. 优质的公共服务和舒适的社会环境是提升青年"四感"的关键**

伴随着国家经济的发展和人民生活水平的提高,人民群众对美好生活的向往已不是过去满足基本物质文化生存条件的需要,而是追求着更高层次、更广维度的人的全面发展的需要。描述性统计结果显示,浙江青年对所在地的公共服务和社会环境的总体评价较高,达3.95分。其中,青年对人际交往与社会信任的满意度最高($m=3.86$),其次是文化娱乐供给($m=3.82$)和养老保障($m=3.79$),满意度最低的是房价水平($m=3.20$)和物价水平($m=3.38$)。(见图6)可见,现阶段,城市能为青年提供较好的人文社会环境,但高房价、高物价的社会矛盾仍需要得到重视。相关性分析结果显示,青年对所在地的公共服务和社会环境的总体评价越高,青年的安全感($r=0.612,p<0.01$)、归属感($r=0.569,p<0.01$)、成就感($r=0.341,p<0.01$)、幸福感($r=0.652,p<0.01$)也越高。城市要想成为实现青年对美好生活的追求和向往的场域,让青年长久"留下来",需要从青年的发展需求和现实利益的角度出发,提供优质的公共服务,创造舒适

的社会环境,提高青年的生活品质。

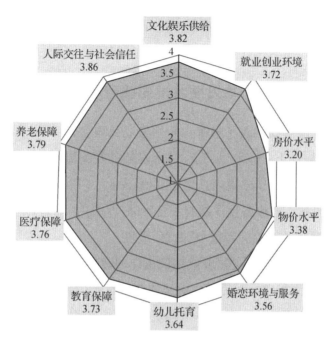

图6 受访青年对所在城市公共服务和社会环境的10个项目的评价

### 4. 过高的住房压力会限制青年的"四感"提升

住房是青年人"四感"生成的必要物质基础。一方面,衣食住行是人类生存的最基本需求,青年想要在城市中立足,住房也是必须首先解决的"刚需";另一方面,受中国传统"家本位"和"安居乐业"观念的影响,拥有自己的房子是青年为脱离原生家庭、建立新家庭而不得不迈过的门槛。近些年来,伴随着城镇化进程的不断加快和人口大量向城市聚集,住房成本也水涨船高。当下,青年面临着高房价下买房困难、租赁住房租金高保障少、保障性住房供不应求等多重困难,不少青年只能"望房兴叹",居住问题成为当下青年的"急难愁盼"问题。描述性统计结果显示,浙江青年家庭每月的平均居住开支占家庭月收入(含公积金)比例在21%—50%的有11571人,占比为39.1%;居住开支占家庭月收入(含公积金)比例在50%以上的有7540人,占比为25.5%。可见,对于大多数浙江青年而言,居住开支是一笔极为庞大的支出,会给他们造成明显的经济负担。住房的经济压力过大,不仅在客观上提高了青年的生活支出成本,抑制了青年的消费活力,同时也在主观上给青年带来了巨大的生活压力,降低了他们在城市生活的幸福感。相关性分析结果显示,家庭每月的平均居住开支占家庭月收入(含公积金)的比例越高,青年的生活压力越大,青年的安全感($r=-0.068$,$p<0.01$)、归属感($r=-0.05$,$p<0.01$)、成就感($r=-0.027$,$p<0.01$)和幸福感($r=-0.115$,$p<0.01$)也就越低。

## (二)青年视角:青年个体发展状况影响青年"四感"

青年发展型省份建设强调要秉持青年优先发展理念,实现以人为核心的现代化发展,那么必须围绕青年主体地位,充分了解青年的发展需求和现实困难,以青年的感受作为城市建设的重要参考指标。研究发现,青年个体在职业发展、生育生活等不同领域的发展困境和心理状态直接影响了青年的"四感"。

### 1. 不同职业青年的"四感"特征与"四感"困境

在本次调查中,在党政机关和事业单位工作的青年(包括基层村社干部)的安全感、归属感、成就感、幸福感均为最高。对于体制内青年而言,他们普遍有着更为固定的工作单位和薪资收入。特别是在疫情环境下,这种流动性低、稳定性高的"旱涝保收"的工作特点,使得他们的幸福感在各行各业青年的对比中显得更为突出,因此对未来的预期也更加乐观。例如,有81.75%的党政机关和事业单位工作人员(包括基层村社干部)对所在地的未来持乐观态度,占比在各职业青年群体中最高。但不可忽视的是,在党政机关和事业单位工作人员(包括基层村社干部)中,有42.38%的受访青年日均工作时长在9小时以上,有65.19%的受访青年感觉工作压力比较大或非常大,这两项比例亦均在各职业青年群体中最高,可见,要想稳住体制内青年的现有"四感"水平,需合理关切他们的工作节奏和工作强度。

与之相反,在民营或私营企业工作的青年的安全感、归属感、幸福感均为最低。相较于体制内工作,民营或私营企业工作具有竞争性强、流动性大、稳定性差的特点。同时,受疫情导致的经济下行压力冲击,不少民营企业市场收缩、经营困难,其员工也会面临收入降低、裁员风险、行业动荡等现实困境,在民营或私营企业工作的青年也因此遭遇更大的生活压力,未来有更多的不确定性。问卷数据也显示,有63.31%的民营或私营企业青年近期的生活压力较大,在各职业青年群体中比例最高。

此外,数据还显示,社会组织从业青年、自由职业者、农业劳动者、无业/失业青年等群体的整体成就感相对较低,仅为3.73。这主要是因为这些职业青年的发展或多或少存在一定困境。如,社会组织从业青年和农业劳动者的薪资待遇、社会认可度相对较低;自由职业者的工作稳定性较差;无业失业人员面临着更大的生存压力和社会压力。相较于其他3类人群,他们需要在职业发展上获得更多的政策倾斜和社会支持以帮助他们获得更广阔的职业发展前景和培育更积极的职业成就感。

**2. 生育与青年"四感"的关联反映了青年工作与生育间的冲突**

独立样本检验发现,已育浙江青年的安全感、归属感要显著高于未育青年($p<0.01$);而未育浙江青年的成就感要显著高于已育青年($p<0.01$),已育青年和未育青年的幸福感不存在统计学意义上的组间差距($p≥0.01$)。可见,组建家庭、婚恋生育后,青年的安全感和归属感能得到明显提升,青年与所居城市之间的"黏性"得到了增强;但未育青年的职业成就感显然更高,这也印证了青年在工作和生育上的"两难"处境,即生育会分散青年的时间精力,已育青年在职业发展上的优势更低。对于当下的适龄青年群体而言,不断攀升的工作强度和工作压力、职场竞争背后的隐形年龄歧视、跟随房价一路水涨船高的结婚成本、现代精细育儿观念下年轻父母的劳心劳力,都让青年不得不在职业发展和生育两者之间做出权衡,导致大多数青年最终不得不为了职业发展而选择推迟生育。相关性分析结果显示,初育年龄越迟的青年,其安全感($r=0.066,p<0.01$)、归属感($r=0.115,p<0.01$)和幸福感($r=0.044,p<0.01$)也相应越高。可见,从青年的个体感受出发,推迟生育的确是对青年而言更有利的决策,他们也因此获得了更好的生活体验。

**3. 工作和生活压力是导致青年"四感"偏低的负面因素**

相关性分析结果显示,睡眠时长和浙江青年的安全感、归属感、成就感、幸福感呈正相关,工作时长、通勤时长、工作压力、生活压力和浙江青年的安全感、归属感、成就感、幸福感呈负相关。改革开放以来,我国经济社会快速发展,城市化和工业化的进程不断加快,科学技术的不断革新催生了大量新行业、新赛道,也带来了更加细致的社会分工,对工作者的专业素养和综合能力的要求也越来越高,因此青年普遍面临着极大的工作压力。在工作方面,高强度、快节奏的工作让青年身心疲惫,"996""007"现象频发,特别是大城市的长时间通勤问题也在占用和消耗着青年的时间精力;同时,青年还面临着"35周岁失业"的隐形年龄歧视,这也使他们不由自主地对自己的职业生涯规划和未来发展产生忧虑。在生活方面,衣食住行、婚恋育儿、社会保障、身心健康等一系列现实需求也在持续往青年的肩上"加压"。描述性统计结果显示,有

58.8%的浙江青年存在着睡眠不足的问题;近20%的浙江青年存在着日均工作时长超过10小时的"过劳"现象;超过1/4的浙江青年通勤时长超过半小时;感觉目前工作压力大的青年占比高达57.1%,感觉目前生活压力大的青年则高达62.2%。(见表1)青年们不断增长的工作压力和生活压力背后,还暗含着社会转型给青年带来的"向上流动困难""阶层滑落恐惧"等结构性矛盾,导致青年在身心双重压力下越发难以找到自身在社会格局中的位置,从而更难感受到城市生活的安全感、归属感,职业发展上的成就感和生活上的幸福感。

表1　青年生活和工作压力与"四感"的相关性分析结果

| 类别 | 睡眠时长 | 工作时长 | 通勤时长 | 工作压力 | 生活压力 | 安全感 | 归属感 | 成就感 | 幸福感 |
|---|---|---|---|---|---|---|---|---|---|
| 睡眠时长 | 1 | | | | | | | | |
| 工作时长 | $-0.195^{**}$ | 1 | | | | | | | |
| 通勤时长 | $-0.092^{**}$ | $0.219^{**}$ | 1 | | | | | | |
| 工作压力 | $-0.208^{**}$ | $0.380^{**}$ | $0.164^{**}$ | 1 | | | | | |
| 生活压力 | $-0.208^{**}$ | $0.207^{**}$ | $0.098^{**}$ | $0.536^{**}$ | 1 | | | | |
| 安全感 | $0.083^{**}$ | $-0.069^{**}$ | $-0.056^{**}$ | $-0.083^{**}$ | $-0.160^{**}$ | 1 | | | |
| 归属感 | $0.076^{**}$ | $-0.088^{**}$ | $-0.036^{**}$ | $-0.075^{**}$ | $-0.148^{**}$ | $0.749^{**}$ | 1 | | |
| 成就感 | $0.054^{**}$ | 0.005 | $-0.034^{**}$ | $-0.041^{**}$ | $-0.129^{**}$ | $0.295^{**}$ | $0.298^{**}$ | 1 | |
| 幸福感 | $0.187^{**}$ | $-0.135^{**}$ | $-0.062^{**}$ | $-0.249^{**}$ | $-0.401^{**}$ | $0.450^{**}$ | $0.464^{**}$ | $0.378^{**}$ | 1 |

注:** 指在 0.01 级别(双尾),相关性显著。

### 4. 积极的未来预期是提升青年"四感"的关键所在

共建共享美好生活是社会发展和人类追求的重要目标,积极的未来预期会催生人们对于美好生活的向往和追求。当前,世界经济下行趋势增强,整体外部不稳定因素增加,国内也随之面临市场需求收缩、风险系数上升、未来预期下降等难题,这些外部的压力落在青年身上,就转化为升学、就业、职场竞争、婚育养老等多方面的现实压力和不确定性。尽管现实环境中充满了重重挑战,但总体而言,浙江青年对于未来的预期仍是呈积极态势,有79.6%的青年对所在地的未来持乐观态度,仅有3.4%的青年觉得未来不乐观;同时,相关性分析结果显示,青年对于所在地的未来预期越乐观,他们的安全感（$r=0.647,p<0.01$）、归属感（$r=0.663,p<0.01$）、成就感（$r=0.316,p<0.01$）、幸福感（$r=0.515,p<0.01$）也就越高。

## 四、提升浙江青年"四感"的对策建议

### （一）打造经济高质量发展高地，为青年发展打下坚实基础

在建设青年发展型省份的进程中，要始终坚持青年优先发展理念，加快促进经济高质量发展，不断增进青年民生福祉，推动青年发展和经济社会发展的互促互进。"发展才是硬道理"，要充分焕发城市经济发展活力，优化升级城市产业结构，为青年提供更高质量的就业岗位和更广阔的创业机会，不断提高青年总体的经济收入水平，推动青年发展纳入经济社会总体规划，在为青年提供施展才干舞台、铺就青年发展"快速路"的同时，不断提升青年在城市的安全感、归属感、成就感和幸福感。

### （二）扎实推进共同富裕，为青年发展提供长足保障

在建设青年发展型省份的进程中，要将青年发展置于浙江建设"两个先行"的全盘谋划当中，努力将"青年发展型省份"打造成为共同富裕美好社会的标志性成果。既要"做大蛋糕"也要"分好蛋糕"，要将共同富裕融入区域协调发展战略，在青年发展政策支持上做到因地制宜、扬长避短，因城施策、精准助力，促进浙江各区域的青年协同发展；要将共同富裕融入青年发展型省份建设，帮扶低收入青年群体提高收入，扩大中等收入青年群体，不断缩小青年群体内部差距。

### （三）全方位各领域护航青年发展，为青年发展创造良好环境

在建设青年发展型省份的进程中，要强化青年工作顶层设计，聚焦青年住房、婚育、就业等"急难愁盼"问题，探索更加系统的青年发展专属政策、更加高效的青年服务供给机制。加强青年普惠性经济社会保障，重点解决青年群体"买不起房""租不好房"的困难，让青年"舒心"生活、"放心"安家。降低青年生育成本，发展普惠婴幼儿托育服务体系，完善幼儿教育成本分担机制。提升青年在城市的居住生活品质，既要加强城市的公共基础设施"硬件"建设，也要营造彰显城市魅力特色的城市文化"软实力"。

# "三孩政策"背景下浙江青年生育意愿及影响因素的量化分析

浙江省团校课题组[①]

## 一、调研背景

人是生产力发展的第一要素,人口长期均衡发展,是关系中华民族未来发展的"国之大者"。第七次全国人口普查结果显示,2020年,我国育龄妇女的总和生育率仅为1.3,陷入"低生育陷阱",我国已成为全球生育率最低的国家之一。持续的低生育率会给我国社会的经济发展、劳动力供给、养老等诸多方面带来消极影响。因而,提高育龄青年生育水平,是改善人口结构、保持人力资源禀赋优势的重要举措,也是推动经济社会高质量发展的迫切需求。

为适应人口和经济社会发展新形势,促进人口长期均衡发展,党的十八大以来,党中央根据我国人口发展变化形势,先后多次调整和完善生育政策。2013年12月,实施一方为独生子女的夫妇可以生育两个孩子的人口生育政策(以下简称"单独二孩政策");2015年12月,全面实施一对夫妇可生育两个孩子政策(以下简称"全面二孩政策");2021年5月,中共中央政治局会议审议通过《关于优化生育政策促进人口长期均衡发展的决定》(以下简称《决定》),实施一对夫妻可以生育三个子女政策及配

① 本文由浙江省团校课题组供稿,具体撰稿人:卫甜甜、陈昕苗、马速、程德兴、朱钰嘉。

套支持措施(以下简称"三孩政策")。各省积极响应国家决策,陆续出台了一系列鼓励生育的配套政策,并相继对已有条例进行了修订。"三孩政策"公布以来,浙江省是首个明确修法的省份。2021年11月,浙江省十三届人大常委会第三十二次会议审议通过了关于修改《浙江省人口与计划生育条例》(以下简称《条例》)的决定。以《决定》和《条例》为主线,深入了解青年生育痛点,深挖"低生育潮"背后的深层原因,探究政策推动青年生育意愿的有效性,并有针对性地提出进一步优化政策的路径和对策建议,对于提高青年生育意愿,推动生育政策完善和落实具有重要的现实意义。

## 二、研究对象与研究方法

### (一)研究对象

本次调研对象为浙江省各地市20—40周岁(含20和40周岁,下同)的育龄在职青年(含家庭主妇)。考虑到生育的潜在可能性,本次调查将已婚和未婚青年均列入调查范围,已婚青年抽样比例略高于未婚青年。

### (二)研究方法

#### 1. 问卷调查法

本次调研面向浙江省11个地市20—40周岁的育龄青年发放电子问卷,以分层随机方式进行抽样,注重地区和职业覆盖,并注意兼顾性别、年龄等因素。最终共发放问卷7000份,剔除年龄不符合、不认真作答等无效问卷,共回收有效问卷6838份,有效回收率97.69%,抽取样本基本情况见表1。

#### 2. 问卷设计

本次调研在前期文献梳理、预访谈基础上设计了问卷基本内容,并随机抽取了100名青年进行了预调查,对表达不清晰、题项设置不合理的题目进行了调整,最终形成正式问卷。

问卷包括四大部分内容:一是基本信息(如性别、年龄、学历、婚姻状况、职业、收入、所在地区等);二是当前生育状况及生育意愿(如已有孩子数量、子女日常照料人、理想孩子数量、对孩子性别的偏好、继续生育意愿等);三是政策作用和效能(如《条例》及各类举措对青年生育意愿的影响）；四是生育意愿的影响因素（包括宏观层面的经济、教育、家庭支持、社会支持、生育观念，以及微观层面的具体举措等）。

表1　样本基本情况

| 类别 | 选项 | 有效百分比/% |
|------|------|------------|
| 性别 | 男 | 42.70 |
| | 女 | 57.30 |
| 年龄 | 20—25周岁 | 25.74 |
| | 26—30周岁 | 38.70 |
| | 31—35周岁 | 25.9 |
| | 36—40周岁 | 9.66 |
| 生活的地域 | 城市 | 45.16 |
| | 县城 | 30.37 |
| | 村镇 | 24.47 |
| 学历 | 大专及以下 | 21.44 |
| | 本科 | 68.35 |
| | 硕士研究生 | 9.90 |
| | 博士研究生 | 0.31 |

## 三、浙江青年生育意愿的整体样态与群体差异

### （一）一低一平一支柱：浙江青年生育意愿的整体样态

调查分析发现，目前浙江青年生育意愿的整体格局呈现出"一低一平一支柱"的样态："一低"即青年生育意愿低；"一平"即生男和生女的期望值持平；"一支柱"即家庭支持是目前青年生育支持体系中的重要支柱。

#### 1. 生育意愿低

（1）二孩/三孩生育意愿低。虽然国家已出台鼓励生育二孩/三孩的生育政策，但从本次数据分析结果来看，出现了"理想二孩美满，现实孩少孤单"的落差窘境。

统计结果显示,在被问及"您认为理想的生育数量是多少"时,56.2%的已婚青年认为理想生育数量是2个,仅有2.0%的已婚青年认为是3个。而在实际的生育意愿和生育行为统计中,仅有15.0%的已婚且未生育二孩的青年(包含已婚未育和已婚已生育一孩类青年)打算生育二孩,1.0%的已婚且未生育三孩的青年(包含已婚未育、已婚已育一孩和已婚已育二孩类青年)打算生育三孩。从上述数据可以看出,已婚青年生育二孩/三孩的意愿相对较低。此外,还有3.6%的已婚无孩青年坚持"丁克"主义;已婚青年中,还有18.2%的人对下一步生育意愿持"尚未想好"的态度,呈现出青年在生育问题上的犹豫和纠结。(见表2)

**表2 已婚青年生育情况表**

| 目前子女数量 | 百分比/% | 下一步生育意愿 | 百分比/% |
| --- | --- | --- | --- |
| 无孩 | 23.9 | 不生 | 3.6 |
| 一孩 | 53.9 | 生1个 | 8.2 |
| 二孩 | 22.2 | 生2个 | 15.0 |
| 三孩及以上 | — | 生3个及以上 | 1.0 |
| 没想好 | — | 没想好 | 18.2 |

(2)未婚青年的"丁克"现象。在统计分析中发现,未婚青年的"丁克"现象较为突出。在所有表示坚持"丁克主义"的青年中,未婚青年就占据了8成。虽然这和未婚青年所处的人生发展阶段有关,但是许多未婚青年对"丁克"有较高程度的认同和接纳度,势必会削弱青年的生育意愿,从而进一步影响整体生育率,应该引起重视。

**2. 生男生女的期望值持平**

在宗法制度和小农生产方式的直接渗透下,"重男轻女"的生育观念长期支配着国人的生育意愿和生育行为。但从本次调查来看,浙江青年在"生男生女"的态度上仿佛颇为"佛系"。分析整体生育性别期望值发现,随着女性社会价值的显现,传统的生育性别期待的不平衡状态已被打破,"男女都一样"逐渐成为主流生育观。(见图1)值得一提的是,在农村青年中,希望生男孩的样本数仅占农村被调查青年的6.2%,明确表达"生男生女都一样"的比例高达46.0%。这与以往农村地区生男孩意愿更为强烈的传统认知出现偏离。

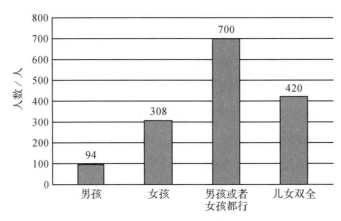

**图1　青年生育的性别期待情况**

### 3. 育儿支持主要靠家庭内部

从统计结果看,由老人来照顾孩子是目前浙江青年家庭中较为普遍的看护模式。这主要是因为现在青年家庭多为双职工家庭,父母白天忙于工作,无暇顾及孩子,所以只能外请保姆看护或者将孩子托付给长辈。相对而言,长辈看护小孩这一模式更为经济且安心,是大多数已婚已育青年的策略性选择,这也使得老人成为浙江青年生育支持体系中的重要组成部分,老人是否愿意看护小孩是影响青年生育意愿的重要因素。

## (二)生育行为和现状的群体差异

### 1. 年龄层面:年龄越大生育意愿越低

统计分析显示,不同年龄青年的生育意愿和生育行为存在一定的差距。在理想生育数量层面,单因素方差分析显示,青年理想生育数量会随着年龄的增加而增多。而在实际的生育行为和生育意愿中,这一现象却遭到逆转:年龄较大的青年生育二孩或是三孩的意愿要明显低于较为年轻的青年。以"生育一孩后是否再生育二孩"为例,20—25岁、26—30岁和31—35岁青年的二孩生育意愿分别为34.0%、22.3%和19.4%。这说明,随着年龄的增长,青年的实际二孩生育意愿在不断下降。这可能是由于随着年龄的不断增长,青年面临的生活压力也变得越来越大。此外,在养育一孩过程中出现的诸如教育成本和生活成本的双"高"等养育困境也致使青年对继续生育显得力不从心。(见表3)

表3　年龄与理想小孩数量的方差分析表

| 多重比较 | | | | | | |
|---|---|---|---|---|---|---|
| 您认为理想的小孩数量是：LSD | | | | | | |
| (I)2. 您的年龄： | (J)2. 您的年龄： | 均值差（I-J） | 标准误 | 显著性 | 95% 置信区间 | |
| | | | | | 下限 | 上限 |
| 20—25周岁 | 26—30周岁 | −0.136* | 0.022 | 0.000 | −0.18 | −0.09 |
| | 31—35周岁 | −0.366* | 0.024 | 0.000 | −0.41 | −0.32 |
| | 36—40周岁 | −0.482* | 0.031 | 0.000 | −0.54 | −0.42 |
| 26—30周岁 | 20—25周岁 | 0.136* | 0.022 | 0.000 | 0.09 | 0.18 |
| | 31—35周岁 | −0.230* | 0.021 | 0.000 | −0.27 | −0.19 |
| | 36—40周岁 | −0.346* | 0.030 | 0.000 | −0.40 | −0.29 |
| 注：*指均值差的显著性水平为 0.05。 | | | | | | |

## 2. 性别方面：男性比女性更认同多生多育

独立样本T检验显示，在理想生育数量方面，男性和女性存在统计学意义的显著差异（$F=13.077$，$df=6252$，$p=0.029<0.05$），男性的理想生育数量要明显高于女性的理想生育数量。（见表4）在实际的生育意愿和生育行为中，男性和女性也呈现出相似的差异：对继续生育，男性所持的态度比女性更为积极。在已有一孩的状态下，男性生育二孩和三孩的意愿分别为22.2%和1.6%，而女性的比例仅为16.8%和0.2%。

表4　性别与理想小孩数量的方差分析表

| 独立样本检验 | | | | | | | | | |
|---|---|---|---|---|---|---|---|---|---|
| | | 方差方程的 Levene 检验 | | 均值方程的 $t$ 检验 | | | | | |
| | | | | | | | | 差分的95% 置信区间 | |
| | | $F$ | Sig. | $t$ | $df$ | Sig.（双侧） | 均值差值 | 标准误差值 | 下限 | 上限 |
| 您认为理想的小孩数量是： | 假设方差相等 | 13.077 | 0.000 | 2.204 | 6252 | 0.028 | 0.039 | 0.018 | 0.004 | 0.074 |
| | 假设方差不相等 | | | 2.186 | 5591.087 | 0.029 | 0.039 | 0.018 | 0.004 | 0.074 |

这种性别差异在一定程度上与社会对两性不同的角色期待有关。传统意义上，男性承担着维持血缘延续和"光耀门楣"的角色期待，因而对生育持较为积极的态度。从本调查中不同性别青年对生育观的认知上也可以窥得一二。男性更认同传统生育观，如无后不孝、人丁兴旺更有面子的说法。但女性相对男性面临更显著的工作家庭不平衡，许多女性面临要工作、升职还是要生孩子的两难选择，一定程度上能解释其为何有更低的生育意愿。

### 3. 居住地域：县城青年较城市和村镇青年的生育意愿更强

在居住地域的差异上，方差分析（Analysis of Variance, ANOVA）检验显示，城市、县城、村镇3个不同居住地域的青年的理想生育数量之间存在明显差异。城市青年的理想生育数量要低于县城和村镇青年的理想生育数量。最小显著差异法（Least Significant Difference, LSD）检测也发现，这3种不同地域青年的理想生育数量也存在统计学意义的显著差异（$p<0.05$）。实际生育数量和未来生育计划的分析也大致印证了这一结论：城市青年的实际生育数量和下一步生育意愿明显低于县城和村镇的青年。从当前的统计结果看，县城青年的生育意愿和实际生育数量最高，县域已然成为目前浙江生育的新"高地"。以"一孩状态下生育二孩"和"二孩状态下生育三孩"2个指标为例，城市、县城和村镇青年对前者的应答比例分别为16.8%、20.8%、18.9%，对后者的应答比例分别为2.1%、2.3%、2.0%。城市生育率低不难理解，城市的高生活成本、高婚姻成本和高教育成本持续拉低了城市青年的生育意愿。县域青年生育意愿高在一定程度上是因为县城生活压力小，生活成本相对低一些；而农村青年生育意愿低在某种意义上则是陷于有较高生育意愿却不敢生的尴尬窘境。有观点认为，村镇青年尽管有较为强烈的生育意愿，但往往受制于当前农村空心化现象显著，农村青年向县域或大城市快速流动，农村地区婚育成本高，优质生育、养育资源可及性低等等客观现实，出现结婚难、实际生育少、"不敢生、没人生"，甚至"生两个儿子要哭一场"的现象。（见表5）

表5　生活区域与理想小孩数量的多重比较分析表

| 多重比较 | | | | | | |
|---|---|---|---|---|---|---|
| 12.您认为理想的小孩数量是:LSD | | | | | | |
| (I) 11.您目前居住的地区属于: | (J) 11.您目前居住的地区属于: | 均值差（I-J） | 标准误 | 显著性 | 95% 置信区间 | |
| | | | | | 下限 | 上限 |
| 城市 | 县城 | −0.082* | 0.020 | 0.000 | −0.12 | −0.04 |
| | 村镇 | −0.090* | 0.022 | 0.000 | −0.13 | −0.05 |
| 县城 | 城市 | 0.082* | 0.020 | 0.000 | 0.04 | 0.12 |
| | 村镇 | −0.009 | 0.024 | 0.718 | −0.05 | 0.04 |
| 村镇 | 城市 | 0.090* | 0.022 | 0.000 | 0.05 | 0.13 |
| | 县城 | 0.009 | 0.024 | 0.718 | −0.04 | 0.05 |
| 注:*指均值差的显著性水平为 0.05。 | | | | | | |

### 4. 职业分布:企业普通员工的生育意愿较低

LSD检测显示,不同职业的青年在理想生育数量方面存在差异,其中企业普通员工的理想生育数量的值最低,与其他职业青年在理想生育数量上呈统计学意义的显著差异。这说明企业普通员工处于“不敢生、不敢想”的状态。在实际生育意愿和生育数量层面,企业普通员工也明显不如其他职业。以“一孩状态下继续生育二孩”和“二孩状态下继续生育三孩”2 个指标为例,企业普通员工的比例分别为16.5%和3.4%,而公务员、企事业单位高级管理人员的比例分别为22.6%、1.9%和22.8%、8.1%。企业普通员工实际生育意愿较低,在一定程度上是因为这类青年不仅面临着育儿、养老、购房等多重经济压力,也面临着“996”“中年失业危机”等工作焦虑。在双重焦虑的作用下,“生不起孩子”成为无奈现实。(见表6)

表6 职业与理想小孩数量的多重比较分析表

| 多重比较 | | | | | | |
|---|---|---|---|---|---|---|
| 12.您认为理想的小孩数量是：LSD | | | | | | |
| (I)8.您的职业： | (J)8.您的职业： | 均值差(I-J) | 标准误 | 显著性 | 95%置信区间 | |
| | | | | | 下限 | 上限 |
| 企业普通员工 | 公务员 | −0.090* | 0.025 | 0.000 | −0.14 | −0.04 |
| | 企事业单位高级管理人员 | −0.128* | 0.059 | 0.031 | −0.24 | −0.01 |
| | 事业单位普通员工 | −0.047* | 0.022 | 0.034 | −0.09 | 0.00 |
| | 商业、服务业员工 | −0.148 | 0.082 | 0.070 | −0.31 | 0.01 |
| | 私营企业主 | −0.235* | 0.104 | 0.024 | −0.44 | −0.03 |
| | 个体工商户 | −0.237* | 0.075 | 0.002 | −0.38 | −0.09 |
| | 自由职业者 | −0.035 | 0.055 | 0.530 | −0.14 | 0.07 |
| | 农民 | −0.180* | 0.054 | 0.001 | −0.29 | −0.07 |
| | 家庭主妇 | −0.242 | 0.131 | 0.065 | −0.50 | 0.02 |
| | 其他，请注明 | 0.013 | 0.038 | 0.741 | −0.06 | 0.09 |

## 四、新政对育龄青年生育意愿的促进作用

生育政策的变化，往往会给生育率带来一定程度的波动，考察当前政策对于生育意愿的影响，是预测生育行为、了解政策效力、明确优化方向的重要路径。因而，问卷中对浙江省新修订的《条例》是否影响青年生育意愿进行了调查。当被问及"您之后还打算生孩子吗？"，表示"不打算生了"的青年占到了40.25%，"打算再生一个"的青年占16.04%，"打算再生两个"的青年占8.29%，"没想好"的青年占35.42%。当对表示"不打算生了"和"没想好"的青年群体继续追问"浙江省新修订的《条例》是否会改变/提升你的生育意愿"时，得到了以下结论。

### (一)10%的青年会因新政而改变"不想生"的决定

在超过4成(40.25%)的"不打算生了"的青年中，10.39%的青年会因为新政而改变自己的决定，愿意继续生育；"仍然坚定不打算生了"的青年占到了89.61%。这说明大部分"不打算生了"的青年,并不会因新政的出台而改变决定。

### (二)超过半数"没想好"要不要生的青年会因为新政而提高生育意愿

总体上,35.42%的青年对于今后还要不要继续生育持纠结态度,表示"没想好"。在这35.42%的青年中,有超过半数(51.82%)的青年表示会因为新政的加持而增强生育意愿。(见图2)

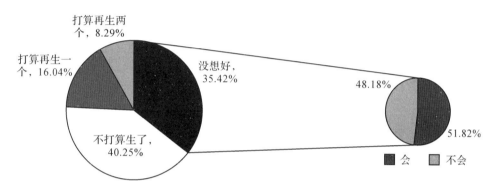

图2　青年生育意愿占比及其中会因新政而提升生育意愿的青年占比

调查发现,表示"不打算生"和"没想好"的青年总数为5157人。在表示"不打算生"的青年中,有285人表示会因为新政而改变决定。在表示"没想好"的青年中,有1251人表示会因为新政而提升生育意愿。因而,会因为新政而改为愿意生育的青年占比达29.78%,即在不打算再生或者还在纠结要不要继续生的青年中,有29.78%青年会因为新政的出台而增强继续生育的可能性,新政的出台能够争取到近3成青年的生育意愿。

## 五、青年生育意愿影响因素

在"一孩生育政策"背景下,青年的生育行为受到生育政策的限制,青年生育选择较为固定、单一,由生育行为引发的人口变动更容易被预测和控制。随着"全面二孩政策""三孩政策"的陆续出台,生育政策开始由限制转向鼓励,政策因素已经不是青年做出生育决定的限制性因素,"生""养"过程中的诸多条件被青年纳入生育计划和生育行为的现实考量中。因而,探讨宏观因素、微观举措对青年的影响程度,以及各因素对不同群体的影响差异,具有重要现实意义。

## (一)宏观层面的影响

### 1. 经济因素产生基础性影响,教育和社会支持因素紧随其后

对问卷中五大宏观影响因素的指标得分进行平均后,可得到每个因素的综合得分。结果显示,经济因素对青年生育意愿的影响最大,平均分达到了4.19(要求青年以Likert5点量表对各题项表述内容的影响程度进行评估,1—5分别表示"没有影响""影响比较小""影响一般""影响比较大""影响非常大",下同)。其次为教育因素和社会支持因素,均值分别为4.06和4.02,家庭支持因素均值为3.77,生育观念对浙江青年生育意愿的影响最小(3.08),仅处于"一般影响"水平。(见图3)

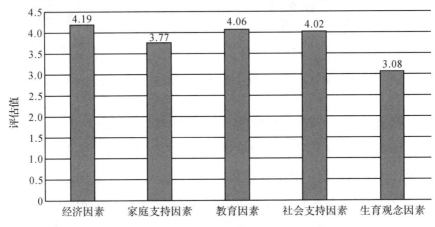

图3 各因素影响青年生育意愿的程度

### 2. 经济水平是影响生育的首要因素

研究表明,经济条件成为影响生育的重要基础因素之一,并从收入方面和支出方面影响生育意愿。结合前期文献和访谈,本文设置了"家庭收入水平""所在地区的生活成本""住房条件"3个具体指标进行考量。数据显示,"家庭收入水平""所在地区的生活成本""住房条件"的均值分别为4.22、4.17、4.17,经济因素中的3项内容影响都较大,且在各群体间不存在显著差异。生育行为越来越成为一种基于自身经济能力的理性行为。在收入和支出之间能否找到平衡,成为影响青年生育意愿的重要基础因素。(见图4)

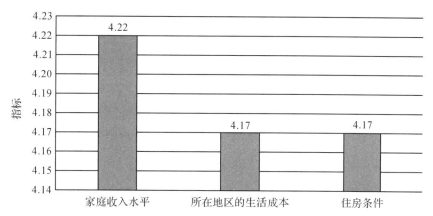

图4 经济因素各指标影响青年生育意愿的程度

### 3. 教育间接成本负担最重

教育成本包括在教育上投入的直接成本（如学费等费用支出）和间接成本（因教育而耗费的时间、精力等）之和。本次调查发现，教育子女要花费的时间和精力得分均值为4.16，高于教育经济成本（4.14）、可获得的教育资源质量（4.14），以及对子女教育的期望（3.80）。（见图5）一方面，"时间贫困"使得青年照料子女的时间相对有限；另一方面，随着青年父母知识水平的提升和教育意识的增强，青年用在子女身上的时间已不仅仅是单纯的照料时间，更多的是知识传授、能力提升等更加"耗脑力"的时间。青年家长为孩子耗费的时间和精力等间接教育成本，已超越各种费用构成的直接教育成本，成为影响青年生育的重要因素之一。

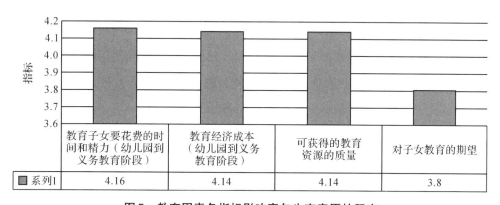

图5 教育因素各指标影响青年生育意愿的程度

#### 4. 社会支持因素的多重作用

生育方面的社会支持主要包括托育服务质量、婴幼儿公共活动场所和服务设施的可及性、职业发展保障(个人发展因素)及医疗资源可及性等方面。其中,对青年生育意愿影响最大的2项因素为医疗资源可及性和职业发展保障(个人发展因素)。

随着现代生活水平的提高,尤其是中国中产阶级人群的崛起及二、三线城市的崛起,中国女性及家庭对消费的需求不断增加,对优质的中高端医疗服务的需求持续增强。在医疗支持方面,"生产成本高""孩子生病手足无措""儿科永远人满为患"等是青年父母较为焦虑的医疗问题,医疗资源的可及性成为社会支持因素中影响最大的因素。(见图6)

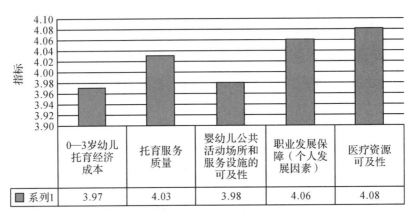

| | 0—3岁幼儿托育经济成本 | 托育服务质量 | 婴幼儿公共活动场所和服务设施的可及性 | 职业发展保障(个人发展因素) | 医疗资源可及性 |
| --- | --- | --- | --- | --- | --- |
| 系列1 | 3.97 | 4.03 | 3.98 | 4.06 | 4.08 |

图6 社会支持因素各指标影响青年生育意愿的程度

职业发展保障问题也是育龄青年较为关心的问题,尤其是育龄女性的职业发展压力更大。全面放开二孩、三孩,意味着女性职业生涯中可能会有多个产假,这无疑会进一步增加用人单位录用女性职工的顾虑,恶化女青年在就业市场的处境。性别差异分析中,女性在职业发展保障影响程度上的得分显著高于男性($t$=-11.225,$p<$0.001),也表明了女性在职业发展上较男性更容易受到影响。

#### 5. 家庭支持中的配偶"权重"最高

家庭支持主要涉及配偶、子女及老人对生育的态度、参与度等。问卷调查发现,家庭支持各项内容中,青年受配偶的影响最深。得分位于前列的家庭支持因素均涉及配偶,尤其是配偶的育儿参与度、与配偶的感情状况,得分均值都超过了4分。(见图7)老人的状况及已有孩子的态度对生育二孩/三孩的影响相对较弱。这可能与当前代际关系中父辈权威弱化以及老人的实质性支持有较强关联。一是过去听从父辈要求继续生育的状况已逐渐向代内小夫妻决策转化。二是当前青年育儿主要依靠父母和其他亲属等家庭支持网,而不是市场化的服务。浙江青年育儿"一支柱"现状表明,浙江青年家庭支持中照料子女的老人因素已经基本达成。在浙江青年的家庭中,老人帮助照料孙辈的情况已经较为普遍,因而对老人支持的考虑程度较低。

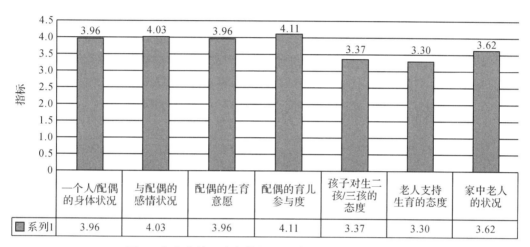

图7　家庭支持因素各指标影响青年生育意愿的程度

## (二)微观层面的期待

微观层面主要从鼓励生育的具体举措出发进行考察。结合当前浙江省《条例》中的具体举措、各地最新举措以及相关专家的建议,本文设计了延长假期、增加补贴、住房政策倾斜等问题选项。数据显示,各举措的影响均值都在3.7以上,表明各举措的影响都处在"影响比较大"的水平。(见图8)其中,影响最大的是"给予差异化租赁和购买房屋的优惠政策",均值达到4.02。这主要是因为,随着家庭人口结构的变化,青年的住房需求也势必会发生变化。基于家庭人口结构变化而递增的住房刚性需求意味着住房经济支出的调整,这也势必会影响到青年的生活质量,进而影响着青年的生育意愿。

"持续增加0—3岁育儿托育机构、幼儿园及课后服务覆盖率"(均值3.99)、"进一步增加育儿假天数"(均值3.93)及"进一步延长男性陪产假天数"(均值3.92)对青年的生育意愿影响次之。这可能是由于养育3岁以下儿童对照料时间和精力的要求更高,育儿过程中的"工作—家庭"冲突更为明显,因而青年在加强0—3岁育儿托育机构、幼儿园及课后服务,增加育儿假及男性陪产假天数方面的诉求都较为突出。

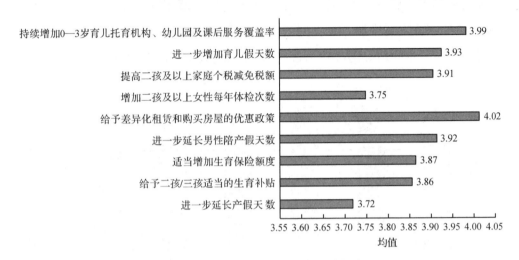

**图8 各举措影响青年生育意愿的程度**

## (三)群体差异比较

**1. 性别差异:男性生育意愿较女性更容易发生变化**

(1)善变的男性——男性比女性更容易受政策影响。不论是在"不打算生了"的群体中还是在"没想好"的群体中,男性因政策而提升意愿的占比都较女性更高。对性别与是否会改变/提升意愿的交叉分析发现,在"不打算生了"的群体中,11.5%的男性会因为政策而改变生育意愿,而仅有9.6%的女性会因政策而改变意愿;在"没想好"的青年群体中,53.8%的男性会因为政策而提升生育意愿,仅有50.5%的女性会提升生育意愿。(见图9)

(2)缜密的女性——女性决策更为理性全面。调查发现,想要继续生育的女性在受各类政策举措(见表7)和家庭支持、教育、社会支持等因素(见表8)影响的程度上,得分都显著高于男性。这可能与当代女性在生育行为中卷入程度更高、社会多重角色冲突明显有关。一方面,从代内关系看,女性的孕育角色及夫妻在孩子照料方面的责任分工都造成女性在生育行为中普遍付出更多,女性必须更为全面地思考生育计划以应对生育过程中的一系列问题。另一方面,在工业化背景下,劳动参与率以及教育水平的提高,改变了女性角色,当代女性在社会中扮演着更为多元的角色。与此同时,女性与过去相比,更多地承受着来自社会、工作和家庭的多重压力,理性决策是女性规避不必要压力的重要方式。

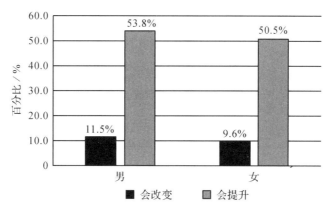

图9　政策影响男性与女性生育意愿的情况

表7　不同性别青年受各举措影响程度的差异

| 举措 | $t$ | $df$ | 显著性 |
|---|---|---|---|
| 进一步延长产假天数 | −6.227 | 4355 | 0.000 |
| 给予二孩/三孩适当的生育补贴 | −4.312 | 4355 | 0.000 |
| 适当增加生育保险额度 | −6.309 | 4355 | 0.000 |
| 进一步延长男性陪产假天数 | −7.000 | 4355 | 0.000 |
| 给予差异化租赁和购买房屋的优惠政策 | −4.326 | 4355 | 0.000 |
| 增加二孩及以上女性每年体检次数 | −3.083 | 4355 | 0.002 |
| 提高二孩及以上家庭个税减免税额 | −4.998 | 4355 | 0.000 |
| 进一步增加育儿假天数 | −6.760 | 4355 | 0.000 |
| 持续增加0—3岁育儿托育机构、幼儿园及课后服务覆盖率 | −8.307 | 4355 | 0.000 |

表8　不同性别青年受各因素影响程度的差异

| 因素 | 性别 | 个案数 | 平均值 | 标准差 | 标准误差平均值 | $t$ | $df$ | $p$ |
|---|---|---|---|---|---|---|---|---|
| 经济因素 | 男 | 1959 | 4.1060 | 1.03120 | 0.02330 | −5.069 | 3769.587 | 0.000 |
| | 女 | 2398 | 4.2530 | 0.84525 | 0.01726 | | | |

续表

| 因素 | 性别 | 个案数 | 平均值 | 标准差 | 标准误差平均值 | t | df | p |
|------|------|--------|--------|--------|----------------|------|------|------|
| 家庭支持因素 | 男 | 1959 | 3.6400 | 0.99288 | 0.02243 | −8.275 | 3713.818 | 0.000 |
| | 女 | 2398 | 3.8692 | 0.79497 | 0.01623 | | | |
| 教育因素 | 男 | 1959 | 3.9026 | 1.01417 | 0.02291 | −10.389 | 3593.676 | 0.000 |
| | 女 | 2398 | 4.1916 | 0.77227 | 0.01577 | | | |
| 社会支持因素 | 男 | 1959 | 3.8647 | 1.03814 | 0.02346 | −10.074 | 3669.126 | 0.000 |
| | 女 | 2398 | 4.1545 | 0.81581 | 0.01666 | | | |

### 2. 村镇潜力:村镇青年生育意愿流变性更强

村镇青年更容易因政策改变"不生"决定。在城市、县城及村镇青年中,村镇青年因为新政的出台而改变"不生"意愿的占比为11.5%,县城青年改变意愿的占比仅为10.9%,城市青年改变意愿的占比最低,仅为9.5%。(见图10)过去,尽管村镇青年生育意愿较强,但其对于养育多孩所面临的多重现实困境仍有顾虑。相关鼓励政策的出台,给予村镇青年产假、育儿假、普惠性托育服务等支持,在一定程度上改变了更多村镇青年的生育意愿。

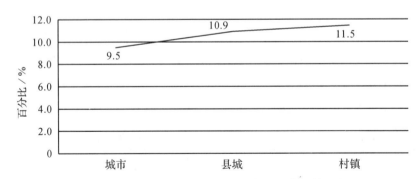

图10 不同区域青年因新政而改变生育意愿的比例

## 五、对策建议

围绕前文中青年在生育过程中的顾虑点、痛点和难点,以及不同青年群体生育意愿受政策影响程度的差异性,本文主要提出以下对策建议。

### (一)建立生育津贴福利制度,减轻生育经济压力

一是进一步强化生育税收支持体系。建议根据育儿数量,采取差异化的税费抵扣政策,在一定程度上降低个税税负,或提高个税起征点。如对生育了二孩的家庭,进一步降低税负。对生育了三孩的家庭,实行负所得税制;推动将3岁以下婴幼儿照护服务费用纳入个人所得税专项附加扣除。二是探索建立养育补贴制度。探索实施针对0—3岁幼儿抚育的"奶粉补贴"和"尿不湿补贴"制度,如以"奶粉券"和"尿不湿券"的形式,在一孩生育津贴发放标准基础上,尝试分别按10%和5%的比例向3岁以下幼儿抚育家庭按生育个数发放"奶粉券"和"尿不湿券"补贴。

### (二)出台住房领域的生育鼓励措施,减轻住房压力

针对前文提到的育儿过程中的住房痛点问题,可探索出台住房领域的生育鼓励措施:一是对多孩家庭的购房行为给予一定政策倾斜。如针对多孩无房家庭和多孩换房刚需家庭,可降低首付款比例,给予住房贷款优惠,以及提供购房补贴等。二是对多孩家庭的租房行为给予经济支持和政策倾斜。一方面,探索建立多孩无房家庭租房"货币补贴"制度,对二孩无房家庭和三孩无房家庭租房可以在参照当地公租房货币租赁补贴标准的基础上,按照申请家庭的收入状况适当上调。另一方面,探索推出一批面向多孩无房家庭的专项保障性租赁住房,住房面积和租金标准可以统筹考虑申请家庭的人口数量和收入状况,面向多孩无房家庭的保障性租赁住房租金可在原有租金的基础上适当下调。同时,适时推出针对多孩无房家庭的住房公寓租赁服务,为多孩无房家庭申请保障性住房设立绿色通道。

### (三)进一步完善托育服务体系,减轻幼儿看护压力

一是加强顶层设计。贯彻落实《国务院办公厅关于促进3岁以下婴幼儿照护服务发展的指导意见》,借鉴上海市的经验,探索出台《浙江省托育服务三年行动计划》,统筹全省普惠性托育服务的发展目标和任务。二是合理布局,拓展普惠托育资源。扩大托幼一体规模,支持公办幼儿园挖潜增效开设托班,鼓励民办幼儿园开设普惠性托班。鼓励引导企事业单位、社会组织或个人建设各类托育机构,满足适龄幼儿家庭多元化入托需求。统筹协调相关部门,为普惠性托育服务机构的发展提供经费、场

地、指导等支持。三是完善管理体系，推动托育行业发展。完善托育服务管理机制，规范托育服务行为，建立托育机构质量评估体系，建成一批具有良好口碑和较强影响力的多元、多层次托育服务星级机构。四是健全专业培养机制，加强托育队伍建设。构建托育从业人员专业发展机制，加强专业培养培训，打造专业化托育服务队伍，确保基本满足托育服务事业发展需求。

### （四）进一步完善生育女性权益保障体系，缓解女性性别负荷

着力减轻生育给女性群体带来的性别负荷，完善女性生育基本权益保障、就业权益保障、健康权益保障等全方位的生育支持体系。一是全面落实女性青年在怀孕、生育和哺乳期间依法享有的各项权利。加快制定生育新政实施细则和相关条例，推动生育新政落地实施。进一步完善育儿休假制度保障机制，保障育儿人员基本劳动权益，确保产假、育儿假等顺利落地。二是做好生育保险政策内容和覆盖对象的扩展。进一步优化生育保险政策，扩大生育险在"非职工"群体和农村地区的覆盖面，为城乡未就业女性提供生育补助。三是继续加强母婴保健、生殖健康服务。推进婚前、孕前、孕期保健服务更加公平可及，促进优生优育。提供生育全程基本医疗保健服务，为孕产妇提供系统、规范的优生优育全程服务，打造"一条龙"服务链。四是强化育龄女性劳动权益保护，消除就业歧视。强化育龄女性的就业保障，明晰女性就业性别歧视的定义、惩罚措施以及法律救济途径。有条件的地方可探索给予雇佣女职工数量较多的企业一定的税收减免或者补贴等优惠政策。

### （五）进一步完善父职参与育儿的制度保障，构建良性分工文化

一是进一步构建良性育儿性别分工的文化氛围。发挥社会舆论作用，加大对新型育儿性别分工文化的宣传力度，在全社会积极倡导夫妻共同科学育儿的理念，营造重视和凸显父亲角色作用和重要性的舆论氛围。二是加强对父职参与的配套制度建设，完善父职履行的社会保障。加快出台促进父亲参与子女养育的配套措施和政策条例，如参考西方国家的政策，延长父亲的带薪陪产假，探索实施亲子假、父亲育儿假等，保障父亲有更多的时间参与到对子女的照料之中。鼓励企业探索实施弹性工作制度，形成倡导家庭友好育儿的企业文化。三是要加强对家庭育儿工作的咨询、服务和指导工作的重视。探索将家庭育儿指导服务工作纳入公共服务体系，尝试通过行

政力量对家庭育儿工作,尤其是对父职参与的基本情况进行指导和监管。四是进一步强化父职教育培训。依托社区、青少年宫、幼儿园、妇产科医院等阵地积极免费开展"爸爸"培训班、亲子讲座或活动,指导父亲学会怎样与孩子更好地相处,提高父亲参与子女照料的能力和水平。

# 高校毕业生就业洞察报告
## ——以浙江高校2020—2023届毕业生为考察中心

浙江省青年研究会[①]

## 一、调研背景

党的十九大报告指出,就业是最大的民生。党的二十大报告也提出,要实施就业优先战略,强化就业优先政策。就业问题关系国计民生,高校毕业生的就业问题一直受到社会和政府的高度重视。近些年,毕业生规模持续膨胀,叠加上疫情恢复期、宏观经济疲软等因素,不论从国家整体层面考虑,还是从浙江省域层面看,2020—2023届高校毕业生的就业形势都非常严峻。教育部相关数据显示,2022届高校毕业生规模达1076万人,同比增加167万人。2023届高校毕业生规模预计达1158万人,加上2022年尚未落实去向的毕业生,同时期就业的高校毕业生人数可能达到1400万[②]。浙江省教育厅相关数据也显示,2022届浙江省内高校毕业生规模达39万人,较上年增加6万余人。尤其是新冠肺炎疫情对国家经济和企业发展造成了冲击,给高校毕业生就业带来了突发性和持续性的影响。

---

① 本文由浙江省青年研究会供稿,具体撰稿人:蔡宜旦、杨媛媛、程德兴。

② 中华人民共和国教育部:《突破传统思维 创新大学生就业工作》,2022年11月18日,http://www.moe.gov.cn/jyb_xwfb/s5148/202211/t20221118_995365.html,2022年11月18日查询。

在此背景下,了解高校毕业生真实的就业意向和就业态度,剖析高校毕业生就业整体呈现出的新特征和新问题,能为政府更有效地解决高校毕业生就业问题提供政策参考,具有重要的现实意义。

## 二、文献综述

新冠肺炎的全球流行对我国的经济发展和社会秩序造成了严重影响,就业市场的持续低迷使众多高校毕业生深陷"就业预期落空""过往经验失效""一岗难求"的艰难境地。对此,已有多位专家学者对疫情发生以来高校毕业生群体的就业特征、原因机制以及相应对策进行了研究与探讨。主要包括以下几个方面。

一是研究疫情冲击下高校毕业生的就业认知、就业流向和就业特征。刘保中等发现疫情影响下高校毕业生就业率和工作收入总体上保持稳定,但就业流向、工作满意度上变化明显。从不同年龄的就业认知角度上来看,李秀玫等的研究发现,相较于"95后","00后"高校毕业生的择业标准趋于理性务实,就业偏好体制内以及北上广深等地区,且二者的就业认知均呈现出"自我效能感偏低"和"物质主义取向"两大特点。从就业地域与单位特征上看,冯君莲等学者发现,疫情影响下高校毕业生选择东部地区就业的比例有所降低,往中西部地区发展的就业趋势渐显,且选择党政机关、部队、事业单位、国企等单位就职的倾向显著。刘成斌也认为疫情下高校毕业生就业价值观具有明显向体制内卷的特征,具体表现为:就业关键因素向稳定性内卷;单位选择向体制内卷。

二是研究疫情是如何直接或间接导致高校毕业生择业心态、就业特征变化的,并对影响因素和机制进行了探究。魏杰等认为,国内一流高校毕业生产生消极就业心态的直接原因是疫情引发的就业、升学困境,深层原因则是教育精英形象受到挑战、阶层固化所致的青年阶层焦虑和网络丧文化的影响。岳昌君等认为,人力资本和求职努力同样也是影响高校毕业生求职结果和就业质量的重要因素。任艳青等对两性高校毕业生的就业信心及影响因素进行实证分析,结果显示人力资本、求职准备、学科理解、家庭背景均对就业信心有显著影响并存在显著性别差异。在探讨了后疫情时代各类影响高校毕业生就业的因素和影响机制的基础上,不少学者从个人、高校、家庭、社会等角度明确地提出新型、有效的解决对策。例如,罗晓婷等认为,在后疫情时代，可迁移技能、自我管理技能、求职择业技能以及专业知识技能是构成高校毕业生个人就业力的主要向度。毛宇飞等认为，应当充分利用网络大数据进行就业形势监测和预判，降低各类突发事件的负向影响，同时利用网络大数据开展职位空缺、就业匹配等相关研究，提高毕业生就业匹配效率，减缓结构性矛盾。

从现有的文献来看，大多数学者是按全国、省域、市域、特定高校、特定专业划定研究主体范围并开展针对性分析的，其中针对浙江省内高校毕业生就业的研究较少。本文着眼浙江省内高校毕业生就业状况，分析浙江省内特有环境因素所造成的影响，以期提出有针对性的建议。

## 三、研究方法

本文主要采用深度访谈法，选取15名2020—2023届毕业生作为访谈对象，包括应届高校毕业生与已毕业但未就业高校生，毕业院校涵盖双一流本科院校、普通本科院校、高职院校，学历层次涵盖硕士研究生、本科生、专科生，专业涵盖文科和理工科。为使研究结果更加全面客观，本文将部分高校就业指导老师、辅导员，人力资源和社会保障、教育等职能部门人员，以及企业负责人纳入访谈范围。同时，为弥补定性研究的不足，还将结合智联招聘、前程无忧等网络招聘平台发布的行业报告，以及《浙江大学2019届毕业生就业质量报告》《浙江大学2020届毕业生就业质量报告》《浙江大学2022届毕业生就业质量报告》《浙江工商大学毕业生就业质量年度报告》中的部分数据进行综合分析。

需要强调的是，本次调研时间为2022年6月之后，调研过程经历防疫政策的变动，访谈对象面临的就业形势也随之有所改变。高校毕业生就业访谈对象情况见表1。

表1　高校毕业生就业访谈对象情况表

| 编号 | 性别 | 学历 | 学校类型 | 专业 | 就业现状 |
| --- | --- | --- | --- | --- | --- |
| WPP | 女 | 本科 | 普通本科院校 | 汉语言文学 | 脱产二战考研 |
| ZJW | 女 | 本科 | 普通本科院校 | 财务管理 | 准备考研 |
| TT | 女 | 本科 | 普通本科院校 | 汉语言文学 | 脱产考研 |

续表

| 编号 | 性别 | 学历 | 学校类型 | 专业 | 就业现状 |
|------|------|------|----------|------|----------|
| XL | 女 | 本科 | 普通本科院校 | 汉语言文学 | 已毕业,准备考编 |
| YYJ | 男 | 本科 | 普通本科院校 | 测控技术与仪器 | 考研失败,后入职国企 |
| ZY | 女 | 大专 | 高职院校 | 设计类 | 招聘平台自主就业,电商设计 |
| WJ | 女 | 本科 | 普通本科院校 | 管理学 | 准备考研或考公 |
| JQX | 男 | 大专 | 高职院校 | 园林工程技术 | 正在找工作 |
| SSQ | 男 | 大专 | 高职院校 | 通信网络与设备 | 新媒体运营岗位实习 |
| RHX | 女 | 大专 | 高职院校 | 旅游管理 | 待业 |
| YYD | 女 | 本科 | 普通本科院校 | 医学类 | 保研 |
| XZ | 男 | 硕士研究生 | 普通本科院校 | 建筑类 | 脱产考公考编 |
| SBB | 女 | 硕士研究生 | 双一流本科院校 | 新闻学 | 考公失败,后入职央企 |
| ZCD | 女 | 硕士研究生 | 双一流本科院校 | 新传专硕 | 毕业后考编成功 |
| LHM | 女 | 硕士研究生 | 双一流本科院校 | 艺术学 | 脱产考博 |

# 四、浙江高校毕业生就业特征

## (一)就业避险情绪明显

正如文献综述部分所提及的,疫情对于高校毕业生的就业、择业观念产生了比较明显的影响。具体而言,疫情之下,经济发展增速变缓,失业率上升,工作和生活的不确定性增大,学生们也因此对风险的感知度不断上升,进而容易对未来的就业形势产生悲观预期。在这样的预期之下,高校毕业生就业的自我心理压力进一步增大,也因此产生了浓厚的避险情绪。这种弥漫在整个社会结构中的避险情绪悄然改变着浙江高校毕业生的择业观念和择业选择,高校毕业生也正是在这个大背景下采取了一些策略性的手段以达到"规避风险"的目的。

**1."向体制内进军",体制情结进一步强化**

浙江是民营经济大省,2021年民营经济占国内生产总值的比重达67.0%,创业氛围浓厚,经济活力较强。体制外丰富的就业创业机会,增强了浙江对各个层次高校毕业生的承载力。一直以来,有相当比例的浙江高校毕业生怀揣着"大厂梦""创业梦",在毕业后优先选择去体制外就业市场试一试、闯一闯。但近些年来,受疫情之下经济下行压力增加、职场内卷加剧、创业红利不断减少等因素影响,浙江高校毕业生在择业上渐趋求稳保守,"大厂梦""创业梦"让位于"铁饭碗",高校毕业生"考公热""考编热"的火开始越烧越旺。《浙江大学2019届毕业生就业质量报告》《浙江大学2020届毕业生就业质量报告》《浙江大学2022届毕业生就业质量报告》显示,2017—2019年,浙江大学毕业生在国企就业的占比为10%,2020—2021年国企就业占比在20%以上。2017—2019年,浙江大学毕业生在其他企业(三资企业和其他非国企)就业的占比为70%左右,2021年的占比降至57%;2017—2019年,浙江大学毕业生在事业单位就业的占比维持在8%左右,2021年的占比为13.05%;2017—2019年,浙江大学毕业生在党政机关就业的占比维持在5%左右,2021年创历史新高,达到了7.17%。这种体制情结的强化,一方面是学生们综合考虑疫情、职场环境等外部因素影响后趋利避害式的一种理性选择。如,访谈中有学生提道:"从疫情之后,我们大家都形成了一种共识,还是体制内抗风险能力强。我本科毕业时班里只有几个同学考了编制,十几个同学考研,其余同学都去找工作了。但是研究生毕业的时候,我们班几乎所有人参加了国考、省考、定向选调生考试,大家都拼命想利用好学校、学历的优势尽快进入体制内,就像在争取一枚免死金牌。"(访谈对象ZCD)另一方面,狂热地追求"体制"也是一种集体无意识中的非理性行为,需要得到全社会的关注和各方力量的正向引导,以帮助高校毕业生树立正确的择业观。

**2."先就业后择业",就业机会主义倾向明显**

在现实层面,缺乏工作经验且无法从家庭获得资源支持的高校毕业生,一毕业便找到令自己满意的工作的可能性不高。加之就业环境恶化,他们不得不面临"毕业即失业"所带来的潜在经济压力、心理压力。因而,为了尽可能降低就业的等待成本,缓解就业焦虑情绪,很多高校毕业生优先选择相对易得但不是最合适的岗位。然而,"先就业后择业"的本质是一种机会主义,也是高校毕业生降低自身就业预期、向现实妥协的无奈之举,即高校毕业生出于"急于找到一份工作""急于规避'毕业即失业'的潜在风险""工作不好找先上车再说"等心态,在现有可供选择的就业机会中进行挑选。如,访谈对象SBB提道:"我师姐是在疫情暴发第一年毕业的,当时她先通过了中国人民银行的考试,之后还有机会去投她更想去的高校,但是考虑到疫情影响,出去考试风险太高,也担心错过了之后就没有更好的工作机会,她还是选择了虽然不是最想去但是更稳妥的工作。"虽然,"先就业后择业"是高校毕业生面对严峻就业形势时的合理选择,也能帮助职业规划尚不明晰的毕业生缓解毕业后前途未卜的压力感,给予了他们一定的精神慰藉,但是这样的就业选择具有阶段性和盲目性,也未能将个人职业理想、人生追求、工作匹配度等宏观因素充分纳入考量,可能会影响这些毕业生的职业稳定性和连贯性。

## (二)"毕业不工作"的样态更为丰富

从近几年智联招聘的调查统计来看,无论是在2017—2019年经济形势整体向好的毕业季,还是在2020—2021年新冠肺炎疫情影响下的毕业季,"慢就业"现象都一直存在,且比例持续攀升,已然成为高校毕业生就业的新常态之一。对于当下的高校毕业生而言,"毕业就工作"早已不再是其生命历程中的固定程序和必选项。有不少学者从人力资源开发成长、社会发展稳定性等问题论的视角对高校毕业生"毕业不工作"的诸多现象进行了分析。但本文发现,部分高校毕业生"毕业不工作"的现象虽然确实可能带来一些潜在风险,然而问题论的视角也存在着"价值不中立"的问题。事实上,当前高校毕业生"毕业不工作"的行为选择背后存在着多种可能性和复杂样态,不同的可能性和样态背后暗含着不同的机遇和问题。

当前,学术界对"慢就业"的概念还没有统一的界定。高校一般以当年的8月31日为时间节点落实初次毕业学生的去向,包括升学、就业、创业、考编、入伍等。考虑到近3年高校毕业生就业受疫情影响较大,本文将2020年8月31日之后到调研截止前还未落实去向的毕业生作为"慢就业"群体进行分析。

### 1. 积极型"慢就业":为实现目标"缓一缓"心态明显

与上文提到的选择"先就业后择业"的毕业生不同的是,越来越多的高校毕业生为了实现升学、心仪就业、提升自己等目标而选择"缓一缓"再就业。2021年全国高校毕业生就业大规模调查显示,"近4成毕业生表示,坚持优先选择到大城市、大单位、大机关就业,如果岗位不满意,可以多等等","不就业拟升学比例达32.1%"。从影响效应的角度看,本文将此类有清晰就业或求学目标,为了实现目标选择暂时不就业而是去考研、考公、学习技能或是提升自己的现象定义为积极型"慢就业"。调研发现,根据目标的不同,积极型"慢就业"可以分成以下几种不同类型。

一是升学型"慢就业"。当前考研热持续升温,浙江省教育考试院公布的2023年考研数据显示,近17.4万名考生踏入研究生考试的考场,比2018年的7万名增长了近1.5倍。一方面,为了备考,一部分学生无奈放弃"秋招""春招"等招聘黄金期,在落榜后才不得不选择就业;另一方面,还有一部分学生为了实现升学目标,连续几年放弃就业,选择考研"二战"甚至"三战"。这种毕业后提升学历的"慢就业"方式虽然是积极的,但是也反映出部分高校毕业生主观认知不足的问题:部分毕业生出于对学历的崇拜而盲目跟风考研,将高学历等同于好就业,缺乏对现实就业环境的考量。"我本科毕业时坚持'二战'考研,当时一门心思认为考研就是我的出路。读研之后写不出论文,经常产生退学的念头。不仅如此,读了3年我才发现,我们专业对应的很多岗位只要本科学历就够了,过了3年竞争反而更加激烈了。我们很多同学说,早知道这样还不如本科毕业就考公。"(访谈对象ZCD)

二是考编型"慢就业"。正如前文所提,目前"向体制内进军"的高校毕业生越来越多,随着考试人数的增多,竞争压力越来越大,成功"上岸"的概率越来越小。在这个竞考的过程中,产生了一些"慢就业"现象。"从去年下半年(研三上学期)到现在(毕业后),我几乎处于全国巡考的状态,有岗位就会去报名考试,算下来参加的考试大大小小有十几场了。情绪低落的时候,父母安慰我说,就当是在找工作,只不过找的时间比较久。"(访谈对象XZ)需要注意的是,部分毕业生囿于事业编、公务员考试中的"应届毕业生"身份限制,而选择通过不工作、不交社保的方式以保留应届生身份,这无形中又进一步增加了"慢就业"群体的基数。

三是成长缓冲型"慢就业"。调查发现,部分学生在毕业后会给自己一段缓冲时间,通过旅行、支教等方式,给予自己更多思考人生方向的空间。正如一名访谈对象XL所说:"我认为仓促就业是对自己的不负责任。为了找到自己的方向,我毕业后出去支教了一年,对于我而言这是让我慢下来、进行自我调适、明确人生方向的一种方式。"还有一些高校毕业生选择利用从校园踏入社会的缓冲期进行创业考察,了解市场需求、行业发展状况等信息,做好创业前期准备。

### 2. 消极型"慢就业"：因自我否定、就业恐惧产生逃避心理

除了主动寻找就业机会的积极型"慢就业"，"慢就业"群体中还存在因自我否定、就业恐惧而产生逃避心理的消极型"慢就业"。受逐渐宽松的家庭环境和个人性格影响，部分毕业生在校学习期间安逸懒散，未能确立职业发展规划、发现自身兴趣、了解就业形势，加上在实际就业过程中多次碰壁，从而产生自我怀疑。他们害怕就业、逃避就业，主观上不愿意找工作，久而久之便与社会需求脱节，丧失了就业能力。

总体来看，无论是积极的"慢就业"还是消极的"慢就业"，无不反映出当代大学生对于高质量就业的美好期待。在"慢就业"过程中，高校毕业生一方面抵触不合适的岗位，表现出一种观望的态度，另一方面又无时无刻不在感受严峻的就业形势带来的压力，从而产生焦虑、急切等心理。面对这些现象，一方面要给高校"松绑"，引导高校摒弃"就业GDP思维"，给积极"慢就业"的大学生更多成长、发展空间；也需要警惕消极"慢就业"所带来的不利影响，防止"慢就业"最终演变为"不就业"。

## （三）就业"冷暖不均"现象明显

就业"冷暖不均"是浙江高校毕业生呈现出的又一种就业特征。具体表现在：从专业层面看，信息技术、教育学等专业热度较高，而金融、传统制造业相关专业就业遇冷；从学校层面看，双一流高校毕业生、普通本科院校毕业生、高职院校毕业生之间存在鲜明的异质性。这些就业"冷暖不均"现象的背后蕴含着多维度、多层次的原因，又反过来影响高校毕业生的就业心态和就业选择。

### 1. 互联网、信息技术和教育学热度不减，金融、传统制造业就业遇冷

一直以来，相当多的研究以及各种就业报告的数据已经显示，高校毕业生就业情况受所学专业的影响较大。整体来看，理工科专业毕业生就业率较高，文史类、管理类等文科专业就业形势则相对较差。根据《浙江大学2020届毕业生就业质量报告》，浙江大学2020届毕业生毕业去向落实率最高的院系分别为电气工程学院（99.46%）、信息与电子工程学院（99.33%）、光电科学与工程学院（99.07%）、计算机科学与技术学院（98.94%），而人文学院（87.61%）、心理与行为科学系（86.92%）、光华法学院（81.21%）的总体毕业去向落实率则排在各院系之末。这种文理专业就业上的差异性受疫情的影响而呈现出进一步扩大的趋势。浙江大学毕业生就业数据显示，2020届本科生就业行业分布中，信息传输、软件和信息技术服务业占24.12%，而2022年这

一数据上升至27.00%,且位居就业流向榜首;房地产业由2020届的2.39%下降至2022届的0.97%;住宿和餐饮业由2020届的0.20%下降至2022届的0.12%,受疫情冲击明显。

互联网、信息技术等专业的就业热度背后体现出鲜明的浙江特色,浙江积极推进数字化改革,广泛应用大数据、人工智能、物联网,在城市治理、智能制造等领域延伸数字场景,产生了许多新职业、新工种,也增加了对信息技术等专业毕业生的需求。但在传统制造业行业,企业用工呈现出2种态势:一方面,出现蓝领用工荒,普工、铸造工、切割工等基础岗位缺工严重,普通本科院校毕业生基本不愿从事生产型岗位;另一方面,工业产品设计、生产工艺研发等专业高精尖人才供给不足。在以往以制造业专业见长的浙江工业大学,信息技术专业取代了以往的强势学科制造类专业,其毕业生就业率位居榜首。

**2. 不同类型高校就业状况存在鲜明的异质性**

根据已有研究,双一流高校、普通本科高校和高职院校毕业生的就业存在鲜明的异质性,而疫情对其影响也呈现出两头小、中间大的橄榄形。具体来看,双一流高校毕业生就业受疫情影响最小,普通本科高校毕业生受疫情影响最大,高职院校毕业生受疫情影响较小但就业质量一般。

双一流高校毕业生就业受疫情影响最小。以浙江大学为代表的双一流高校毕业生就业率在疫情期间虽有小幅下降,但是凭借学历光环,无论在升学、地方人才引进还是大型企业招聘等方面,双一流高校毕业生都有着绝对优势,其就业流向多元、就业选择更多,去往国有企业、三资企业、事业单位、党政机关等就业的比例也更高。正如三花集团工作人员提到的:"就业呈现两头分化的现象,今年虽然受疫情影响企业需求有限,就业比较难,但是头部院校的优秀学生还是不愁就业的,企业竞争非常激烈。举个例子:我们集团今年招聘的管培生,目标院校主要为'985'和'211'院校,其中又以机械、制冷专业为主,这类学生非常抢手,平均有3个offer,多的有7—8个offer。"相比较而言,普通本科高校毕业生就业受疫情影响最大,是疫情背景下最担忧就业的群体。随着就业难度不断增加,学历"通货膨胀"也显得越发严重,就业市场的学历分层基本阻断了普通本科高校毕业生进入省直政府所属单位、知名国企央企、世界500强企业的机会。人数占比最多的普通本科高校毕业生夹在学霸和专科生之间,在求职、升学、考编的滚滚人潮中尴尬前行。"学校不够好,专业也没有不可替代性,喜欢的工作不要我们,能应聘到的工作又只要大专及以上就可以。"(访谈对象WPP)对于高职院校毕业生来说,其就业率较高,就业质量却不高。高职院校因技能培训实用性强、与企业对接经验丰富,其毕业生就业率一直以来都保持较高水平,而国家专升本政策的调整,也为高职院校毕业生提供了更多自我提升的可能性。但同时,高职院校毕业生既被企业"本科及以上学历"门槛阻拦在优质岗位外,也在疫情背景下缺乏实习培训机会,面对企业"有相关工作经验"的要求只能无奈叹息,且工资薪酬、工作稳定性、工资上涨幅度等都比较差,就业质量不高。

除上述差异外,师范类院校和创业导向院校也有其特殊性。浙江师范大学凭借其师范类高校优势,半数以上毕业生进入省内中小学工作。据悉,浙江师范大学本科毕业生月平均工资已经超过7000元,相比于其他院校,要稳定、体面不少。此外,在求稳背景下,高校毕业生的创业热情受到严重影响,以浙江大学为例,在2021年13534名毕业生中,仅有0.58%的学生选择创业。但作为浙江创业型大学试点高校,浙江万里学院即便在疫情期间也有大约8%的毕业生选择直播、跨境电商等行业进行自主创业。未来,随着防疫政策放开、经济形势好转,相信浙江高校毕业生会在一定程度上恢复信心、敢拼敢闯,继续利用毕业缓冲期多进行创业尝试。

## 五、浙江高校毕业生就业存在的问题

根据已发表文献和访谈内容可以看出,当前浙江高校毕业生存在就业期待与就业岗位之间有偏差、就业稳定性不强、就业质量有待提高等问题。浙江高校毕业生的就业困境既受就业市场影响,也与高校就业扶持力度不足等因素有关,同时还取决于高校毕业生自身的就业能力与综合素质。

### (一)疫情加剧高校毕业生就业内卷,毕业生增量和岗位供给量差扩大

疫情加剧了高校毕业生就业内卷,进入就业市场的毕业生总量持续加大,导致高校毕业生的就业难度持续攀升。浙江省教育厅统计数据显示,浙江省2022届高校毕业生为39.16万人,出现超常规增长:增量上,比2021届的33.34万人增加6万人,此前9年(2013—2021年)累计增加6万人;增速上,浙江省2022届高校毕业生人数同比增长16.97%,10年来第一次出现两位数增长,远超2021年6.17%的同比增长率。与此

同时，浙江作为长三角地区的就业大省，每年还要吸纳约50万名省外高校毕业生就业，再加上疫情背景下"滞留"的往届未就业毕业生，毕业生增量持续加大。

进入就业市场的高校毕业生人数增加的同时，高吸收就业行业却出现吸纳能力降低、岗位供给量减少的趋势。一是外向型制造业的就业吸纳能力降低。数据显示，浙江省高校毕业生制造业流向率从2019届的15.48%降至2021届的14.45%。二是中小企业就业吸纳能力下降。一般而言，参照就业领域的"456789"规律，中小企业要吸纳75%的就业人数。但疫情之下，中小企业招聘需求受到冲击，吸纳能力急速下降。三是受"双减"政策、房地产业调整等政策的影响，教育培训、房地产等传统用人需求旺盛的行业岗位缩减。毕业生需求量和岗位供给量中间的缺口持续扩大，就业市场"僧多粥少"的局面进一步加剧。

## （二）高校在培养体系及就业指导方面存在支持不足的问题

高校毕业生专业供给与劳动力市场需求不匹配、学校缺少有针对性的就业指导等，也是高校毕业生就业难的原因。

### 1. 高校专业、学科设置不均衡、不合理导致供需错配

就业冷热不均、毕业生求职难与企业用工难并存，说明当前高校专业设置与劳动力市场需求之间的错配问题较为突出。近年来，浙江重点谋划发展数字经济、生命健康、新材料等前沿新兴产业，带动了大量计算机科学与技术、生物制药、高分子材料与工程等理工类高校毕业生就业，特别是疫情暴发之后，许多药企对医药卫生相关专业人才的需求大增，部分重点高校的生物工程、药物制剂等专业学生甚至供不应求。但与之形成鲜明对比的是，部分高校2022年大量增设的法学、经济管理等人文社科专业，以及服装设计、音乐表演、美术学等艺术类专业毕业生乏人问津，就业率持续低迷。

除此之外，当前高校开设课程过于注重理论性而轻视应用性，以至于毕业生实践能力不足，难以适应岗位需求。以新闻传播类专业为例，访谈中相关专业毕业生SBB提道："学校的课程设置与工作后的需求严重脱节，工作以后需要的是采写编评的基本功和现在新媒体所需要的音视频剪辑、脚本撰写、微信公众号编辑等能力，但是在学校学得最多的是理论课，视频剪辑、摄影的课程非常少。"

### 2. 高校就业工作支持不足，缺乏高质量就业指导与服务

当前，浙江省内各高校均开设了大学生就业指导课程，但师资力量、经费投入、课程设置参差不齐。在师资上，高校就业指导处的教师多由学生管理处工作人员、思政辅导员等兼任，这些就业指导教师缺乏充足的时间精力，无法系统学习就业指导专业知识，也缺乏对最新社会招聘情况的深入了解，难以针对每名学生的实际情况给出最恰当的指导意见。在课程上，很多高校开设的就业指导课形式单一，缺乏岗位筛选、简历撰写、面试技巧等实操层面的技能培训，在职业道德、就业心态、求职观念等方面能给予的指导也较少。此外，部分高校在毕业季追求"就业GDP"，催促学生仓促签订三方协议，学生离校后无法顺利获得求职帮助等，也是很多访谈对象反映的共性问题。"我一毕业离开学校，后面回学校开证明、调档案这些事情都会变得非常困难。就好像没毕业的时候所有人都催着我们赶快就业，一旦离开学校就没有老师会再关注我们。"（访谈对象XZ）

## （三）个人求职资本与企业需求间存在不对等

求职就业是单位和求职者之间相互选择和相互匹配的过程。虽然高校毕业生在职场中的创造力和可塑性比较强，但从单位用人需求和高校毕业生个人求职资本匹配度的角度看，具有比较明显的不对等性。

一是在工作经验和职业技能上，与企业需求存在事实上的不对等。据企业相关人员反馈，他们更倾向于招收有经验、可以直接上手的员工。虽然有不少高校毕业生有实习或兼职经历，但"实习和工作经验不足""相关技能和资质欠缺"仍是影响高校毕业生就业的主要因素。

二是在学历认知上，与企业需求存在不对等。对于很多企业尤其是制造业企业而言，高学历并非企业用工需求的重点，大专及以上学历就已经满足入职条件。调查显示，不少高校毕业生认为"学历层次较低"是影响其就业的重要因素。这种认知不对等可能会导致高校毕业生在求职过程中出现"高不成低不就"的现象。

此外，在疫情期间，就业渠道和应聘方式由线下转移到线上，云招聘、线上面试等形式给高校毕业生带来了新的挑战。部分高校毕业生工具使用能力、环境应对能力不足，无法适应企业招聘形式的变化。有访谈对象在聊到线上面试时说："刚开始的时候有一个宁波的国企我很想去，但是要用多面软件，第一轮是AI面试，对着机器人

回答问题,我特别不适应。AI面试反馈很机械,我没有达到规定时间就提前结束了,浪费了一次机会。"(访谈对象ZCD)

# 六、对策建议

面对就业岗位供给收紧、疫情导致求职和招聘受阻、高校支持不足等问题,政府、企业、高校要通力合作,为高校毕业生撑起稳就业"大伞",健全高校毕业生就业服务体系,促进高校毕业生精准就业、高质量就业。

## (一)拓宽就业岗位,加强就业平台建设

一是大力拓展企业就业岗位。通过发放一次性扩岗补助、一次性就业补贴、社保补贴等方式鼓励企业为高校毕业生提供更多岗位。加强高校与信息产业、制造业等重点领域企业的联系,广泛开展"走出去""请进来"等企业学生交流活动,为高校毕业生创造更多就业创业的机会。

二是充分发挥政策性岗位吸纳作用。围绕推进乡村振兴战略、基层治理能力现代化,深入挖掘基层就业岗位。用好"三支一扶"等政策性岗位,拓展"共同富裕示范区"基层岗位,鼓励引导高校毕业生在基层就业。

三是发掘社会组织提供就业服务的潜力。发掘在社区养老服务、未成年人保护、社区治理等方面的就业岗位。在拓宽就业岗位、增加岗位供给量的同时,还要搭建就业平台。提升企业、高校与人力资源和社会保障等职能部门的合作水平,通过数据链接搭建就业平台,开发掌上就业应用,实现一键找岗、岗位信息精准推送、线上面试、云实习等功能,为高校毕业生就业提供精准服务。

## (二)优化高校人才培养模式,提供高质量就业指导

一是要基于当前省内产业结构与就业市场需求,结合高校自身定位,进一步优化专业设置。要完善学科动态调整机制,在深入研究社会经济发展取值、行业人才需求的基础上,与时俱进地调整学科设置、专业设置和招生计划,重点布局社会需求强、就业前景广、人才缺口大的学科专业,增强专业设置和人才培养的预见性和前瞻性。

二是不同类型的高校要结合自身定位优化人才培养模式,如双一流高校、高水平

院校要结合学科建设要求,开设小而精、少而优的学历教育;地方本科院校要结合区域发展规划和当地产业特征,专业设置充分考量特色产业和支柱产业发展;高职院校则要探索促进学生适应岗位需求的实践教学模式,结合学校特色与优势,培养高素质技能型人才。

三是要从适应劳动力市场用人需求的角度出发,高质量做好就业指导。通过校企合作、实战实操培训等方式,提升毕业生就业能力与就业竞争力。高校要宽容毕业生"慢就业"趋势,适当延长毕业生就业指导服务时间,与用人单位、社会力量共同关注毕业生职业成长,持续为毕业生提供有效的就业指导和服务。

### (三)加强教育引领,引导高校毕业生树立良性就业创业观

一是加强高校毕业生就业观、择业观、奋斗观引领。将就业优先全面融入经济社会发展各项政策,政府、高校、社会舆论共同营造职业无贵贱、就业皆平等的良好氛围,引导高校毕业生树立不管是"蓝领""灰领""白领",做得好都是"金领"的就业理念。

二是前移就业价值观教育关口。高校可以通过"大学生职业生涯规划""挑战杯""新苗人才计划"等就业创业载体,把就业创业教育贯穿人才培养全过程,分类设计就业教育目标、人生发展目标和就业课程体系。通过全省性的"大学生职业发展教育月"等活动,强化高校毕业生职业生涯规划意识。

三是帮助高校毕业生树立正确就业观念。一方面,要帮助高校毕业生调整求职心态,积极面对就业市场。高校要教育引导毕业生从进入大学校园起便关注就业问题,了解用人单位对所需人才的素质要求和学历要求,有针对性地进行职业生涯规划。另一方面,要引导高校毕业生突破传统就业观念束缚。拓宽高校毕业生对各个行业及其发展趋势的认知水平,关注新兴职业、适应经济社会发展需求,摒弃一次定终身的择业观念,树立动态的终身择业观。

# 文化复兴中的青年作用

浙江省青年发展研究中心①

"文化兴国运兴，文化强民族强。"党的二十大报告指出，要推进文化自信自强，铸就社会主义文化新辉煌。作为文化自信的载体之一，中华优秀传统文化（以下简称"传统文化"）的复兴是增强文化自信、推进社会主义文化强国建设、激荡民族复兴力量的重要精神命脉和动力支撑。当前，在坚定文化自信、推动文化复兴的时代强音号召下，青年人积极与传统文化"破壁"对话，青年文化不断与传统文化"破圈"融合，文化复兴在青年群体中逐渐掀起热潮。在此背景下，本文围绕文化复兴浪潮中青年的认知态度、行动特征、作用影响，总结归纳青年在传统文化复兴实践中遇到的问题和诉求，并据此提出厚植青年文化复兴意识、动员青年参与文化复兴的对策建议，以期为浙江加快建设文化强省、打造新时代文化高地提供一定的经验材料支撑和学理参考。

## 一、研究背景

伴随着国民生活水平的不断提升，人民群众对优质精神文化产品的需求日益增长。而近年来，我国面临的国际政治经济环境复杂险峻，也在倒逼国内构建本土文化内循环。在"内需"和"外因"的双重作用下，人们越发意识到传统文化是中华民族的

---

① 本文由浙江省青年发展研究中心供稿，具体撰稿人：卫甜甜、雷薇田、程德兴。

文化根脉和精神家园,在各类思潮激荡的现代社会文化领域中,传统文化应有一席之地。党的十八大以来,党和国家倡导树立全民族的文化自信,加强对优秀传统文化的传承和弘扬,推动中华优秀传统文化的创造性转化和创新性发展。传统文化迎来了"忽如一夜春风来"的发展机遇,开始主动拥抱数字科技、潮流理念和现代生活,文化复兴如星火燎原,既是大势所趋,更是人心所向。

2017年,中共中央办公厅、国务院办公厅印发《关于实施中华优秀传统文化传承发展工程的意见》(以下简称《意见》),文化复兴正式成为国家战略。《意见》指出,只有优秀传统文化全方位融入国民教育,与人民生产生活深度融合,并且转化为人们日常生活、文化实践中不可或缺的组成部分,形成人人传承发展中华优秀传统文化的生动局面,中华传统文化才能真正实现复兴。可见,文化复兴既离不开国家战略的宏观擘画和自上而下的推动,也需要人民群众的广泛参与。

青年是推动传统文化创造性转化、创新性发展的生力军和中坚力量。正如《新时代的中国青年》白皮书中所说:"从热衷'洋品牌'到'国潮'火爆盛行,从青睐'喇叭裤'到'国服'引领风尚,从追捧'霹雳舞'到'只此青绿'红遍全国,中国青年对中华民族灿烂的文明发自内心地崇拜、从精神深处认同,传承中华文化基因更加自觉,民族自豪感显著增强,推动全社会形成浓厚的文化自信氛围。"青年对传统文化的正向态度和积极行动,是推动全社会凝聚文化自信、带领传统文化实现全面复兴的关键动能。

## 二、研究方法

### (一)问卷调查法

本文采用问卷调查法。调查对象以浙江省内14—35周岁(含14和35周岁,下同)的青年为主,调查覆盖浙江省内杭州、嘉兴、绍兴、湖州、台州等多个城市。本次调查共发放线上问卷2622份,剔除填答不规范的问卷,最终回收有效问卷2408份,问卷有效率为91.8%。调查对象基本情况见表1。问卷调查不限定青年了解或喜爱传统文化的程度,旨在从宏观和整体的层面了解浙江青年总体上对传统文化及文化复兴的认知和参与的基本情况。

表1 问卷调查受访青年的人口统计学变量情况

| 类目 | 类别 | 人数/人 | 占比/% |
|---|---|---|---|
| 性别 | 男 | 1191 | 49.46 |
| | 女 | 1217 | 50.54 |
| 年龄 | 14—17周岁 | 8 | 0.33 |
| | 18—22周岁 | 385 | 15.99 |
| | 23—28周岁 | 939 | 39.00 |
| | 29—35周岁 | 1076 | 44.68 |
| 所在城市 | 杭州市 | 265 | 11.00 |
| | 湖州市 | 735 | 30.52 |
| | 绍兴市 | 653 | 27.12 |
| | 台州市 | 551 | 22.88 |
| | 嘉兴市 | 148 | 6.15 |
| | 浙江省内其他市 | 56 | 2.33 |
| 最高学历 | 高中及以下 | 283 | 11.75 |
| | 大专 | 658 | 27.33 |
| | 本科 | 1350 | 56.06 |
| | 硕士及以上 | 117 | 4.86 |
| 职业 | 党政机关和事业单位工作人员 | 818 | 33.97 |
| | 国企/央企工作人员 | 453 | 18.81 |
| | 社会组织从业青年 | 131 | 5.44 |
| | 民营/私营企业员工 | 347 | 14.41 |
| | 自由职业者（包括创业人员） | 215 | 8.93 |
| | 农业劳动者（包括农林牧渔） | 45 | 1.87 |
| | 学生 | 234 | 9.72 |
| | 无业/失业 | 62 | 2.57 |
| | 其他 | 103 | 4.28 |

## （二）深度访谈法

本文采用了深度访谈法。访谈对象以浙江省内14—35周岁的青年为主,包括来自湖州、宁波、绍兴、台州等地的传统文化青年爱好者、从业者、相关职能部门负责人等共29人。访谈对象基本情况见表2。深度访谈对象是对传统文化有着强烈爱好和深度参与的特殊青年群体。深度访谈旨在与问卷调查结果形成对照,从更微观、具体的视角出发,挖掘青年个体参与文化复兴的内驱动因和行动特点。

**表2　访谈对象的基本情况**

| 编号 | 性别 | 所在地 | 类别 | 具体身份 |
|------|------|--------|------|----------|
| T1 | 男 | 台州 | 传统文化从业者 | 非遗船模工作室负责人 |
| T2 | 男 | 台州 | 传统文化爱好者 | 汉服爱好者、工程师 |
| T3 | 男 | 台州 | 传统文化爱好者 | 汉服爱好者、护士 |
| T4 | 男 | 台州 | 传统文化爱好者 | 汉服协会负责人、康复师 |
| T5 | 男 | 台州 | 传统文化爱好者 | 汉服爱好者、基层村社干部 |
| T6 | 女 | 台州 | 传统文化从业者 | 陶舍负责人 |
| T7 | 女 | 台州 | 相关职能部门负责人 | — |
| H1 | 男 | 湖州 | 传统文化爱好者 | 古琴爱好者、公务员 |
| H2 | 女 | 湖州 | 传统文化爱好者 | 缠花爱好者、公司职员 |
| H3 | 女 | 湖州 | 传统文化从业者 | 非遗湖笔传承人、网红博主 |
| H4 | 男 | 湖州 | 传统文化爱好者 | 古诗词爱好者、图书馆工作人员 |
| H5 | 男 | 湖州 | 传统文化从业者 | 非遗制扇手艺人 |
| H6 | 男 | 湖州 | 传统文化从业者 | 制扇厂厂长 |
| H7 | 女 | 湖州 | 传统文化爱好者 | 旗袍爱好者、大学生 |
| H8 | 女 | 湖州 | 传统文化爱好者 | 书法爱好者、大学生 |
| H9 | 女 | 湖州 | 相关职能部门负责人 | — |
| S1 | 女 | 绍兴 | 传统文化爱好者 | 高校工作人员 |
| S2 | 男 | 绍兴 | 传统文化从业者 | 传统文化相关文旅活动负责人 |
| S3 | 女 | 绍兴 | 传统文化爱好者 | 社会组织工作人员 |

| 编号 | 性别 | 所在地 | 类别 | 具体身份 |
|------|------|--------|------|----------|
| S4 | 女 | 绍兴 | 传统文化爱好者 | 古典文学爱好者、大学生 |
| S5 | 女 | 绍兴 | 传统文化爱好者 | 汉服爱好者、大学生 |
| S6 | 男 | 绍兴 | 传统文化从业者 | 黄酒集团工作人员 |
| S7 | 男 | 绍兴 | 传统文化从业者 | 越窑青瓷传承人 |
| S8 | 女 | 绍兴 | 传统文化从业者 | 绍剧演员 |
| S9 | 女 | 绍兴 | 传统文化从业者 | 越剧演员 |
| N1 | 女 | 宁波 | 传统文化爱好者 | 纪录片导演、公务员 |
| N2 | 男 | 宁波 | 传统文化爱好者 | 传统文化协会负责人、古琴教师 |
| N3 | 男 | 宁波 | 传统文化从业者 | 制瓷手艺人 |
| N4 | 男 | 宁波 | 相关职能部门负责人 | — |

## 三、浙江青年在文化复兴中的认知和参与基本情况

### (一)浙江青年在文化复兴中的总体认知特征

问卷调查结果显示,浙江青年对传统文化及文化复兴有着积极的感知。他们既对传统文化有着强烈的认同感和自豪感,同时也将传统文化视为民族象征和精神归属,青年的文化认同和民族认同相互交融。

一方面,传统文化是中华民族生生不息的精神命脉。传统文化能够得以存续和绵延,离不开人们对于其价值的普遍共识和充分认可。在问卷调查中,有66.78%的受访青年非常认同"当下传统文化也有着非常大的价值",68.77%的受访青年非常认同"传统文化让我感到自豪"(见图1);在访谈中,"博大精深""美丽灿烂""宝山""生命力强大""美"成为他们描述传统文化的关键词。可见,青年不仅能直观感受到传统文化的内涵、精神、美感,也能充分认可传统文化融入现代社会的积极价值,这充分彰显了青年的传统文化认同。

另一方面,中华民族的文化认同和民族认同自古以来就是相互交叠、共同铺陈

的。"大一统"历史中逐渐形成的民族共同体是生成文化认同和民族认同的现实基础,博大精深的传统文化则是凝聚文化认同和民族认同的精神驱力。伴随着全球化进程的加深,西方工业文明和传统文化在争鸣中互鉴、在交锋中交融,青年也在世界文化的激荡中领会中华文化的独特魅力,在民族复兴的背景下找到文化自信。在问卷调查中,有66.45%的受访青年非常认同"传统文化是中华民族的象征",有67.36%的受访青年非常认同"传统文化应当走向世界"(见图1)。可见,在民族复兴时代背景和文化复兴的热潮下,青年的文化认同和民族认同也同频共振、相互交融。

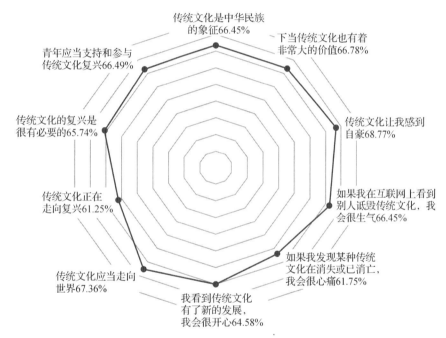

**图1　问卷调查中青年对传统文化及文化复兴相关观点的态度**

当前的文化复兴热潮与国家繁荣、民族自豪的叙事不断融合、相辅相成,共同绘就了民族复兴时代背景下文化复兴的壮阔图景,国家强盛让青年更有底气,也让青年的文化自信更"满格",青年的文化认同和民族认同在交融中同频共振,不断加深。

## (二)浙江青年在文化复兴中的总体参与特征

问卷调查结果显示,浙江青年在文化复兴中的参与形式丰富多样且参与程度各不相同。青年既偏好品尝传统美食、有仪式感地庆祝传统节日、游览传统文化相关景点等线下活动,也喜爱观看传统文化相关的影视节目、书籍漫画、直播等线上内容,同时乐于为传统文化相关的消费品买单。(见图2)

青年消费动能强劲,以消费行为助推文化复兴。近年来,"国潮"品牌引领潮流,汉服市场急速扩张,博物文创火爆……青年在消费市场中带起"传统文化热",通过消费行为来表达对传统文化的喜爱和支持。问卷数据显示,有72.09%的受访青年购买过"非遗"工艺品,有78.36%的受访青年购买过融合传统文化元素的创新文创产品,有63.79%的受访青年购买过汉服或其他民族服饰。

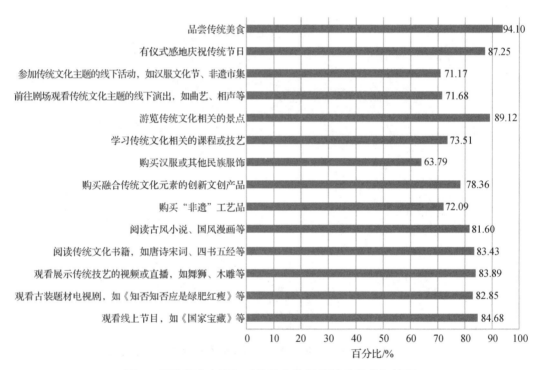

图2　问卷调查中青年对传统文化相关活动的参与情况

青年以更加平视的眼光看待不同的传统文化呈现形式,且会更加注重与传统文化互动过程中产生的个人体验。在过去重视传统和等级秩序的社会文化环境中,底蕴深厚的传统文化象征着经验和权威;而时代变迁后,注重平等、自由的新一代青年,对更具生活化、实用性的传统文化所展露出的偏爱,与他们作为现代青年所呈现出的"传统权威消退""重视自我体验"等个人价值观不谋而合。问卷数据显示,八大菜系、茶道等传统饮食(44.31%)和春节、清明、中秋等传统节日(40.82%)是受访青年最感兴趣的2个传统文化载体;其次是长城、园林等中国建筑(36.05%),中医、中药等传统中医(33.80%)和汉服、簪钗等传统服饰(31.64%),访谈中也有青年提到"与衣食住行相关的传统文化是最容易推广出去的"。(见图3)

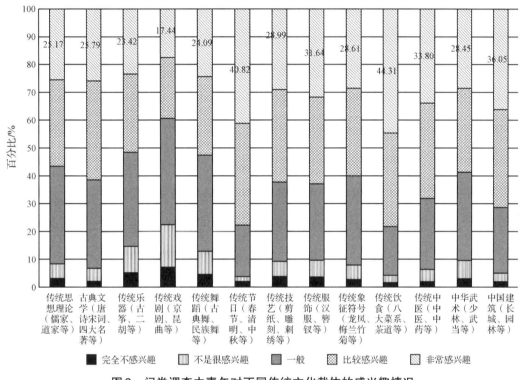

图3　问卷调查中青年对不同传统文化载体的感兴趣情况

青年既会在互联网媒介实践中直接表达他们对传统文化的关注和声援,也乐于在现实生活中大方展示"传统文化爱好者"的身份标签。作为"数字原住民"的新一代青年群体,能够驾轻就熟地运用各类现代新型媒体,热衷于借助网络社交媒体平台表达他们对传统文化的积极看法。问卷调查中,有近8成受访青年会点赞、评论、转发传统文化相关信息,以及会举报或反击他人诋毁传统文化的言论。同时,相当一部分青年也是当下各类文化兴趣圈层的主要成员,他们会主动在现实生活中展露自身的"爱好者"属性,调查中有27.25%的受访青年会经常性地"主动展示自己对某一传统文化的喜爱,比如穿汉服出门"(见图4)。

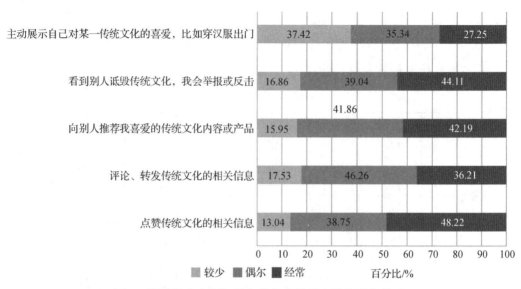

图4　问卷调查中青年对文化复兴的线上线下参与情况

综上所述，目前浙江青年群体对传统文化有着天然好感、强烈自豪和浓烈兴趣，同时也会在日常生活中不断关注和了解与传统文化相关的内容信息，通过线上讨论、线下消费等多种形式来表达对传统文化的喜爱和支持，可见文化复兴在浙江拥有了良好的"青年基本盘"。

## （三）浙江青年在文化复兴中的核心作用发挥

在访谈中，绝大多数受访者是传统文化相关领域行业的青年从业者，或是对传统文化具有强烈喜爱、参与过线下相关趣缘活动的传统文化爱好者。他们是深度参与文化复兴实践的关键角色，在文化复兴青年行动中发挥着不同寻常的核心作用。

青年用科技赋能，为传统文化创造性转化开辟赛道。其具体表现为以下3个方面：一是拓宽传统工艺的现代应用领域。访谈中，越窑青瓷青年传承人S7表示："我们要做跨领域的跨界融合，比如把陶瓷配件应用到天上飞的卫星、地上跑的汽车上，让传统的制瓷技术突破出去。"二是丰富传统文化的数字化应用场景。问卷数据显示，有53.27%的受访青年非常认同"传统文化的呈现形式越来越丰富，例如借助VR技术看文物、抖音直播，看非遗传承表演"。三是开发传统文化互动交流新平台。访谈中青年爱好者H4说："我们通过微信平台'以诗会友'，把德清的古诗词爱好者汇聚起来，定期在公众号上发布征文通知和优秀作品，让更多人了解古诗词、爱上古诗词。"

青年用创意赋新,为传统文化创新性发展拓展空间。具体表现在以下3个方面:一是"跨界合作"助推传统文化"破圈"融合。访谈中,基层工作人员H9说:"我们镇在举办湖笔文化节的同时联动了'王者荣耀争霸赛',游戏里上官婉儿角色的武器正好是毛笔,(游戏)还专门出了一个善琏湖笔武器皮肤,让青年们在娱乐的同时了解善琏的湖笔。"二是拥抱潮流让传统文化更时髦。大学生H8说:"我们把毛笔书法写在纸扇、卷轴、钥匙扣、牛皮纸袋上,同学们非常喜欢这种(形式),觉得很时尚,很有文化。"三是打开传统文化的现代传播思路。制笔传承人兼网红博主H3表示:"我们拍摄湖笔制作的抖音视频时,哪怕一点小工序都会到乡下去复原场景,比如说,在一口古井边打水,用老件套工具,烧草木灰,等等,全部是原生态拍摄,这样很有吸引力。"

青年引领风尚,为文化复兴汇聚青春力量。具体表现在以下3个方面:一是以点带面提升传统文化国民度。访谈中,汉服协会负责人T4说:"我们汉服爱好者的口号是'华夏复兴,衣冠先行,始于衣冠,达于博远',因为汉服很漂亮、更容易被接受,我们靠汉服先把他们吸引过来,然后通过汉服慢慢让大家接受更多的传统文化。"二是充分焕发传统文化的社会价值。青年绍剧演员S8分享了他们送戏下乡的经历:"我们把戏送到偏远地方,特别受欢迎,村民们会拿着自己家里的红薯、地瓜、鸡蛋给我们,他们开心我们也开心。"三是放眼世界推动传统文化"走出去"。青年导演N1自筹拍摄中英双语的《中国秘色瓷》纪录片,他说:"我有强烈的愿望,想让世界了解中国秘色瓷,因此我找到了相关的研究者、传承人、国外陶艺家、留学生等,公益拍摄了这部纪录片。"

## 四、浙江青年深度参与文化复兴的个体动因

### (一)因何热爱——个体、家庭、社群的交织影响

回顾访谈素材发现,个体爱好养成、家庭氛围或家族传承、兴趣社群互动等均是驱动青年爱好者和青年从业者参与文化复兴的重要因素。

从个体视角出发,自孩提时代起所形成的对传统文化的热爱是引导青年参与文化复兴的初始动因之一。在访谈中,台州数名汉服爱好者有着相似的"入坑"动机,即他们都对传统服饰有着厚重的"童年滤镜"。受访者T5说:"我觉得大部分的汉服爱好者应该从小都是'披床单的孩子'。"受访者T2说:"我是高中起开始穿汉服的,因为

我从小喜欢看古装剧,例如《大汉天子》里面的服饰很美好、很漂亮。"受访者 T4 也有同感:"2011 年寒假时电视里面放着《汉武大帝》,当时我就觉得里面的服饰很好看,于是在网上搜索,看到了汉服的百度百科和百度贴吧,真的就被深深折服了,原来我们的民族有着那么美丽而且灿烂的服饰文化,我就一发不可收拾地喜欢上了汉服。"这些青年共同怀揣着孩提时代对传统文化的集体记忆和朴素好感,而在长大成人后,他们会被汉服这一特殊承载形式所触动、激发,从而促使他们主动从传统文化中找到自身的民族归属和精神寄托,将对传统文化的热爱转化为参与传统文化复兴的实践动力。

从家庭视角出发,重视传统文化的家庭氛围和坚守传统技艺的家族传承是激励青年参与文化复兴的环境助力。在访谈中,爱好者 H8 说:"我的爸爸妈妈都非常支持我学习书法。我爸爸会去了解当地书法协会,向别人求题字,还会让我去居委会写春联,他想努力在家庭中营造一种'书香门第'的氛围,这对于我坚持写书法是很重要的。"传承人 H3 则说:"我们家祖祖辈辈都是做湖笔的,传承到我这里也已经是第四代了。我从小就喜欢书法,家里也是希望我能够继续传下去,所以考虑再三,最后还是放弃了大城市的工作和待遇,回到我们善涟传承老一辈的手艺。"家庭是继承和弘扬传统文化的践行单元,重视文化传承的家庭氛围对于青年而言有着耳濡目染、言传身教的浸润作用,家人的支持也会为青年投身文化复兴行动提供激励。

从社群视角出发,兴趣圈层中的交流互动是协助青年参与文化复兴的社会支持力量。在访谈中,许多青年爱好者表示,在传统文化趣缘社群中开展同好交流、参加社群活动、学习相关知识是他们参与文化复兴的重要形式。缠花爱好者 H2 表示:"我们中有一些簪娘会传授技艺,比如,我们在做缠花的时候,有的地方特别难,丝线绕不进去或者滑丝,像这种比较专业的问题,就会有'大佬'教你怎么做。"汉服协会成员 T5 说:"自从加入汉服社,我认识了很多朋友,现在也经常一起玩,(汉服社的活动)丰富了我的历史、文化知识。我的自信心也提高了很多。"兴趣圈层为青年提供信息、情感等社会网络和社会资源支持,青年借此找到了共同热爱传统文化的朋辈队伍,汇聚了参与文化复兴的群体合力。

### (二)因何坚持——获得感和使命感的双重驱动

通过对访谈素材的进一步深入分析,本文发现接触传统文化带来的获得感和传承创新传统文化的使命感是激励青年参与文化复兴的持续动力。

从获得感的视角出发，青年在文化复兴征途上追寻自我价值和社会价值的双重实现。文化复兴不仅仅只是青年陶冶自我情操的"独角戏"，它更是青年彰显担当、回馈社会的"协奏曲"。在访谈中，青年爱好者们普遍表示他们在接触、学习和感悟传统文化的过程中"心静下来了""注意力更加集中"，当自己对传统文化理解更深刻时觉得"更加自信和自豪""个人修养和气质得到了提升"。青年们在传统文化中汲取能量后，也会主动把这些能量传播至更广阔的社会群体。传统文化协会负责人N2说："我坚持做了十几年的公益课，在城镇保护区、百姓课堂、妇女儿童中心、现在的青瓷博物馆、自己的琴室长期开公益课，不收任何费用，这个事情一定要持续做，哪怕学员无法长期坚持，但是他总能通过这些课了解古琴、了解传统文化。"自我价值和社会价值的双重实现赋予了青年更多动力，从而能够让青年将对传统文化的朴素情感转化成持久性的传承和传播行动。

从使命感的视角出发，文化复兴时代使命对青年形成感召，引领青年投身文化复兴的广阔实践。在访谈中，汉服爱好者T3表示："中国传统文化复兴是一个必然趋势，现在的年轻人从小接受的教育就是'根正苗红'，他们对于中国的认识不再是像以前那种国外的月亮就是比中国的圆。国家发展，文化也复兴，大家都认同民族的才是世界的，这是年轻人在对比后自己做出的选择。"越剧演员S9说："现在这个时代的条件、机会和平台比以前好太多了，所以我真心觉得我们应该认真努力去把我们的传统文化传承发扬好。"随着党和国家对传统文化的日益重视以及文化自信的意识越发深入人心，青年在建设社会主义文化强国的宏伟叙事中，逐渐明确了自身赓续中华文脉、投身文化复兴的使命感与责任感。

## 五、浙江青年参与文化复兴的现存障碍

### （一）经济环境中的障碍

第一，经济转化困难造成传统文化产业的"捉襟见肘"和"后继无人"。

部分"慢工出细活"的传统技艺在融入现代市场的过程中产生"排异反应"，而高速运转的市场机制也没有留给相关从业者足够的成长时间。在访谈中，青年陶舍负

责人 T6 说:"(像)我这样的传统手工艺人,其实不了解商业化的包装和市场运作,只能在小众圈子里勉强养活自己。"同时,基层工作人员 H9 也说:"因为湖笔每一道工艺都需要长达数年的学习,现在几乎只有老一辈手艺人还在坚守,年轻一代迫于生活压力,都会前往经济发达的大城市找工作。"

第二,盲目市场化和过度商业化导致传统文化市场中出现"劣币驱逐良币"现象。

近年来,"国潮""新中式"等概念应运而生,传统文化消费急速升温,迎来了商业发展机遇。然而,大量资本的盲目注入也直接冲击了一些受众面不广、尚不具备接轨现代商业运作机制条件的传统文化形式,市场的盲目扩张和行业"过热"可能转瞬就会毁掉一个方兴未艾的传统文化项目。访谈中青年制扇师 H5 指出:"一旦资本盲目进入,市场过热之后,就很容易把这个行业荒废掉。去年,抖音直播这么盛行,抖音拿着大笔资金采购手工扇,可能有些人的制扇技术水平没达到标准,但也被拿去卖。这种情况下,一旦货压在自己手上了就开始抛售,一抛售就影响到我们整个价格体系,以后的生意就很难做了。"

## (二)社会文化环境中的障碍

第一,文化潮流的快速迭代下传统文化出现"热一时"的现象。

当下,新兴时尚理念层出不穷,新营销概念不断涌入,文化潮流以超乎寻常的速度进行更新换代。传统文化在借"国潮"风起之势的同时,也被迫卷入现代文化潮流快速迭代的节奏当中。缠花爱好者 H2 无奈表示:"我做缠花这么多年,见证了这个圈子由热门到冷门,大家觉得好看就都来,但这个传统手工艺品是需要耗费时间和成本的,很多人坚持不下来就离开,而且社会潮流是一阵一阵的,大家看到更新鲜的东西就会被吸引走。"

第二,社会对传统文化存在"忽略"和"误读"。

尽管近年来传统文化越发受重视,但当下中国社会整体对于传统文化的认知仍存在着年龄断层和固有偏见。访谈中,绍剧演员 S8 说:"当我毕业的时候,台下是一批五六十岁的观众,等到我 30 多岁去参加演出,观众还是同一批,也就是七八十岁的老人。"爱好者 H1 也忍不住"吐槽":"很多年轻人、同龄人会觉得你为什么喜欢这些老头的玩意儿,可能我们成长的年代里对传统文化的宣传确实不太够,所以大家对传统文化产生了一定的误解和真空。"不少受访青年也反映了弹古琴被误认是弹古筝,穿汉服被误认为穿韩服或和服等现象。

第三,文化挪用现象频发背景下青年产生文化危机意识,保护诉求尚且难以得到回应。

身处国际舆论前列的青年对于中华文化"走出去"有着高度的信息敏感性和行动自发性。问卷数据显示,有64.12%的受访青年认为"我们的传统文化正在被其他国家剽窃或侵占",有55.11%的受访青年认可针对"迪奥马面裙"事件中国留学生采取的抗议行动。访谈中,大学生S5也表示:"中国留学生主动站出来反对迪奥的文化挪用,这是跟'五四'精神一脉相承的爱国和勇气,但国家在这方面的宣传还不够多,应该重视起来。"

### (三)政策环境中的障碍

传统文化发展的制度支持、政策支撑和激励机制不足,影响文化复兴中的青年力量整合。在访谈中,相关职能部门的工作人员表示,目前文旅下属单位和文联的人手、资金都相对匮乏,和其他部门的合作渠道尚未打通,常常是心有余而力不足。此外,他们并没有权限和资源来直接为青年从业者提供专属扶持政策,政策资源依靠地方政府的重视程度。青年非遗相关从业者普遍表示,目前的荣誉评选机制没有发挥出应有的激励作用,青年"很难出头"。青年爱好者也同样说:"我们全是'为爱发电',投入大量精力和费用办活动、出作品,却仅仅被当作表演工具,得不到实际的支持,慢慢地就会有很多人坚持不下去。"

## 六、对策建议

一是推动传统文化产业高质量发展,让传统文化获得持续性的"自我造血"能力,为青年参与文化复兴打造良性循环的营商环境。深入挖掘传统文化资源,创新开发传统文化相关的创意产品和衍生产品。运用前沿技术,拓展传统文化消费新模式、新场景,帮助承载着传承使命的文化产业焕发新生。与不同领域、多个行业开展跨界合作,释放产业价值,实现文化产业转型升级,合力发展实现传统文化社会效益和经济效益的同频增长。

二是推动优质传统文化资源向学校、基层和网络空间延伸,努力在全社会营造传承弘扬优秀传统文化的积极氛围,为青年参与文化复兴创造开放包容的社会文化空间。深化文化领域供给侧结构性改革,以优秀传统文化丰富公共文化服务供给,广泛开展群众性文化活动。借助全媒体平台,推出普及性强、内容丰富度高的数字化传统文化产品。推动优秀传统文化贯穿国民教育始终、滋养文艺创作、融入生产生活。

三是加强组织领导、政策保障、财政支持,培植中华优秀传统文化传承发展重点项目,为青年参与文化复兴提供系统性的政策资源支持。以宏观指导为总揽,以重点工程为抓手,做好各地区、各领域的传统文化协同并进发展体系设计,切实把传统文化传承发展工作落实到各个层级。整合各方资源力量优势,形成工作合力,打造党委领导、有关部门贯彻落实、群团组织协同推进、全社会共同参与的传统文化传承发展工作格局。推动传统文化传承创新传播人才引育培育,用好人才培养工程抓手,统筹传统文化精品创作和传统文化人才引育两大工程。

# 新时代浙江"希望工程·青少年医疗救助行动"调查报告

浙江省青少年事务所等[①]

20世纪90年代初期,上海、北京等地先后尝试开展儿童医疗互助金试点,探索建立针对儿童群体的医疗互助制度,浙江借鉴这些先行先试地区成功经验,也在少儿医疗救助方面进行了许多尝试。2008年,浙江在希望工程中率先推出针对低收入农户青少年的助医行动,推进希望工程从教育向卫生领域延伸。2012年,共青团浙江省委、浙江省青少年发展基金会积极响应号召,联合浙江广电集团正式设立"向阳花少儿助医基金",公开募集社会捐款,投入少儿医疗救助。基金本着"以人为本、有效救助"的公益理念,积极建立"政府主导、共青团动员、公众支持、家庭自救"相结合的青少年医疗救助体系和社会组织统筹、医疗机构参与、志愿者推动、社会公众支持的联动机制,为罹患重特大疾病或遭遇严重意外伤害的困难家庭青少年提供及时、精准而有尊严的医疗救助。以"向阳花少儿助医基金"为代表的"希望工程·青少年医疗救助行动"成为浙江持续探索少年儿童医疗救助的生动实践。

为了更好地梳理浙江在青少年医疗救助方面的经验和不足,推动浙江省青少年医疗救助事业更好地发展,本文将立足"向阳花少儿助医基金"项目,通过对受资助案例进行统计分析,以及对基金会工作人员、受助对象、志愿者等进行座谈访谈,全面总结新时代浙江"希望工程·青少年医疗救助行动"的实施成效、存在的问题,并在此基础上提出优化青少年医疗救助行动的可行性对策建议。

---

① 本文由浙江省青少年事务所、浙江省团校联合供稿,具体撰稿人:周朝博、陈煜斌、刘东海。

# 一、项目实施情况

## (一)项目内容

"向阳花少儿助医基金"项目的内容主要包括青少年医疗救助、对口帮扶和卫生健康宣教等方面。在青少年医疗救助方面,主要是立足浙江面向全国,择优选择三甲以上公立医疗机构设立定点合作医院,开展0—18周岁青少年健康领域全病种医疗救助。救助资金通过定点合作医院直接抵扣患病青少年扣除医保(新农合)、商业保险后自理、自费、自负的医疗费用,确保救助资金专款专用,全额用于疾病治疗。每例病患最高给予10万元资助。在对口帮扶方面,主要是面向新疆、西藏、青海、贵州、四川、重庆、吉林、湖北等对口帮扶地区的建档立卡户和低收入家庭青少年开展"助力脱贫攻坚助医行动"医疗救助。对口帮扶地区家庭经济困难的患病青少年凭当地县级以上公立医院住院结算单即可申请医疗救助资金,每例最高可获得2万元现金资助。在卫生健康宣讲方面,主要是利用定点医院社工政策解读、志愿者和属地团组织入户调查的契机,积极向困难家庭青少年及其家长开展国家医保(新农合)政策宣讲、意外伤害预防、重疾康复治疗知识普及和义诊下乡等公益志愿服务活动。

## (二)项目成效

2012年以来,项目在筹资、合作医院布局等方面取得了较好的成绩。在筹资方面,在原有传统筹资模式的基础上,项目得到浙江省青少年发展基金会的积极动员、浙江广电集团的广泛宣传、支付宝等互联网公益平台的大力支持,常态化开展小额众筹,通过"月捐""一起捐""情景捐"等网络渠道累计筹资1.1亿元,发放助医资金8200余万元。及时、精准、有效地帮扶了来自全国各地的大病青少年及其所在贫困家庭。在布局方面,项目先后与浙江大学医学院附属儿童医院、浙江省人民医院、复旦大学附属儿科医院、上海交通大学医学院附属上海儿童医学中心等全国33家大型综合医院、重点儿科医院建立了定点合作关系。通过十几年的努力,项目整体的社会影响力显著提升,受到了党委政府和社会各界广泛认可,有力推动了大病救助领域公益事业的发展。"向阳花少儿助医基金"成为民政部"社会工作服务示范项目",获评"浙江慈善奖(项目奖)"，入围"浙江省未成年人思想道德建设十件实事"，入选国务院扶贫办"2020年中国社会组织扶贫案例50佳"。"向阳花助医志愿者"获评浙江省志愿服务优秀集体、杭州市公民爱心优秀志愿者先锋队等。

## (三)实施亮点

### 1. 创新运作模式，以规范促持续

(1)科学设计。项目启动之初，浙江省青少年发展基金会联合浙江省卫生厅等制定管理办法和实施流程，确保项目符合青少年医疗实际需要。同时选取浙江省儿童医院开展长达两年的试点，打磨项目内核和细节，构建起公益组织与医疗机构的良好互动机制。

(2)专业帮扶。项目实施过程中，定点合作医院负责设计最优的治疗方案并预估准确的帮扶金额，有保险、社工经历的志愿者开展青少年家庭情况抽样调查和医保(新农合)报销比例测算，浙江省青少年发展基金会则统筹协调定点合作医院和志愿者团队，各方以专业的服务共同为项目护航，确保善款专款专用、落到实处并能救助更多患病青少年。

(3)全国布点。近几年，浙江省青少年发展基金会立足浙江、面向全国，与10省31家的知名儿科医院、大型综合医院如复旦大学附属儿科医院，以及对口帮扶地区医院如阿克苏第一人民医院等，建立合作关系，既救助全国的疑难重症青少年，也提供家门口的帮扶。

### 2. 创新监督模式，以透明促持续

(1)志愿者介入。"向阳花少儿助医基金"现有40名核心志愿者、200多名一般志愿者，并分成调查组、宣传组、行政组，监督项目各环节、全过程。如开展案例抽查、费用核算等，监督项目的真实性、规范性和合理性；开展医患关系协调、患儿及家长心理疏导，帮助青少年及家人树立信心、重拾希望。

(2)互联网公开。开通"向阳花基金"微信公众号，每周发布待救助患儿基本信息，每月发布项目筹资和支出情况，不定期公布大小公益活动，开放"账款查询"功能，便于公众了解项目动态，确保信息公开、运作透明。

(3)第三方监督。秉持公益性、专业性，每年开展专项审计，多次接受民政部门抽查，定期进行受助人回访，确保"向阳花少儿助医基金"成为阳光下的慈善事业。

### 3. 创新筹运作模式，以高效促持续

（1）广播宣传。依托浙江广电集团和项目发起人、电台主持人等核心成员力量，项目在城市之声107电台、动听968音乐调频等保持常年、高频的宣传，积累了大批忠实的"花粉"。

（2）网络筹资。依托支付宝公益、腾讯乐捐、亲青筹等平台开展互联网化的宣传与筹资，并开设有"月捐""一起捐""情景捐"等网络筹资功能，受众广泛、筹资稳定。

（3）线下互动。在浙江广电集团、合作医院和社会各界志愿者的支持下，项目推出主题曲、纪念伞，开展公益快闪、义演，举办慈善晚宴、义卖活动，以丰富的线下活动，增强公众的参与感。

从总体上看，新时代浙江"希望工程·青少年医疗救助行动"取得了实实在在的成绩，在推动公益慈善领域更加关注青少年健康和大病防治，在创新和优化医疗救助模式、提升医疗救助资金使用效率等方面取得显著成效。

## 三、研究设计

为了更好地梳理和总结项目经验，本研究还将目光投射到项目中的"人"，从受助者和项目参与者的视角，了解不同主体对项目的评价，充分把握和分析项目实施过程中好的做法与存在的不足。为了更准确地获得不同主体的信息、观点和看法，研究将主要采用案例分析法和访谈、座谈法等来获取第一手资料。

### （一）案例分析法

#### 1. 案例数量

项目实施以来，共有5000多名少儿得到"向阳花少儿助医基金"的资助，但由于前期资助对象信息收集并不规范，大量受助对象留存的历史信息较为简单、粗略，不具有太高的研究价值。近年来，受助对象信息采集工作更加规范化，积累了较为丰富的受助对象信息。因而为便于研究，我们在资料相对丰富的受助对象中，抽取了510份作为研究样本。在选取的510份案例样本中男性264人，占比55%，女性246人，占比45%，性别分布较为均衡。但课题组关注到：在意外伤害案例中，男童受伤害的比例要明显高于女童，这与男童天性更为好动、活泼有关；在遗传病案例中，男女童差异

不大。从案例样本的年龄分析来看,1—3周岁20人(4.2%),4—6周岁254人(52.9%),7—9周岁128人(26.7%),10—12周岁70人(14.6%),13周岁以上8人(1.6%)。4—12周岁的占比79.6%,大部分案例发生在这一年龄区间,这与医学统计的少儿易患病年龄段较为一致。从案例样本的家庭年收入来看,5万元以下年收入的占10.6%,5万—10万元年收入的占56.8%,10万—20万元年收入的占25.4%,20万元以上年收入的占7.2%。大部分受助对象家庭年收入水平低于浙江省人均工资收入水平。这说明,项目帮扶的主要对象是低收入家庭,这符合公益慈善项目扶贫济困、扶弱救急的宗旨和意义。总体来看,抽取的案例具有一定的代表性,能较为客观、真实地反映项目的基本情况,达到了案例抽样的目的。

2. **抽样原则**

案例抽样主要考虑以下3个方面因素:在受助时间上,考虑到案例的鲜活度和时效性,尽可能选取近5年,特别是疫情暴发以来的帮扶对象。在地域分布上,主要以浙江省内为主,省内外比例约为4:1,这也是基于受助对象大部分来自省内这一事实情况。在资助金额上,主要在资助金额为1万元、3万元、5万元、10万元的区间内进行随机抽取,确保以上金额内都有一定数量的案例。

3. **分析内容**

为较为全面、客观、科学地对案例进行分析,全方位把握受助对象的群体特征,案例分析主要围绕以下2个方面进行:一是案例的基本情况,主要对受助对象年龄、性别、地域、户籍和所患病情、病种、医疗开销、资助金额等进行分析,得出受助群体的总体特征。二是对受助对象监护人学历、职业以及受助对象家庭年收入等进行分析,梳理案例的共性特点和个性特征。

## (二)访谈、座谈法

为了解项目的整体实施情况,选择浙江省内外与"向阳花少儿助医基金"及"希望工程·青少年医疗救助行动"相关的人员,主要包括受益人、团组织代表、青少年发展基金会工作人员、志愿者、媒体代表等60人开展访谈和座谈。访谈的内容主要涉及2个方面:一是受访对象对"向阳花少儿助医基金"及"希望工程·青少年医疗救助行动"的整体认知。这一部分主要就受访对象对该基金的知悉程度、社会影响、公众评价等方面进行分析。二是受访对象对优化"向阳花少儿助医基金"及"希望工程·青少年医疗救助行动"的意见建议,这一部分主要是梳理受访对象对项目的优势、不足之处的认知,以及一些提升性的对策建议。

## 四、调研结果分析

### (一)受助者极大肯定真金白银的资助方式

案例分析发现,受助群体对"向阳花少儿助医基金"的总体评价非常高。在"对项目的满意度评价"选项中,几乎所有的项目受益人都认为"这是一项务实的民生服务项目"。这也从一个侧面印证出,这个实施了10多年的项目具有非常高的认可度。其中,"给予更多的经济资助"的选项位列榜首,由此可见,通过拿出真金白银来提供医疗救助是令人满意的救助模式,紧随其后的选项分别是"提供更好的医疗服务"和"提供更多的人文关怀"。

### (二)受访者高度认可规范有序的运作模式

目前项目运行过程中涉及了不同主体,受访者普遍认为项目运作过程中各主体分工和运行方式都比较科学规范。如在审核方面,大部分受访对象表示,由"申请人、团组织、医院、基金会"构成的资助申请审核主体"很科学"。某公益基金会负责人表示:"相对于私募基金,由省青少年(发展)基金会这样的公募基金进行统筹,能够充分调动各方资源,尤其是在申请人的背景审核和真实性鉴别上,省青少年基金会是有很大优势的。"在资助金额评估方面,由定点合作医院负责设计最优的治疗方案并预估相对准确的帮扶金额的方式"很合理",某三甲合作医院代表表示:"我们医院在这一领域处于全省领先的地位,由我们来出诊疗方案并预估费用,专业性和准确性都有保障,另外,由于医院的公立性质,我们也不可能虚报费用。"在报销比例测算方面,由有保险、社工经历的志愿者开展青少年家庭情况调查和医保(新农合)报销比例测算"很合理",该项目的资深志愿者李女士表示:"由于在这块领域的志愿工作干久了,我给申请人打几个电话,就大致能判断出申请人说的情况是真是假。"在主导力量上,由浙江省青少年发展基金会统筹协调定点合作医院和志愿者团队"很必要"。由此可见,由承担政府公益职能的部门来统筹项目实施,既是为项目背书,更是项目得以顺利实施的保障。

### (三)受访者普遍接受病情优先的资助原则

在帮扶对象优先级上,是以病情优先还是以身份优先,受访对象对此有一定的分歧。一小部分受访对象认为"帮扶要体现本省优先,帮扶要首先针对本省户籍或在本省范围内的患病青少年",还有小部分人认为,"在这个问题上,无所谓"。但大部分的访谈对象表示"帮扶要以病情优先,与户籍无关,只要有需求,都应该得到帮扶"。这一点也得到了案例分析的佐证,案例分析显示,在类似病情病况下,申请人是否会被资助,与其所在的地域没有最直接的关联,如抽样的好几类疑难病症被资助对象中,省内外被资助对象,基本上各占一半。此外,省内资助时也不会因为申请人与中心城市或定点医院的距离远近受到影响。总而言之,无论申请人来自哪里,病情状况才是资助的最重要依据。

### (四)受访者普遍接受扩大有效覆盖的资助模式

大部分受访的项目工作人员表示,资助额度不宜过大。有访谈对象提出:"宁可多资助几个病例,每个病例少资助一点,也不要用大额资金仅仅资助几个病例。要把有限的资金,放在扩大资助的覆盖面上。"接受访谈的某定点医院王医生认为:"资助额度这个事情要辩证来看待,并不是资助的金额越大越有效,而是在某个特定时期,提供精准资助更为有效。""解决燃眉之急,做到雪中送炭,量力而行,适可而止,比较好。"浙江省青少年发展基金会工作人员杨先生也有类似的观点。但是与此同时,也有近2成的访谈对象认为,"该基金的救助额度还有提升的必要",他们的理由主要是单个病种的最高救助标准原则上不超过10万元,这对于严重的器官移植类疾病动辄70万—80万元甚至上百万元的医疗费用而言,无异于杯水车薪。诚然,在资金总量有限的情况下,提高项目的覆盖面与提高个体的资助额度存在一定的矛盾,但在项目的实施过程中,大多数是以提高覆盖面为优先级。因为,在实际操作中,对于受资助者来说,申请该项目资助与申请其他渠道的资助并不矛盾。

### (五)受访者普遍认为合作医院布局需进一步优化

虽然调研发现,对于目前开展定点合作的33家三甲医院,8成以上受访对象表示

"就医方便"和"值得信任"，但是大部分受访对象认为"目前的定点合作医院仍然存在不足"，尤其是不少来自安徽、江西等地的外来受访对象表示定点医院"可选择余地小，不方便"。6成以上的受访对象认为定点合作医院最好在50家以上。近年来，浙江省青少年发展基金会加大了定点合作医院的拓展力度，每年都会新增2—3家。但一方面，面对增速更快的帮扶需求，定点医院布局的增速还是略显滞后；另外一方面，定点合作医院主要集中在长三角地区以及浙江对口协作省份，北方和西南地区定点合作医院布局显得有些薄弱。

### （六）受访者普遍认为舆论宣传有待进一步提升

目前，项目主要依靠电台广播、车站广告、网站和微信公众号进行推广，同时推广费用投入较少。基金会工作人员表示："由于是公益项目，所以并未将太多资金投入宣传中，（而是）更多地投到了患儿身上。"这一点也从对受访对象的调研中得到印证，大部分受访对象表示，项目的宣传推广很不足。在信息获知渠道上，约90%的受访对象是从定点合作医院的医生和病友群里获得相关信息的，而通过网络或其他方式主动获取项目信息的比例偏小，说明项目在宣传方面存在较大短板，需要进一步丰富宣传方式，扩大项目知名度。

综上，浙江"希望工程·青少年医疗救助行动"聚焦经济困难家庭"就医难""因病致贫、返贫"比例大这一社会关注问题，通过创新社会动员机制，运用"互联网+"技术手段，凝聚起全国数十家专业医疗机构、数以百计爱心志愿者和成千上万社会爱心人士的共同力量，为一大批家庭经济困难的患病青少年缓解了医疗难题。这种社会公众支持、医疗机构参与、志愿者推动的联动机制，能够科学地制定救助标准，保证了公益项目的可复制、可推广、可持续性。面对共同富裕建设的新要求和构建因病致贫返贫防范长效机制的新期待，以"向阳花少儿助医基金"为代表的"希望工程·青少年医疗救助行动"前景广阔、大有可为。

但同时也应该看到，项目也面临不少挑战。一是存在信息沟通壁垒。资助的对象、医院、政府有关部门之间尚存在信息沟通的障碍。特别是政府职能部门的信息联通工作有待加强。二是项目可持续发展存在瓶颈。主要是资金增长空间受限，资助管理手段相对传统。三是志愿者队伍建设不足。志愿者队伍存在人数不足、专业培训不够等问题，志愿者队伍管理有待加强。四是社会影响力尚弱。项目的宣传力度还远远不够,影响面和影响力都有待加强。以上这些问题是该项目发展的瓶颈与短板,也影响项目的提质增效。

# 五、对策建议

## (一)推动青少年医疗救助信息互联互通

构建因病致贫返贫防范长效机制,推动形成医保、民政及社会救助信息交互应用场景。打通医保、民政等部门信息数据壁垒,实现互联互通,及时将政府救助、慈善救助等各类信息汇集起来,避免医疗救助领域重复资助和资助不足。借助数字化改革东风,推动民政或者医保部门依托"浙有众扶"或者"浙里医保"应用,以"浙里贫病共济"为载体,实现医疗负担一站式采集、救助需求一键式推送、救助信息全链路流转、救助成效全过程监测,从而鼓励和规范更多社会力量、公益资源投向医疗救助领域,筑牢多层次医疗保障共富防线。

## (二)推动青少年医疗救助可持续发展

加强资金募集和规范管理,确保项目可持续发展。加大筹资力度,在严峻的筹资形势下,时刻保持如履薄冰、如临深渊的警觉和清醒,坚守初心、大胆尝试新的宣传筹资渠道和方式,如在抖音公益平台开展劝募,尝试用直播方式为医疗救助项目引流。实施"大客户"战略,挖掘大额捐赠群体资源,用专业化服务、高效率实施,吸引企事业单位和个人捐方设立专项基金,定制公益方案,助力企事业单位打造公益文化,实现公益理想,促进商业向善。

## (三)大力培育壮大志愿者队伍

科学管理志愿者队伍,不断巩固扩大"向阳花少儿助医基金"志愿者队伍。加强志愿者在案例抽查、费用核算、对口帮助、内控监督等方面的分工和权责,确保项目的真实性、规范性和合理性。通过志愿者队伍有效弥补专职人员短期、工人成本较高的瓶颈。持续发挥共青团的政治优势和组织优势,进一步联合全国各省级青少年发展基金会,加强定点合作医院所在地优秀青年社会组织的团结凝聚和培育孵化,加大委托当地青年社会组织和志愿者承担事务性工作力度,进一步提高工作效能。

## (四)持续丰富公益服务内涵

加快促进项目迭代升级,持续聚焦"主动救助"和"精准救助"。加大整合定点合作医院资源,突出"主动服务",加强志愿者指导,突出"多维帮扶"。加快属地团委、青年社会组织宣讲,提升青少年意外伤害自救自护和防病减灾意识。加快建设有温度的青少年医疗救助行动体系。动员更多热心公益事业的爱心人士,更加广泛地凝聚社会力量,有效地连接社会资源,共同托起患病青少年的希望,让更多青少年感受到来自共同富裕先行地和省域现代化先行地的幸福感、获得感,促进"浙有善育""浙有众扶"工作有效落实。

# 浙江省乡村青少年校外教育需求调研报告

浙江省青少年校外教育中心课题组①

党的二十大报告指出,"坚持以人民为中心发展教育,加快建设高质量教育体系,发展素质教育,促进教育公平","加快义务教育优质均衡发展和城乡一体化"。全面贯彻党的教育方针,落实立德树人根本任务,培养"德智体美劳"全面发展的社会主义建设者和接班人是加快教育高质量发展的根本遵循。

校外教育是教育的重要组成部分,以其丰富多彩的教育内容,多样化的教育形式,以及社会性、开放性、灵活性、个性化等特点,促进青少年"德智体美劳"全面发展,成为推进素质教育的重要阵地。但是,与城市相比,农村地区由于师资短缺、专项资金缺乏、各方教育力量分散等问题,其校外教育无法适应新时代的发展需求。此外,随着新时代教育评价改革深入,城市校外教育与乡村校外教育的"剪刀差"现象或将进一步放大。因此,如何推进农村地区青少年校外教育发展,最大限度地满足广大乡村青少年对优质校外教育资源的渴望,为他们的健康成长和全面发展助力,将是未来推动城乡教育一体化发展,促进教育公平的重要举措之一,也是浙江高质量建设共同富裕示范区的题中之义。

---

① 本文由浙江省青少年校外教育中心课题组供稿,具体撰稿人:陈敬、叶青、王新云。

## 一、调查目的

校外教育是社会教育的重要组成部分，是学校教育的有益延伸和必要补充，是青少年培养兴趣、发展特长的有效路径，也是帮助青少年实现全面发展的有效平台。

广义的校外教育，是指在学校教学以外的时空里学生所受的影响和教育活动。狭义的校外教育，是指由专门的校外教育机构开展的，对青少年进行的有目的、有计划、有组织的多样化教育活动。一般而言，校外教育主要由不同的校外教育机构组织实施。主要包括以下几类：一是专门的校外活动场所，如青少年宫等；二是专项校外活动场所，如科技馆、博物馆等公共服务场馆；三是日常活动场所，如设在社区的各类活动场所；四是社会力量举办的教育机构，如社会培训机构等。校外教育具有形式多样、方法灵活、时空宽阔、内容广泛等特点，可以打破学校教育年龄、时间、地域等方面的局限，在发展学生的特长、培养兴趣爱好、提高科技素养、养成良好行为习惯、提升创新精神和实践能力等方面有着不可替代的教育作用。尤其是在"双减"政策落地后，校外素质教育服务资源的城乡差距更加明显。2022年，浙江省政协的一份调研报告显示，"双减"背景下，校外素质教育不论在"1＋X"课后托管服务，还是在实践类活动的选择、活动场所的提供上，城乡差异都较为显著，农村的校外素质教育供给覆盖薄弱，能力不足。

怎样让农村地区的青少年有机会享受到优质的校外教育服务，培养他们的主动性、能动性和创造性品质，以丰富的校外教育活动内容，为其兴趣发展和课余生活提供平等机会，从而推动浙江省乡村地区青少年校外教育均衡普惠发展，成为我们本次调研的初衷与目的。基于此，调研组针对浙江省乡村地区青少年校外教育的建设情况、校外教育的开展情况、乡村青少年的需求和满足情况进行了深入的调查研究，以期为相关政策的制定与实施建言献策。

## 二、调查对象与研究方法

### (一)调查对象

调研组通过线上调查的形式,面向浙江省乡村青少年开展问卷调查,共回收问卷 14251 份,剔除无效问卷,回收有效样本 12070 份。问卷面向浙江省内随机发放,涉及浙江省 10 个地级市、60 个县级行政区的青少年(中小学生),其中杭州市 824 人(占比 6.8%)、湖州市 232 人(占比 1.9%)、嘉兴市 1 人(占比<0.01%)、金华市 2637 人(占比 21.9%)、丽水市 2337 人(占比 19.4%)、宁波市 1148 人(占比 9.5%)、衢州市 2914 人(占比 24.1%)、绍兴市 39 人(占比 0.3%)、台州市 947 人(占比 7.9%)、温州市 991 人(占比 8.2%)。

从性别分布来看,6094 名男生和 5976 名女生参与了此次调研,占比分别为 50.5% 和 49.5%。从所处年级来看,一年级、二年级人数为 2984,占比 24.7%;三年级、四年级人数为 4170,占比 34.5%;五年级、六年级人数为 4352,占比 36.1%;七年级、八年级、九年级人数为 564,占比 4.7%。从平时负责照顾的人员来看,由父母照顾的青少年占比 83.6%,由(外)祖父母照顾的青少年则占比 13.3%,其他占比 3.1%。从受教育程度来看,父亲的受教育程度主要是初中、高中(或中专),分别占比 50.2% 和 28.3%;母亲的受教育程度也主要是初中、高中(或中专),分别占比 46.5% 和 26.4%。从职业类型来看,父母的职业类型最多的是打工,约占总数的一半;其次是经商、务农等,约占 2 成。(见表 1)

表 1　有效样本的基本情况[①]

| 项目 | 题项 | 人数/人 | 占比/% |
|---|---|---|---|
| 性别 | 男 | 6094 | 50.5 |
| | 女 | 5976 | 49.5 |
| 所在年级 | 一年级、二年级 | 2984 | 24.7 |

---

[①] 因数据小数点后省略,故部分百分比总和为 99.99%。下同。

续表

| 项目 | 题项 | 人数/人 | 占比/% |
|---|---|---|---|
| 所在年级 | 三年级、四年级 | 4170 | 34.5 |
| | 五年级、六年级 | 4352 | 36.1 |
| | 七年级、八年级、九年级 | 564 | 4.7 |
| 平时负责照顾的人 | 父母 | 10092 | 83.6 |
| | (外)祖父母 | 1600 | 13.3 |
| | 其他亲戚 | 254 | 2.1 |
| | 其他 | 124 | 1.0 |
| 父亲受教育程度 | 小学及以下 | 1091 | 9.0 |
| | 初中 | 6057 | 50.2 |
| | 高中(或中专) | 3415 | 28.3 |
| | 专科 | 988 | 8.2 |
| | 本科 | 481 | 4.0 |
| | 研究生 | 38 | 0.3 |
| 母亲受教育程度 | 小学及以下 | 1459 | 12.1 |
| | 初中 | 5614 | 46.5 |
| | 高中(或中专) | 3187 | 26.4 |
| | 专科 | 1221 | 10.1 |
| | 本科 | 568 | 4.7 |
| | 研究生 | 21 | 0.2 |
| 父亲职业类型 | 村镇干部/教师 | 161 | 1.3 |
| | 务农 | 1356 | 11.2 |
| | 经商 | 1802 | 14.9 |
| | 打工 | 6470 | 53.6 |
| | 无业 | 145 | 1.2 |
| | 其他 | 2136 | 17.7 |
| 母亲职业类型 | 村镇干部/教师 | 281 | 2.3 |
| | 务农 | 1476 | 12.2 |
| | 经商 | 1324 | 11.0 |
| | 打工 | 5858 | 48.5 |

续表

| 项目 | 题项 | 人数/人 | 占比/% |
|---|---|---|---|
| 母亲职业类型 | 无业 | 1076 | 8.9 |
| | 其他 | 2055 | 17.0 |

## (二)研究方法

### 1. 问卷调查法

调研组深入浙江省乡镇学校调研青少年校外教育需求的基本情况,并根据校外教育服务对象的相关群体特征,研究设计了"浙江省乡村中小学校外教育需求调查问卷"。调查问卷从校外教育的组织实施现状、青少年校外教育的参与情况和评价、青少年校外教育的满意情况,以及青少年对加强校外教育的期望等4个维度展开。

### 2. 访谈法

为了更深入地了解浙江省乡村青少年校外教育需求情况,调研组走访了山区26县中具有一定典型代表性的地区,包括云和县、遂昌县、常山县和开化县,共计4所学校,分别访谈了小学校长、小学教师、学生家长、校外培训机构负责人以及青少年宫的主任和副主任等,访谈总时超12小时。其中,对校长的访谈内容涉及学校开展的校外教育情况、课程建设情况、学生参加情况、教师负担情况等;对家长的访谈内容涉及家长对校外教育服务的基本认知、对开展校外教育服务的需求、对校外教育服务的支持情况等。(见表2、表3)

### 表2 访谈对象基本情况

| 学校 | 身份 | | | | |
|---|---|---|---|---|---|
| | 校长(含副校长)/人 | 校内教师/人 | 家长/人 | 校外培训机构的教师/人 | 青少年宫负责人/人 |
| 大柘镇中心小学 | 2 | 1(音乐教师) | 2 | 2 | 4 |
| 球川镇中心小学 | 2 | 若干 | 2 | 1 | 3 |
| 崇头镇中心小学 | 1 | 若干 | 2 | 1 | 2 |
| 华埠镇中心小学 | 1 | 若干 | 2 | 2 | 2 |
| 共计 | 6 | — | 8 | 6 | 11 |

表3 校外培训机构的基本情况

| 编号 | 培训的性质 | 机构情况 | 所在地区 |
|---|---|---|---|
| 1 | 吉他培训 | 3名教师,80多名学生 | 大柘镇 |
| 2 | 游泳培训 | 5名教练,200多名学生 | 大柘镇 |
| 3 | 舞蹈培训 | 3名教师,90多名学生 | 球川镇 |
| 4 | 美术培训 | 3名教师,50多名学生 | 崇头镇 |

# 三、调查结果分析

## (一)乡村青少年校外教育参加总体情况

调查结果显示,参加校外教育的有3396人,占调查总数的28.1%;未参加校外教育的有8674人,占调查总数的71.9%。说明只有近3成的乡村青少年参加了校外教育,超过7成的乡村青少年未参加校外教育。

## (二)乡村青少年参加校外教育的特征分析

第一,乡村青少年参加的校外教育活动场所以社会培训机构和青少年宫为主。

调查结果显示,乡村青少年选择社会培训机构参加校外教育的占24.9%,选择青少年宫的占24.3%,这2类占比较大;选择公共服务场馆、社区活动场所、各种校外实践基地以及其他校外场所的分别占16.9%、14.1%、9.4%和10.4%。(见表4)

表4 乡村青少年参加校外教育的活动场所

| 项目 | 题项(多选) | 人数/人 | 占比/% |
|---|---|---|---|
| 校外教育活动场所 | 社会培训机构提供的教育场所 | 1384 | 24.9 |
| | 青少年宫 | 1350 | 24.3 |
| | 公共服务场馆 | 936 | 16.9 |
| | 社区活动场所 | 785 | 14.1 |
| | 各种校外实践基地 | 522 | 9.4 |
| | 其他校外场所 | 576 | 10.4 |

| 项目 | 题项(多选) | 人数/人 | 占比/% |
|------|-----------|--------|--------|
| 共计 | | 5553 | 100 |

第二,乡村青少年参加的校外教育活动类型主要为文化艺术类。

乡村青少年参加校外教育活动最多的是文化艺术类活动,占29.7%;其次是体育运动类活动,占21.2%;主题教育类、科学技术类、社会实践类、游戏娱乐类以及其他校外教育活动,分别占17.4%、13.0%、6.4%、3.7%和8.6%。(见表5)

表5　乡村青少年参加校外教育的活动类型

| 项目 | 题项(多选) | 人数/人 | 占比/% |
|------|-----------|--------|--------|
| 校外教育活动类型 | 文化艺术类活动 | 1767 | 29.7 |
| | 体育运动类活动 | 1260 | 21.2 |
| | 主题教育类活动 | 1037 | 17.4 |
| | 科学技术类活动 | 733 | 13.0 |
| | 社会实践类活动 | 382 | 6.4 |
| | 游戏娱乐类活动 | 217 | 3.7 |
| | 其他校外教育活动 | 513 | 8.6 |
| 共计 | | 5909 | 100 |

第三,参加校外教育的乡村青少年超9成表示满意。

根据乡村青少年对校外教育活动场所、活动设施、参与的教育活动,以及教师满意度等多维度评价,总体来讲,他们对其所参加的校外教育感到非常满意的占44.0%,比较满意的占33.6%,一般满意的占14.4%,比较不满意的占4.2%,非常不满意的占3.8%。

首先,乡村青少年对所参加的校外教育活动场所的满意程度为:非常满意的占44.4%,比较满意的占33.6%,一般满意的占14.2%,比较不满意的占4.0%,非常不满意的占3.8%。这说明青少年对校外教育活动场所比较满意。其次,青少年对校外教育活动场所提供的活动设施的满意程度为:非常满意的占42.5%,比较满意的占

33.4%，一般满意的占16.0%，比较不满意的占4.3%，非常不满意的占3.8%。这说明青少年对校外教育活动场所提供的活动设施比较满意。再次，青少年对校外教育活动场所组织的教育活动的满意程度为：非常满意的占43.3%，比较满意的占34.0%，一般满意的占14.7%，比较不满意的占4.2%，非常不满意的占3.8%。这说明乡村青少年对校外教育活动场所组织的教育活动比较满意。最后，乡村青少年对指导校外教育活动的教师满意程度为：非常满意的占45.5%，比较满意的占33.5%，一般的占13.0%，比较不满意的占4.1%，非常不满意的占3.9%。这说明乡村青少年对指导校外教育活动的教师比较满意。(见表6)

表6　青少年对校外教育的满意情况

| 满意度选项 | 非常满意/% | 比较满意/% | 一般满意/% | 比较不满意/% | 非常不满意/% |
|---|---|---|---|---|---|
| 活动场所满意度 | 44.4 | 33.6 | 14.2 | 4.0 | 3.8 |
| 活动设施满意度 | 42.5 | 33.4 | 16.0 | 4.3 | 3.8 |
| 教育活动满意度 | 43.3 | 34.0 | 14.7 | 4.2 | 3.8 |
| 教师满意度 | 45.5 | 33.5 | 13.0 | 4.1 | 3.9 |
| 平均满意度 | 44.0 | 33.6 | 14.4 | 4.2 | 3.8 |

即便如此，从调研数据来看，还是有部分参加校外教育乡村青少年对于校外教育的场所、设施、活动或教师感到不满意，不满意的人数占总人数的8.0%，可见乡村校外教育仍有很大的提升空间。

## (三)乡村青少年未参加校外教育情况

调查结果显示，未参加校外教育的乡村青少年有8674人，占有效样本的71.9%。关注未参加校外教育的乡村青少年需求情况是了解浙江省乡村青少年校外教育需求的重点工作。

第一，完成作业是未参加校外教育的青少年课余时间的主要内容。

调查结果显示，未参加校外教育的乡村青少年在课余时间中，完成作业的占35.1%，与同伴玩耍的占21.4%，没有固定活动而进行自主安排的占17.6%，看电视、上网的占12.4%，做家务、农活的占10.6%，参加校外培训(与学科相关的课外延伸课程，

如口语课等)的占2.9%。(见图1)

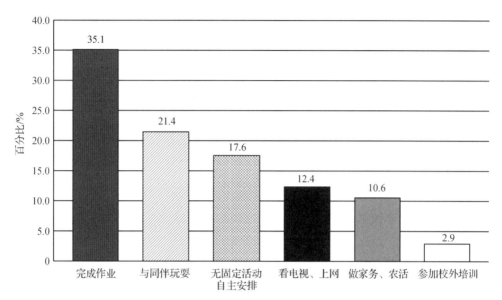

图1 未参加校外教育的乡村青少年星期六和星期日活动情况

调查结果显示,未参加校外教育的青少年在星期六和星期日自行活动耗时半天以内的占比52.5%,耗时一天的占比33.7%,耗时一天半的占比6.8%,耗时两天的占比7.0%。(见表7)

表7 未参加校外教育的乡村青少年星期六和星期日自行活动耗时情况

| 时间 | 半天内 | 一天 | 一天半 | 两天 |
|---|---|---|---|---|
| 占比/% | 52.5 | 33.7 | 6.8 | 7.0 |

第二,74.8%未参加校外教育的乡村青少年希望能参加校外教育。

调查结果显示,在未参加校外教育的8674名青少年当中,比较想参加校外教育的占31.8%,参加意愿一般的占43.0%,不想参加的占25.2%。(见表8)

表8 未参加校外教育的青少年的参加意愿情况

| 意愿情况 | 参与意愿强 | 参与意愿一般 | 参与意愿弱 |
|---|---|---|---|
| 占比/% | 31.8 | 43.0 | 25.2 |
| 人数/人 | 2754 | 3732 | 2188 |

## (四)期望参加校外教育活动,的乡村青少年个体差异

调查主要通过校外教育活动场所、类型、时间3个方面来进行,主要是为了了解未参加但期望参加校外教育的乡村青少年对校外教育的需求。

第一,3成左右的乡村青少年希望去图书馆、博物馆等公共服务场馆。

调查结果显示,乡村青少年期望参加的校外教育活动场所中,图书馆、博物馆等公共服务场所位居第一,占30.4%(4255人)。对青少年宫的需求居第二,占25.2%(3531人)。想去各种校外实践实习基地的占16.1%(2251人),想去社区(农村)活动场所的占11.0%(1540人),想去社会培训机构等提供的教育场所的占9.3%(1306人),其他占8.0%(1119人)。(见图2)

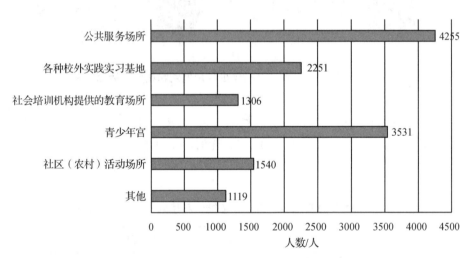

**图2 乡村青少年期望参加的校外教育活动场所**

第二,2成左右的青少年希望参加科学技术类、文化艺术类、体育类活动。

调研显示,乡村青少年希望参加的校外教育活动类型也是多种多样的。希望参加科学技术类活动的占21.4%,希望参加文化艺术类活动的占19.3%,希望参加体育类活动的占19.0%,希望参加主题教育类活动的占15.5%,希望参加社会实践类活动的占12.5%,希望参加游戏娱乐类活动的占7.2%,其他的占5.1%。(见图3)

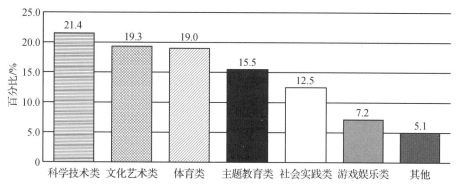

图3　乡村青少年希望参加的校外教育活动类型

乡村青少年参加校外教育是为了从中有所收获,这是满足其需求的一种体现。其中,希望能在活动中培养自己兴趣爱好的人数比例最高;其次是锻炼身体、增强身体素质;再次是希望能使学业成绩得到提升,以及希望缓解学习压力、放松心情;最后,还有15.7%的青少年希望通过校外活动结交新朋友,寻找小伙伴。(见图4)

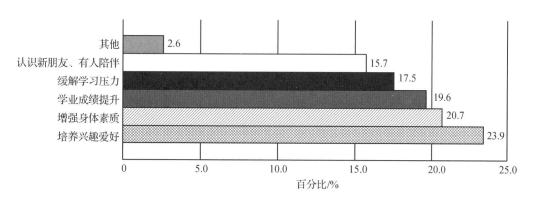

图4　乡村青少年想从校外教育中获得收获的情况

第三,超5成的乡村青少年希望在星期六和星期日参加校外教育。

乡村青少年希望参加校外教育的时间多集中于星期六、星期日和寒暑假。其中,希望在星期六和星期日参加活动的人数最多,占总人数的53.3%;希望在寒暑假参加活动的占40.0%,希望在星期一到星期五放学后参加活动的占6.7%。

第四,近3成的乡村青少年表示家周边没有活动场所是其未能参加校外教育的主要原因。

调查结果显示,在未参加校外教育的乡村青少年中有参加意愿的占74.8%,他们没有参加校外教育的原因是多重的。其中,家周边没有校外教育场所的占28.8%,距离远、交通不便的占24.2%,费用太高的占18.0%,这些客观因素占比达7成;认为没有时间和精力参加的占9.0%,不感兴趣的占5.1%,家长不支持的占1.5%,这些主观因素的占比约为15.6%;其他原因的占13.4%。(见图5)

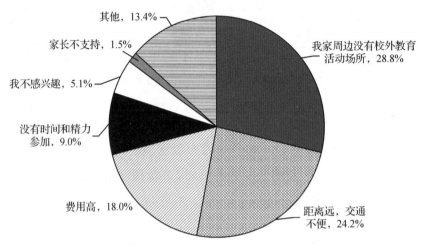

其他,13.4%
家长不支持,1.5%
我不感兴趣,5.1%
没有时间和精力参加,9.0%
费用高,18.0%
我家周边没有校外教育活动场所,28.8%
距离远,交通不便,24.2%

图5　乡村青少年未参加校外教育的原因

可见,校外机构的设置、地理位置、收费情况等已经成为部分乡村青少年参加校外教育的巨大障碍。在进一步追问"家周围的校外教育活动场所和类型是否能满足个人需求"时,仅有20.4%的青少年认为全都能满足,也就是说绝大多数乡村青少年对周边的校外教育活动空间以及提供的活动类型不满意。此外,从整体的调查情况来看,无论是已参加校外教育的青少年还是未参加校外教育的青少年,他们都对校外教育抱有一定的期望。其中,期望加强校外教育活动场所建设的占41.1%,期望可以定期组织丰富的校外活动的占19.7%,期望增加校外教育教师人数及增强教师素质的占11.1%,期望减少参加校外教育经济负担的占10.3%,期望配备先进的校外活动设施的占7.1%,其他占10.7%。(见图6)

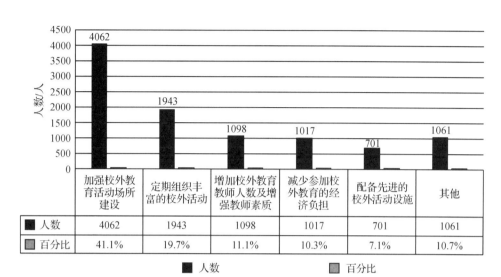

图6  乡村青少年对于校外教育的期望

| | 加强校外教育活动场所建设 | 定期组织丰富的校外活动 | 增加校外教育教师人数及增强教师素质 | 减少参加校外教育的经济负担 | 配备先进的校外活动设施 | 其他 |
|---|---|---|---|---|---|---|
| ■ 人数 | 4062 | 1943 | 1098 | 1017 | 701 | 1061 |
| ■ 百分比 | 41.1% | 19.7% | 11.1% | 10.3% | 7.1% | 10.7% |

■ 人数    ■ 百分比

## 四、乡村校外教育发展中存在的问题

乡村校外教育对青少年的成长具有重要意义,但其建设和运行面临诸多困难,结合本次调研全省乡村校外教育的发展现状,主要发现了以下问题。

### (一)乡村学校少年宫布点不足

乡村学校少年宫是乡村校外教育的主阵地。乡村学校少年宫,是指依托农村中小学校现有场地、教室和设施,进行修缮并配备必要的设备器材,依靠教师和志愿者进行管理,在课余时间和节假日组织开展普及性课外活动的公益性活动场所。乡村学校少年宫的开放时间为平日放学后、节假日和寒暑假,开放对象主要为所依托学校的在校学生,鼓励具备条件的乡村学校少年宫面向周边中小学校学生开放。2011年以来,乡村学校少年宫建设从无到有、由点及面,中央专项彩票公益金支持乡村学校少年宫项目全面完成。到2020年,全国各类乡村学校少年宫总数达到5万所。浙江省有488个街道、258个乡、618个镇,以目前建成的大约1280所乡村学校少年宫为基数计算,平均每个街道或乡镇拥有的乡村学校少年宫不足1所。乡村学校少年宫的数量有所增加,并且已经基本实现了乡镇全覆盖,但总数依然不足以满足青少年的需求。

从实际距离考量,由于村小撤并镇小后,很多学生距离学校较远、交通不便且居住分散,依托农村中小学建立的乡村学校少年宫有效覆盖率大打折扣,其星期六和星期日活动开展也会受到多种客观因素的影响。据了解,调研组到访的4个镇中心小学中都有学生住宿情况,原因大多是学生的家庭住址距离学校较远。这些学生的上下学都是由学校租用的公交车接送,在星期六和星期日时间,一方面受经费限制,另一方面由于校外活动个性化、自愿化等,难以像平时上学一样依靠学校力量来解决。此外,很多乡村青少年是留守儿童,正如某校长提到的:"学校的大多数学生由爷爷奶奶照看,平日接送非常不方便,学校租用公交车是考虑到安全问题和交通问题。这一点在学校少年宫组织活动时也受到了限制。"还有受访者反映:"学生的家庭住址非常分散,有的比较近,有的则很远,星期六和星期日是没有公交车接送的,如果让爷爷奶奶接送,可能骑着电动自行车送来以后车就没电了,而且路上也有很大的风险,再加上学生的意愿并不强,星期六和星期日的活动也就更少了。"这在一定程度上说明,乡村青少年的居地附近由于没有或者很少有乡村学校少年宫,青少年参加校外教育活动的意愿有所降低。有学生家长指出:"我不太了解校外教育,我们家附近好像没有这样的场所,我的孩子就是按部就班上课,星期六和星期日就在家里做作业或者玩。"因乡村学校少年宫的布点因素,导致许多青少年无法享受校外教育的服务,这对于乡村青少年的成长和发展是一大阻碍。

## (二)现有阵地未能充分发挥校外教育功能

2011年,中央文明办和教育部发布了《乡村学校少年宫使用管理办法》,以充分发挥乡村学校少年宫作用,切实规范和加强乡村学校少年宫的使用管理。然而在落实过程中,个别学校虽成功挂牌"乡村学校少年宫",但一直没有正式运行,这与当地生源、师资、交通等因素有关。许多学校虽然发挥了乡村学校少年宫的作用——建设活动场所、开设兴趣课程、举办校外活动,但运行时间较短,加上时间、经费、人员等各种因素的影响,开展效果一般。究其原因,主要有以下几点:

首先,乡村学校少年宫发展空间受限。近几年,在国家和地区的政策推动下,乡村学校少年宫的建设才刚起步,运行时间较短,在场地建设、课程设置等方面需要依靠自主摸索、多方沟通学习,如果一味按照相关文件的规定执行,没有结合当地发展情况和学生发展需求,将难以适应乡村的现状。在活动安排方面,目前乡村学校少年宫的活动类型和内容单一,而且很多做法是嵌套在校内的拓展型课程中的,并没有形成一套独立的运行体系。其次,乡村学校少年宫的运行所需经费无法得到充分的保障,活动开展困难,影响了少年宫的整体发展。再次,乡村学校少年宫缺乏经验丰富的管理人员,导致其无法在教师培训、设备器材、项目资金、课程开展等方面进行科学管理。乡村学校少年宫管理的重点环节包括组织校长业务培训、管理项目资金、管理设备器材、组建辅导员队伍、开展各项活动。因此,没有专业的管理队伍出台和落实管理方案,很难维持校外活动的高质量运营,也会导致服务水平低下。在部分乡村学校少年宫的实际操作中,存在管理人员职责细分不够,缺乏相应的教师监管考核机制、实施方案、档案记录等问题,部分学校没有专门的管理办公室,其建设运行无组织、无计划、无反馈、无记录,出现职责不清、活动管理混乱、财务不明晰、档案管理无序等现象,亟须一支专业团队厘清项目管理的全过程。

## (三)乡村校外教育的师资力量薄弱

乡村校外教育师资力量薄弱,主要表现为教师队伍数量不足、教师队伍专业不强和教师队伍缺乏保障机制。

### 1. 教师队伍数量不足

一项全国性的调查结果显示,青少年与校外教育工作者的比例为10620∶1,城镇青少年与专职校外教育工作者的比例为3810∶1[①]。校外教育工作者的数量严重不足,尤其是乡村校外教育的教师队伍数量不足。乡村学校少年宫的教师主要由学校的教师担任,一小部分是来自校外的兼职教师。以遂昌县大柘镇中心小学为例,该校的在校生有393名,在编教师共有49名,乡村学校少年宫的运作基本靠校内老师义务参与。有教师反映:"星期一至星期五教师都在上课,星期六和星期日肯定是希望休息的,而且休息日难免有私事。家里有小孩的教师,也希望能够利用这个时间陪陪自己的孩子。当然,学校也会向校外招聘一些兼职教师,但实际情况是,校外兼职教师的数量本身也不足,只能在寒暑假的时候招聘一些返乡大学生来上课。"即使是民办的校外培训机构,其数量和教师数量也十分有限,有些人口大镇,拥有的民办校外培

---

① 陈岚、陈敬:《青少年宫师资问题及解决路径探析》,《青少年研究与实践》,2018年第33卷第2期,第96—101页。

训机构最多不超过3家，每个培训机构的教师不多，一般3—5人，也都以兼职为主。特别是有些季节性强的培训项目，如游泳，一家游泳培训机构有5名教练，他们只在暑期教学2个月，另外的时间从事别的行业。

### 2. 教师队伍专业性不强

首先，整体上讲，乡村校外教育师资队伍专业水平不高，专业发展培训缺失。在对7名校外培训机构负责人进行访谈时，有超过一半的负责人提到所在机构的教师很少是本专业出身，只是把培训当作自己的兼职工作。如在访谈中，某机构负责人说："我们机构是美术培训，但我本身是学设计的，另外2名老师也非美术出身，会画画，但在我们星期一到星期五不上课的时候，就要从事另外的工作。"此外，大部分的少年宫没有专门师资培训机构，无专人专责对相关规定进行落实、监督、反馈、考核，教师专业性水平难以评定。而校内教师担任少年宫教师时，大多会延续学校的教学方式，弱化少年宫教育活动的独特性和校外特色，容易成为校内课堂教学的另一种延伸。此外，校外教育师资专业的多样性缺乏，我们访谈的6名校长均提到了学校少年宫开展活动面临的校内师资缺乏问题，特别是艺术教师和专业教师的缺乏，使得他们无法在某些专业领域为学生提供专业指导。同时，学校也缺乏对教师的相关培训，活动难以开展。

### 3. 教师队伍缺乏保障机制

首先，由于校内教师是在休息时间开展校外活动的，从目前的财政政策来讲，无法给予其一定的报酬或补贴，因此很少会有校内教师愿意参加这类活动。为了使乡村学校少年宫工作顺利开展，他们需要常年聘请校外的兼职教师。但需要注意的是，乡村校外的兼职教师数量本身短缺，也缺乏兼职教师选聘的经费和制度保障。其次，对于外聘兼职教师的管理存在盲点和困境。由于他们人数多、来源广，思想认知、教学水平、家庭情况各不相同，管理难度大。此外，少年宫、校外教育机构与外聘教师之间由于没有制度约束，所以对外聘教师缺乏刚性制约、难以管理，也造成了人员流动性大等问题。有些地区在政策上"一刀切"，不允许校内教师参与校外教育，导致校内外教师资源无法互通，无法实现师资共享，从而导致校外教育教师队伍不稳定。

## （四）乡村校外教育的资金保障不足

为提高乡村校外教育服务质量，学校需要政策、人力物力和资金的支持，但是当前乡村校外教育专项经费不足,来源渠道单一,无法负担场地建设、设施购买和工资下发等方面的经费支出。而在需求侧,18%的青少年认为校外教育收费偏高,因此降低校外教育机构的资金压力,切实满足青少年的校外教育需求,显得格外重要。

### 1. 乡村校外教育专项经费不足

乡村学校少年宫初期是由中央彩票公益金一次性拨付20万元建设的。建成之后,根据少年宫的建设情况,每年再拨付2万—5万元专项经费用于后期运行。从各乡镇实际运行中可以发现,2万—5万元的专项资金不足以填补乡村学校少年宫人员培训、设备折旧和维护等方面的后期费用。经费短缺势必影响乡村学校少年宫活动的顺利开展。乡村学校少年宫经费来源方式完全不同于义务教育学校的财政拨款,主要依靠彩票专项资金的支持,渠道单一,这也是经费不足的原因之一。当被问及乡村学校少年宫运行的专项经费时,某校长表示"不知道有这笔经费",也有校长表示"有收到一笔3万元的经费,大多是用来添置设备的,基本不会有剩余。校内的有些老师,比如音乐或者舞蹈老师,他们进行校外教育的专业能力有限,需要外聘专业老师,这些老师的课时费和交通费是需要我们支出的,可是批下来的经费根本不够"。专项经费无法保障,教师工资的发放成了问题,同时校外教育的活动形式单一,服务内容陈旧,难以满足青少年的需求,乡村校外教育可持续发展成为难题。

### 2. 乡村开展校外教育的社会培训机构收费偏高

乡村开展校外教育的社会培训机构收费偏高,使得部分青少年及其家庭无法承担参加活动的费用。从浙江乡村青少年父母的职业情况来看,超过半数青少年的父母的职业为打工、务农、无业,大部分青少年家庭收入水平不会太高,因此对青少年校外教育的投入也会相对较少。有家长反映:"某机构新开业时有优惠活动,一个暑假的费用大概为1000元,给孩子报名了。假期结束后,本想让孩子继续学习,但优惠已经结束,1节课费用大概100元,说实话,我们这种家庭会有点吃力,所以就没再参加了。"当校外教育的收费价格超出青少年家庭的可承受能力时,青少年的参与率会相应下降。同时,收费偏高也会影响青少年参加校外教育的意愿。在未参加校外教育但有参加意愿的青少年中,有18.0%的青少年反馈,因校外教育费用太高直接导致他们不参加校外教育;有19.1%的青少年提出了降低校外教育费用的期望。在没有参加意愿的青少年中,有22.0%的青少年反馈,他们不太想参加校外教育的原因是费用太高,家里负担重;有10.3%的青少年提出了减轻参加校外教育经济负担的诉求。

## （五）乡村校外教育未形成教育合力

习近平总书记在全国教育大会上指出："办好教育事业，家庭、学校、政府、社会都有责任。"校外教育尤为如此，需要政府、社会、市场、学校、家庭等多方力量协同形成合力，特别是乡村校外教育的发展，需要充分发挥不同主体的资源、要素功能，通过有效地协调、配合和共享，共同奠定促进青少年健康成长和全面发展的良好环境基础。但从现实情况来看，目前发展乡村校外教育的合力尚未形成。

### 1. 政府统筹力量不足

政府对校外教育的统筹力量不足，尚未形成管理合力。一是由于校外教育场所与各上级管理部门的隶属关系不同，导致目前在校外教育的管理上"各自为政"，缺少一个实体化指导机构的统筹，难以形成校外教育工作的"一盘棋"，特别是在政策制定、业务开展、资源整合、整体谋划等方面，各相关部门之间难以形成合力，协同发展。二是缺乏对校外教育的督查考核。只注重校外教育场所的建设，忽视了运营管理，对工作绩效的优劣情况缺少考核，导致相关问题始终无法解决。由于无法对乡村学校少年宫形成有益的激励效应，部分少年宫惰于经营，办学落后。

### 2. 校内外资源不联动

校外教育本质上是一种社会实践活动，由于学校和校外教育机构的办学条件有一定差异，横向联系少、借鉴少、共享少，双方对同主题、同形式的时间资源进行低水平的重复开发和利用，或者双方合作少，甚至不合作，呈现出"各自为政"的景象，这就导致了校内的教育活动空间十分有限而校外的场所却被闲置，不能充分发挥场馆在时间和空间、课程内容、教学方式上的优势互补。另外，教师资源的有限性一定程度上影响了教师资源的互通性和流动性，这在很大程度上影响了校内外教育的联动，从而限制了校外教育的发展。

### 3. 家长支持度较低

校外教育没有得到家长的支持，主要是受家长的受教育程度和家庭收入影响。调查结果显示，父亲受教育程度是中学（含初中、高中或中专）的占78.5%，母亲受教育程度是中学（含初中、高中或中专）的占72.9%；父母为务工人员的占一半以上，经济收入不高。访谈资料显示，家长对于"让孩子参加课外活动，培养孩子各方面兴趣"意识不强，对校外教育的支持度较低。部分校长和老师都提到这个问题，如某乡村学校少年宫负责人感叹:"我们曾经为了学生的发展做了很多努力,比如之前在校内组织一个课外拓展活动,学生自愿报名即可,我们当时的目标是20个学生,但即使这么小规模的活动依然组织不起来,学生有意愿但是家长那边支持度不高。"

## 五、对策与建议

### (一)做好乡村校外教育的顶层设计

党的二十大报告指出,"全面推进乡村振兴","全面建设社会主义现代化国家,最艰巨最繁重的任务仍然在农村"。发展乡村校外教育首先需要政府部门做好顶层制度设计,充分发挥浙江省青年工作联席会议的作用,统筹校外教育工作。如编制《浙江省乡村校外教育发展纲要》,全面推进乡村校外教育的振兴,助力高质量发展建设共同富裕示范区。省文明办、团省委、教育厅、科技厅、文旅厅、体育局等部门完善工作制度,保障规范运行,加强考核评估,协同推进各类校外机构服务乡村青少年。

### (二)融合乡村校外教育的各方力量

加强学校教育、社会教育和家庭教育三方的协作,形成全方位、多层次、一体化的乡村校外教育体系,使青少年在良好环境中健康成长、全面发展。建立校内外教育的共建机制,校外教育与校内教育建立沟通桥梁,实现校内外教育的融通,充分发挥其在青少年教育中的重要作用。构建民主的家校社互动关系,青少年的健康成长离不开家庭、学校和社会的共同助力,应推广政府购买社会服务的形式,推动乡村校外教育发展。

### (三)加强乡村校外教育教师队伍建设

教师队伍建设是一项长期复杂的工程,需要统筹兼顾、多措并举。一是加强乡村校外教育的师资力量。相关部门需要深化教师管理制度改革,缓解乡村学校少年宫师资力量短缺问题,通过多种渠道提升教师的人力供给。在评优评先、职称晋升等方面给予倾斜,吸引更多优秀人才加入校外教师的行列中,确保校外教育专任教师和管理人员数量基本满足场所正常运转及发展的需要。二是建立一支优秀的外聘教师队伍。聘请德才兼备的骨干教师、名师任教,提升师资队伍整体素质,以人性化的管理增强教师队伍的凝聚力,激发教师为校外教育事业工作的热情。三是建立一体化的教师培训体系,培养一批"学习型、研究型、创造型"的校外教育教师,提升乡村校外教育教师综合素质。

### (四)为乡村青少年打造"家门口青少年宫"

打造"家门口青少年宫",让普惠优质的校外教育服务"飞入寻常百姓家"。一是激活乡村学校少年宫、"复兴少年宫"现有资源。乡村学校少年宫、乡村"复兴少年宫"承担了振兴乡村教育的功能,也是推进"双减"的重要活动阵地,通过抓住这个"牛鼻子",盘活乡村校外教育资源,向乡村青少年释放更多的优质资源。二是启动"家门口青少年宫"试点建设。目前,"家门口青少年宫"已被纳入浙江省现代社区建设"十件惠民实事"的配套项目,以此为契机,打通农村家长接送青少年"最后一公里"。三是推动"流动少年宫"迭代升级,通过灵活多样的手段,填补乡村少年宫服务的空缺。

### (五)加大乡村校外教育的资金投入

要发展好乡村校外教育,必须加大对乡村校外教育的资金投入。一是完善校外教育资金保障机制,由财政部门设立专项资金支持校外教育的开展,用于场所建设、设备添置、教师激励、项目研发等,同时建立专项资金的绩效考核制度,确保资金专款专用。也可采用"以奖代补"的方式拨付运转经费,对工作成效好的乡村学校少年宫、乡村"复兴少年宫",提高运转经费额度。二是鼓励更多的社会资金投入校外教育。以非营利性的运作机制鼓励更多的社会资金投入校外教育,吸引社会各界通过冠名、资助等形式支持少年宫的建设和发展。三是按照国家的相关规定,对乡村校外教育活动的开展适当收取成本费用,保证校外教育的可持续发展。

# 青年参与城市社区改造行动研究
## ——以杭州市X小区打造"青春社区"为例

浙江省团校课题组[①]

## 一、引言

党的二十大报告提出,"要把青年工作作为战略性工作来抓",高度重视青年、热情关怀青年、充分信任青年。当下,青年优先发展理念深入人心,多个城市积极响应,提出大力建设青年发展型城市,让青年成为城市发展的主体、主人,让城市为青年的成才、成长、成功提供更好的空间、平台、环境、条件。因此,也对城市建设提出了更高的要求。

改革开放以来,尤其是20世纪90年代,城市化的迅速发展使中国的城市生活和城市面貌发生了巨大变化。面对21世纪全球化的发展,更高水平的城市化和可持续发展成为城市发展的新目标。城市在快速发展过程中,也积累了一些"城市病",如市政基础设施老化,交通拥堵,环境污染,历史建筑数量多、改造难度大,等等,亟须得到解决。2021年3月,《中华人民共和国国民经济和社会发展第十四个五年规划和2035年远景目标纲要》(以下简称《纲要》)正式发布。《纲要》提出要"实施城市更新行动,推动城市空间结构优化和品质提升",首次提出了城市更新行动,为推进新型城市化指

---

① 本文由浙江省团校课题组供稿,具体撰稿人:张文婷、高亦心、宋鑫、程德兴。

明了方向。近年来,我国老旧小区改造作为一项城市更新的常态化工作和重要的社会治理工程正广泛开展。

青年向往城市,也更愿意在城市扎根。当下,大中城市对青年的虹吸效应显著,以杭州市为例,2020—2022年累计引进35岁以下大学生超120万人①,随之而来的是日益高涨的青年居住需求。这些青年来到城市,大部分只能靠租赁解决居住问题。根据《浙江青年发展报告(2020)》,青年能享受政府提供的保障性住房的比例仅1.51%,也就是说近99%的青年需要通过市场渠道解决住房问题。城市老旧小区交通便利、生活便捷,加上房价和租金相对较低,成为许多青年在城市落脚的首选之地。但是,许多老旧小区对于大部分青年来说,只能解决基本的住房需求,一些更高的生活品质需求,如社交、健身、娱乐、亲子活动等,难以得到有效满足,这也使得许多青年难以建立对小区、社区乃至城市的认同感、归属感,即始终觉得自己是城市的陌生人。本文旨在分析针对这种境况,青年是如何解释和应对的。

老旧小区经历了历史、社会和政策的多重作用,其空间的丰富性、复杂性为研究空间生产理论提供了合适的场域。列斐伏尔提出:"城市化和空间生产是交织在一起的。"②空间理论将城市化视为空间生产和再生产的过程,这里的空间不仅包含看得见的物理空间,如物质空间、硬件环境的变迁;更重要的是各种看不见的"隐形"空间,如各种社会关系、社区参与、日常体验等。空间的生产以物理空间为客观基础,人们在进行社区物理空间生产的同时,也改造着自身和自身的精神世界,创造着各种社会关系,再生产着新的社会生活领域和社会生活层面。用空间生产理论去分析当下的社区空间,能更加清晰地看到小区空间的布局、改变和空间里的各种社会关系,能更清楚地看到青年与小区空间的关系。在许多小区中,小区的规划、行动等总是以老年人为主,如何调动更多居民,尤其是青年群体,成为实现社会治理现代化的重要议题。老旧小区改造,使得原本藏于水面之下的多元群体需求都浮出了水面,有着若干利益诉求的青年开始逐步寻求自身的生存空间,试图改变现有制度和规范,使得社区管理

---

① 马小秋:《杭州高水平建设人才高地 奋力打造创新创业新天堂》,《学习时报》,2022年11月9日,第A4版,https://paper.cntheory.com/html/2022-11/09/nw.D110000xxsb_20221109_1-A4.htm,2022年11月10日查询。

② 大卫·哈维著,黄晓武译:《列菲弗尔与〈空间的生产〉》,《国外理论动态》,2006年第1期,第53—56页。全书正文使用"列斐伏尔",脚注为引用文章名,故不做变动。

与服务者不得不被动进行相应的弥补性应对。由此,社区空间的要素平衡被打破,空间生产和再生产的实践得以具体化,这个过程得以被窥见。

因此,本文旨在通过观察青年推动城市老旧小区改造的实践,展示青年的社区空间是如何被生产和再生产的,揭示多种社会关系的运行逻辑,并剖析青年在城市老旧小区改造过程中遇到的困境和机遇,为推动更多青年参与到现代化治理中提供依据。

## 二、文献综述

### (一)空间生产理论

空间生产理论诞生于20世纪70年代,在先驱者亨利·列斐伏尔的引领和推动下,于20世纪末出现了社会批判思潮的"空间转向"。[1]他提出由"在空间中生产(production in space)"向"空间本身的生产(production of space)"转向,[2]空间不再仅仅被认为只是生产、生活的"容器""背景",其本身也是生产、生活的参与者,是城市再发展的基础。他提出了三元空间分析框架:一是"空间的实践(spatial practice)",即在日常生活中被人们感知的空间形态;二是"空间的表征(representation of space)",即通过语言和符号来对空间进行描述;三是"表征的空间(representational spaces)",即日常生活中真实存在与直接使用的空间,为空间研究提供了理论支撑。[3]

在国内,空间生产理论被应用于各种不同类型的社区场域,如旅游村落社区、少数民族社区、互联网空间、微企创业园、跨国移民社区、拆迁安置社区、村改居社区等等。现有文献中,对农村、城中村社区的研究较多,如戴康对村史馆三种空间形式的研究,认为村史馆空间再现了日常生活,弘扬了传统文化;杨高、周春山等对深圳富士康农民工聚集区开展的研究,反映了早期权力主体追求大规模廉价居住空间和经济利益的空间表征,以及后期历史文化价值、乐业社区、和谐生活空间的愿景和企业诉求。对城市社区的研究相对较少,如对商品房、业委会、社区更新等的研究较为缺乏。

① 何雪松:《社会理论的空间转向》,《社会》,2006年第2期,第34—48页。
② 戴康:《空间生产视角下的村史馆治理及其逻辑——以上海市曹杨新村村史馆为例》,《图书馆论坛》,2020年第10期,第90—98页。
③ 亨利·列斐伏尔著,刘怀玉等译:《空间的生产》,商务印书馆,2021年。

空间生产理论更关注社区空间形态及功能发生重大改变时的空间生产,如艾少伟等的研究,反映了城市少数民族社区由聚居转变为散居时产生的变迁;孔翔等的研究,旨在说明传统村落旅游空间开发对村民权利的影响;杜培培研究了"村改居"拆迁安置社区的过程。这些研究既丰富了空间生产理论在中国的应用,也用独特的分析方法帮助学者更好地理解、展示空间的生产和再生产过程,但缺乏从微观的亲历经验角度去解释空间生产的研究。

### (二)青年的社会参与

当前,关于青年参与小区改造的文献较少,而关于青年社会参与的文献较多。本文认为,参与小区改造是青年社会参与的重要部分,回顾社会参与的相关文献对了解青年的小区改造行为和认知有重要的借鉴作用。因此,本文也对青年的社会参与进行了相关文献搜索。

作为多元治理主体之一,青年在社会参与和治理中的作用正日益被凸显。2017年4月,中共中央、国务院印发了《中长期青年发展规划(2016—2025年)》,将青年的社会参与列为重点发展领域之一;共青团深化群团改革将青年参与社区治理作为重要抓手,相继推出"青年进社区""青春社区"系列活动,为青年参与社区治理提供力量支撑。青年的社区参与力量也被进一步认识和肯定。许多学者认为,青年具备参与社区改造的资源和能力。他们拥有尚待开发、潜力无穷的社会资本和资源,可以促进社区改变,进行社区营造,从而加强社区凝聚力,缓解社区边缘化。同时,他们已经具备了从私人领域中走出来,关心和维护社区范围内的公共利益和价值的意愿。

但更多学者认为,当前青年虽然社区参与意愿较高,但存在参与率较低的问题,且呈现出较强的个体化特征:以我为本、高获得性、低反哺性等。[1]他们的社区参与层次也较低,只是一些被动式、行政命令式的参与。影响青年社区参与的因素较多,可分为2类:一是个人因素,如工作时间长,流动性高,对社区不了解,心理认同度低等;二是社会因素,如社区吸引力差、政府和社区动员不足等。社会因素的影响大于个人因素。刘少杰指出,青年因职业身份和社区治理机制的双重障碍性因素被排斥在社

---

① 黄琳:《青年的社区参与现状、特点及对策分析——广州市华乐街的调查》,《广东青年干部学院学报》,2007年第21卷第2期,第29—33页。

区公共事务之外，成为社区参与的被动边缘性居民。①

通过对空间生产、城市小区改造和青年社区参与情况的文献综述，我们可以发现针对青年领域的城市小区改造的研究较少，而关于青年社会参与的研究较多，但这些研究一般采用"现象—问题—对策"的研究范式，对青年社会参与的认识始终停留在"不在场"的问题视角，而忽略了青年是嵌入社会环境和政策中的，既被社会环境所塑造，也在塑造着社会话语，他们的认知和行动具有其流动性。因此，不能简单、孤立地去看待青年的社会参与问题。

## 三、青年推动城市老旧小区改造实践——以杭州市 X 小区打造"青春社区"为例

从 2018 年开始，杭州市成为位居全国青年净流入量第一的城市，城市人口的青年化明显上升。S 区作为杭州市的老城区之一，历来是杭州市的都市文化、商务中心，也吸引了众多青年在此就业、生活。2020 年 3 月，共青团 S 区委启动了"青春社区"试点建设工作，这项工作也契合了政府推动的社区改造项目，目前已取得较大成果的是 X 小区。X 小区建于 2000 年，由于地理位置优越、交通便利、教育资源丰富等优势，吸引了众多青年在此安居乐业。截至 2022 年 10 月，X 小区共有 208 户家庭，其中 30—40 岁的青年家庭占比超过 3 成。

为了建设更美好的家园空间，推动青春社区建设，X 小区组建了以"业委会为主导、青年智囊团为补充、志愿服务为基础"的小区改造力量，有效引导青年积极参与其中，壮大了青年参与公共事务的力量。在这一过程中，青年不断地审视、改造和反思自己生活的空间，使得小区改造能获得更大的成功。本文以三元空间分析理论为分析框架，对 X 小区的小区改造深入剖析。

### （一）空间实践：被挤压的青年空间

列斐伏尔强调："空间的实践在于把社会实践的各个方面、要素和阶段投射到一

---

① 刘少杰：《面向职业群体的城市社会治理创新》，《江苏社会科学》，2015 年第 2 期，第 78—84 页。

个空间的领域。"①在街道、社区、物业等工作人员的认知中,青年在社区空间里是静默、不在场的。那么青年的空间是如何被挤压出去的? 可以从青年空间的外部挤压和内部挤压2个方面一窥究竟。

### 1. 外部结构性挤压

目前,城市社区已初步形成了以"政府、市场、居民"为代表的多元主体治理格局,在当前的社区治理实践中,政府、市场、居民的权力主体尚未协调一致,表现为权力的空间干预、资本的空间扩张和业主的空间失语。小区作为社会治理的基础单元,也是社区治理的重要场域,受到来自政府、房屋开发商、社区居委会、物业、业主、居民等多方力量的塑造,就当前的规划和实践而言,社区居民在政府和市场主体面前是弱势的,青年群体尤其是被忽视的对象。

调研中,社区工作人员介绍:"我们最大的服务对象还是老年人。"即使目前 X 小区的人口结构已然发生重大变化,社区的工作惯性依然以服务老年人的需求为第一要务,因此,社区和物业在设计、开展活动时,往往没有充分认识到青年的个性化,也未把青年的需求囊括在活动中。当下社区、物业开展的大部分活动,难以受到青年的青睐,因此在社区组织的公共活动中极少出现青年的身影。"现在的年轻人很宅",这是社区工作人员对青年不参与社区活动这一现象的解释。他们更多地将原因归结于青年个体因素。事实上,通过调研和访谈发现,大部分青年是希望在社区获得服务的。可见,当前的青年"不在场"并不是其主动的背离,而是受到当前的制度、规划、设计、行动等影响,被排斥于社区活动之外。这种被排斥的体验感,隐藏于长期以来社会对青年的话语建构中。在社会话语中,青年是"健康、繁忙、奉献"的,因此,在社区资源有限的条件下,尽可能照顾更多弱势群体(如老人、残疾人、妇女、小孩等)被视为"理所当然"的事情,青年的需求往往被搁置,也造成了青年的空间失语。

### 2. 内部的双重挤压

当前,青年的社区参与还受到来自工作生活和其他群体的双重压力。一方面是青年难以保障在社区参与中投入的时间。青年正处于事业、家庭的黄金时期,会将大部分时间和精力投入工作和生活中。如果将过多精力投入小区治理中,反而可能因为耽误学习或工作而对个人发展造成不利影响,客观上限制了青年参与治理的可能

---

① 亨利·列斐伏尔著,刘怀玉等译:《空间的生产》,商务印书馆,2021年。

性。根据前期调研,"时间、精力有限"已成为许多青年不参与或者中途放弃参与小区治理的关键因素。另一方面,青年的受认可程度较低,更容易被其他群体所质疑。由于年纪轻,社会经历相对较少,管理能力还不足,在面对小区治理的复杂问题时,难免出现无法应对的情况。

不同于以往的社区治理中老年人扮演主力军角色的情况,青年的介入让旧的小区管理模式发生了变革,从而产生了一些工作理念上的代际冲突。如在时间上,老人觉得没有看见青年在小区工作,就认为其不尽心尽力;而青年觉得现在的很多工作都可以用电脑、手机代替,不需要天天在小区待着;等等。如,在访谈中,业委会成员G说道:"青年人在小区挺难的,没有人说你好,还特别容易被攻击,经常碰到一些老人问我们:'你们年纪轻轻的,在这里待着做什么,怎么不去上班?'感觉不太被理解,有时候挺气馁的。"从上述话语中可以发现,青年参与小区治理会遭到质疑,这不仅仅是青年个体因素层面的"没有时间、精力不足、管理能力不足"等等原因,更重要的是隐藏在这些话语背后的对青年群体参与小区治理的不理解、不认可,是对青年群体的一种集体否认。这种集体否认通过空间场域、城市规划、活动安排等,将青年与社区空间隔离、排斥。最终,通过话语的转换,将空间排斥合理化,将青年的"不在场"视为青年的主动退出或者不合格退出。由此可以发现,青年的"不在场"是被建构成的,在这样的空间场域里,青年感知不到自己的空间,只能被动服从规则,是空间的弱者和他者。

## (二)空间的表征:抗争下的青年空间改造

空间的表征是被设想和构建出来作为"真实的空间"的。生产这种新空间,需要投入身体、需求、意识、行动等与思想、时间和空间等要素进行共同反应,最终呈现为一种包含思想、图像和符号的具体方案。因此,在一个由青年主导的新空间改造中,身体、行为、认知等工具能感知到新空间的塑造结果。

### 1. 身体的感知

社区空间可以被身体行动加以标记,这种身体行动也就是我们所说的亲身经历。人们在亲身经历中生产空间,由此,社区空间投射出了超越它自身的二重性,在时间维度上呈现出不同的镜像空间,于是它有了前后、新旧、好坏等的区别。在青年的抗争下,在他们的身体认知里,小区经历了蜕变,这一变化符合他们自身的利益、品位。

因此,青年也从一个被操控、被压缩的地位,实现了主体性的跨越。如,业主A说道:"以前在小区,感觉(这里)就是个吃饭、睡觉的地方,没有想着参与其中。现在各种活动多了,小区的环境明显好转,而且都是在我们的推动下一点一点变好的,这种感觉就跟(养育)自己的孩子一样,特别有感情。我觉得我们那么辛苦做的事情没有白费。"

**2. 话语的建构**

社区空间可以利用话语、符号与抽象思维加以标记。它们可以通过反射作用,在"自我"与"他者"之间、中心与边缘之间、分隔与统一之间进行自我审视以及自我确认。如青年在参与小区改造中,与其他群体,尤其是老年群体的抗争中,通过与老年人"陈旧、过时"的工作理念或工作方式划清界限,从而更能体现出青年对自我的确认。如,访谈中,业委会成员C说道:"我们跟老年人打的交道太多了,他们动不动就来说一下,当然我们也表示尊重,但理念上是不同的。比如说,他们喜欢看见你在小区里晃着,最好一天能出现几个小时,我们没办法做到。其实也不冲突的,我们很多管理在手机上基本上都能实现了。"另有业委会成员E说:"在财务管理上,我们以前的出纳和会计是一对夫妻,平均年龄70岁了,他们喜欢去银行存钱、取钱,真的挺无奈的,现在谁还去银行转账啊!效率太低了!所以,后来他们慢慢也体会到一些变化,主动退出了财务管理工作,现在我们的财务管理是一个会做账的全职妈妈在做。"

**3. 行动的认可**

在社区空间里,行动的能力也是建构空间的重要表征。相比于其他群体,青年更加重视合法化、透明化和科学化,他们更愿意与政府部门进行协商、对话以维护自身的权益。因此,他们在工作推进中受到了更大的重视。某住建工作人员F说:"有年轻人进去的业委会,最明显的一个特征就是业委会做事情更守规矩了,更愿意听取我们的话,更愿意听社区党委的话。"

再加上当前数字信息化工作的推进,青年已经成为小区推进工作的重要资源和依靠力量。比如小区业主普遍关心的停车难问题,青年通过重新制定停车规则,将小区的车辆收费、停车位划分等问题处理得井井有条,也因此获得了许多认可。业主B在访谈中说:"这届业委会干得有声有色,尤其是几个年轻人,有胆气、有魄力,敢于站在业主的角度和物业、开发商争取权益。而且他们的知识面、专业性更高一点,跟他们去讲道理更有话语权。"

此外,还体现在青年与物业的抗争中。通过与业主联合起来"怼"物业,物业能听从业主的安排,掌握了规则的制定权和实施权。业委会成员 C 说:"物业现在基本上是我们说什么就做什么,他们没有什么发言权了。本来他们就是服务我们的,我们给他们经营利润的空间,但不能更多了,不能损害我们业主的权益。在我们小区,'怼'物业是我们每天都要做的事情。"

## (三)表征的空间:互塑的青年空间再生产

根据 X 小区的人员构成、需求和小区的实际状况,X 小区的改造方向为更新路面,缓解停车难,引进健身房等娱乐休闲设施,开展亲子、文娱等公益活动,等等。借此契机,青年通过业委会、议事厅、志愿服务等形式参与制定空间的生产规则,主导空间利益的分配。业委会主任 D 介绍说:"多处路面已经开裂,门口的喷水池也由于长久没有使用,成为卫生死角,非常影响小区形象。我想在我的任期里做点事情。我在群里一说,很多年轻人积极响应,这令我挺意外的! 刚好小区的业委会也需要纳新,我们吸纳了 6 个中青年的委员,还有 2 个候补委员,小区改造工作就慢慢开始了。"

当前,在业委会主任 D 的带领下,X 小区的改造工作有序开展着,小区空间由此也发生了巨大变化。

### 1. 生活空间

为了让小区的生活空间能更加便利,小区的改造主要有 2 个方向:一是环境硬件改造,涉及的项目有路面翻新、大门安全升级,还有最棘手的停车规则制定。根据小区条件,重新划定了停车路线,使之更新为人车分流车道,并对外来车辆进行收费管理。这些硬件的升级极大地改善了小区的整体环境,使得小区更加便利化、舒适化。二是小区软件升级,主要是将小区朝着更加现代化的方向推进,如小区的信息发布,开发了微信公众号,统一了微信群,方便业主及时进行沟通;公开、透明化小区的财务收支情况,并将之上传到区住建开发的财务公开小程序,自觉接受业主、政府的监督。

在这个生活空间里,青年通过参与小区改造实践,挖掘的是"更有活力、高效、个性"的空间表达,对抗的是"陈旧、效率低下、整齐划一"的风格。因此,在项目开展之初,这些项目受到了很多老年业主的反对,觉得"业委会在瞎折腾,他们肯定弄不起来的"。但是以青年为主要力量的业委会顶住了压力,说服老年业主共同参与到走访业主、核算车位数量等具体工作中去,最终赢得了他们的信任。

## 2. 交往空间

高质量的社会交往在于居民之间发生的现实性的交往关系,但对于居住在城市小区的居民来说,只要关上门就形成一个个封闭的小空间,尤其是网络时代的青年,参与小区活动的频度极低。因此,让更多的青年走出家门参与小区行动,是小区改造的重要目标。X 小区以"亲子关系"为突破口,促进了小区内居民的社会交往,使得邻里关系更加和睦。一是儿童游乐场的设置。在小区居民最希望推进的公共事务里,儿童游乐场所成为排名第二的需求,仅次于停车需求。为此,X 小区将一处闲置的健身场所进行了改建,购买了儿童游乐设施,设置了安全围栏。健身场所原是一些老年人在使用,刚开始还遭到了他们的反对,但听说是用于放置儿童设施,他们都默许了这件事情。二是线下活动的开展。以儿童游乐场为场地,一群妈妈组织了"妈妈团",定时组织开展亲子义卖、亲子阅读、亲子户外活动等活动;一些爱好电竞的青年组织了"电竞组";一些喜欢剧本杀的青年组成了"剧本杀"小组;等等。由此,契合青年特点的圈层化社交,为小区的社会交往带来了更活跃的氛围。

在交往空间里,看似只有年轻人参与的亲子活动,却让更多在家帮忙带娃的老年人参与了其中,交往空间得到进一步扩大和融合。随着这些现实性活动的开展,群体交往的异质性进一步增强,为打造共同的社区文化打下了基础。

## 3. 精神空间

为了进一步推进"青春社区"建设,团区委在 X 小区设置了展示厅,一楼亮出青年业委会、青年志愿者、青年议事厅成员的照片,以此建立青年参与社区治理的认同感。二楼作为儿童活动室、图书室、电影院等休闲活动场所,也能在此举行其他活动。针对小区新杭州人逐渐增多的现实情况,小区还为新杭州家庭组织了各种类型的活动,如杭州文化、历史介绍,杭州著名游览导图,等等,让新杭州人能更加了解、认识杭州,最终融入杭州。这些文化的展示、融合,有更多属于青年的元素、品位,也让更多小区居民能熟悉新的小区文化,为小区居民构建了一个象征精神文化图景的青年文化空间。

在精神空间上,小区打造的青年文化让更多的青年能参与其中并获得成长,从而帮助小区焕发新的活力。在这一实践的过程中,青年既获得了成就感,也产生了对小区的归属感,更增加了对城市的认可感。这种认可,是连接社区活动和邻里互动的纽带,能给社区文化带来正面影响,也能促进社区共同体的成长。

## 四、结论和反思

根据研究,课题组发现,在既定的小区空间里,青年的空间感知和行动被挤压,成为空间利益获得的弱者和他者,但青年并不妥协,他们不断审视、改造、反思着自身的小区空间。他们通过参与小区改造,重新制定空间的生产规则、再生产空间,从而形成了一个新的平衡的、互塑的空间。

不同于以往青年"不在场"的社会标签,青年的社会参与程度随着现代化进程呈现出不断提高的态势。这为鼓励和支持更多青年更积极投身社区治理,从社会治理的"旁观者"变为"参与者"提供了可能。青年是社区治理的未来,推动青年走向社区,有利于实现社区和青年的双向互惠,有助于推动基层社区治理创新实践,对今后的社会公正和社会治理也有非常明显的益处。

值得注意的是,对于城市社区空间而言,社会关系是动态发展的,空间的各要素之间的平衡和矛盾促进空间的生产和再生产,影响着社区空间的治理效能。当前,小区改造虽然取得了许多成效,但仍然面临表面化改造、利益冲突、资金问题等显性困境,以及历史遗留、动迁效益等隐性困境。因此,如何实现最终的平衡,对青年和其他社区居民群体来说,都是任重道远的。

青年兴,则国家兴。随着现代化进程的深入,青年对公共事务的参与程度进一步加深,社区治理势必会需要更多的青年力量。未来,进一步打破陈旧模式的枷锁桎梏,让青年能有更大的空间、舞台去施展才华,也是践行青年优先发展理念的重要途径。

# 农村青少年营养问题和对策研究

浙江省疾病预防控制中心课题组[①]

青少年时期不仅是个体生长发育的迅速期,也是体质健康行为形成的关键期。因而,培养青少年养成健康的生活方式将使他们受益终身。本文聚焦农村青少年群体,对农村青少年营养与健康进行专题分析,内容涵盖农村青少年膳食与营养、体格发育及主要营养相关慢性病患病情况等方面;同时,针对农村青少年能量和营养素摄入量、各类食物摄入量,对推荐值进行对比分析,剖析农村青少年群体营养健康存在的主要问题。在此基础上,进一步提出改善农村青少年群体营养状况的对策。

## 一、农村青少年营养现状及主要营养相关慢性病患病情况

儿童青少年的身体素质关系到我国的综合国力,其营养健康问题则是根本性问题,我国学生营养健康状况受到党中央、国务院的高度重视和社会各界的广泛关注。本文聚焦农村青少年,对其营养现状及主要营养相关慢性病患病情况等进行分析。

### (一)资料与方法

#### 1. 资料来源

本文采用了浙江省青少年营养监测数据(2016—2017)。该数据是在浙江省90

---

① 本文由浙江省疾病预防控制中心课题组供稿,具体撰稿人:邹艳、赵栋、黄李春、孟佳、苏丹婷、何梦洁、章荣华。

个县(市、区)中随机抽取10个县(市、区),对抽样县(市、区)青少年群体开展营养与健康监测。监测数据中,6—17岁城市和农村青少年共有1421名,其中男性714人,女性707人。

2. 调查方法

①问卷调查:采用调查表收集调查对象的基本信息,指标包括出生日期、性别、居住地等;由培训合格的调查员通过面对面的方式进行问卷调查。②体格检查:采用集中体检的方式,计算身体质量指数(Body Mass Index,BMI),其中身高、体重测量均由经过统一培训并考核合格的调查员按照标准的测量步骤进行,精确度分别为0.1cm和0.1kg。

3. 判定标准

主要判定标准有《学龄儿童青少年超重与肥胖筛查》(WS/T 586—2018)和《学生餐营养指南》(WS/T 554—2017)。《学龄儿童青少年超重与肥胖筛查》(WS/T 586—2018)是现行使用的判定儿童青少年超重肥胖的通用标准,《学生餐营养指南》(WS/T 554—2017)是现行判定学生餐量化的通用标准。

4. 统计学分析

采用SAS 9.4软件进行统计分析,将城乡分布作为分层因素,采用非参数检验方法分析差异性。

## (二)结果

浙江省青少年超重率、肥胖率分别为20.8%、8.1%,营养不良率为6.2%。其中,农村青少年超重率、肥胖率分别为15.8%、5.9%,营养不良率为6.3%;城市青少年超重率、肥胖率分别为26.1%、10.5%,营养不良率为6.2% 。城市青少年中,男性青少年超重率、肥胖率分别为29.5%、14.0%,营养不良率为6.0%;女性青少年超重率、肥胖率分别为22.8%、7.1%,营养不良率为6.4%。农村青少年中,男性超重率、肥胖率分别为18.5%、6.9%,营养不良率为7.4%;女性超重率、肥胖率分别为12.9%、4.8%,营养不良率为5.1%。调查显示,6—8岁和9—11岁的城市青少年超重率和肥胖率均高于农村青少年($p<0.05$);12—14岁的城市青少年超重率高于农村($p<0.05$),但肥胖率并无显著性差异;15—17岁的城市和农村青少年超重率和肥胖率均无显著性差异。营养不良率在城市和农村青少年中,均无显著性差异。(见表1和图1)

表1　浙江省城市和农村青少年超重率、肥胖率和营养不良率

| 类别 | 项目 | 城市/% | 农村/% | $Z$ | $p$ |
|------|------|--------|--------|------|------|
| Total | 超重率 | 26.1 | 15.8 | 22.671 | 0.000 |
| | 肥胖率 | 10.5 | 5.9 | 10.192 | 0.001 |
| | 营养不良率 | 6.2 | 6.3 | 0.003 | 0.957 |
| 6—8岁 | 超重率 | 27.2 | 15.5 | 6.898 | 0.009 |
| | 肥胖率 | 10.6 | 4.3 | 5.055 | 0.025 |
| | 营养不良率 | 5.3 | 8.0 | 0.977 | 0.323 |
| 9—11岁 | 超重率 | 32.8 | 17.3 | 9.185 | 0.002 |
| | 肥胖率 | 16.4 | 8.6 | 3.968 | 0.046 |
| | 营养不良率 | 4.9 | 1.9 | 1.250 | 0.264 |
| 12—14岁 | 超重率 | 26.2 | 12.7 | 9.615 | 0.002 |
| | 肥胖率 | 10.0 | 5.6 | 2.129 | 0.145 |
| | 营养不良率 | 5.9 | 8.5 | 0.889 | 0.346 |
| 15—17岁 | 超重率 | 20.7 | 16.9 | 1.056 | 0.304 |
| | 肥胖率 | 7.3 | 5.3 | 0.671 | 0.413 |
| | 营养不良率 | 8.4 | 6.7 | 0.408 | 0.523 |

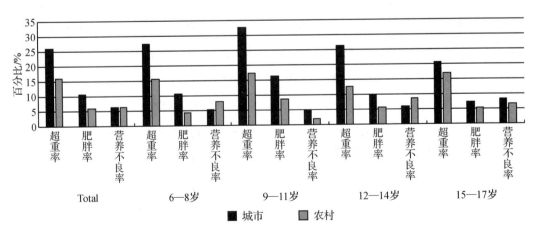

图1　城市和农村青少年超重率、肥胖率和营养不良率

城市和农村青少年血总胆固醇、血甘油三酯、血高密度脂蛋白胆固醇和血低密度脂蛋白胆固醇分布见表2、图2。其中,12—17岁农村青少年血高密度脂蛋白胆固醇水平高于城市青少年($p<0.05$)。城市和农村青少年血红蛋白、血清铁蛋白和转铁蛋白受体分布见表3、图3。其中,9—14岁农村青少年的转铁蛋白受体水平高于城市青少年($p<0.05$),6—8岁农村青少年血红蛋白水平低于城市青少年($p<0.05$)。

表2 城市和农村青少年血总胆固醇、血甘油三酯、血高密度脂蛋白胆固醇和血低密度脂蛋白胆固醇分布

| 类别 | 项目 | 城市(Median) mmol/L | 农村(Median) mmol/L | $Z$ | $p$ |
|---|---|---|---|---|---|
| Total | 血总胆固醇 | 3.81 | 3.84 | −1.097 | 0.272 |
| | 血甘油三酯 | 0.83 | 0.85 | −1.349 | 0.177 |
| | 血高密度脂蛋白质胆固醇 | 1.36 | 1.46 | −5.119 | 0.000 |
| | 血低密度脂蛋白胆固醇 | 1.88 | 1.91 | −1.274 | 0.203 |
| 6—8岁 | 血总胆固醇 | 4.11 | 3.94 | 1.452 | 0.146 |
| | 血甘油三酯 | 0.74 | 0.81 | −1.076 | 0.282 |
| | 血高密度脂蛋白质胆固醇 | 1.45 | 1.48 | −1.936 | 0.053 |
| | 血低密度脂蛋白胆固醇 | 1.97 | 1.94 | 1.102 | 0.270 |
| 9—11岁 | 血总胆固醇 | 3.97 | 4.05 | 0.165 | 0.869 |
| | 血甘油三酯 | 0.81 | 0.81 | −0.819 | 0.413 |
| | 血高密度脂蛋白质胆固醇 | 1.46 | 1.54 | −1.857 | 0.063 |
| | 血低密度脂蛋白胆固醇 | 2.05 | 1.95 | 0.676 | 0.499 |
| 12—14岁 | 血总胆固醇 | 3.65 | 3.70 | −0.947 | 0.344 |
| | 血甘油三酯 | 0.85 | 0.90 | −0.789 | 0.430 |
| | 血高密度脂蛋白质胆固醇 | 1.34 | 1.40 | −2.054 | 0.040 |
| | 血低密度脂蛋白胆固醇 | 1.77 | 1.84 | −1.256 | 0.209 |
| 15—17岁 | 血总胆固醇 | 3.64 | 3.76 | −1.289 | 0.197 |
| | 血甘油三酯 | 0.86 | 0.88 | −0.953 | 0.341 |
| | 血高密度脂蛋白质胆固醇 | 1.27 | 1.40 | −3.456 | 0.001 |
| | 血低密度脂蛋白胆固醇 | 1.80 | 1.89 | −1.286 | 0.199 |

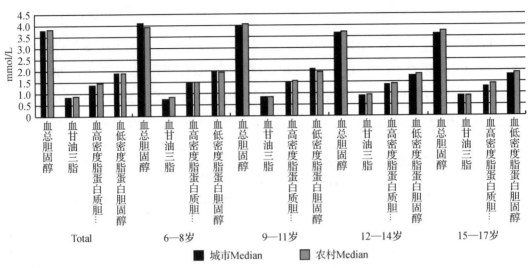

图2 城市和农村青少年血总胆固醇、血甘油三酯、血高密度脂蛋白胆固醇和
血低密度脂蛋白胆固醇

表3 城市和农村青少年血红蛋白、血清铁蛋白和转铁蛋白受体

| 类别 | 项目 | 城市（Median） | 农村（Median） | $Z$ | $p$ |
|------|------|------|------|------|------|
| Total | 血红蛋白/（g/L） | 138.00 | 137.00 | 1.405 | 0.160 |
| | 血清铁蛋白/（μg/L） | 59.34 | 60.85 | 0.694 | 0.694 |
| | 转铁蛋白受体/（nmol/L） | 2.88 | 3.12 | 0.000 | 0.000 |
| 6—8岁 | 血红蛋白/（g/L） | 132.00 | 131.00 | 2.279 | 0.023 |
| | 血清铁蛋白/（μg/L） | 58.30 | 55.14 | 1.100 | 0.272 |
| | 转铁蛋白受体/（nmol/L ） | 3.16 | 3.20 | −0.707 | 0.479 |
| 9—11岁 | 血红蛋白/（g/L） | 135.00 | 135.00 | 0.824 | 0.410 |
| | 血清铁蛋白/（μg/L） | 64.31 | 65.48 | −0.725 | 0.469 |
| | 转铁蛋白受体/（nmol/L） | 3.02 | 3.40 | −3.312 | 0.001 |
| 12—14岁 | 血红蛋白/（g/L） | 139.00 | 139.00 | 1.282 | 0.200 |
| | 血清铁蛋白/（μg/L） | 52.92 | 50.90 | 1.635 | 0.102 |
| | 转铁蛋白受体/（nmol/L） | 2.68 | 3.29 | −7.379 | 0.000 |
| 15—17岁 | 血红蛋白/（g/L） | 141.00 | 146.00 | −0.858 | 0.391 |
| | 血清铁蛋白/（μg/L） | 65.23 | 74.37 | −0.794 | 0.427 |
| | 转铁蛋白受体/（nmol/L） | 2.77 | 2.77 | −0.389 | 0.697 |

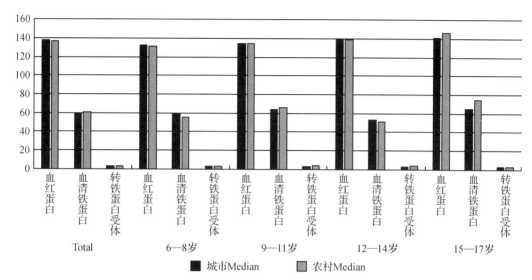

■ 城市Median　　■ 农村Median

**图3　城市和农村青少年血红蛋白(g/L)、血清铁蛋白(μg/L)和转铁蛋白受体(nmol/L)**

城市和农村青少年血清维生素A、D和血清锌分布见表4、图4。其中,农村青少年的血清维生素A水平低于城市青少年,而维生素D的水平高于城市青少年($p<$ 0.05);农村青少年血清锌的水平高于城市青少年($p<0.05$)。

**表4　城市和农村青少年血清维生素A、血清维生素D和血清锌**

| 类别 | 项目 | 城市(Median) | 农村(Median) | $Z$ | $p$ |
|---|---|---|---|---|---|
| Total | 血清维生素A/(ng/ml) | 0.38 | 0.34 | 7.082 | 0.000 |
| | 血清维生素D/(mg/L) | 21.25 | 23.02 | −4.967 | 0.000 |
| | 血清锌/(ug/dl) | 101.00 | 107.00 | −3.906 | 0.000 |
| 6—8岁 | 血清维生素A/(ng/ml) | 0.32 | 0.30 | 1.320 | 0.187 |
| | 血清维生素D/(mg/L) | 24.71 | 24.25 | −0.451 | 0.652 |
| | 血清锌/(ug/dl) | 111.00 | 112.00 | −0.710 | 0.478 |
| 9—11岁 | 血清维生素A/(ng/ml) | 0.37 | 0.32 | 3.859 | 0.000 |
| | 血清维生素D/(mg/L) | 22.13 | 24.91 | −1.985 | 0.047 |
| | 血清锌/(ug/dl) | 105.00 | 106.00 | −0.215 | 0.830 |
| 12—14岁 | 血清维生素A/(ng/ml) | 0.41 | 0.34 | 6.445 | 0.000 |
| | 血清维生素D/(mg/L) | 20.33 | 22.62 | −2.191 | 0.028 |

续表

| 类别 | 项目 | 城市（Median） | 农村（Median） | $Z$ | $p$ |
|---|---|---|---|---|---|
| 12—14岁 | 血清锌/（ug/dl） | 99.60 | 109.00 | -2.787 | 0.005 |
| 15—17岁 | 血清维生素 A/（ng/ml） | 0.39 | 0.38 | 1.190 | 0.234 |
| | 血清维生素 D/（mg/L） | 19.00 | 21.43 | -4.913 | 0.000 |
| | 血清锌/（ug/dl） | 97.20 | 106.00 | -3.411 | 0.001 |

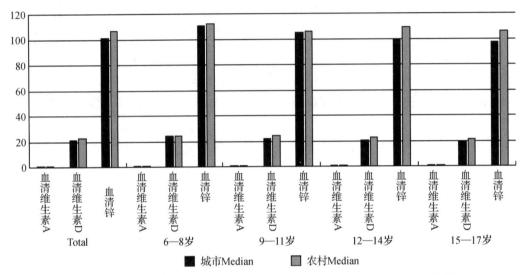

图4　城市和农村青少年血清维生素 A（ng/ml）、血清维生素 D（mg/L）和血清锌（ug/dl）

比较农村青少年营养素摄入量情况及推荐值发现，6—8岁农村青少年蛋白质摄入量高于40g/d的推荐值；9—11岁农村青少年蛋白质摄入高于50g/d的推荐值；12—14岁农村青少年蛋白质摄入量高于60g/d的推荐值；15—17岁农村青少年蛋白质摄入量高于60g/d的推荐值。（见图5）

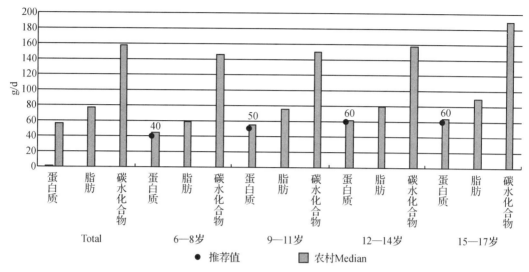

图5　农村青少年蛋白质、脂肪、碳水化合物摄入及与推荐值的比较

6—8岁农村青少年膳食纤维摄入量低于20g/d的推荐值,钙摄入量低于750mg/d的推荐值;维生素B1摄入量低于0.9mg的推荐值;维生素C摄入量低于60mg/d的推荐值;维生素A摄入量低于450ug RE的推荐值;维生素B2摄入量低于0.9mg的推荐值。9—11岁农村青少年膳食纤维摄入量低于20g/d的推荐值;钙摄入量低于850mg/d的推荐值;维生素B1摄入量低于1.1mg的推荐值;维生素C摄入量低于75mg/d的推荐值;维生素A摄入量低于550ug RE的推荐值;维生素B2摄入量低于1.1mg的推荐值。12—14岁农村青少年膳食纤维摄入量低于20g/d的推荐值;钙摄入量低于950mg/d的推荐值;维生素B1摄入量低于1.2mg的推荐值;维生素C摄入量低于95mg/d的推荐值;维生素A摄入量低于630ug RE的推荐值;维生素B2摄入量低于1.2mg的推荐值。15—17岁农村青少年膳食纤维摄入量低于25g/d的推荐值;钙摄入量低于800mg/d的推荐值;维生素B1摄入量低于1.3mg的推荐值;维生素C摄入量低于100mg/d的推荐值;维生素A摄入量低于630ug RE的推荐值;维生素B2摄入量低于1.3mg的推荐值。(见图6)

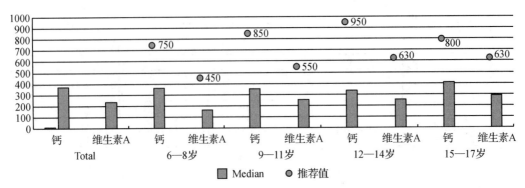

图6　农村青少年膳食钙(mg/d)、维生素A(μg RE)摄入及与推荐值的比较

比较农村青少年各类食物摄入量情况及与推荐值可发现，6—8岁农村青少年的谷薯杂豆类摄入量高于250g/d的推荐值；蔬菜摄入量低于300g/d的推荐值；畜禽肉类摄入量高于40g/d的推荐值；水果摄入量低于150g/d的推荐值；蛋类摄入量低于50g/d的推荐；奶类摄入量低于200g/d的推荐值；大豆及坚果摄入量低于30g/d的推荐值；鱼虾类摄入量低于30g/d的推荐值。9—11岁农村青少年谷薯杂豆类摄入量低于300g/d的推荐值；蔬菜摄入量低于350g/d的推荐值；深色蔬菜的摄入量农村低于城市；畜禽肉类摄入量高于50g/d的推荐值；水果摄入量低于200g/d的推荐值；奶类摄入量低于200g/d的推荐值；大豆及坚果摄入量低于35g/d的推荐值。12—14岁农村青少年的谷薯杂豆类摄入量均低于推荐值的合理范围；蔬菜摄入量低于400g/d的推荐值；深色蔬菜的摄入量农村低于城市；畜禽肉类摄入量高于60g/d的推荐值；水果摄入量低于250g/d的推荐值；蛋类摄入量低于75g/d的推荐值；奶类摄入量低于250g/d的推荐值；大豆及坚果摄入量低于40g/d的推荐值。15—17岁农村青少年的谷薯杂豆类摄入量低于350g/d的推荐值；蔬菜摄入量低于450g/d的推荐值；畜禽肉类摄入量高于70g/d的推荐值；水果摄入量低于300g/d的推荐值；蛋类摄入量低于75g/d的推荐值；奶类摄入量低于250g/d的推荐值；大豆及坚果摄入量低于50g/d的推荐值。（见图7、图8）

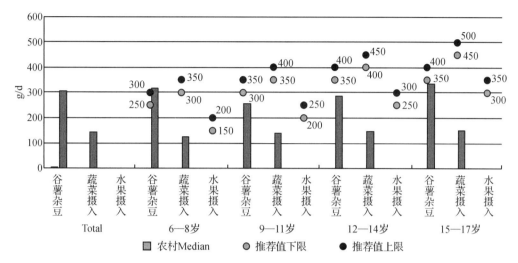

图7 农村青少年谷薯杂豆类、蔬菜和水果摄入及与推荐值的比较

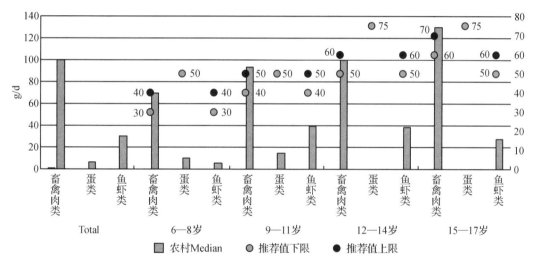

图8 农村青少年鱼禽肉蛋摄入及与推荐值的比较

比较农村青少年油、盐摄入量情况及与推荐值可发现,6—14岁农村青少年调味品盐摄入量高于5g/d的推荐值。15—17岁农村青少年食用油摄入量高于30g/d的推荐值,远高于城市;调味品盐摄入量稍高于6g/d的推荐值。(见图9)

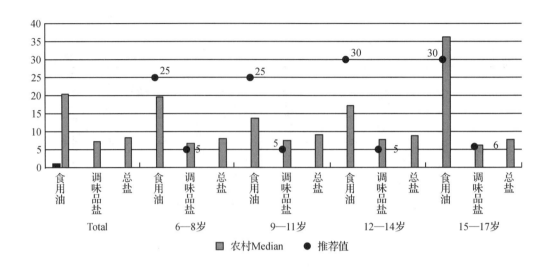

**图9  农村青少年油、盐摄入及与推荐值的比较**

比较农村青少年中高强度运动时间和静坐时间发现，12—17岁年龄组，农村青少年的中高强度运动时间多于城市；除了6—8岁年龄组，农村青少年的静坐时间少于城市（$p<0.05$）。（见表5、图10）

**表5  城市和农村青少年中高强度运动时间和静坐时间**

| 类别 | 项目 | 城市 | 农村 | $Z$ | $p$ |
|---|---|---|---|---|---|
| Total | 中高强度运动时间/h | 0.50 | 0.54 | 4.832 | 0.000 |
| | 静坐时间/h | 8.93 | 7.65 | −7.482 | 0.000 |
| 6—8岁 | 中高强度运动时间/h | 0.50 | 0.58 | −1.397 | 0.163 |
| | 静坐时间/h | 6.71 | 6.57 | 1.142 | 0.254 |
| 9—11岁 | 中高强度运动时间/h | 0.50 | 0.50 | −0.083 | 0.934 |
| | 静坐时间/h | 7.36 | 6.60 | 2.767 | 0.006 |
| 12—14岁 | 中高强度运动时间/h | 0.50 | 0.83 | −4.323 | 0.000 |
| | 静坐时间/h | 9.71 | 8.00 | 4.989 | 0.000 |
| 15—17岁 | 中高强度运动时间/h | 0.50 | 0.50 | −3.595 | 0.000 |
| | 静坐时间/h | 11.29 | 9.64 | 5.694 | 0.000 |

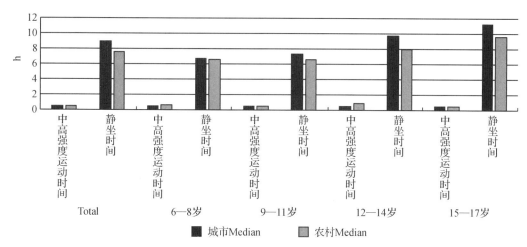

图10　城市和农村青少年中高强度运动时间和静坐时间

## (三)讨论

营养是青少年生长发育、维持健康的物质基础。青少年时期是获得营养知识、建立健康习惯、养成终身健康生活方式的关键期。本文分析农村青少年营养现状及血清营养相关指标等情况,旨在了解农村青少年群体营养健康存在的问题,并为农村青少年获得科学的营养健康知识、养成良好的饮食习惯和健康生活方式提供数据支持。

### 1. 农村青少年超重肥胖状况

当前,青少年超重和肥胖被认为是流行病。不合理膳食可导致超重肥胖,超重和肥胖对儿童的身体和心理健康损害风险更大,包括心血管疾病、2型糖尿病、抑郁症和较差的生活质量。总的来说,能量失衡会导致体重过度增加。《2020年中国儿童健康状况分析报告》显示,2010—2019年,中小学生超重肥胖率上升了8.7个百分点;城市学生超重肥胖率始终高于乡村学生,但2010—2019年乡村学生超重肥胖率上升幅度高于城市学生,2019年城乡学生超重肥胖率差距缩小到3.7个百分点。与上述分析报告一致,本文通过研究发现,农村超重率、肥胖率分别为15.8%、5.9%,低于城市的超重率(26.1%)、肥胖率(10.5%)。

### 2. 农村青少年血清营养相关指标情况

大量的流行病学数据表明,人体的肥胖程度与血液中的甘油三酯、总胆固醇和低密度脂蛋白胆固醇升高的水平成正比,与高密度脂蛋白胆固醇的水平成反比。其中,高密度脂蛋白胆固醇的作用与低密度脂蛋白胆固醇正好相反，它能把身体各个地方的胆固醇运回肝脏进行处理，降低发生心血管疾病的危险，故其又被称作"好"胆固醇。本文研究发现，12—17岁农村青少年血高密度脂蛋白胆固醇水平高于城市青少年，这个结果与上述农村青少年的超重率和肥胖率低于城市青少年的结果相一致。

在国家、社区和家庭中，营养不良和肥胖并存被称为营养不良的双重负担。据世界卫生组织报道，全世界有8亿多人仍然受到慢性营养不良的影响，至少有15亿人患有微量营养素缺乏症。其中贫血是影响全世界人民最严重的健康状况之一。由于在中国的传统饮食习惯中，肉类和牛奶含量较低，蔬菜和其他植物性食物含量较高，因此铁的生物利用率较低。[①]本文研究发现，9—14岁农村青少年的转铁蛋白受体水平高于城市青少年，表明农村青少年存在早期铁缺乏的风险，而6—8岁农村青少年血红蛋白水平低于城市青少年。因此，农村青少年应增加富含铁的食物的摄入。

维生素A是一种微量必需营养素，主要用于维持视觉系统、生长发育、上皮细胞完整性、免疫功能和生殖系统。维生素A摄入不足是维生素A缺乏症（Vitamin A Deficiency，VAD）的主要病因。维生素A缺乏会降低免疫能力，导致夜盲症、角膜溃疡、角膜炎、干眼症，并增加相关眼部症状导致发病率和死亡率。此外，它还增加了麻疹、腹泻和呼吸道疾病的死亡率。有学者提出了与眼睛健康相关的临床和功能指标以及维生素A状态的生化生物标志物（即血清视黄醇、视黄醇结合蛋白、母乳视黄醇、剂量反应试验、同位素稀释法和血清视黄醇酯）。这些生物标志物与肝脏维生素A浓度相关，通常被认为是维生素A状态的金标准。所以，儿童青少年维生素A缺乏问题应引起重视。本文发现，农村青少年的血清维生素A水平低于城市青少年，故建议增加农村青少年的食物种类及富含维生素A的食物的摄入量。

维生素D缺乏与非传染性疾病和传染性疾病有关。新的生活方式、当前全球儿童和青少年肥胖症的"流行"，以及其他可预防的风险因素都可能导致维生素D缺乏症。莫吉雷（Mogire）等的研究发现，在非洲，维生素D主要是通过暴露在阳光下获得

---

① Hurrell R., Egli I. "Iron Bioavailability and Dietary Reference Values". *The American Journal of Clinical Nutrition*, 2010, 91(5), pp. 1461S - 1467S.

的，维生素D状态的许多决定因素都与阳光暴露有关。[1]本文研究发现，农村青少年体内维生素D的水平高于城市青少年，可能与农村青少年在阳光下暴露的机会多有关。

锌是儿童生长发育所必需的微量元素。在过去的10年里，中国农村学龄儿童的锌状况得到了显著改善。然而，2012年，中国贫困农村地区仍存在缺锌现象[2]。本文研究发现，农村青少年血清锌的水平高于城市青少年，但具体差异原因有待进一步探索。人体中的锌元素主要通过膳食获得。预防锌缺乏，要坚持均衡膳食，进食一些锌含量丰富的红肉（牛肉、瘦猪肉、肝脏等）、部分海产品（如牡蛎，但不宜大量食用）等。

### 3. 农村青少年营养素、食物、油、盐摄入量情况及与推荐值的比较

营养转型描述了由经济、社会和人口变化驱动的饮食和营养变化。在早期过渡阶段，这些变化可以改善人类的健康，但带来了一些慢性非感染性疾病。当代最常见的营养转变是从通过体力劳动获得的相对多样化的低脂、低盐、高纤维食物转变为低多样性、低纤维的精制和加工食物，这些食物含有高热量、脂肪、盐、胆固醇和糖。托马斯（Thomas）等的研究发现，远离高纤维、低脂、低盐和低加工糖饮食是转型人群的显著健康风险。[3]罗辛格（Rosinger）等的报告称，家庭在市场食品上的支出增加与适度增加的BMI、体脂和超重或肥胖概率相关。[4]本文研究发现，农村青少年蛋白质摄入量均满足推荐值，但膳食纤维、钙、维生素B1、维生素C、维生素A、维生素B2摄入量与推荐值相比尚有差距。从食物种类来看，蔬菜、水果、蛋类、奶类、大豆坚果类、鱼

① Mogire R. M., Mutua A., Kimita W., et al. "Prevalence of Vitamin D Deficiency in Africa: A Systematic Review and Meta-analysis". *Lancet Glob Health*, 2020, 8(1), pp. e134-e142.

② Xiaobing Liu, Jianhua Piao, Yu Zhang, et al. "Assessment of Zinc Status in School-Age Children from Rural Areas in China Nutrition and Health Survey 2002 and 2012". *Biological Trace Element Research*, 2017, 178(2), pp.194-200.

③ Kraft T. S., Stieglitz J., Trumble B. C., et al. "Nutrition Transition in 2 Lowland Bolivian Subsistence Populations". *The American Journal of Clinical Nutrition*, 2018, 108(6), pp. 1183-1195.

④ Rosinger A., Tanner S., Leonard W. R. "Precursors to Overnutrition: The Effects of Household Market Food Expenditures on Measures of Body Composition among Tsimane' Adults in Lowland Bolivia". *Social Science & Medicine*, 2013(92), pp.53-60.

虾类摄入量低于推荐值,深色蔬菜的摄入量农村低于城市;畜禽肉类高于推荐值。6—14岁农村青少年调味品盐摄入量高于5g/d的推荐值。15—17岁农村青少年食用油摄入量高于30g/d的推荐值,且远高于城市。这组膳食摄入的数据与上述第一部分探讨的农村青少年超重肥胖率开始上升相一致。因此,建议加强针对农村青少年的膳食营养知识的宣传,以膳食指南为标准,让农村青少年积极学习食物营养相关知识,认识食物,了解食物在保持身体健康与预防疾病中的作用。增加蔬菜、水果、蛋类、奶类、大豆坚果类、鱼虾类摄入量,减少畜禽肉类摄入量。同时学会选择食物,在选择预包装食品的时候会阅读食品标签。通过阅读食品标签,选择高营养的食物,尽量少选择高油、高盐、高糖的食物。对于已经超重肥胖的青少年,要在保证其正常生长发育的前提下调整膳食结构,控制总能量摄入,减少高油、高糖食物的摄入,特别要避免零食和含糖饮料的摄入。

**4. 农村青少年身体活动和静坐时间**

身体活动可以带来很多生理和心理上的益处。然而,生活方式的改变,包括在多种环境下身体活动机会的减少,会导致超重和肥胖,以及相关健康问题的升级。缺乏运动和营养不良是消极健康状况的强烈预测因素,会增加肥胖和其他慢性病的风险。此外,减少久坐行为与儿童健康呈正相关,被视为健康生活方式的支柱。[1]有规律的身体活动、充足的睡眠与减少静坐时间可以强健骨骼和肌肉,提高心肺功能,促进生长发育,预防超重肥胖的发生,并能提高学习效率。本文研究发现,12—17岁年龄组农村青少年的中高强度运动时间多于城市青少年;除了6—8岁年龄组,农村青少年的静坐时间均少于城市青少年;农村青少年的身体活动状况稍优于城市青少年,但仍不足。建议青少年每天应累计至少60分钟中高强度的身体活动,每周至少3次高强度的身体活动,在条件允许的情况下,优先选择户外活动,减少静坐时间。

## （四）总结与建议

本次调查结果显示,农村青少年超重率、肥胖率分别为15.8%、5.9%,低于城市的

---

① Grimes A., Lightner J. S., Eighmy K., et al. "Physical Activity and Nutrition Intervention for Middle Schoolers（Move More, Get More）: Protocol for a Quasi-Experimental Study". *JMIR Research Protocols*, 2022, 11（5）, p.e37126.

超重率、肥胖率（26.1%,10.5%），但肥胖已经开始向乡村蔓延。与此一致，农村青少年蛋白质摄入量均满足推荐值，但膳食纤维、钙、维生素 B1、维生素 C、维生素 A、维生素 B2 摄入量与推荐值相比尚有差距。摄入的食物种类中，蔬菜、水果、蛋类、奶类、大豆坚果类、鱼虾类摄入量低于推荐值，但畜禽肉类高于推荐值。调味品盐、食用油摄入量较高。

基于本次调查结果，应采取综合措施促进农村青少年营养健康。建议加强针对农村青少年的膳食营养知识的宣传，让农村青少年认识食物，了解食物在维护健康与预防疾病中的作用，尽量少选择高油、高盐、高糖的食物。对于已经超重肥胖的青少年，要在保证正常生长发育的前提下调整膳食结构，控制总能量摄入，减少高油、高糖食物的摄入，特别要避免零食和含糖饮料的摄入。同时，建议青少年每天应累计至少60 分钟中高强度的身体活动，每周至少 3 次高强度的身体活动，在条件允许的情况下，优先选择户外活动，减少静坐时间。在此基础上，进一步建议，改善农村青少年的膳食行为，遵照膳食指南，促进农村青少年合理膳食；树立食育观念，推动形成社会共治的食育教育模式。

# 被车"捆绑"的人
## ——网约车司机的从业特征与职业困境

浙江省青年发展研究中心①

## 一、调研背景

　　人工智能、物联网、云计算等信息技术与出行方式的融合,催生了滴滴出行、曹操专车、神州专车、美团打车等网约车平台。这些平台的出现,不仅丰富了人们的出行方式,也有效带动了劳动就业率的增长。②大量陷于"内卷化"竞争的年轻人,看重网约车行业时间相对自由、平均薪资高、结算快等特点而注册成为网约车司机。据交通运输部发布的网约车行业运营数据,截至2022年6月30日,全国共有网约车平台公司277家,环比增加3家;各地共发放网约车驾驶员证453.0万本、车辆运输证183.7万本,环比分别增长3.1%、4.3%。另外,根据滴滴出行2022年4月21日公布的数据,仅滴滴平台司机累计注册数量就超过了3100万,其中超过21%的司机以滴滴平台的收入作为家庭唯一收入来源。

　　网约车行业体量庞大,关乎千万人的出行。网约车司机数量众多,已经成为新业

---

① 本文由浙江省青年发展研究中心供稿,具体撰稿人:卫甜甜、杨媛媛、程德兴、朱钰嘉。
② 白艳莉、旷巍:《网约车司机过劳问题形成机制的质性研究——基于上海市S区网约车司机的劳动过程分析》,《决策与信息》,2022年第5期,第57—67页。

态从业者的代表职业之一。然而,与网约车行业蓬勃发展相对的是,网约车司机劳动强度大、运营成本高、权益保障不到位等问题越来越凸显。长期来看,网约车司机的生存状态会影响交通运输行业的健康发展。因此,网约车司机群体需要被看见、被重视。

习近平总书记指出:"幸福是奋斗出来的。"这也揭示了新时代普通劳动者创造美好生活的基本路径。但劳动和奋斗也需要制度的保护,尤其是在浙江高质量发展建设共同富裕示范区的进程中,网约车司机等新兴职业群体的利益诉求需要及时得到回应。因此,本调研以网约车司机群体为研究对象,围绕其群体特征、工作特点、生活需求等开展调查研究,剖析这一群体的从业特征和职业困境,为后续更加有效地开展服务管理、完善保障制度提供参考。

## 二、调研方法

调研组采用了问卷调查法和访谈法,以深入了解网约车司机的生存现状、从业特征、重要诉求,剖析网约车司机面临的职业困境及网约车行业发展中存在的问题。

### (一)问卷调查法

本次调研共发放问卷2224份,调研范围覆盖浙江省11个地市,涵盖滴滴出行、曹操专车、T3出行、享道出行、高德打车、美团打车等网约车平台。剔除填答时间不超过120秒的问卷,共回收有效问卷2103份,有效回收率为94.56%。

此外,为了更加全面、综合地反映网约车司机群体及网约车行业发展的实际情况,本文还参考了2022年度浙江省公路中心出租车处开展的浙江省网约车驾驶员劳动权益保障调研①(以下简称"省公路中心调研")中的部分数据。

### (二)访谈法

为确保访谈对象的代表性,调研组共选取20名来自不同平台、不同车辆的网约

---

① 2021年11月起,浙江省公路中心出租车处组织第三方机构对网约车司机的劳动权益状况进行了抽样调查(样本1000个),并在2022年7月形成了调研报告。

车司机进行个案访谈,主要包括滴滴出行、曹操专车、T3出行、享道出行等,涵盖专职与兼职司机。访谈对象的性别、籍贯、车辆来源和类型、工作性质、使用平台、从业时长等信息。(见表1)同时,出于学术伦理的考量,对20名访谈对象进行了匿名化编码处理,分别赋编码为A1—A20。

**表 1 访谈对象情况表**

| 编号 | 性别 | 籍贯(省内、外) | 车辆来源和类型 | 工作性质 | 平台 | 从业时长 |
|---|---|---|---|---|---|---|
| A1 | 男 | 省外 | 私家车、混动 | 兼职 | 享道出行、T3出行、美团 | 1年半 |
| A2 | 男 | 省内 | 租车、电车 | 专职 | 享道出行、T3出行 | 8个月 |
| A3 | 男 | 省外 | 租车、电车 | 专职 | 曹操出行、滴滴出行 | 1年 |
| A4 | 男 | 省外 | 租车、电车 | 专职 | T3出行 | 2年半 |
| A5 | 男 | 省外 | 租车、电车 | 专职 | 滴滴出行、曹操出行 | 1年以上 |
| A6 | 男 | 省内 | 租车、电车 | 专职 | 天猫 | 3个月 |
| A7 | 男 | 省外 | 租车、电车 | 专职 | 小牛快跑 | 3年 |
| A8 | 男 | 省外 | 私家车、油车 | 专职 | 花小猪、滴滴出行、T3出行 | 半年 |
| A9 | 男 | 省外 | 私家车、电车 | 专职 | 滴滴出行、花小猪 | 2年 |
| A10 | 女 | 省内 | 私家车、电车 | 专职 | 滴滴出行、曹操出行 | 1年 |
| A11 | 男 | 省内 | 租车、电车 | 专职 | 滴滴出行、花小猪 | 半年 |
| A12 | 男 | 省内 | 私家车、油车 | 兼职 | T3出行 | 3个月 |
| A13 | 男 | 省外 | 私家车、电车 | 专职 | 美团打车、高德打车 | 1年以上 |
| A14 | 男 | 省内 | 租车、电车 | 专职 | 滴滴出行、哈啰出行 | 3年以上 |
| A15 | 男 | 省外 | 租车、电车 | 专职 | 滴滴出行、T3出行、花小猪 | 1年 |
| A16 | 男 | 省内 | 私家车、混动 | 兼职 | T3出行、享道出行 | 半年 |
| A17 | 男 | 省外 | 租车、电车 | 专职 | 滴滴出行、曹操出行 | 2年以上 |
| A18 | 男 | 省外 | 私家车、电车 | 专职 | T3出行、享道出行、美团打车 | 半年 |
| A19 | 男 | 省内 | 出租车、油车 | 专职 | 滴滴出行 | 3年以上 |
| A20 | 男 | 省外 | 租车、电车 | 专职 | 享道出行、T3出行 | 1年以上 |

# 三、本次问卷调查中的网约车司机群体画像

## （一）35周岁及以下年龄段的司机占比近一半

从网约车司机的年龄段分布来看,35周岁及以下的司机占比接近一半,达到45.23%。其中,这一年龄群体中又以29—35周岁年龄段的司机占比最高,达到26.71%;其次为23—28周岁年龄段的司机,占比为15.69%;18—22周岁年龄段的司机仅占2.83%。(见图1)此调研结果和清华大学社会科学学院企业责任与社会发展研究中心发布的《2021年中国一线城市出行平台调研报告》[①]中的网约车司机年龄分布较为近似,即网约车司机群体的年龄分布呈现出青年化的特点。

数据交叉分析的结果进一步表明,随着年龄的增长,选择成为全职司机的人数占比持续提升,而兼职司机的人数占比持续下降。(见图2)这一结果可能映射了近年颇受舆论争议的职场"35周岁危机",在经济下行、职场压力攀升的就业大环境中,越来越多的青年在步入中年之后,其职业选择的空间越来越收紧,因此他们主动或被动地将网约车司机作为职业选择的"退路"。

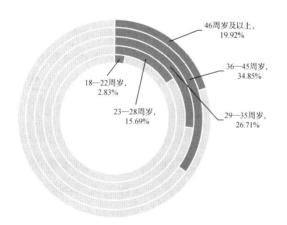

**图1　各年龄段司机占比情况**

---

① 李佳佳:《一线城市出行平台报告:专职司机占网约车市场半壁江山 新兴平台渐获乘客青睐》,中国新闻网,2020年5月21日,https://www.tsinghua.edu.cn/info/1182/83969.htm,2023年3月9日查询。

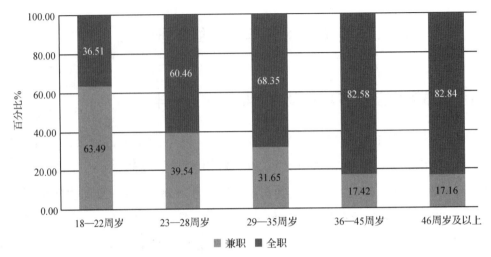

图2　各年龄段司机兼职、全职情况

## （二）男司机是行业主力军

问卷调查显示,在网约车行业中,男司机占比为81.47%,女司机占比为18.53%。与其他交通运输业类似,网约车行业对从业者的身体基础、体力、驾驶技术等要求比较高,仍属于传统型的体力性工种。这也使得男性成为网约车行业中的主力军。

## （三）大部分司机学历层次偏低

问卷数据显示,本科及以上学历的司机占比仅为15.10%,专科及以下学历的司机占比则达到84.91%。其中,高中(包括中专、职高、中技等)学历占比最高,为39.12%;其次为初中及以下学历,占比为26.57%;再次是专科(包括高职、高专、高技等)学历,占比为19.21%。(见图3)可见,大部分网约车司机的学历层次偏低。由于"开网约车"没有学历门槛的限制,因此其成为劳动力市场上学历相对劣势人群的主要就业方向,正如访谈对象A20所说:"干这行的大家都没什么文化,现在活不好找,跑滴滴只要会开车就行。"

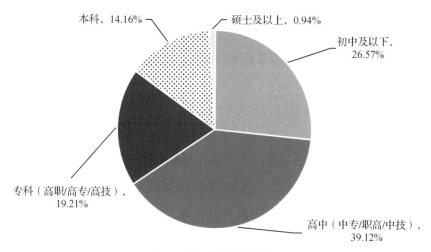

图3　司机学历层次情况

## （四）生育状况与职业稳定性呈正相关

调查发现,已婚司机的占比为72.44%,未婚司机的占比为19.15%,离异及丧偶司机的占比为8.41%。同时,78.77%的司机有孩,无孩的司机占比为21.22%。(见图4)可见,绝大多数网约车司机已婚有孩、家庭稳定,他们为了家人和子女奔波在路上,把行车收入作为主要的家庭收入来源。

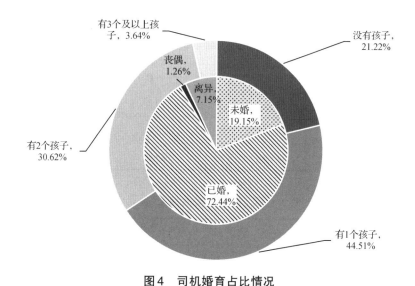

图4　司机婚育占比情况

此外，交叉分析发现，司机的婚育状况与其工作和生活压力，以及职业稳定性呈正相关。即，子女数量越多，工作和生活压力越大，职业稳定性也越强。对于无孩和一孩、二孩、三孩及以上的司机，工作和生活压力非常大的比例逐步升高，分别为40.47%、50.71%、59.62%和65.43%；司机的职业稳定性也逐步增强，今后一年内还打算继续跑网约车的比例逐步升高，分别为62.29%、74.85%、75.48%和79.01%。

### （五）以外地司机为主

省公路中心调研的数据显示，大多数司机的户籍不在本省。以杭州活跃司机为例，外省司机占比超过60%。问卷调查的数据进一步显示，经卡方检验，本地司机与外地司机在不同城市工作的人数占比有显著性差异，且这种差异具有统计学意义（Sig.<0.05），即杭州的外地司机比例要远高于其他地市。（见表2、表3）这主要是因为杭州城市体量较大、网约车市场发展更充分，所以就业吸引力更大。正如访谈对象A9所说："我们主要想来浙江赚点钱，现在北方经济太差了，杭州城市规模大一点，单子多一点，和别的城市还是不一样的。"

**表2　是否浙江人工作城市交叉制表**

| 项目 | | | 工作城市 | | 合计 |
|---|---|---|---|---|---|
| | | | 其他城市 | 杭州 | |
| 是否浙江人 | 否 | 计数 | 359.0 | 370.0 | 729.0 |
| | | 期望的计数 | 555.6 | 173.4 | 729.0 |
| | 是 | 计数 | 1336.0 | 159.0 | 1495.0 |
| | | 期望的计数 | 1139.4 | 355.6 | 1495.0 |
| 合计 | | 计数 | 1695.0 | 529.0 | 2224.0 |
| | | 期望的计数 | 1695.0 | 529.0 | 2224.0 |

**表3　卡方检验结果**

| 类别 | 值 | df | 渐进Sig.（双侧） | 精确Sig.（双侧） | 精确Sig.（单侧） |
|---|---|---|---|---|---|
| Pearson 卡方 | 435.089[a] | 1 | 0.000 | | |
| 连续校正[b] | 432.879 | 1 | 0.000 | | |

续表

| 类别 | 值 | $df$ | 渐进 Sig.（双侧） | 精确 Sig.（双侧） | 精确 Sig.（单侧） |
|---|---|---|---|---|---|
| 似然比 | 416.645 | 1 | 0.000 | | |
| Fisher 的精确检验 | | | | 0.000 | 0.000 |
| 线性和线性组合 | 434.894 | 1 | 0.000 | | |
| 有效案例中的 $N$ | 2224.000 | | | | |
| a. 0 单元格(0.0%)的期望计数少于 5。最小期望计数为 173.40。 | | | | | |
| b. 仅对 2×2 表计算。 | | | | | |

## 四、网约车司机从业特征

### （一）多重注册且平台使用率地区差异明显

网约车平台是网约车司机开展工作的基础。调查发现,当前浙江的网约车平台呈现"一家独大,中小平台众多"的特点。"一家独大"指的是滴滴出行。在浙江,滴滴的市场份额达到了 67.5%,行业垄断格局仍未改变。但受聚合平台发展、滴滴 App 下架等影响,相较于 2019 年的数据(占据 90% 的市场份额),滴滴出行的市场份额已大幅下降,T3 出行和高德打车等平台的市场占有量在不断增加。此外,近些年,随着行业市场的培育,众多小微平台不断涌现。截至 2021 年底,浙江省共有 90 家(357 家次)网约车平台公司获得经营许可,实际经营 183 家次。

虽然滴滴出行市场占有率"一家独大"的特点未发生绝对变化,但对问卷数据进一步交叉分析发现,不同城市的司机在不同平台的使用率仍出现了一些差异。如,在温州,除滴滴出行和 T3 出行外,享道出行(35.71%)的使用率较高;在嘉兴,司机使用高德打车的比例达到了 38.58%;在湖州,曹操出行的使用率(35.82%)相对较高。

平台数量的增加,也意味着市场的进一步分割和接单渠道的多元化。调查发现,为了提高接单量,网约车司机人均注册平台 2 个及以上,部分司机为方便操作,会同时使用多部手机进行接单。"我这是贷款车,想在 3 年内还完贷,T3 出行、享道出行、美团打车都用了,只用一个软件的话,接单量不行。你看我都用两个手机,一个手机不

好操作。"（访谈对象A18）

## （二）普遍超时工作且缺乏休息时间

对于网约车司机来说，工作时长是保证其收入水平的关键因素。问卷数据显示，绝大多数（71.41%）网约车司机的日均工作时长超过8小时。其中，30.26%的司机工作时长在12—16小时；2.79%的网约车司机工作时长甚至超过16小时（见图5）。参与访谈的专职司机均表示，每天出车时间超过12小时。正如访谈对象A15所说："跑滴滴就是靠时长挣钱，跑得多挣得多。我一天要跑十几个小时，周围老乡也是，没有少于12小时的，租的车就得多跑点儿。"同时，与超时工作相对应的则是休息时间的不断压缩。问卷数据显示，约6成网约车司机的月均休息时间仅有1—2天。（见图6）访谈中也有网约车司机反馈："很少出去玩，平时闲下来就在家刷刷手机，干我们这个很累，周末也要出来跑的，除非病了身体实在吃不消才休息，否则一年到头都在跑。"（访谈对象A17）

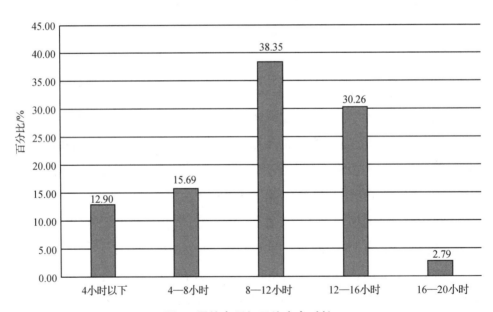

**图5 网约车司机日均出车时长**

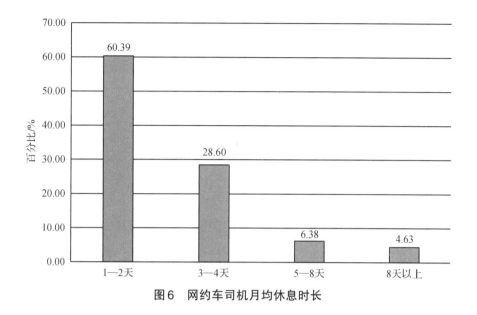

图6　网约车司机月均休息时长

## （三）收支双高且外地司机支出高于本地司机

调查发现，网约车司机的营收流水普遍比较高。访谈中，不少司机表示，如果一天工作12小时以上的话，日均收入流水在400—500元，每月流水基本有1万元左右。问卷数据也显示，45.05%网约车司机月流水在8000元以内。但进账流水高，并不意味着实际收入高。问卷数据显示，近半数（49.01%）的网约车司机月实际收入在5000元以内，月入过万的司机占比极低。（见图7）

造成网约车司机流水收入和实际收入反差的一个重要原因是网约车司机的从业成本较高。调查显示，几乎所有司机都需要承担车辆油费/电费、违章罚款、停车费、车辆维修保养费、营运险、平台挂靠费等支出。

同时，本地司机和外地司机在车辆获取渠道上存在较明显差异，本地司机使用自有车辆的比例更高。数据显示，近70%的本地网约车司机使用的是自有车辆；而外地司机使用自有车辆的比例仅为33%，其中24.3%的外地司机会从第三方公司租赁车辆。这就意味着不少外地司机要承担更多的租车费用，支出成本也就更高。调查显示，约49%的本地司机月从业支出在3000元以上，而外地司机的该项比例为69%，其中月从业支出在5000元以上的外地司机占比高达34.7%。

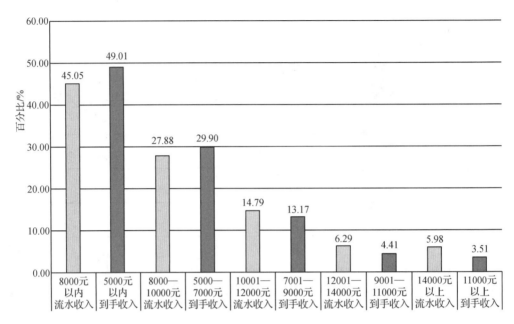

图7　网约车司机月流水收入与实际收入

## （四）相对自由但受平台束缚较多

访谈结果和问卷数据均显示,在工作时间和空间上相对自由是不少人选择成为网约车司机的重要原因。61.7%的网约车司机表示,"时间灵活"是吸引自身从业的重要因素;"喜欢自由的工作方式"紧随其后,占比为46.1%。访谈中,不少访谈对象说:"我以前在厂里上班,天天泡流水线,太无聊了。开网约车时间比较自由,我喜欢晚上开得晚点,早上10点多才出来。"(访谈对象A7)"开网约车有一个好处,就是方便接送小孩儿。我开滴滴后,家里小孩上学、老人去医院都是我送的,比较方便。"(访谈对象A5)

但是,在实际从业过程中,网约车司机的自由度是有限的。一方面,如前文所述,想挣得多就要超时工作,这会不断挤压司机自身空闲时间;另一方面,顾客会对网约车司机服务过程进行物理空间的实时监督,而平台会采用自动录音、GPS定位等算法技术全程监控司机的劳动过程。正如访谈对象A1所说:"乘客上车我们要说一些固定话术,提醒乘客上车系好安全带,下车带好随身物品。疫情的时候,还要提醒乘客上车扫码……我们车上装着录音设备,平台会从1000个设备里面随机抽查,看司机有没有违反规定,比如骚扰乘客等。"

## (五)职业保障情况不佳且从业者主观意识较弱

　　虽然2021年浙江出台了《浙江省维护新就业形态劳动者劳动保障权益实施办法》,支持网约车从业人员参加社会保险,但是从问卷调查和访谈结果来看,网约车司机尤其是专职司机大多未签订劳动合同,也没有参加社会保险。以养老保险为例,27%的网约车司机没有缴纳,43%的网约车司机选择个人缴纳养老保险。(见图8)

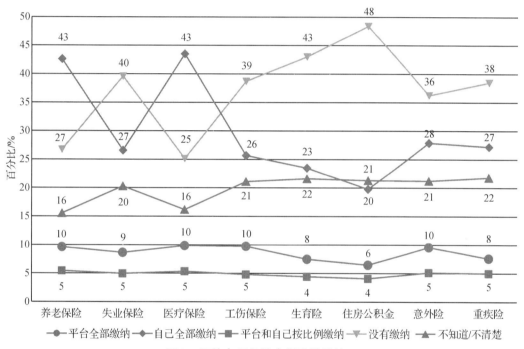

**图8　网约车司机社会保险缴纳情况**

　　究其原因,主要是从业者的职业保障意识不强。数据显示,在没有签订劳动合同的司机中,78.6%的人表示"不知道要签合同",34.2%的人表示"签不签合同无所谓"。另外,分别有92.9%和30.6%的人是因为网约车平台或第三方代理商没有提出签合同,自己也就未主动提出要签合同。上述种种数据都说明,从业者的职业保障意识有待进一步提高。

## 五、网约车司机的职业困境

### （一）订单量减少与运营成本增加的双重挤压

面对疫情、市场寒冬，网约车行业的订单量持续下滑，从业者收入减少。交通运输部2022年发布的4月份网约车运营数据显示，全国网约车监管信息交互平台共收到订单信息4.76亿单，环比下降11.6%。同比来看，2022年3月，全国网约车共产生5.39亿份订单，比去年同期下滑超29%。访谈过程中，很多网约车司机也谈到，目前整体上订单量在减少，但开网约车的人又比较多，这导致市场供需失衡比较明显。有司机说："你去路上看看，非高峰时段有很多网约车停在路边。"（访谈对象A15）

在接单量减少的同时，网约车平台的抽成却在增加，这导致司机收入进一步减少。综合访谈资料发现，当前网约车平台的提成在20%—35%，不同平台抽成比例差异较大，其中滴滴出行平台抽成比例最高，超过30%。"上次有个乘客给我看了他付的款，那一单我只拿到6成，一般平台要扣掉两三成。现在有时候订单（量）还不错，但我们还是赚不了多少钱。"（访谈司机A2）

此外，能源价格及租车费用的持续上涨，也在不断挤压网约车司机的实际收益。"我的车是混动的，加一箱油要200多元，烧油的话跑一整天要100多元，用电的话一天也要五六十元。加上现在接单量也少了，我现在每个月要比以前少赚100—200元。"（访谈对象A1）

### （二）高成本的退出机制以及成本压力下的自我剥削

正如前文所述，想要进入网约车行业，就要购买或租赁一辆合规车，这意味着每个司机不是要预先置办十几万元的"家当"，就是要必须负担每月3000—4000元的"债务"。这一方面迫使网约车司机主动延长工作时间，以达到多赚钱尽快收回成本的目的；另一方面，又抬高了行业退出壁垒，动辄十几万元的前期投入使得网约车司机从入行伊始就被经营成本所捆绑，无法轻易解绑退出。访谈过程中，网约车司机不约而同提到"车是停不下来的"。停下来就意味着没有进账，反而要给租车公司倒付租赁费。"我们每天都要跑12小时以上的，跑够时长才能赚到钱。不然赚的钱还不够

付油钱和租金。我以前认识的一个年轻司机,后备箱就放着铺盖,累了就睡在车上,睡醒继续跑。"(访谈对象A3)

除此之外,退出网约车行业还要承担汽车折旧损失或高额租车违约金。有部分司机提到,租车的合同陷阱比较多,如果没到合同期限就退车的话,就要被迫承担押金、违约金等损失。访谈对象A2提及:"我们租车要交8000—10000元的押金,如果想提前终止合同就要给租车公司20%的违约金,以及各种费用。所以没办法,只能先开着,到时候再看。"

## (三)不对等的劳动关系与权益维护难度大

网约车的运营过程涉及网约车司机、用户、平台、租车公司等群体,在这些行为主体中,司机处于相对弱势的地位。如,乘客投诉司机容易,司机申诉却很难成功。问卷中,40.96%的网约车司机表示收到过投诉,被投诉的原因中,恶意投诉(49.29%)、取消订单(45.77%)、收费超出平台预估价(23.16%)、接驾不及时(22.61%)、走错路(21.51%)等5项选择率较高。(见图9)访谈中,大部分司机表示自己有被投诉的经历,诸如堵车、走了高架、位置定位错误等都会成为被投诉的理由。访谈对象A1说:"有时候导航显示的路线和乘客自己选择的不一致。即使我没有绕路,乘客也会投诉。乘客一投诉一个准,投诉成功就扣我们的分数。"

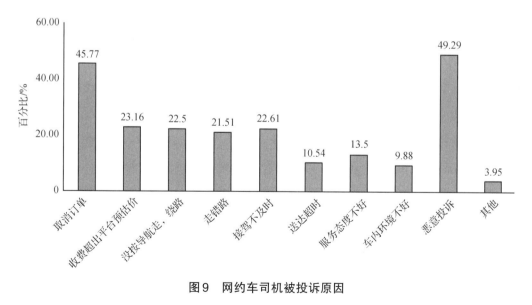

图9 网约车司机被投诉原因

再如，网约车司机受平台制约太多，而司机却无法向平台提要求。网约车司机与平台企业之间并非劳务关系，也未签订劳动合同，这就导致平台企业主体责任未能落实，且平台处于行业的上游，拥有制定行业规则的主要话语权，而网约车司机对平台的依附性较强，处于弱势地位。这就使得网约车平台企业抽成比例高、分配机制不公开透明、随意调整计价规则等问题不断涌现，网约车司机的知情权和监督权未能得到有效保障，司机的合法权益屡受侵犯。此外，网约车司机群体通常会频繁跨平台，甚至跨行业工作，过大的就业流动性也导致平台和司机双方共赢意识不强，相当一部分司机存在"短期干、懒得烦"的心理，自身维权意识不足，遇到问题宁可选择"直接走人"，也不会主动维护自身权益。

网约车司机与租车公司之间的利益纠葛更是复杂，一方面，租车公司承担了部分维修、事故的费用，降低了网约车司机的从业经济风险；另一方面，租车公司又是租赁关系中相对强势的一方，会用投机取巧、雁过拔毛的手段来侵占司机的合法权益。如，有访谈对象说："车出了问题，我们要花自己的时间去保养、维修，而且租车公司会要求我们去他们指定的店维修，价格和时间都不由我们控制。"

## （四）针对网约车平台的监管制度尚不完善

网约车行业的迅速发展方便了老百姓出行，但平台内卷、竞争加剧也给交通运输行业的秩序带来了一定的冲击。例如，一些新的网约车平台在刚成立时往往会采取低价策略，烧钱发补贴，圈地夺市场等手段来扰乱市场竞争秩序，不利于网约车市场长远发展和司机合法权益的保护。

监管和执法不到位，也使得网约车平台的恶性竞争对行业秩序造成的冲击更为明显。我国对网约车等新行业新业态的发展整体持鼓励态度，在法律规范、行业监管等方面环境相对宽松，直到网约车行业基本发展成熟后，才在2016年颁布了相关管理规定。但在规定执行上，还存在对新规理解把握不到位、执行效果不佳等问题。另外一个原因是，传统的线下执法模式与提供线上服务的网约车平台不相适应。现在，有关部门虽然已经要求各平台公司将必要信息实时上传以便监管，但由于上传信息数据不规范、传输中断等技术问题缺乏有效解决方案，对网约车平台企业的威慑力仍十分有限。

### （五）恶性社会事件带来的污名想象

受少数诸如"网约车司机性侵女乘客""乘客被杀害"等恶性社会事件的影响，网约车司机还承受着部分乘客的污名化想象。如，2020年11月《南方都市报》发布的《网约车女性出行安全调研报告》显示，71%的女乘客乘车时担心被司机侵犯。这不仅给网约车司机的工作带来一定困扰，也会影响他们自我身份认同的形成。有访谈对象说："我们是不能和乘客随便说话的，如果有乘客投诉，我们的录音就会被调出来检查……但是有录音也挺好，我们也愿意装上，对大家都是保护，我们也不想被当坏人看。现在有些乘客一看我们换条路走就很紧张，有时候我们只是不想堵车或者那段路正在维修，但现在我们也不敢随便换了。"（访谈对象A4）

值得说明的是，作为平台经济从业者，网约车司机的从业特征和所面临的职业困境与快递员、外卖员等其他平台经济从业者之间存在一定的相似性，这也是平台经济业态和经济逻辑之下的共性特征和共性问题。如，在平台经济算法技术的监控和利益导向的收入机制下，网约车司机同快递员、外卖员等群体一样，在有限的时空自由中被不断挤压个人的休息时间，进行"赶工游戏"，以获取更多的劳动报酬。

# 六、对策建议

## （一）进一步加强平台监督

进一步贯彻落实新修订的《网络预约出租汽车经营服务管理暂行办法》，督促网约车平台企业严格履行有关责任。推进网约车行业数字化改革，在现有网约车"平台、驾驶员和车辆"三项许可基础上，建设涵盖省市两级的全省网约车服务在线系统，不断提高行业治理的精准度，统一、高效、精准地开展监管和执法等工作。督促网约车平台企业加强与租赁公司、用工合作单位的协调，规范风险抵押金、保证金等费用的收取标准；各设区市交通运输主管部门可结合当地实际，制定并公布本地的抵押金、保证金指导标准。推动平台制定科学的管理制度和绩效评价体系，持续优化派单机制，合理确定接单量、工作时间和薪酬标准。

## （二）进一步强化组织建设

尝试在网约车司机群体中建立党支部、工会、共青团等组织，充分发挥组织的堡垒作用，围绕网约车司机群体"急难愁盼"问题，开展多样化的服务和社会活动，不断提升网约车司机群体的社会认同感、职业幸福感。如，聚焦网约车充电贵问题，相关组织可积极与商场、充电站联动，为网约车司机推出"暖心充电"套餐。推动行业主管部门牵头成立行业协会，并通过行业协会为平台经营者和商户制定运营标准，对平台的系统管控方式进行合理干预，进一步保障网约车司机的合法权益。

## （三）进一步推动服务阵地建设

积极为网约车司机打造集休息、茶歇、培训等功能为一体的党群服务阵地。积极推广湖州市综合保障站"政策＋保障＋运营＋新能源＋数字化"的成功经验，推进出租汽车综合服务区建设，在医院、居民集中居住区、重要商业区、综合交通枢纽以及符合条件的城市公共厕所附近设置临时停车位，允许网约车临时停靠，解决网约车司机最关心的"充电难、就餐难、停车难、如厕难"等"关键小事"。

## （四）进一步健全司机职业保障

建立健全社会保障机制，提高网约车司机参保和享受待遇的服务便捷性。全面放开网约车司机在就业地参加基本养老保险、基本医疗保险的户籍限制，建立健全网约车司机群体单险种工伤保险制度，鼓励平台企业购买人身意外险等商业保险，着力提高职业伤害保险待遇。加强对平台和租车公司的监管力度，对侵害网约车司机核心利益的行为进行触发式监管，维护算法权力与个人利益之间的平衡，完善平台和从业人员利益分配机制。在明确平台算法权力边界的同时，将保障司机休息权以及合理派单的观念内嵌于算法过程，科学设定驾驶员工作时长和劳动强度，保障其有足够的休息时间和收入。

## （五）进一步增进人文关怀

搭建网约车司机与平台企业的交流沟通平台，听取网约车司机对工作和生活的意见和建议。鼓励平台企业加强对从业人员的人文关怀，建立优秀从业人员奖励制

度和困难从业人员慰问制度。加强从业人员和市场情况的大数据监测,做好行情研判,做好从业人员职业引导。进一步加强媒体的正面宣传和引导,积极选树岗位创优、爱岗敬业的行业典型,提升公众对网约车行业的理解、尊重和认同,减少相互之间的误解和纠纷,让网约车司机工作得有尊严、更体面。

# MSM学生社群亚文化、社会支持和高危行为特征及其在不同性取向间的差异分析[①]

浙江省疾病预防控制中心课题组[②]

男男同性性行为者(Men Who Have Sex with Men,MSM)人群是艾滋病感染的高危人群,HIV感染率居高不下,MSM学生面临同样挑战。2021年,浙江省因同性性行为感染HIV的学生病例较2020年和2019年均有所上升。本文以性取向为依据,将该人群分为同性性取向者、双性性取向者、异性性取向者和性取向不确定者。不同性取向与不同的性行为密切相关,尤其是双性性取向、异性性取向和性取向不确定者,他们之间发生双性性行为的可能性远远高于同性性取向者,是导致艾滋病跨人群传播的重要"桥梁人群"。本文将对不同性取向的MSM学生进行比较,分析他们在文化、社会支持、与同性/异性间高危性行为、HIV自我检测等健康行为和HIV感染状况方面的差异,并对其可能造成的跨人群传播风险进行初步探索和评估,旨在为今后制定防控措施提供理论依据。

## 一、对象与方法

### (一)研究对象

本文以具有男男性行为的大学生为研究对象。纳入标准:①男性且年龄≥18岁;

---

① 基金项目:浙江省青少年和青少年工作研究课题(ZQ202282)。
② 本文由浙江省疾病预防控制中心课题组供稿,具体撰稿人:陈琳、徐杰、许珂、何林、王憓。

②曾与男性发生过肛交或口交等性行为;③在读学生;④完成知情同意。本研究通过浙江省疾病预防控制中心伦理委员会审批(2022-014-02)。

## (二)调查方法

本文采用横断面调查设计。2022年3—7月,以浙江省MSM规模估计较多和学校较为集中的杭州市、宁波市、嘉兴市和金华市作为研究现场,4市共4个MSM社会组织经统一培训后,在校园活动、小组工作室及互联网(微信群/QQ群/公众号)发布招募公告,招募采用方便样本。设计电子调查问卷并生成电子二维码,供研究对象扫码,扫码后进入知情同意界面,同意后进入调查页面,由工作人员面对面全程指导填写。对于不同意扫码者,在工作人员指导下,签署纸质版知情同意书并现场填写纸质版问卷,完成后由工作人员扫码录入。调查内容包括社会人口学特征、社会文化、同性性行为、艾滋病干预检测等信息。本次共招募到682名符合纳入标准的大学生MSM,其中675人完成问卷调查,剔除4名自我报告为异性恋者,共671人纳入分析。

## (三)相关定义

①就读学校和年级:低年级指大一和大二,高年级指大三及以上。②出柜:向他人承认自己的同性性取向。③心理性别:自己认为自己的性别特征(男性/女性/双性/不确定)。④社交圈层:包括美剧圈、欧美音乐圈、嘻哈圈、耽美圈、二次元、电竞圈、饭圈、国风圈等8种,参加以上任一圈层相关的小团体,即为"加入"。⑤首次男男性行为时间间隔:首次加入同志社交群到发生男男性行为之间的时间间隔。⑥网络临时性行为:通过互联网交友软件或网络平台寻找临时性伴发生性行为。⑦艾滋病知识:共5题,分别为"男男同性性行为人群是我国目前受艾滋病危害最严重人群"(回答"是"为正确)、"偶尔不使用安全套不会感染艾滋病"(回答"否"为正确)、"高危行为后96小时内可进行暴露后预防服药,且2小时内效果最佳"(回答"否"为正确)、"性行为时使用Rush Poppers等会提高艾滋病感染风险吗?"(回答"是"为正确)、"以下哪种性角色更容易感染艾滋病"(回答"被插入方"为正确),回答正确得1分,共计5分。得分为5分者定义为高分,0—4分定义为中低分。⑧HIV感染状况:问题为"最近3个月您的HIV感染状况是?",选项分别为"HIV阴性""HIV阳性"和"未检测"。

## （四）统计学分析

采用Excel 2010软件进行数据库整理，采用SPSS 25.0软件进行数据整理和统计学分析。频数分布用于描述流行病学特征，采用 $\chi^2$ 检验比较不同性取向的MSM学生社会人口学、社群亚文化、社会支持、危险行为、健康教育及HIV感染等特征差异。

# 二、结果

## （一）社会人口学特征

671名MSM学生中，本省户籍442人，占65.9%；在外省学校就读65人，占9.7%；就读学校和年级为大专低年级和本科低年级的共292人，占43.5%；自我报告为同性性取向者492人，双性性取向者136人，性取向未确定者43人，分别占73.3%、20.3%和6.4%。

对不同性取向的MSM学生的社会人口学特征进行卡方分析，结果发现与同性性取向者相比，双性性取向/性取向未确定者外省户籍比例为40.8%，高于同性性取向者（31.7%）；在外省学校就读的比例为14.5%，高于同性性取向者（7.9%），经卡方检验，差异均有统计学意义（$p<0.05$）。（见表1）

表1 浙江省MSM学生社会人口学特征及在不同性取向组间的比较

| 变量 | | 合计 | | 同性性取向 | | 双性性取向/未确定 | | 卡方值 | $p$值 |
|---|---|---|---|---|---|---|---|---|---|
| | | N/人 | 百分比/% | N/人 | 百分比/% | N/人 | 百分比/% | | |
| 户籍 | 本省 | 442 | 65.9 | 336 | 68.3 | 106 | 59.2 | 4.808 | 0.028 |
| | 外省 | 229 | 34.1 | 156 | 31.7 | 73 | 40.8 | | |
| 学校所在地 | 本省 | 606 | 90.3 | 453 | 92.1 | 153 | 85.5 | 6.532 | 0.011 |
| | 外省 | 65 | 9.7 | 39 | 7.9 | 26 | 14.5 | | |
| 就读学校和年级 | 大专低年级 | 125 | 18.6 | 95 | 19.3 | 30 | 16.8 | 2.067 | 0.724 |
| | 大专高年级 | 81 | 12.1 | 60 | 12.2 | 21 | 11.7 | | |
| | 本科低年级 | 167 | 24.9 | 122 | 24.8 | 45 | 25.1 | | |

续表

| 变量 | | 合计 | | 同性性取向 | | 双性性取向/未确定 | | 卡方值 | $p$ 值 |
|---|---|---|---|---|---|---|---|---|---|
| | | N/人 | 百分比/% | N/人 | 百分比/% | N/人 | 百分比/% | | |
| 就读学校和年级 | 本科高年级 | 212 | 31.6 | 157 | 31.9 | 55 | 30.7 | 2.067 | 0.724 |
| | 硕士及以上 | 86 | 12.8 | 58 | 11.8 | 28 | 15.6 | | |

## （二）社群亚文化特征

对671名MSM学生的社群亚文化特征进行分析,结果显示387人(57.7%)报告已出柜,出柜对象所占比例最高为朋友/同学(93.0%),其次为兄弟姐妹(20.2%)和父母(12.7%);自我报告心理性别为女性或双性/不确定者160人,占23.8%;211人(31.4%)未来打算结婚或交女朋友;439人(65.4%)报告至少加入1个社交圈层,其中线下见面及有性关系者分别有66人(15.0%)、32人(7.3%);观看色情视频频次为≥3次/月358人,占53.4%;色情视频种类中受欢迎程度较高的为被插入方角色视频(40.1%)、不使用安全套视频(29.5%)。

对不同性取向MSM学生的文化特征进行卡方分析,与同性性取向者相比,双性性取向/未确定者出柜比例较低(50.8%),向父母出柜的比例较低(4.4%),打算结婚或交女朋友的比例较高(55.3%),经卡方检验,差异均有统计学意义($p<0.05$)。此外,不同心理性别比例在不同性取向间的差异具有统计学意义($\chi^2=11.245$,$p<0.05$),其他变量在两组间差异无统计学意义($p>0.05$)。(见表2)

表2 MSM学生社群亚文化特征及在不同性取向组间的比较

| 变量 | | 合计 | | 同性性取向 | | 双性性取向/未确定 | | 卡方 | $p$ 值 |
|---|---|---|---|---|---|---|---|---|---|
| | | N/人 | 百分比/% | N/人 | 百分比/% | N/人 | 百分比/% | | |
| 出柜 | 否 | 284 | 42.3 | 196 | 39.8 | 88 | 49.2 | 4.675 | 0.031 |
| | 是 | 387 | 57.7 | 296 | 60.2 | 91 | 50.8 | | |
| 出柜对象 | 父母 | 49 | 12.7 | 45 | 15.2 | 4 | 4.4 | 7.351 | 0.007 |
| | 兄弟姐妹 | 78 | 20.2 | 63 | 21.3 | 15 | 16.5 | 0.997 | 0.318 |
| | 朋友/同学 | 360 | 93.0 | 272 | 91.9 | 88 | 96.7 | 2.483 | 0.115 |

续表

| 变量 | | 合计 | | 同性性取向 | | 双性性取向/<br>未确定 | | 卡方 | p值 |
|---|---|---|---|---|---|---|---|---|---|
| | | N/人 | 百分<br>比/% | N/人 | 百分<br>比/% | N/人 | 百分<br>比/% | | |
| 心理性别 | 女性 | 35 | 5.2 | 31 | 6.3 | 4 | 2.2 | 11.245 | 0.004 |
| | 男性 | 511 | 76.2 | 382 | 77.6 | 129 | 72.1 | | |
| | 双性/不确定 | 125 | 18.6 | 79 | 16.1 | 46 | 25.7 | | |
| 未来打算交<br>女朋友或结婚 | 否 | 460 | 68.6 | 380 | 77.2 | 80 | 44.7 | 64.479 | 0.000 |
| | 是 | 211 | 31.4 | 11 | 22.8 | 99 | 55.3 | | |
| 社交圈层 | 未加入 | 232 | 34.6 | 168 | 34.1 | 64 | 35.8 | 0.150/0.699 | |
| | 加入至少1个<br>社交圈层 | 439 | 65.4 | 324 | 65.9 | 115 | 64.2 | | |
| 圈层成员关系 | 无交流/<br>仅线上交流 | 341 | 77.7 | 253 | 78.1 | 88 | 76.5 | 4.321 | 0.115 |
| | 线下见面 | 66 | 15.0 | 52 | 16.0 | 14 | 12.2 | | |
| | 发生性关系 | 32 | 7.3 | 19 | 5.9 | 13 | 11.3 | | |
| 观看色情<br>视频频次 | 从来不看 | 72 | 10.7 | 53 | 10.8 | 19 | 10.6 | 3.044 | 0.385 |
| | 每月<1次 | 92 | 13.7 | 72 | 14.6 | 20 | 11.2 | | |
| | 每月1—2次 | 149 | 22.2 | 102 | 20.7 | 47 | 26.2 | | |
| | 每月≥3次 | 358 | 53.4 | 265 | 53.9 | 93 | 52.0 | | |
| 喜欢的色情<br>视频种类 | 不使用安全套 | 177 | 29.5 | 134 | 30.5 | 43 | 26.9 | 0.750 | 0.386 |
| | 性暴力 | 115 | 19.2 | 92 | 21.0 | 23 | 14.4 | 3.275 | 0.070 |
| | 群交 | 111 | 18.5 | 78 | 17.8 | 33 | 20.6 | 0.634 | 0.426 |
| | 被插入方角色 | 240 | 40.1 | 174 | 39.6 | 66 | 41.3 | 0.127 | 0.721 |

## （三）社会支持特征

对671名研究对象社会支持现状进行分析,结果显示报告可以倾诉心事的朋友或家人数量在0—1个、2—3个、3个以上的分别为180人、267人和224人,分别占26.8%、39.8%和33.4%;204人表示自己和父母的关系一般或不好,占30.4%;认为自己在同志圈内受欢迎程度为一般/不受欢迎有400人,占59.6%,回答"无所谓"的61人,占9.1%。

经卡方分析,同性性取向者、双性性取向/不确定者两组间可寻求情感支持的朋友或家人数量、自述在同志圈内受欢迎程度的比例差异具有统计学意义($p<0.05$)。(见表3)

表3　MSM学生社会支持现况及在不同性取向组间的比较

| 变量 | | 合计 | | 同性性取向 | | 双性性取向/未确定 | | 卡方 | $p$值 |
|---|---|---|---|---|---|---|---|---|---|
| | | N/人 | 百分比/% | N/人 | 百分比/% | N/人 | 百分比/% | | |
| 可寻求情感支持的朋友或家人数量 | 0—1个 | 180 | 26.8 | 116 | 23.6 | 64 | 35.8 | 9.923 | 0.007 |
| | 2—3个 | 267 | 39.8 | 204 | 41.5 | 63 | 35.2 | | |
| | 3个以上 | 224 | 33.4 | 172 | 35.0 | 52 | 29.1 | | |
| 与父母的关系 | 非常好 | 216 | 32.2 | 158 | 32.1 | 58 | 32.4 | 0.348 | 0.840 |
| | 很好 | 251 | 37.4 | 187 | 38.0 | 64 | 35.8 | | |
| | 一般或不好 | 204 | 30.4 | 147 | 29.9 | 57 | 31.8 | | |
| 自述在同志圈内受欢迎程度 | 非常受欢迎/受欢迎 | 210 | 31.3 | 159 | 32.3 | 51 | 28.5 | 10.674 | 0.005 |
| | 一般/不受欢迎 | 400 | 59.6 | 299 | 60.8 | 101 | 56.4 | | |
| | 无所谓 | 61 | 9.1 | 34 | 6.9 | 27 | 15.1 | | |

## (四)高危性行为特征

对MSM学生的高危行为现状进行分析,结果显示性角色仅为被插入方、以被插入方为主的比例为42.9%(288人)。首次男男性行为时间间隔在1年以内的比例为40.4%(257人)。首次男男性行为为被诱导或被胁迫的比例为19.4%(130人);既往与男性发生过网络临时性行为的比例为63.8%(428人)。过去6个月男性网络临时性伴侣个数为1个及以上为317人,占47.2%;过去6个月发生网络临时性行为的对象中,16.4%的人(52人)在最近一次与男性发生网络临时性行为时未使用安全套,

30.6%的人（97人）使用了Rush Poppers等物质。最近6个月与异性发生性行为的比例为1.0%（7人）。

对上述两组变量进行卡方分析发现，性角色、首次男男性行为发生时间间隔、首次男男性行为发生类型及最近一次网络临时性行为中使用Rush Poppers等物质的比例在同性性取向者、双性性取向/不确定者两组间差异具有统计学意义（$p<0.05$），其他变量差异无统计学意义。（见表4）

表4 MSM学生高危性行为现况及在不同性取向组间的比较

| 变量 | | 合计 | | 同性性取向 | | 双性性取向/未确定 | | 卡方 | P值 |
|---|---|---|---|---|---|---|---|---|---|
| | | N/人 | 百分比/% | N/人 | 百分比/% | N/人 | 百分比/% | | |
| 性角色 | 仅为被插入方 | 147 | 21.9 | 133 | 27.0 | 14 | 7.8 | 35.065 | 0.000 |
| | 以被插入方为主 | 141 | 21.0 | 107 | 21.7 | 34 | 19.0 | | |
| | 仅为插入方 | 119 | 17.7 | 83 | 16.9 | 36 | 20.1 | | |
| | 以插入方为主 | 87 | 13.0 | 56 | 11.4 | 31 | 17.3 | | |
| | 两者各半 | 177 | 26.4 | 113 | 23.0 | 64 | 35.8 | | |
| 首次男男性行为发生时间间隔* | 1年以内 | 257 | 40.4 | 176 | 37.4 | 81 | 48.8 | 6.591 | 0.037 |
| | 1—2年内 | 260 | 42.8 | 201 | 42.8 | 59 | 35.5 | | |
| | 3年及以上 | 119 | 18.7 | 93 | 19.8 | 26 | 15.7 | | |
| 首次男男性行为发生类型 | 自己主动寻找 | 541 | 80.6 | 411 | 83.5 | 130 | 72.6 | 10.003 | 0.002 |
| | 被诱导或被胁迫 | 130 | 19.4 | 81 | 16.5 | 49 | 27.4 | | |
| 最近6个月有无男性固定性伴 | 无 | 408 | 60.8 | 292 | 59.3 | 116 | 64.8 | 1.639 | 0.201 |
| | 有 | 263 | 39.2 | 200 | 40.7 | 63 | 35.2 | | |
| 既往与男性发生过网络临时性行为 | 否 | 243 | 36.2 | 173 | 35.2 | 70 | 39.1 | 0.884 | 0.34 |
| | 是 | 428 | 63.8 | 319 | 64.8 | 109 | 60.9 | | |

续表

| 变量 | | 合计 | | 同性性取向 | | 双性性取向/未确定 | | 卡方 | P值 |
|---|---|---|---|---|---|---|---|---|---|
| | | N/人 | 百分比/% | N/人 | 百分比/% | N/人 | 百分比/% | | |
| 过去6个月男性网络临时性伴侣数/个 | 0 | 354 | 52.8 | 256 | 52.0 | 98 | 54.7 | 0.894 | 0.639 |
| | 1—3 | 270 | 40.2 | 203 | 41.3 | 67 | 37.4 | | |
| | >3 | 47 | 7.0 | 33 | 6.7 | 14 | 7.8 | | |
| 最近一次与男性发生网络临时性行为时安全套使用 | 未使用 | 52 | 16.4 | 34 | 14.4 | 18 | 22.2 | 2.686/0.101 | |
| | 使用 | 265 | 83.6 | 202 | 85.6 | 63 | 77.8 | | |
| 最近一次网络临时性行为中使用Rush Poppers等物质 | 未使用 | 220 | 69.4 | 172 | 72.9 | 48 | 59.3 | 5.269 | 0.022 |
| | 使用 | 97 | 30.6 | 64 | 27.1 | 33 | 40.7 | | |
| 最近6个月发生异性性行为 | 否 | 664 | 99.0 | 492 | 100.0 | 172 | 96.1 | — | |
| | 是 | 7 | 1.0 | 0 | | 7 | 3.9 | | |

注:*表示缺失35人。

## (五)干预检测及HIV感染情况

调查对象中,70.9%的人(516人)曾与朋友讨论过安全套使用;83.8%的人(562人)艾滋病知识得分在0—4分;9.1%的人(61人)曾服用过暴露后预防药物;15.5%的人(104人)未听说过暴露前预防;567名听说过暴露前预防的学生中有11.5%(65人)表示接受暴露前预防;27.1%的人(177人)既往未进行过HIV自我检测;自我报告HIV阳性的11人,阳性比例为2.0%。

与同性性取向者相比,自我报告为双性性取向/不确定者与朋友讨论安全套的比例偏低(70.9%)、艾滋病知识水平偏低(10.6%)、既往进行自我检测的比例较低(64.4%)。服用暴露后预防药物、对暴露前预防的接受度及HIV阳性比例在两组间均无统计学意义差异($p>0.05$)。(见表5)

表5  MSM学生宣传干预、HIV检测及HIV感染现况及在不同性取向组间的比较

| 变量 | | 合计 | | 同性性取向 | | 双性性取向/未确定 | | 卡方 | $p$值 |
|---|---|---|---|---|---|---|---|---|---|
| | | N/人 | 百分比/% | N/人 | 百分比/% | N/人 | 百分比/% | | |
| 曾与朋友讨论安全套 | 否 | 155 | 29.1 | 103 | 20.9 | 52 | 29.1 | 4.866 | 0.027 |
| | 是 | 516 | 70.9 | 389 | 79.1 | 127 | 70.9 | | |
| 艾滋病知识得分 | 中低分 | 562 | 83.8 | 402 | 81.7 | 160 | 89.4 | 5.687 | 0.017 |
| | 高分 | 109 | 16.2 | 90 | 18.3 | 19 | 10.6 | | |
| 曾服用过暴露后预防药物 | 否 | 610 | 90.9 | 446 | 90.7 | 164 | 91.6 | 0.149 | 0.699 |
| | 是 | 61 | 9.1 | 46 | 9.3 | 15 | 8.4 | | |
| 是否接受暴露前预防* | 否 | 502 | 88.5 | 374 | 88.4 | 128 | 88.9 | 0.024 | 0.878 |
| | 是 | 65 | 11.5 | 49 | 11.6 | 16 | 11.1 | | |
| | 没听过 | 104 | | 69 | | 35 | | | |
| 既往HIV自我检测次数（次） | 0 | 177 | 27.1 | 115 | 24.0 | 62 | 35.6 | 8.728 | 0.003 |
| | 1次及以上 | 476 | 72.9 | 364 | 76.0 | 112 | 64.4 | | |
| | 缺失 | 18 | | 13 | | 5 | | | |
| 自述最近3个月HIV感染状况** | 阴性 | 536 | 98.0 | 403 | 97.8 | 133 | 98.5 | 0.255 | 0.614 |
| | 阳性 | 11 | 2.0 | 9 | 2.2 | 2 | 1.5 | | |
| | 未测 | 124 | | 80 | | 44 | | | |

注:*表示"没听过"组别未纳入卡方分析;**表示"未测"组别不纳入卡方分析。

## 三、讨论

本文研究发现,虽然MSM学生发生异性性行为的比例较低,但是未来打算结婚或交女朋友的比例高达30%,双性恋者更是在50%以上。相关研究表明MSM人群发生双性性行为的比例为10%—30%,且高年龄段发生双性性行为比例显著高于低年龄段。故应尽早开展MSM学生相关干预,提高艾滋病预防意识,减少危险行为,为今后降低跨人群传播可能性打下基础。

针对欧洲13个城市4742名MSM的调查显示,71%的人自我报告已出柜,我国对7个省市的MSM调查显示,77.9%的人自我报告已出柜,均高于本文中MSM学生的出柜比例。同时研究发现,MSM学生出柜对象多为朋友和同学,父母或其他亲属非常少,说明目前该人群与同龄人交流较多,同龄人接受度较高,而关于性取向的担忧主要来自父母及亲属等;23.8%的人认为自己是女性或双性,其中仅1/3的人有3个及以上的倾诉对象,约60%的人认为自己在群内不受欢迎或一般。性别意识和生理性别的错位、较低的社会支持和家庭支持等均是导致焦虑、抑郁等心理疾病的危险因素,而焦虑抑郁则会促进艾滋病感染高危行为发生,因此亟须加强MSM学生性别意识教育,提高家庭支持和社会支持,从而有利于在一定程度上减少危险行为。

MSM学生是MSM人群的组成部分,同时又有着自身的特征,本文提示大学生MSM色情视频观看频次高,网约性行为和Rush Popper等助兴剂使用比例高,尤其是首次性行为时存在被诱导或胁迫的情况,导致该人群在进入MSM社群短时间内感染的风险大,因此亟须加强学生群体在进入社群之前的知识储备。

社交圈层是社交网络中个体基于个人兴趣、关注领域、个人观点等特征形成的小范围社交圈,同一个圈层内倾向于关注相似信息,拥有更加密切的联系,促进圈层内人员的相互影响,一定程度上会强化和影响个人态度。[①]研究显示,60%以上的MSM学生目前加入了一个社交圈层,其中约1/4的人会线下见面甚至发生性关系。该结果提示,除了同性恋圈层,目标人群还受到学生文化影响参加其他社交圈层,其中不乏在兴趣相投的情况下发生性关系的情况。

对不同性取向MSM学生特征进行分析发现,与同性性取向者相比,双性性取向或不确定性取向者首次性行为被胁迫或诱导、与网约"炮友"发生无保护性行为、与网约"炮友"使用Rush Poppers等危险性行为比例高,艾滋病知识高分、与朋友谈论安全套使用、曾自我检测等健康因素比例较低,但HIV感染现况无统计学意义差异。关于MSM人群中仅与男性发生性行为者、与男性女性均发生性行为者HIV感染状况的差异,不同研究结果不尽相同,但meta分析文献提示,大部分研究中,两组间HIV感染

---

① Xiu-Xiu Zhan, Chuang Liu , Ge Zhou, et al. "Coupling Dynamics of Epidemic Spreading and Information Diffusion on Complex Networks". *Applied Mathematics and Computation*, 2018, 332: 437–448.

率差异无统计学意义,国内相关研究较少,但结论基本接近。MSM人群艾滋病感染因素复杂,与行为学、社会学、心理学等多门学科相关,尽管两组在相关危险行为和健康因素间存在差异,但是难以全部解释两组间感染危险的高低。本研究中,双性性取向或性取向不确定者感染艾滋病的高危因素普遍存在,有些甚至高于同性性取向者,感染艾滋病的风险更高,但由于其他危险因素如被动性角色比例低等,缩小了与同性性取向者的感染差异,不过,该群体的危险性仍不可忽视,需进一步全面对其感染因素进行监测和分析,掌握其感染的风险,并对其跨人群危险性进行评估。此外,本研究还提示,MSM人群中双性恋群体和同性恋群体在服务和资源配置等方面可能存在不均衡性。双性恋者在同性恋圈层中身份较特殊,有研究表明双性恋者不愿意在同性恋圈内透露自己双性恋身份,可能与圈层内的歧视和自我歧视有一定关系,因此应进一步加强双性恋群体安全套促进干预、检测服务、警示性教育等。

然而,本文的研究尚有不足,主要如下:首先,本次研究为横断面调查,调查方法为方便样本,存在调查对象选择性偏移,对调查结果的解释具有一定局限性,不能外推至整体人群。其次,调查内容较为隐私,可能存在信息偏移,但研究考虑到该偏移,从而采用面对面访谈式调查,在一定程度上减少信息偏移。最后,本研究仅仅收集HIV感染现况,未对全部对象进行HIV检测,对于HIV感染现况的掌握和比较分析尚不足,需进一步开展深入研究。

综上所述,浙江省MSM学生出柜比例不高,网络临时性行为较普遍,存在Rush Poppers物质滥用、频繁观看色情视频及不使用安全套等危险行为。与同性性取向相比,双性性取向/不确定者艾滋病健康知识得分低、HIV自检比例低,发生网络临时性行为时无保护性行为及Rush Poppers等物质滥用比例较高,未来结婚打算比例高,是造成艾滋病跨人群传播的重要人群,需要加强宣传和行为干预。

# 参考文献

## （中文文献）

艾少伟,周文凤,罗冰,等,2020.城市少数民族社区地方认同的消解与重构[J].人文
地理(1):28-35,122.

曹臻,张洪波,佘敏,等,2012.在婚男男性行为人群HIV感染及其双性性行为状况调
查[J].中华流行病学,33(5):488-491.

大卫·哈维,2016.列菲弗尔与《空间的生产》[J].黄晓武,译.国外理论动态(1):53-56.

戴康,2020.空间生产视角下的村史馆治理及其逻辑:以上海市曹杨新村村史馆为例
[J].图书馆论坛(10):90-98.

单耀军,王贺,2020.中长期青年发展规划纵深实施与我国青年友好型城市建设路径
考察研究[J].中国共青团(7):71-73.

邓蕾,2015.社区治理中青年的认知、行动及影响因素:基于上海的调查[J].中国青年
社会科学(5):23-29.

杜培培,2021.城市过渡型社区非正规空间的生产机制与治理反思:基于长三角区域
拆迁安置社区的调研[J].学习与实践(5):101-111.

范俊强,黄雨心,徐艺敏,等,2022.就业焦虑:毕业前大学生心理压力及其纾解[J].教
育学术月刊(9):75-82.

冯君莲,李小艳,刘琼,2022.疫情影响下国内顶尖高校毕业生就业状况变化:基于8

所高校2017～2021年毕业生就业质量报告的调查[J].大学教育科学(6):87-97.

何雪松,2006.社会理论的空间转向[J].社会(2):34-48,206.

亨利·列斐伏尔,2021.空间的生产[M].刘怀玉,等译.北京:商务印书馆.

胡海洋,陈禹衡,周莹,等,2021.江苏省男男性行为人群HIV新发感染及影响因素分析[J].中华流行病学杂志,42(11):1989-1993.

黄克鹏,2000.论青年的社区参与[J].上海青年管理干部学院学报(3):34-37.

黄琳,2007.青年的社区参与现状、特点及对策分析:广州市华乐街的调查[J].广东青年干部学院学报,21(2):29-33.

金红,顾东辉,2004.浅析上海城区青年之社区参与[J].社会福利(5):8-12.

孔翔,吴栋,张纪娴,2019.社区参与模式下的传统村落旅游空间生产及影响初探:基于苏州东山陆巷古村的调研[J].世界地理研究(6):156-165.

李峰,2018.空间生产视角下旧城社区更新研究[J].山西建筑,44(13):16-17.

李桂英,孙燕鸣,王娟,等,2020.比较2015年和2019年北京男男人群感染艾滋病危险行为特征[J].国际病毒学杂志,27(6):488-491.

李鑫,张晓萍,2012.试论旅游地空间商品化与古镇居民生活空间置换的关系及影响[J].旅游研究,4(4):25-31.

李秀玫,向橄叶子,桂勇,2021.在物质主义和后物质主义之间:后疫情时代大学生就业态度的变化[J].文化纵横(1):120-129,159.

廖玫珍,刘冬莹,朱晓艳,等,2019.山东省男男性行为人群单性性行为者与双性性行为者特征及HIV感染相关因素[J].中华流行病学杂志,40(8):941-946.

刘保中,郭亚平,敖妮花,2022.新冠肺炎疫情对大学毕业生就业质量的影响:基于疫情前后全国19所高校的调查对比分析[J].中国青年研究(10):110-119.

刘成斌,张晏郡,2021.向体制内卷:疫情风险对大学生就业价值观的影响[J].江汉学术,40(4):5-13.

刘梦茹,2019.空间生产视角下业委会缺席社区治理研究[J].管理观察(24):75-78.

刘少杰,2015.面向职业群体的城市社会治理创新[J].江苏社会科学(2):78-84.

罗晓婷,蓝璟,2021.后疫情时代大学生就业力结构的嬗变与提升:基于"职业技能三分法"理论视角[J].青少年研究与实践,36(2):10-17.

马凯,谭建光,2022.青年发展型城市与志愿之城关系研究[J].中国青年社会科学,41

（6）：30-37.

聂伟，蔡培鹏，2021.让城市对青年发展更友好：社会质量对青年获得感的影响研究[J].中国青年研究（3）：53-60,119.

秦小芬，李现红，王红红，等，2020.基于健康信念模型探讨社群亚文化对男男性行为者高危性行为的影响[J].中南大学学报（医学版），45（1）：55-60.

任艳青，陆元武，2021.疫情背景下大学生就业信心及影响因素实证分析：基于社会性别的视角[J].中国大学生就业（4）：39-44,51.

王忠华，2022.疫情防控常态化对高校毕业生就业工作的影响及对策[J].中国大学生就业（8）：52-57.

魏杰，黄皓明，桑志芹，2021."985废物"的集体失意及其超越：疫情危机下困境精英大学生的"废"心理审视[J].中国青年研究（4）：76-84.

吴同，邓洋洋，2020.从个体到主体：青年社区参与的可能与实现路径——以上海B区青年社区参与行动干预为例[J].青年学报（1）：69-74.

新华社，2022.中华人民共和国国民经济和社会发展第十四个五年规划和2035年远景目标纲要[EB/OL].（2021-3-13）[2022-11-10].http://www.gov.cn/xinwen/2021-03/13/content_5592681.htm.

肖小平，郑金铃，2022.青年发展型城市建设的现状及推进策略[J].广西青年干部学院学报（2）：80-86.

闫臻，2022.青年友好型城市的理论内涵、功能特征及其指标体系建构[J].中国青年研究（5）：5-12.

杨高，周春山，2019.深圳富士康农民工聚居区研究：空间生产与社会流动[J].现代城市研究（11）：26-32.

殷方兰，钟培松，张永，等，2018.不同性取向的男男性行为人群行为特征差异性分析[J].中国皮肤性病学杂志，32（8）：898-901.

岳昌君，邱文琪，2022.疫情防控常态化背景下高等学校毕业生就业状况及影响因素[J].教育研究，43（6）：28-44.

张爱迪，谭思敏，刘艳，等，2022.当代青年男同性恋者性身份认同发展特征[J].中国性科学，31（9）：157-160.

张波，孙凌寒，2001.试论青年社区参与[J].陕西青年管理干部学院学报（1）：8-10.

张飞,聂晓勇,原琛利,等,2022.山西省2010、2015和2020年哨点监测男男性行为人群HIV感染状况及相关因素分析[J].中华流行病学杂志,43(4):554-558.

张军,2018.福州市青年参与城市社区治理意愿研究[D].福州:福建农林大学.

张勇,何艳玲,2007.论城市社区治理的空间面向[J].新视野(4):84-91.

朱峰,2018."新一线城市"青年友好型城市政策创新研究[J].中国青年研究(6):78-85.

## （外文文献）

ABDALLAH I, CONSERVE D, BURGESS T L, et al., 2020. Correlates of HIV-related risk behaviors among self-identified heterosexual men who have sex with men (HMSM): national survey of family growth (2002, 2006-2010, and 2011-2017) [J]. AIDS care, 32 (12): 1529-1537.

AHMED F, 1999. Vitamin A deficiency in Bangladesh: a review and recommendations for improvement[J]. Public health nutrition, 2 (1): 1-14.

AMENGUAL J, PETROV P, BONET M L, et al., 2012. Induction of carnitine palmitoyl transferase 1 and fatty acid oxidation by retinoic acid in HepG2 cells[J]. International journal of biochemistry and cell biology, 44 (11): 2019-2027.

ANTONUCCI R, LOCCI C, CLEMENTE M G, et al., 2018. Vitamin D deficiency in childhood: old lessons and current challenges[J]. Journal of pediatric endocrinology and metabolism, 31 (3): 247-260.

BATES C J, 1995. Vitamin A[J]. Lancet, 345 (8941): 31-35.

BOWRING A L, VERONESE V, DOYLE J S, et al., 2016. HIV and sexual risk among men who have sex with men and women in Asia: a systematic review and meta-analysis[J]. AIDS and behavior, 20 (10): 2243-2265.

Centers for Disease Control and Prevention, 2022. Childhood obesity causes & consequences [EB/OL]. [2022-03-21]. https://www.cdc.gov/obesity/basics/causes.html? CDC_AA_refVal=https%3A%2F%2Fwww.cdc.gov%2Fobesity%2Fchildhood%2Fcauses.html.

Centers for Disease Control and Prevention，2022. Division of nutrition，physical activity，and obesity at a glance［EB/OL］.［2022-01-08］. https：//www. cdc. gov/chronicdisease/resources/publications/aag/dnpao.htm#: ~: text=Poor%20nutrition%20and%20inadequate%20physical，recommended%20daily%20amount%20of%20vegetables.

CHAN R C H，MAK W W S，2019. Cognitive，regulatory，and interpersonal mechanisms of HIV stigma on the mental and social health of men who have sex with men living with HIV［J］. American journal of men's health，13（5）：1-12.

CHEN G，2021. The Interactions of insulin and vitamin a signaling systems for the regulation of hepatic glucose and lipid metabolism［J］. Cells，10（8）：2160.

DARY O，MORA J O，2002. Food fortification to reduce vitamin A deficiency：international vitamin A consultative group recommendations［J］. Journal of nutrition，132（9）：2927S-2933S.

DELGADO M，STAPLES L，2008. Youth-led community organizing：theory and action［M］. New York：Oxford University Press.

FAO，IFAD，UNICEF，WFP，WHO，2018. Building climate resilience for food security and nutrition［R］. Rome：FAO.

GIOS L，MIRANDOLA M，SHERRIFF N，et al.，2021. Being in the closet. correlates of outness among MSM in 13 European cities［J］. Journal of homosexuality，68（3）：415-433.

GOVENDER K，DUREVALL D，COWDEN R G，et al.，2022. Depression symptoms，HIV testing，linkage to ART，and viral suppression among women in a high HIV burden district in KwaZulu-Natal，South Africa：a cross-sectional household study［J］. Journal of health psychology，27（4）：936-945.

GRIMES A，LIGHTNER J S，EIGHMY K，et al.，2022. Physical activity and nutrition intervention for middle schoolers（move more，get more）：protocol for a quasi-experimental study［J］. JMIR research protocols，11（5）：e37126.

HALES C M，CARROLL M D，FRYAR C D，et al.，2020. Prevalence of obesity and severe obesity among adults：United States，2017-2018［J］. NCHS data briefs（360）：1-8.

HARAWA N, WILTON L, WANG L, et al., 2014. Types of female partners reported by black men who have sex with men and women（MSMW）and associations with intercourse frequency, unprotected sex and HIV and STI prevalence [J]. AIDS and behavior, 18(8): 1548-1559.

HILLS A P, DENGEL D R, LUBANS D R, 2015. Supporting public health priorities: recommendations for physical education and physical activity promotion in schools [J]. Progress in cardiovascular diseases, 57 (4): 368-374.

HOLMES N, BEACH L, 2020. Bisexual people's utilization of sexual health services at an LGBTQ Community Center in Chicago [J]. Journal of bisexuality, 20 (3): 342-359.

HURRELL R, EGLI I, 2010. Iron bioavailability and dietary reference values [J]. The American journal of clinical nutrition, 91 (5): 1461S-1467S.

Development Initiatives, 2018. 2018 global nutrition report: shining a light to spur action on nutrition [R]. Bristol: Development Initiatives.

JEFFRIES W L, JOHNSON O D, 2018. Internalized homonegativity and substance use among U.S. men who have sex with men only（MSMO）and men who have sex with men and women（MSMW）[J]. Substance use & misuse, 53 (4): 559-564.

JOHNSON J A, JOHNSON A M, 2015. Urban-rural differences in childhood and adolescent obesity in the United States: a systematic review and meta-analysis [J]. Childhood obesity, 11 (3): 233-241.

KARAMI M, CHALESHGAR M, SALARI N, et al., 2022. Global prevalence of anemia in pregnant women: a comprehensive systematic review and meta-analysis [J]. Maternal and child health journal, 26 (7): 1473-1487.

KRAFT T S, STIEGLITZ J, TRUMBLE B C, et al., 2018. Nutrition transition in 2 lowland Bolivian subsistence populations [J]. The American journal of clinical nutrition, 108 (6): 1183-1195.

LIM S S, VOS T, FLAXMAN A D, et al., 2012. A comparative risk assessment of burden of disease and injury attributable to 67 risk factors and risk factor clusters in 21 regions, 1990-2010: a systematic analysis for the Global Burden of Disease

Study 2010[J]. Lancet, 380 (9859): 2224-2260.

LIPS P, 2010. Worldwide status of vitamin D nutrition [J]. The journal of steroid biochemistry and molecular biology, 121 (1-2): 297-300.

LIU X B, PIAO J H, ZHANG Y, et al., 2017. Assessment of Zinc status in school-age children from rural areas in China nutrition and health survey 2002 and 2012[J]. Biological trace element research, 178 (2): 194-200.

MCNAIR O S, GIPSON J A, DENSON D, et al., 2018. The Associations of resilience and HIV risk behaviors among black gay, bisexual, other men who have sex with men (MSM) in the deep South: the MARI study[J]. AIDS and behavior, 22 (5): 1679-1687.

MOGIRE R M, MUTUA A, KIMITA W, et al., 2020. Prevalence of vitamin D deficiency in Africa: a systematic review and meta-analysis[J]. Lancet glob health, 8 (1): e134-e142.

POPKIN B M, 2002. An overview on the nutrition transition and its health implications: the Bellagio meeting[J]. Public health nutrition, 5 (1A): 93-103.

ROSINGER A, TANNER S, LEONARD W R, 2013. Precursors to overnutrition: the effects of household market food expenditures on measures of body composition among Tsimane' adults in lowland Bolivia [J]. Social science & medicine (92): 53-60.

SHEINFIL A Z, GIGUERE R, DOLEZAL C, et al., 2020. Information and motivation predict HIV-serostatus among a population of high-risk men and transgender women who have sex with men[J]. AIDS and behavior, 24 (10): 2863-2871.

TANUMIHARDJO S A, RUSSELL R M, STEPHENSEN C B, et al., 2016. Biomarkers of nutrition for development (BOND)-vitamin A review[J]. Journal of nutrition, 146 (9): 1816S-1848S.

TINT A, MAUGHAN A L, WEISS J A, 2017. Community participation of youth with intellectual disability and autism spectrum disorder [J]. Journal of intellectual disability research (2): 68-180.

VAHLQUIST A, 2007. Retinoid-induced hyperlipidaemia and the risk of atherosclerosis ［M］// VAHLQUIST A，DUVIC M. Retinoids and carotenoids in dermatology. Boca Raton：CRC Press：249–259.

WEST C E，EILANDER A，LIESHOUT VAN M，2002. Consequences of revised estimates of carotenoid bioefficacy for dietary control of vitamin A deficiency in developing countries［J］. Journal of nutrition，132（9）：2920S–2926S.

World Health Organization，2017. The double burden of malnutrition［R］. Geneva：World Health Organization.

ZERWEKH J E，2008. Blood biomarkers of vitamin D status［J］. The American journal of clinical nutrition，87（4）：1087s–1091S.

ZHAN X X，LIU C，ZHOU G，et al.，2018. Coupling dynamics of epidemic spreading and information diffusion on complex networks ［J］. Applied mathematics and computation，1（332）：437–448.

# 后 记

　　本书是在共青团浙江省委指导下,由浙江省青年发展研究中心组织编写的"浙江青年发展报告"系列的第三部作品,也是"2023年度浙江省哲学社会科学规划部门合作专项研究课题"立项课题"青年发展型省份建设内涵释要与行动策略:以浙江省为考察中心"(立项编号:23BMHZ083YB)的研究成果。全书由理论探索、浙江实践和重点关注三部分组成,充分探讨了青年发展型省份建设的理论内涵和实践经验,精准分析了浙江青年各群体、各领域的发展状况。本书编写工作由蔡宜旦、卫甜甜负责统筹,问卷编制发放和访谈调研、资料分析、报告撰写等由各课题主持人负责。

　　本书在编写过程中,得到了社会各界的大力支持。共青团浙江省委为本书编写、出版提供了关键性指导和经费保障。浙江各市县团组织、相关职能部门为青年发展型市县建设经验的梳理总结和调研提供了帮助。来自浙江省青年研究会、浙江省疾病预防控制中心、浙江省校外教育中心、浙江省青少年事务所等机构和单位的课题组提供了资料翔实、论证充分、观点新颖的研究成果,拓展了本书的理论视域。浙江工商大学出版社的工作人员、浙江省团校政研中心和科研部教师参与了本书的多轮编校工作,为本书的编辑出版付出了诸多心力。由衷感谢以上单位机构、团队和个人在本书编辑出版过程中给予的大力支持!

《浙江青年发展报告(2022)——青年发展型省份建设》编写组

2023年4月